विकल्पहीन नहीं है दुनिया

सभ्यता, समाज और बुद्धिजीवी की स्थिति पर कुछ विचार

विकल्पहीन नहीं है दुनिया

सभ्यता, समाज और बुद्धिजीवी की स्थिति पर कुछ विचार

किशन पटनायक

राजकमल प्रकाशन

ISBN : 978-81-267-0023-3

मूल्य : ₹995

पहला संस्करण : 2000

This book is printed on **Print on Demand** Technology : 2025

प्रकाशक : राजकमल प्रकाशन प्रा.लि.
1-बी, नेताजी सुभाष मार्ग, दरियागंज
नई दिल्ली-110 002

शाखाएँ : अशोक राजपथ, साइंस कॉलेज के सामने, पटना-800 006
पहली मंजिल, दरबारी बिल्डिंग, महात्मा गांधी मार्ग, प्रयागराज-211 001
1, अनमोल सोराबजी संतुक लेन, धोबी तलाव, मरीन लाइंस, मुम्बई-400 002

वेबसाइट : www.rajkamalprakashan.com
ई-मेल : info@rajkamalprakashan.com

VIKALPHIN NAHIN HAI DUNIYA
Essays by Kishan Patnayak

अनुक्रम

भूमिका VII

सभ्यता का संकट

नए विचारों और नए शास्त्रों की प्रतीक्षा 17
गुलाम दिमाग का छेद 21
संस्कृति और अपसंस्कृति 28
आधुनिक विज्ञान और तकनीक का दम्भ 35
इंटरनेट और बैलगाड़ी के विरुद्ध एक घोषणा-पत्र 41
'मैं प्रलयवादी हूँ'–आधुनिकतावादियों से नम्र निवेदन 51
कालाहाँडी की क्षुधा 59
रुवांडा हमारा भविष्य है ? 62
नाइजीरिया का अदृश्य खलनायक 65
मणिवेली : आधुनिक विकास की एक किंवदंती 68
मानव-अधिकारों का भ्रम 71

गांधी का मर्म

गांधी, लोहिया और आधुनिक सभ्यता 81
गांधी का पाखंड 99
गांधी और स्त्री 101
सत्ता-विरोधी नहीं, सत्ताकामी 104
गांधी-नेहरू संवाद 109
गांधी का समाजवाद और ट्रस्टीशिप का विचार 117
गांधी का 'भारत छोड़ो' 122
गांधी का 125वाँ साल 129
गांधी की निन्दा अवश्य होनी चाहिए 133

बुद्धिजीवी, पत्रकारिता और प्रतिक्रांति

सभ्यता का संकट और भारतीय बुद्धिजीवी 141
चीन का भय और भारतीय बुद्धिजीवी 146
परमाणु बम, प्रतिरक्षा और भारतीय मस्तिष्क 153
पराधीन पत्रकार 166
प्रतिक्रान्ति और पत्रकारिता 172
प्रोफेसर से तमाशगीर 178

सेकुलरवाद और उसका छद्म

पुनरुत्थानवादी ताकतें कौन सी हैं 185
सती प्रथा पर भारतीयतावादियों से कुछ सवाल 191
'हिन्दू को परिभाषित मत करो' 198
राष्ट्रीय एकता की वास्तविक चुनौतियाँ 200
सेकुलर आन्दोलन की गलतियाँ 207
इतिहास और बदले का सिद्धान्त 212
राष्ट्र के हत्यारों के खिलाफ एक कार्यक्रम 214
धर्मनिरपेक्षता का घोषणा-पत्र–1 218
धर्मनिरपेक्षता का घोषणा-पत्र–2 224
धर्मनिरपेक्षता का घोषणा-पत्र–3 230
धर्मनिरपेक्षता का घोषणा-पत्र–4 240
धर्मनिरपेक्षता का घोषणा-पत्र–5 244

विविध

एक मृत शिलालेख 253
नैतिकता का स्रोत 258
मौत पर एक बयान 263
मृत शरीरों की जमींदारी 266

परिशिष्ट

संसद में कालाहाँडी 271
एक मृत विधेयक 281

भूमिका

यह किताब मेरी नहीं है। मैं इसका मात्र प्रवक्ता हूँ।

एक लम्बे अरसे से मुझे इस बात का बोध हो रहा है कि मैं जो सुनता हूँ, देखता हूँ, पढ़ता हूँ और दूसरों से बात करता हूँ तो उनमें से कई सारी बातें अपना लेता हूँ। इस तरह जब मैं लिखता हूँ तो उसका बहुत बड़ा अंश तो मुझे बना-बनाया मिल जाता है, बस मैं अपने ढंग से उसको रख देता हूँ। कुछ बातें दूसरों या दूसरे की बातों की प्रतिक्रिया में पैदा होती हैं। इसका मतलब यह भी हुआ कि अगर दूसरे की बातें नहीं होतीं तो मेरी भी नहीं होतीं। सिर्फ बात को रखने में मेरा योगदान रहा सो मैं कर्ता नहीं हूँ, प्रवक्ता हूँ। प्रवक्ता होने मात्र से मैं जिम्मेदारी से बच नहीं सकता सो मैं उत्तरदायी रहूँगा। किसी चीज पर जब मेरा हस्ताक्षर या नाम मुद्रित हो जाता है तो वह इस उत्तरदायित्व को प्रकट करता है।

किताब बनाने की प्रक्रिया में संकलन, सम्पादन, सुधार आदि बहुत सारे काम होते हैं, जो सहयोगियों को करने पड़ते हैं। मेरी किताब में सहयोगियों के काम का अनुपात ज्यादा है, इतना ज्यादा कि उनको मैं सह-लेखक मानता हूँ। इस बात को कहकर मैं एक सत्य को भी रेखांकित करना चाहता हूँ—कोई भी रचना, निर्माण, आविष्कार या साफल्य एक व्यक्ति के नहीं होते, उस वक्त की किसी इकाई, संस्था या कम्पनी के भी नहीं। किसी भी कलात्मक, शास्त्रीय या वैज्ञानिक कृति के पीछे बहुत अदृश्य हाथ होते हैं, जिनको कॉपीराइट-पेटेंट कानूनों के द्वारा चिन्हित नहीं किया जा सकता। महान कृतियों के रचयिता महान कलाकार और लेखक होते हैं। महानता और मौलिकता अपनी जगह पर हैं। इन्हें मिल्कियत में बदलना एक भद्दापन है। सम्पत्ति का अर्थ है—निजी मिल्कियत या संस्था की मिल्कियत। जो प्राकृतिक, सामाजिक, सांस्कृतिक है उसको सम्पत्ति में परिणत करना सामन्तवादी संस्कार है, प्राचीन सभ्यताओं में भी इसकी शुरुआत देखने को मिलती है। जीव और ज्ञान को सम्पत्ति समझने की कुछ प्रथाएँ प्राचीन तथा मध्ययुगीन समाजों में थीं। लेकिन अधिक से अधिक चीजों को निजी सम्पत्ति में परिणत करने का विचार हमारे युग की अपसंस्कृति के मूल में है।

रॉयल्टी एक प्रकार का पारिश्रमिक होता है, सम्पत्ति पर ब्याज या सूद नहीं। स्वाधीन मनुष्यों का कोई समाज बनेगा तो परिश्रम करनेवाले प्रत्येक व्यक्ति को जीवन-धारण के लिए और काम की सुविधाएँ जुटाने के लिए पारिश्रमिक मिलेगा, भले ही उसके

श्रम की कोई बड़ी उपलब्धि हो या न हो। किसी के पास जब जीवन-धारण और काम की सुविधाओं से ज्यादा सम्पत्ति होने लगती है तो वह अपसंस्कृति का लक्षण है क्योंकि उससे नैतिक और आध्यात्मिक आजादी प्रतिबन्धित होती है।

2

करीब एक साल पहले मेरे शुभचिन्तक और विशिष्ट समाजवादी राजदेव नारायण (अध्यक्ष न्यायिक अध्ययन और अनुसंधान केन्द्र, मुजफ्फरपुर) ने इस पुस्तक को प्रस्तावित किया। उनका आशय यह था कि समाज और देश-निर्माण का जो भारतीय चिन्तन आजादी की लड़ाई के दौरान भारत के राजनीतिक क्षेत्र से शुरू हुआ था, उसका समय-समय पर नवीनीकरण आवश्यक है। गांधी के बाद कई लोगों ने उसको आगे बढ़ाया है। मौजूदा नई परिस्थिति में उस धारा को बोधगम्य कराने की आवश्यकता है। इसी से उन्हें लगा मेरे लेखों का संकलन निकले और उसके कई खंड प्रकाशित हों। राजदेव जी के प्रस्ताव के बाद लेखों के संकलन और सम्पादन का काम नवीन, संजय भारती, सुनील और अशोक सेकसरिया ने शुरू कर दिया। कई साथियों–खासकर कश्मीर उप्पल–के सुझावों और पत्रों ने काम को गति प्रदान की। इन लोगों ने यह तय किया कि 1977 को एक विभाजन-रेखा मानकर उसके बाद प्रकाशित हुए मेरे लेखों का ही संकलन तैयार किया जाए।

देश की राजनीति में और देशीय विचारधारा के विकास क्रम में 1977 का विशेष महत्त्व है। मेरे अपने जीवन में भी इसकी एक रेखा है। इसके बाद कोई एक व्यक्ति मेरा मार्गदर्शक या नेता नहीं रह गया। सोचना मेरे लिए ज्यादा जरूरी हो गया। हम लोग अपने समूह की ओर से अगस्त, 1977 से पटना से एक पत्रिका 'सामयिक वार्ता' प्रकाशित करने लगे। भारत के वैचारिक जगत में दखल देने का वह माध्यम अभी भी बना हुआ है। उस प्रकाशन से जुड़े सारे लोग एक विचार-संवर्धन के काम के सहयोगी हैं। इस किताब के अधिकांश लेख 'सामयिक वार्ता' में प्रकाशित हुए हैं। 1977 में इमरजेंसी के समाप्त होने और केन्द्र में पहली गैर कांग्रेसी सरकार बनने का प्रभाव देश की पत्रकारिता पर पड़ा था। हिन्दी की व्यावसायिक पत्रिकाओं में भी हमारे लिए थोड़ी सी जगह हो गई थी। इस किताब के कई लेख दिनमान, रविवार और धर्मयुग जैसी व्यावसायिक पत्रिकाओं में छपे थे। आज खेदपूर्वक यह कहना पड़ रहा है कि हिन्दी की जिन व्यावसायिक पत्रिकाओं में देशीय विचारधारा को जगह मिलती थी उनको उनके मालिकों ने ही बन्द करवा दिया–विचार को सम्पत्ति बनाने का सिलसिला यहाँ तक जाता है।

मेरे अधिकांश लेख, सामयिक विषयों पर लिखी गई टिप्पणियाँ ही हैं। जब ये लिखे गए थे तब इनकी प्रासंगिकता और उपयोगिता थी। इन लेखों में से छाँटकर सिर्फ उन लेखों को लेना था जो अभी कुछ समय तक प्रासंगिक रहेंगे। छाँटने का काम संजय

भारती, अशोक सेकसरिया और सुनील ने किया है। उन्होंने लेखों में यत्किंचित् सुधार भी किया है, लेकिन मेरी अनुमति (सलाह) से। सुधारने के पीछे सिर्फ एक ही भावना रही है कि पाठक को बेवजह यह न लगे कि वह कोई पुराना लेख पढ़ रहा है।

किसी भी लिखनेवाले को यह पता रहता है कि कई बातों को वह बार-बार और घुमा-फिरा कर लिखता है और नए-नए ढंग से प्रकाशित करता है। पाठकों को अक्सर मालूम नहीं पड़ता कि बातें पुरानी हैं। इससे लेखन को वैधता मिलती है और कभी-कभी बाद के लेखों में ज्यादा परिपक्वता और निखार भी आते हैं। जरूरी नहीं कि हमेशा ऐसा हो। लेखक खुद इसका निर्णायक नहीं हो सकता। इसलिए उसके द्वारा पहले के लिखे हुए विचारों को सुधारना उचित नहीं है। विचारों को निखारना है तो नए सिरे से लिखा जा सकता है। मेरा पुराने विषयों पर नए सिरे से लिखना अभी जारी है। इसलिए चुने हुए लेखों को ज्यादा सुधारने की आवश्यकता महसूस नहीं हुई।

3

जिस वैचारिक धारा का हमने ऊपर जिक्र किया है, जिसको देशीय चिन्तन कहा गया है, उसको इस वक्त हम कोई वैचारिक नाम नहीं दे रहे हैं। देशीय चिन्तन एक व्यापक शब्द है। उसके अलग-अलग मतवाद और वैचारिक सम्प्रदाय हो सकते हैं। एक सम्प्रदाय बनाने की दृष्टि से उसका नामकरण करने से हम बच रहे हैं। वह गांधीवाद नहीं है, गांधी उसका संस्थापक था। शताब्दी-पुरुष के रूप में याद करने के लिए अमरीकी पत्रिका 'टाइम' ने गांधी पर नेलसन मंडेला से जो लेख लिखवाया, उसमें मंडेला ने गांधी को 'देशीय बुद्धि, आत्मा और उद्योग के पुनर्जागरण का जनक' कहा है। मंडेला यह बात सारी दुनिया के सन्दर्भ में कहता है–''जब औपनिवेशिक मनुष्य ने सोचना छोड़ दिया था और उसका समर्थ होने का अहसास लुप्त हो चुका था, गांधी ने उसे सोचना सिखाया और उसके सामर्थ्य के अहसास को पुनरुज्जीवित किया।''

विचारों के विकास के क्रम में कोई मतवाद बनता है तो यह कोई बुरी बात नहीं। लेकिन मतवाद या मत-सम्प्रदाय अल्पकाल में ही प्रभावी होते हैं। लम्बे समय में उनकी तेजस्विता का क्षय होता है और उनमें जड़ता तथा मतान्धता आ जाती है। किसी व्यक्ति के नाम से मतवाद या सम्प्रदाय बनाना एक अवैज्ञानिक परम्परा है। उससे मूल गुरु के विचारों की नई सम्भावनाएँ खत्म हो जाती हैं। बीसवीं सदी के परिवर्तनवादी (रैडिकल) मानस को कार्ल मार्क्स ने जितना आंदोलित किया था, उतना और किसी ने नहीं। लेकिन मार्क्सवाद का सम्प्रदाय बन जाना मार्क्स के विचारों के लिए अभिशाप बन गया। उसकी संभावनाएँ इक्कीसवीं सदी के प्रारम्भ में अवरुद्ध दिखाई पड़ती हैं।

हमारे विचार-अनुसन्धान में आधुनिक सभ्यता का संकट एक आधारभूत प्रश्न है। पारम्परिक मार्क्सवाद के लिए यह मुद्दा महत्त्वपूर्ण नहीं है, उसके अनुसार आधुनिक टेकनोलौजी आधुनिकता की रीढ़ है और वह पूँजीवाद को भी उसका गौरव प्रदान करती

है। इसी टेकनोलौजी का ही तकाजा है कि कारखानों के मजदूरों का संगठन मजबूत होगा और पूँजीवादी सामाजिक सम्बन्ध टूटेंगे। लेकिन औपनिवेशिक जनता का अनुभव यह है कि टेकनोलौजी जितनी उन्नत हो रही है, आर्थिक विषमताएँ उतनी ही बढ़ रही हैं। मध्यवर्ग बढ़ जाता है लेकिन दरिद्र असहाय हो जाते हैं। औद्योगिक केन्द्र से वे बहिष्कृत हो जाते हैं। समाजवादी चिंतक सच्चिदानन्द सिन्हा के शब्दों में जन-साधारण का बड़ा हिस्सा यन्त्रों द्वारा फेंक दिया जाता है; समाज का वह एक अनावश्यक (रिडनडैंट) तत्त्व हो जाता है। इस तरह 'टेकनोलौजी बनाम मनुष्य' या 'यन्त्र बनाम जन-साधारण' का सवाल एक समाजशास्त्रीय, अर्थशास्त्रीय, सांस्कृतिक और सैद्धान्तिक द्वन्द्व के रूप में खड़ा होता है। भारत के नब्बे दशक के सारे उल्लेखनीय जन-आन्दोलनों का बड़े या अत्याधुनिक यन्त्रों के विरुद्ध होना, इस बात को दरशाता है। इसलिए इस बारे में चर्चाएँ बढ़ रही हैं और मार्क्सवादी पृष्ठभूमि के लोग भी इस विचार-विमर्श में महत्त्वपूर्ण योगदान कर रहे हैं। टेकनोलौजी के पक्षधरों का रुख दिन-दिन अभिजातवर्गीय होता जा रहा है। नए यान्त्रिक चमत्कारों से आप अभिभूत हैं तो आपको कहना पड़ेगा कि हम भी उसके प्रभामंडल की परिधि में रहकर अपने जीवन को समृद्ध और धन्य करें। जो लोग इस उद्दीप्तमंडल के बाहर फेंक दिए जाते हैं उनके बारे में यह कहना ही होगा कि वे 'अयोग्य हैं तो भाड़ में जाएँ।' यह एक नया उद्घोष है और उच्च शिक्षित समूहों में लोकप्रिय हुआ है। यह उद्घोष बार-बार सुनने को मिल रहा है और बुद्धिजीवियों के बीच बहस और गुरु-गम्भीर सेमिनारी बहसों में इस रुख का इजहार हो जाता है। इसको अब नजरअन्दाज नहीं किया जा सकता, बल्कि इसे राष्ट्र-निर्माण की बहसों में लाकर इसकी जाँच करनी होगी। क्या यह हमारा मान्य मत हो सकता है कि जनसंख्या का इतना हिस्सा उच्छिष्ट और परिहार्य है, जिसके विकास या अविकास को समाज के विकास की कसौटी न माना जाए। यह एक निष्ठुर प्रश्न होगा, लेकिन इसका सटीक उत्तर आवश्यक है। यन्त्रों द्वारा फेंके गए मनुष्यों का समाज में क्या स्थान होगा, उनको मनुष्य समाज में क्या समझा जाए और उनके साथ कैसा बरताव किया जाए ? समाजशास्त्र, अर्थशास्त्र के लोगों को और उन सभी बुद्धिजीवियों को जो सामाजिक नीतियाँ बनाते हैं, इन निष्ठुर प्रश्नों पर अपनी स्पष्ट राय देनी होगी।

4

किताब में बुद्धिजीवी का विशेष संदर्भ में जिक्र आता है, यानी भारत जैसे देश में उसकी भूमिका क्या है। क्या बुद्धिजीवी समाज का एक अंग है ? मार्क्सवाद के अनुसार वह (बुद्धिजीवी) व्यक्ति है (ग्रामसी की बात कुछ दूसरी है)। उदारवाद भी बुद्धिजीवी को व्यक्ति ही मानता है। उदारवाद और मार्क्सवाद में फरक यह है कि उदारवाद बुद्धिजीवी को उद्देश्यों की स्वच्छन्दता देता है, मार्क्सवाद उसको क्रान्ति के पीछे-पीछे चलने के लिए कहता है। मार्क्सवादी अवधारणा को लेकर आप बुद्धिजीवी को समाज के

उत्थान-पतन-सर्वनाश के लिए उत्तरदायी नहीं बना सकते। सिर्फ व्यक्ति के तौर पर उसको पुरस्कृत या दंडित कर सकते हैं। हमारी स्थापना यह है कि बुद्धिजीवी समाज का एक अंग है, व्यक्ति के तौर पर नहीं, एक नियामक वर्ग के रूप में। वह समाज को परिचालित करता है। मनुष्यों का कोई भी समूह बगैर सोचे कुछ करता नहीं। मनुष्य को कुछ करने लिए कुछ धारणाओं की आवश्यकता होती है। ज्ञान और धारणाओं के द्वारा परिचालित होकर मनुष्य आगे का कदम उठाता है। समाज का बुद्धिजीवी सामाजिक मनुष्य की धारणाओं को निरूपित-प्रभावित करता है। वह दुर्बोध कविता लिखे या वकालत करे, प्रशासनिक अधिकारी बने या उद्योगों का प्रबन्धन करे, जिस धन्धे को उसने अपनाया है और जिस योग्यता का दावा करते हुए वह उस काम में लगा है, उस योग्यता और स्थिति की बदौलत वह बुद्धिजीवी होता है। चाहे-अनचाहे उसका प्रभाव सामाजिक चेतना पर पड़ता है। या तो वह किसी प्रचलित धारणा को पुष्ट करता है या किसी नई धारणा को प्रसारित करता है। सामान्य नागरिक की धारणाओं के लिए वह जिम्मेदार है।

सामान्य नागरिक और बुद्धिजीवी के बीच का विभाजन विकासशील देशों में अधिक स्पष्ट है। अत्याधिक आर्थिक गैर-बराबरी, भारी निरक्षरता और विदेशी भाषा के वर्चस्व के कारण औपनिवेशिक समाजों में यह गहरा विभाजन पैदा हुआ। सामान्य नागरिक की धारणाओं को बुद्धिजीवी समूह प्रभावित करता है। अगर लोग कहते हैं कि भारत तेजी से बढ़ रहा है या अफ्रीका के लोग अमरीकी गोरों से कम योग्यतावाले हैं तो उन्होंने कभी भी इन धारणाओं को बनाया नहीं है, अपनाया भी नहीं है, उनके मानस में ये धारणाएँ प्रवेश कर गई हैं क्योंकि बुद्धिजीवी समाज इन धारणाओं को या तो बनाता है या अपनाता है। जीवन, जगत, वस्तु, समाज, भविष्य आदि की जो धारणाएँ मनुष्य की चेतना में रहती हैं उनके मुताबिक लोग कार्यरत हैं। इसलिए समाज की सारी गति और दुर्गति के लिए बुद्धिजीवी उत्तरदायी है। भारत की समृद्धि हो रही है तो भारत का बुद्धिजीवी प्रशंसा का पात्र है, भारत की दुर्गति हो रही है तो भारत का बुद्धिजीवी निन्दा का। यह किसी व्यक्ति विशेष का मूल्यांकन नहीं है। हरेक राष्ट्र का एक बुद्धिजीवी समूह होता है, भाषा का एक बुद्धिजीवी समूह होता है, सम्प्रदायों का अपना बुद्धिजीवी समूह होता है। बुद्धिजीवी का एक वर्ग के रूप में मूल्यांकन किसी लेखक, पत्रकार या वैज्ञानिक के मूल्यांकन से ज्यादा जरूरी है। विभिन्न समाजों के इतिहास में अन्धकार युग के नाम से एक अध्याय आता है। सम्भवतः यह अन्धकार युग उनके पहलेवाले समय के बुद्धिजीवी समूह के लुच्चेपन का परिणाम है। हमारे समय के बुद्धिजीवी को इसी तरह के कटघरे में खड़ा करना होगा। जो यह मानते हैं कि अयोग्य लोग भाड़ में जा रहे हैं तो जाएँ, लेकिन वे यह कहकर तो देखे—अपनी बात को शास्त्रीय भाषा में बोलने की कोशिश तो करे !

इस बीच भारत के बुद्धिजीवी समूह में एक नवधनिक वर्ग पैदा हो गया है। इलेक्ट्रॉनिक यन्त्र और पाँचवें वेतन आयोग के चलते सामान्य प्राध्यापक कारवाला हो

गया है और नौटंकी करने की प्रतिभावाले करोड़पति हो गए हैं। इस नवधनिक बुद्धिजीवी तबके की समाज और साहित्य में चर्चा होनी चाहिए।

आखिर बुद्धि या ज्ञान किसलिए ? इसलिए कि मनुष्य समुदाय जिन समस्याओं और संकटों से रूबरू होता है, उनको आयत्त किया जा सके। उनको समझने के लिए दिशा-दर्शन मिल सके। बीसवीं सदी के उत्तरार्ध की यह घोर विडम्बना है कि साठ के दशक के बाद जितनी समस्याएँ मनुष्य-समाज में दिखाई पड़ रही हैं, उनमें से किसी के बारे में नागरिकों को समझाने की क्षमता बुद्धिजीवियों में नहीं रह गई है। गरीबी, बीमारी, अशिक्षा, बेरोजगारी, भ्रष्टाचार, गुलामी, युद्ध, असम्मान और आत्महत्याएँ–इनमें से किसी एक भी समस्या से समाज को मुक्ति मिल पाने का दावा क्या भारत का यह धनी बुद्धिजीवी वर्ग कर सकता है, जो यह दिखावा कर रहा है कि किसी सहस्राब्दी में उसका प्रवेश हो रहा है ?

क्या वह विश्वासपूर्वक यह बता सकता है कि गाँव और धर्म का भविष्य क्या है ? गाँव का अस्तित्व अगली शताब्दी में रहेगा या नहीं; किस रूप में रहना चाहिए ? क्या धर्म रह जाएगा ? क्या इस्लाम रहेगा ? क्या इस्लाम का यह उद्घोष कि 'सूद लेना हराम है' हमारी वांछित समाज-व्यवस्था का आर्थिक नियम बन पाएगा ? एक हजार साल से अधिक पहले एक 'अर्ध-सभ्य' समाज में पैगम्बर मुहम्मद ने इस नियम को लागू करने की कोशिश की थी, और लोगों ने उसे स्वीकारा था। आज की विश्व अर्थनीति में धन पर सूद कमानेवाले ही सबसे अधिक शक्तिशाली बने हुए हैं तो क्या किसी देश का बुद्धिजीवी समूह इस्लामी सिद्धान्त के आधार पर विश्व अर्थनीति की पुनर्रचना का प्रस्ताव रख सकता है ?

5

गाँव और धर्म की चिन्ता हमें इसलिए है कि अन्ततोगत्वा हमारी चिन्ता का विषय है विषमता और अनैतिकता। मनुष्य के विकास और समाज की प्रगति पर सोच-विचार करते समय यह मानकर चलना पड़ता है कि मनुष्यों में आपसी सद्भाव बढ़ना चाहिए, एक आदमी दूसरे को मित्र और सहयोगी के रूप में देखे। सारे सोच-विचार का यही प्रस्थान-बिन्दु है। नैतिकता का भी यह आरम्भ-बिन्दु है। विषमताओं की मात्रा कितनी कम होने पर मनुष्यों में मैत्री की भावना पनप सकेगी–इसी को हम न्यूनतम समानता मान लें। समाज के जिस बदलाव को हम समर्थन दे रहे हैं, जिन नीतियों को हम बढ़ावा दे रहे हैं, उनकी अन्तिम कसौटी यह होती है : क्या नैतिकता बढ़ेगी, विषमताएँ घटेंगी ? इस पुस्तक का केन्द्रीय विषय यही है।

जब यात्रा बहुत लम्बी होती है और रास्ते में नए-नए अनुभव आ जाते हैं तो यात्रा के प्रस्थान-बिन्दु और यात्रा के लक्ष्य विस्मृत हो जाते हैं। इस पुस्तक का एक उद्देश्य शायद यह है कि समता और नैतिकता की कसौटियों का पुनरुद्धार हो। समाज अपनी

सच्ची और तथाकथित उपलब्धियों पर इन कसौटियों को लागू कर पुनर्चिन्तन करे। दुनिया के सर्वश्रेष्ठ चिन्तक अक्सर यह कहते हुए पाए जाते हैं कि वे कोई नई बात नहीं कह रहे हैं, उनके पहले बहुतों ने ये बातें कही हैं। ये चिन्तक असल में मूल बातों को कहना चाहते हैं, इसलिए उनकी बात मौलिक होती है। हमारी किताब मौलिक नहीं है। वह सामाजिक विचार-विमर्श को मूल बातों की ओर मोड़ने का एक अधूरा और नगण्य प्रयास है।

6

मेरा अपना सोचने का ढंग राजनैतिक है। राजनीति में मेरी कोई उपलब्धि नहीं है। लेकिन समाज और दुनिया को समझने के लिए राजनैतिक कर्म एक बहुत बड़ा माध्यम प्रतीत हुआ है। राजनैतिक कर्म में ऊँचे से ऊँचे और घटिया से घटिया स्तर का मानवीय चरित्र और कार्य-कलाप दिखाई पड़ता है, जिनका अनुभव समझदारी को बढ़ाता है। विशेषकर विकासशील देशों की विद्रोहात्मक राजनीति का आकलन करने के लिए यह अनुभव और समझदारी बहुत जरूरी है। सम्भवतः बीसवीं सदी में जो श्रेष्ठ विचार और व्यवहार औपनिवेशिक देशों में दिखाई दिए थे, उन सबका निकट सम्पर्क राजनैतिक क्षेत्र से था। दबी हुई मनुष्यता के पुनरुत्थान की कठिन और अदम्य कोशिश का एक व्यापक क्षेत्र था—औपनिवेशिक देशों का राजनैतिक विद्रोह। इस विद्रोह का विस्तार मानस में अभी तक है। उससे कई आधार बन गए हैं। उन आधारों को जीवित रखने की कोशिश साहित्य और शास्त्र तथा राजनीति में होनी चाहिए।

यह माना जा सकता है कि ये लेख पुस्तक के प्रथम खंड के लेख हैं, जिनमें समाज और देश के भविष्य के विषय में कुछ सैद्धान्तिक विवेचन हैं। दूसरे खंड के लेख ज्यादा समस्या केन्द्रित होंगे। उनमें समस्याओं के अलग-अलग क्षेत्रों का नीति-निर्धारण के उद्देश्य से विवेचन होगा। राजनीति, अर्थनीति, किसान आन्दोलन, प्रतिरक्षा, कूटनीति, जाति-प्रथा, समाजवाद आदि की समस्याओं के नीति-विवेचन के सन्दर्भ में एक लम्बे अरसे (1977 से अभी तक) में लिखे गए कुछ लेखों को पुरतक-रूप देने पर वह इसी पुस्तक का द्वितीय खंड होगा।

—किशन पटनायक

सभ्यता का संकट

- नए विचारों और नए शास्त्रों की प्रतीक्षा
- गुलाम दिमाग का छेद
- संस्कृति और अपसंस्कृति
- आधुनिक विज्ञान और तकनीक का दम्भ
- इंटरनेट और बैलगाड़ी के विरुद्ध एक घोषणा-पत्र
- 'मैं प्रलयवादी हूँ'–आधुनिकतावादियों से नम्र निवेदन
- कालाहांडी की क्षुधा
- रुवांडा हमारा भविष्य है ?
- नाइजीरिया का अदृश्य खलनायक
- मणिवेली : आधुनिक विकास की एक किंवदन्ती
- मानव-अधिकारों का भ्रम

नए विचारों और नए शास्त्रों की प्रतीक्षा

बीसवीं सदी के अन्तिम दशकों में मनुष्य का विचार कमजोर हो रहा है, मानो मनुष्य जाति का दिमाग छोटा हो रहा है। परिस्थितियों को समझने और सुलझाने के लिए प्रचलित विचार और सारे शास्त्र बिलकुल नाकाफी साबित हो रहे हैं। इक्कीसवीं सदी शुरू होने के पहले इस समस्या का हम बयान कर देना चाहते हैं ताकि मनुष्य की विचार-शक्ति को पुनः जागरित करने के लिए हर दिशा से प्रयास हो।

इसमें कोई शक नहीं है कि अध्ययन, मनन, चिन्तन आदि के काम पहले से ज्यादा मात्रा में हो रहे हैं। ग्रन्थों की रचना और शास्त्रीय अनुसन्धान पहले से कई गुना अधिक है। कहा जाता है कि चिन्तन-मनन में सहायता जुटाने के काम में आधुनिक टेकनोलौजी एक जबरदस्त भूमिका अदा कर रही है। इस दावे के बारे में हम आश्वस्त नहीं हैं। क्या इसके परिणामस्वरूप मनुष्य अपनी परिस्थितियों का मुकाबला करने में अपने को ज्यादा सशक्त अनुभव कर रहा है ?

विचार कोई कूड़ा नहीं है कि उसका ढेर बनता जाए और न ही वह प्रदर्शनी का कोई माल है कि हम उसके बारे में कहें कि इतना लम्बा, मोटा या विस्मयकारी है। विचार ऐसी भी वस्तु नहीं कि श्रीमन्त लोग उसको बड़ी मात्रा में खरीदकर मौज-मस्ती करें। विचार की उत्पत्ति तब हुई जब एक प्रजाति के तौर पर मनुष्य को लगा कि वह चुनौतियों से घिरा हुआ है, जिन्हें समझे और सुलझाए बगैर उसका चल पाना सम्भव नहीं है। जब कई चीजों की समझ पक्की हो जाती है तो वह शास्त्र बन जाती है। बहुत सारी बातें विवाद और अनुसन्धान की प्रक्रिया में रहती हैं। शेष जो रहस्य और अन्धकार की तरह जान पड़ता है उसको भी कल्पना और मिथकों के द्वारा वैचारिक साँचे के अन्तर्गत रखा जाता है। इन तीन परतों के परस्पर सम्बन्ध से मानवीय विचार का एक संसार बनता है। हर मनुष्य या मनुष्य-समुदाय का एक विचार-संसार होता है।

इस विचार-संसार को हटा दें तो मनुष्य का ही अस्तित्व नहीं रहेगा। इस विचार-संसार में रहकर मनुष्य को विश्वास रहता है कि वह टिका रहेगा, बुरी स्थितियों से उबर पाएगा और एक बेहतर भविष्य बनाएगा। यह विचार-संसार इन दिनों बिलकुल सूना हो गया है। जिन सफलताओं को प्राप्त करने के लिए मनुष्य युगों से प्रयासरत था, जिन सफलताओं को हम बीसवीं सदी के प्रथमार्ध में आसन्न समझते थे, वे अब बहुत दूर और प्रायः असम्भव दिखने लगी हैं।

एक प्रजाति के तौर पर मानव की सफलता क्या हो सकती है ? इसको दो हिस्सों में कहा जा सकता है : पहला, ब्रह्मांड से मनुष्य का एक ऐसा सम्पर्क स्थापित हो कि सम्पूर्ण सृष्टि में उसको अपनी हिस्सेदारी का अनुभव हो। यह सर्वोच्च लक्ष्य है। दूसरा, और निम्नतम लक्ष्य यह होगा कि प्रत्येक मनुष्य को स्वाभिमान के साथ एक स्वस्थ जीवन जीने की पर्याप्त सुविधाएँ प्राप्त हों। जहाँ निम्नतम और सर्वोच्च दोनों लक्ष्यों की प्राप्ति के लिए कोशिशें होती रहती हैं वहाँ सभ्यता होती है।

आज तक के इतिहास को हम धिक्कार सकते हैं कि अभी तक उपर्युक्त निम्नतम लक्ष्य को भी मानव समाज ने प्राप्त नहीं किया है। इक्कीसवीं सदी के प्राक्काल में हम पाते हैं कि निम्नतम लक्ष्य और सर्वोच्च लक्ष्य दोनों स्तरों पर विचार की कमी हो गई है। आज लगता है कि किसी भी मानवीय समस्या के हल के लिए मनुष्य के पास बुद्धि नहीं है। पचास साल पहले स्थिति बेहतर थी। मनुष्य के विचार-संसार में बहुत सारे सकारात्मक तत्त्व थे जिनके चलते लगता था कि मनुष्य अपने निम्नतम लक्ष्य को प्राप्त कर लेगा। गरीबी, बीमारी और अपराध से मुक्त एक विश्वव्यापी समाज-व्यवस्था की सम्भावना तत्कालीन विचार-संसार में दिखाई पड़ती थी। गरीबी, बीमारी और अपराध की व्यापकता के कारण सामाजिक मनुष्य का सबसे बड़ा काम जीवित और सुरक्षित रहना हो जाता है। केवल जीवित रहने के लिए जीवन-संग्राम करते रहना एक निकृष्ट स्थिति है। धनी वर्ग या धनी देश का होने से इस स्थिति में कोई फरक नहीं पड़ता है। कारण, आज के जैसे विषमतापूर्ण विश्व-समाज में एक हिस्से का जीवन-संग्राम पेट भरने के लिए होता है तो दूसरे हिस्से का जीवन-संग्राम पेटू बने रहने के लिए होता है। इस निकृष्ट स्थिति से मनुष्य जाति को ऊपर उठाने के काम में इस वक्त के सारे शास्त्र अपनी असमर्थता जाहिर कर रहे हैं।

विश्वविद्यालय, सामाजिक कार्य, राजनीति या मीडिया के क्षेत्र से एक औसत बुद्धिमान व्यक्ति से निम्नलिखित सवाल पूछे जाएँ :

- 95 फीसदी मनुष्यों को सुख-शान्ति देनेवाले एक मनुष्य-समाज की कल्पना क्या आगामी पचास या सौ साल के अरसे में आप कर सकते हैं ? क्या इस दिशा में कोई विश्वसनीय खाका है, जिसको आप जानते हैं ?
- बीस-तीस साल बाद की जनसंख्या को पर्याप्त भोजन देने के लिए कोई योजना अगर अमल में नहीं, तो सोच-समझ के स्तर पर ही सही, कहीं चर्चा में है क्या ?
- इन दिनों जो शास्त्र या विचारधाराएँ प्रचलित हैं उनके आधार पर बेरोजगारी, गृहहीनता, सामूहिक बीमारी, अशिक्षा, गाँव की बदहाली आदि को अगले कुछ दशकों में मिटाना सम्भव लगता है क्या ?
- क्या पिछले दस साल में आपने कोई ऐसी किताब पढ़ी है जिससे यह जानकारी मिलती हो कि विभिन्न देशों में लोकतन्त्र के सामने कैसी चुनौतियाँ हैं तथा लोकतन्त्र को अधिक सार्थक और कारगर बनाने के लिए कौन से काम करने होंगे ?
- इस वक्त के सामाजिक शास्त्रों या यन्त्र-विज्ञान की ओर से क्या ऐसा कोई

योगदान होने जा रहा है जिसके बल पर भारत या अफ्रीका का एक साधारण नागरिक आश्वस्त हो सके कि उसके लिए बेहतर समय आ रहा है ?

इन सवालों के उत्तर नकारात्मक और घोर सन्देहयुक्त होंगे। यानी आदमी को सुख-शान्ति और स्वायत्तता देने की दिशा में कोई भी शास्त्र प्रभावी ढंग से कार्यरत नहीं है।

इतिहास-शास्त्र को लें। गैर यूरोपीय इतिहासकारों ने अभी तक कोई विश्व-इतिहास नहीं लिखा है जिसका दृष्टिकोण गैर यूरोपीय हो। विश्व-इतिहास लेखन के बारे में यह स्पष्ट हो चुका है कि यूरोपीय इतिहासकारों द्वारा लिखित विश्व-इतिहास यूरोपीय चेतना के अनुरूप है और यूरोप-केन्द्रित है। यह स्वाभाविक है कि एशियाई इतिहासकार लिखेगा तो वह भी पूरी तरह वस्तुपरक नहीं होगा। लेकिन दोनों के मेल से एक निरपेक्ष इतिहास-शास्त्र का उदय हो सकता है। विडम्बना यह है कि एशियाई, अफ्रीकी, दक्षिण अमरीकी चेतना द्वारा प्रभावित विश्व-इतिहास लिखा नहीं जा रहा है; यूरोप-केन्द्रित इतिहास में जो भी सुधार हो रहा है पश्चिम के विद्वानों के द्वारा ही हो रहा है।

सोवियत संघ का पतन हमारे युग की एक महत्त्वपूर्ण और निर्णायक घटना है। जैसा अमरीकी साम्राज्य है, वैसा ही था सोवियत साम्राज्य—दैत्याकार और स्थायी दीखनेवाला। कई सारी बातें अमरीका से भिन्न थीं। यकायक टूट गया यह साम्राज्य, जैसे कोई ताश का घर बिखर जाता है। इसके पतन के इतिहास और कारणों के बारे में एक भी चर्चित किताब नहीं लिखी गई है; एक भी कारण विश्वसनीय ढंग से बताया नहीं जाता है। हो सकता है कि इसी तरह एक दिन अमरीकी व्यवस्था भी लुढ़क जाए और हम जान ही न पाएँ कि ऐसा कैसे हुआ। कितना दरिद्र हो गया है शास्त्र !

तीन-चार साल पहले भी हम जान नहीं सके कि सोवियत रूस इस तरह खत्म होने जा रहा है। तीन-चार माह पहले हम जान नहीं पाए कि 'एशिया के शेर' एक कगार पर पहुँच चुके हैं। इस तरह से एक लम्बी सूची हो जाएगी—यह दरशाने के लिए कि शास्त्र इन दिनों अपनी प्राथमिक जिम्मेदारियाँ नहीं निभा पा रहे हैं। शास्त्रों के जानकार लोगों को चाहिए कि सन् 2000 के अन्त तक वे एक रिपोर्ट पेश करें कि आज ज्ञान-विज्ञान की क्या स्थिति है, और मानव समाज का मार्गदर्शन करने के लिए वह कितना सक्षम है।

2

शास्त्र कैसे दिवालिए हो गए ? इसका उत्तर भी प्रचलित शास्त्रों में नहीं मिलेगा। शास्त्र-निर्माण के बारे में दो धारणाएँ प्रचलित हैं : एक यह कि विशिष्ट वर्ग की मेधा से शास्त्र उत्पन्न होता है; दूसरी यह कि शोषित वर्ग का जो उदीयमान समूह होता है उसके हित के अनुरूप नए विचार उत्पन्न होते हैं। दोनों व्याख्याएँ आंशिक रूप से सही हैं। 1950 से पूर्व के विचार-निर्माता मुख्यतः यूरोपीय लोग ही हो सकते थे क्योंकि वे

ही राजनैतिक तौर पर स्वायत्त और सार्वभौम थे। उनका ज्ञान यूरोप-केन्द्रित था, फिर भी उसमें गम्भीरता और गहराई थी। आधुनिक पश्चिमी विचार की शुरुआत यूरोपीय नवजागरण (रेनेसाँ) से हुई। ईसाई धर्म, ग्रीक-रोमन सभ्यता, अरबी ज्ञान आदि का प्रकांड मन्थन उसके पीछे था। कुछ मानवीय लक्ष्यों को शाश्वत मूल्यों का दरजा देकर विचारों का निर्माण शुरू हुआ था। इसलिए पश्चिम-केन्द्रित होते हुए भी उच्च कोटि का शास्त्र पैदा हुआ। उसमें बहुत सारे विचार हैं जो उदात्त हैं और भविष्य के लिए निर्माण में सहायक होंगे। लेकिन 1945-50 के बाद से पश्चिम के अन्दर ही विचार के मुख्य केन्द्र यूरोप से हटकर अमरीका में स्थानान्तरित हुए।

शास्त्र और विचार-निर्माण का नियामक जब से अमरीका हो गया है, पश्चिम का विचार-संसार यूरोपीय नवजागरण की धुरी से अलग होता गया है। पश्चिम के विचार में पहले का औद्धत्य तो रह गया है लेकिन उसकी गम्भीरता खत्म हो गई है। इसकी विशेष चर्चा फिर कभी हो सकती है; लेकिन इस सत्य की तरफ ध्यान देना होगा कि मानवीय विचार का नवीकरण विभिन्न युगों में जब भी हुआ है, ज्ञान केन्द्रों का भौगोलिक स्थानान्तरण हुआ है। भौगोलिक स्थानान्तरण के साथ-साथ भाषा का भी परिवर्तन हुआ है। नई यानी अपेक्षाकृत पिछड़ी भाषाओं के माध्यम से ही ज्ञान का अगला दौर समृद्ध होता है। चीनी, संस्कृत, ग्रीक, रोमन, लैटिन, अँगरेजी, अमरीकी-अँगरेजी, शास्त्र निर्माण के अलग-अलग युग के नाम हैं; अलग-अलग स्थान और भाषा के नाम हैं।

1950 में ज्ञान-केन्द्र का जो महाद्वीपीय स्थानान्तरण हुआ, उसका एक जबरदस्त विकल्प उन दिनों था। 1945 में अमरीका पश्चिम का चक्रवर्ती घोषित हुआ। उसी कालखंड में एशिया, अफ्रीका और लातिन अमरीका के एक सौ देश राजनैतिक स्वाधीनता प्राप्त कर रहे थे। मनुष्य की गरिमा बढ़ानेवाले जिन राष्ट्रीय आन्दोलनों से इतनी बड़ी मानवता का राजनैतिक पुनरुत्थान हुआ, उनमें एक बौद्धिक पुनरुत्थान की भी सम्भावना थी। इन सारे राष्ट्रीय आन्दोलनों में मानव कल्याण की आकांक्षाएँ थीं। लेकिन बहुतों के निकट यह स्पष्ट नहीं था कि आकांक्षाओं की पूर्ति पश्चिम के शास्त्रों के सहारे नहीं हो सकती है। उपर्युक्त तीनों महाद्वीपों के विशिष्ट वर्ग ने सोचा कि पश्चिम के बने-बनाए शास्त्रों के बल पर सारी मानव जाति का कल्याण हो सकता है; अतः नया ज्ञान पैदा करने का बीड़ा उठाना जरूरी नहीं है। इन तीनों महाद्वीपों के अश्वेत बुद्धिजीवियों के इस ऐतिहासिक पलायन से पश्चिम का वैचारिक वर्चस्व अमरीका के जरिए पुनः स्थापित हो गया। पश्चिमी शास्त्रों का यह अमरीकी संस्करण पहले से ज्यादा अनुपयोगी है; अब मनुष्य जाति को एक शास्त्रविहीन (विचारविहीन) युग में ढकेला जा रहा है। हम इक्कीसवीं सदी के आरम्भ में अज्ञान के एक युग में प्रवेश कर रहे हैं। अभी से इस बात को समझ जाएँ तो बीस-तीस साल में उससे उबर भी जाएँगे।

–दिसम्बर, 1998

गुलाम दिमाग का छेद

गुलामी में एक सुरक्षा है। अनुकरण और निर्भरता में एक सुरक्षा है—खासकर बौद्धिक निर्भरता में। इसलिए इसकी लत लग जाती है। जो लोग, व्यक्ति या समूह लम्बे समय तक गुलाम बने रहते हैं, उनके स्वभाव में कुछ परिवर्तन आ जाता है। ज्यादा समय तक गुलाम रहनेवाले देशों और कम समय तक या न के बराबर गुलाम रहनेवाले देशों के चरित्र में एक भिन्नता होती है। पहली किस्म के लोग अपने निर्णय से कठिन काम नहीं कर सकते। गुलाम व्यक्ति आदेश मिलने पर कठिन काम करता है, अनिच्छा से करता है, उसमें उसे रस नहीं मिलता। इस तरह कठिन काम के प्रति अनिच्छा उसका स्वभाव बन जाती है। बाद में जब वह आजाद होता है, तब भी वह कठिन काम, कठोर निर्णय से भागता है। कठिन काम करने में जो रस है, जो तृप्ति है, उसे वह समझ नहीं पाता। जो कठिन है वह सम्भव है; दीर्घकालीन हित के लिए कठिन कार्य हरेक के लिए आवश्यक है—यह भाव उसके आचरण से गायब हो जाता है।

भारत का लगभग हरेक बुद्धिजीवी अपने जीवन में कई बार विभिन्न प्रसंगों में यह बात कहता पाया जाता है—'बात तो सही है, लेकिन इस पर अमल कठिन है।' 'लेकिन' और 'कठिन' शब्दों का उच्चारण वह इस तरह करता है मानो 'कठिन' 'असम्भव' का पर्यायवाची हो।

मूल योजना मालिक बनाता है। कार्यान्वयन के स्तर पर नौकर भी बहुत सारे परिवर्तन और निर्णय करने का अधिकार ले लेता है। सामूहिक गुलामी की आदत से भी कुछ ऐसा ही स्वभाव पैदा होता है कि योजना की दिशा या मूल सिद्धान्त के बारे में वह सोचना नहीं चाहता, उसकी कोशिश भी नहीं करता।

महिलाओं पर यह बात लागू होते हुए बहुत साफ दिखाई देती है। जिन समाजों में लम्बे समय से महिलाओं को कानूनी आजादी मिली हुई है, वहाँ भी महिलाएँ मौलिक निर्णयों के स्तर पर दखल नहीं देतीं, दर्शन और मूल सिद्धान्त के क्षेत्र में उनकी ज्यादा दिलचस्पी नहीं होती, जबकि ब्योरों के क्षेत्र में वे माहिर हो जाती हैं।

इस तरह का स्वभाव पैदा होने के अन्य कारण भी हो सकते हैं। लेकिन लम्बे समय तक गुलाम रहनेवालों में यह प्रवृत्ति अकसर पाई जाती है। सारे गुलाम देशों का यह लक्षण है। अल्पकालीन गुलामी में सिर्फ राजनैतिक गुलामी होती है, जबकि दीर्घकालीन गुलामी में मानसिक गुलामी आ जाती है। इसलिए गुलामी के अभ्यस्त समूहों में गुलामी

के प्रति आक्रोश शिथिल होता है। गुलामी के खिलाफ तीव्र प्रतिक्रिया नहीं होती। वे समझ नहीं पाते कि गुलामी एक घृणित बुराई है।

हमारे जितने राष्ट्रीय बुद्धिजीवी हैं (जिस तरह कुछ अँगरेजी अखबारों को राष्ट्रीय अखबार कहा जाता है, उसी तरह कुछ अँगरेजीवाले बुद्धिजीवियों को राष्ट्रीय बुद्धिजीवी कहा जा सकता है) उनमें कुछ अपवादों को छोड़कर किसी ने यह नहीं माना है कि 1757 के प्लासी-युद्ध में पराजय के कारण भारत बरबाद हो गया, उसकी अपूरणीय क्षति हुई। 'आजादी खोना बुरी बात तो है ही, लेकिन...'। 'लेकिन' के लहजे में हमारा बुद्धिजीवी ऐसी बातें कहने लगेगा मानो आजादी खोना कोई पछतावे की बात नहीं है, उसकी कीमत पर हमने इतना सारा फायदा हासिल किया है कि हमें तो अँगरेजों के प्रति कृतज्ञ होना चाहिए कि उन्होंने हमें दास बनाया।

भारत के कितने अँगरेजी लिखने-बोलनवाले बुद्धिजीवी हैं जो भारत के आधुनिकीकरण के लिए अँगरेजी हुकूमत को श्रेय नहीं देते ? जो यह नहीं मानते कि अगर भारत पर ब्रिटिश हुकूमत नहीं होती तो भारत आधुनिक ज्ञान-विज्ञान और अँगरेजी भाषा का उतना फायदा नहीं उठा पाता, जितना वह आज उठा रहा है ? अपवाद के तौर पर ही ऐसे लोग मिलेंगे। 1857 की असफल क्रान्ति के बारे में हमारे कुछ प्रसिद्ध इतिहासकारों ने लिख दिया है कि जो हुआ, वह अच्छा ही हुआ। अगर 1857 की क्रान्ति सफल हो जाती तो भारत अज्ञान के अन्धकार और अन्धविश्वास के गर्त में डूबा रह जाता। ऐसा माननेवालों के मस्तिष्क के बारे में सोचना पड़ेगा। प्रश्न यह है कि कहीं उनके मस्तिष्क में कोई छेद तो नहीं हो गया है, अन्यथा सामने पड़े हुए तथ्यों को वे कैसे नजरअन्दाज कर देते हैं। उनके सामने यह तथ्य है कि जापान और चीन यूरोपीय हुकूमत के अधीन नहीं रहे। क्या चीन और जापान का आधुनिकीकरण भारत से कम हुआ है ? हो सकता है कि भारत का बुद्धिजीवी जापान को अपने से कम आधुनिक समझता हो, क्योंकि पढ़ा-लिखा जापानी अभी भी फर्श पर बैठकर अतिथियों को चाय पिलाता है।

दिमाग में छेदवाली बात अनुसन्धान के लायक है (जीवविज्ञान के तहत नहीं, मनोविज्ञान के तहत), क्योंकि भारत का बुद्धिजीवी कई बार जिस तरह तर्क करता है, वह आश्चर्यजनक है। अच्छे-से-अच्छे आदमी भी इसका शिकार हो जाते हैं। ए.जी. नूरानी अँगरेजी अखबारों के लेखकों में एक सौम्य व्यक्ति हैं। उनके लेख नपे-तुले, संयत और सज्जनतापूर्ण होते हैं। श्री नूरानी ने एक बार चीन यात्रा से लौटकर उसके संस्मरण लिखे। इन संस्मरणों में यह सूचना थी कि चीन के रेडियो पर अँगरेजी की शिक्षा दी जा रही है और चीनी लोग बड़े आग्रह से रेडियो खोलकर अँगरेजी की पढ़ाई कर रहे हैं। इसका हवाला देकर श्री नूरानी ने अपने देश की 'उस मूर्ख' जमात पर, जो अँगरेजी हटाना चाहती है, तीखी टिप्पणी लिख डाली–'हमारे अँगरेजी हटाओ आन्दोलन के नेताओं को इससे सबक लेना पड़ेगा।' यह सचमुच अजीब बात है। श्री नूरानी अच्छी तरह जानते हैं कि अँगरेजी हटाओवाले भारत में अँगरेजी को शिक्षा और राजकाज के माध्यम से हटाना चाहते हैं, उसे एक विदेशी भाषा का दरजा देना चाहते हैं। श्री नूरानी

यह भी अच्छी तरह जानते हैं कि चीन कभी भी अँगरेजी को अपने देश की शिक्षा और राज-काज का माध्यम नहीं बनाएगा। सिर्फ एक विदेशी भाषा के तौर पर वह चीन में लोकप्रिय हो रही है। तर्क की इस गलती का तर्कशास्त्र में एक खास नाम है—आंशिक सामंजस्यवाली वस्तुओं को एक जैसा समझने की गलती करना (फैलेसी)। उदाहरण के लिए राम का रंग गोरा है, रहीम का रंग गोरा है; अतः राम और रहीम दोनों का रूप एक जैसा है। तर्क की गलती तो दुनिया के आधे लोग करते रहते हैं। लेकिन श्री नूरानीवाले तर्क का सारे के सारे भारतीय बुद्धिजीवी इस्तेमाल करते हैं, इसलिए दिमाग में छेदवाली बात की पुष्टि होती है।

वैसे तो आज का सारा गैर यूरोपीय समूह सांस्कृतिक स्तर पर पश्चिम का अनुयायी है। लेकिन भारत उन देशों में है जिसने लम्बी दासता के कारण राजनैतिक, बौद्धिक, सांस्कृतिक स्तर पर हर प्रकार से परावलम्बी होकर अपने सोच को सड़ाया है। चीन और भारत, जापान और भारत के बीच जो चारित्रिक फरक इस वक्त है, उसका एक बड़ा कारण शायद यह है कि चीन और जापान लम्बे समय तक पराधीन नहीं रहे। चीन में माओ के प्रति जितनी श्रद्धा थी, भारत में गांधीजी के प्रति उतनी ही श्रद्धा थी। लेकिन चीन के बुद्धिजीवियों का बड़ा हिस्सा माओ की बात मानकर इसके लिए तैयार हो गया कि एक लम्बी मुद्दत तक वह आधुनिक उपभोक्तावाद से दूर रहेगा। निजी मोटरगाड़ी, पाँचसितारा जीवन-शैली आदि को बहिष्कृत कर चीन ने आर्थिक विकास की बुनियाद डाली। भारतीय बुद्धिजीवी समूह का कोई महत्त्वपूर्ण हिस्सा इसके लिए तैयार नहीं था। उसे लगा कि अगर निजी मोटरगाड़ी और अत्याधुनिक भोग की वस्तुएँ उपलब्ध नहीं होंगी तो वह गँवार और अवैज्ञानिक समझ लिया जाएगा। सिर्फ तानाशाही का कारण बताकर चीनी दिमाग और भारतीय दिमाग के इस फरक को नहीं समझा जा सकता।

इन दिनों भारत का औसत बुद्धिजीवी यह कहता हुआ सुनाई देता है, 'चीन ने उदारीकरण मान लिया। हम कैसे नहीं मानेंगे।' यानी हम चीन से ज्यादा साहसिक और समझदार नहीं हो सकते। इस तर्क का दूसरा पहलू भी है। चीन का तर्क देनेवाला इस बात को बिलकुल भूल जाता है कि चीन की आर्थिक स्थिति भारत से भिन्न है। चीन ने अपने ऊपर विदेशी कर्ज का पहाड़ नहीं खड़ा कर रखा है। इसलिए विदेशी पूँजी आते ही विदेशी दबाव के सामने चीन झुकेगा नहीं।

तर्क और निर्णय, दोनों स्तरों पर गुलाम का दिमाग कमजोर होता है। वह कुशाग्र बुद्धि का हो सकता है। लेकिन जहाँ विचार से निर्णय निकालना पड़ता है, वहाँ वह आश्चर्यजनक ढंग से तर्क की गलती करता है। आखिरकार गुलामी एक अस्वाभाविक स्थिति है। स्वभाव से आदमी आजाद है। एक लम्बे समय तक अगर कोई समूह (या व्यक्ति) गुलाम रह जाएगा तो उसका व्यक्तित्व बीमार हो जाएगा। कुछ चीजों में वह अपंग हो जाएगा। जानबूझकर, कोशिश करके ही कोई समूह इस प्रकार के प्रभाव से उबर सकता है। उबरने के लिए पहला कदम यह होगा कि वह इसके बारे में सचेत

हो कि उसकी विचार बुद्धि और इच्छाएँ गुलामी से प्रभावित हैं; मुक्त नहीं हो पाई हैं।

आजादी-आन्दोलन का हरेक नेता और कार्यकर्ता राजनैतिक दासता के बारे में सचेत था। लेकिन बौद्धिक तथा आर्थिक दासता के बारे में उसकी समझ गहरी नहीं थी। वह सोचता था कि जो भी बौद्धिक या आर्थिक दासता है, वह राजनीतिक दासता का ही प्रतिफलन है। अतः राजनीतिक दासता से मुक्त होना ही पर्याप्त है–प्रतिफल अपने आप मिट जाएगा। यह एक लापरवाही भरा और गलत सोच था, जो जवाहरलाल नेहरू से लेकर सरदार वल्लभ भाई पटेल तक व्याप्त था। सिर्फ मोहनदास करमचन्द गांधी इसके विपरीत सोचता था। वह मानता था कि आर्थिक और मानसिक गुलामी के विरुद्ध कार्यक्रमों को प्राथमिकता न देने पर आजादी मिल तो जाएगी, लेकिन काम की न रह जाएगी। वह विलम्ब के लिए तैयार था। गांधी ने जो कार्यक्रम बताए, उनकी 'रूढ़िवादिता' या 'अव्यावहारिकता' के बारे में बहस हो सकती है। लेकिन बात व्यावहारिकता या अव्यावहारिकता की नहीं थी। जो गांधी के कार्यक्रम से सहमत नहीं थे, उनके लिए आर्थिक और मानसिक दासता का सवाल गम्भीर और बुनियादी नहीं था। इस मामले में गांधी और विश्वकवि रवीन्द्रनाथ ठाकुर का कोई असर आजादी के आन्दोलन पर नहीं रहा।

1960-70 के दशक से बुद्धिजीवियों का एक हिस्सा यह समझने लगा कि बौद्धिक गुलामी एक सत्य है। औपनिवेशिक मानसिकता की लम्बी चर्चाएँ भी होने लगीं। आर्थिक गुलामी को इस तबके ने फिर भी नहीं समझा, इसलिए बात अधूरी रह गई। औपनिवेशिक मानस के विरुद्ध एक आलोचनात्मक भावना बनी, परन्तु उससे निजात पाने का उपाय दिखाई नहीं दिया। औपनिवेशिक मानसिकता के विरुद्ध संघर्ष का कोई कार्य-रूप नहीं बना, इसलिए कि आर्थिक उपनिवेश के साथ-साथ मानसिक औपनिवेशिकता जुड़ी हुई है। उपनिवेश मूल रूप में एक आर्थिक घटना है।

इससे ज्यादा विडम्बना की बात क्या हो सकती है कि जिस विकास पद्धति ने एशिया-अफ्रीका का इतना विनाश किया है, उसके विकल्प ढूँढ़ने की बातचीत भारत के बुद्धिजीवियों ने तब तक शुरू नहीं की जब तक यूरोप में उस विचार का उद्गम और प्रसार नहीं हो गया। आधुनिक विकास के ध्वंसकारी परिणामों के बारे में चिन्ता व्यक्त करना और वैकल्पिक उपायों के अनुसन्धान के लिए उपदेश देना, इस वक्त बुद्धिजीवियों के एक बड़े समूह का काम हो गया है। लेकिन इस जागृति का प्रेरणा-स्रोत भारतीय अनुभव नहीं है, बल्कि यूरोप का पर्यावरण आन्दोलन है। इसके प्रेरणा-स्रोत गांधी नहीं हैं, जरमन शुमाखर या पेट्रा केली हैं। पर्यावरण आन्दोलन और गांधी-आन्दोलन में बड़ा फरक है–दो अलग-अलग अनुभवों का फरक। पर्यावरण आन्दोलन तब शुरू हुआ जब यूरोप को यह अनुभव हुआ कि पर्यावरण के विनाश का असर यूरोप पर भी पड़ सकता है। गांधी-विचार तब शुरू हुआ जब आधुनिक विकास नीति का मानव पर कुप्रभाव दिखाई दिया। मानव पर कुप्रभाव का मतलब यह नहीं कि भौतिक आचरण बिगड़ने लगा, बल्कि यह कि मनुष्य का शोषण अभूतपूर्व ढंग से होने लगा। दुनिया में मनुष्य

समूहों का इतने बड़े पैमाने पर शोषण कभी नहीं हुआ था, जो उन्नीसवीं और बीसवीं सदी में हुआ तथा इक्कीसवीं सदी में होनेवाला है। खासकर भुखमरी की यन्त्रणा दुनिया में कभी इतने बड़े पैमाने पर नहीं थी। यूरोप में इस तरह की भुखमरी नहीं है, इसलिए वहाँ पर्यावरण आन्दोलन है। भारत का पर्यावरण आन्दोलन यूरोप की नकल है। इसलिए इसमें भी भुखमरी का सवाल केन्द्रीय नहीं है। भारत में पर्यावरण के ध्वंस का अधिकांश कार्य मानवीय शोषण के लिए और एक विशिष्ट वर्ग की वासनाओं की पूर्ति के लिए होता है। यहाँ (भारत में या अफ्रीका में) विकास का विकल्प इसलिए जरूरी नहीं कि पर्यावरण का ध्वंस हो रहा है, बल्कि यहाँ पर्यावरण ध्वंसकारी विकास का विकल्प इसलिए चाहिए कि मानव समूहों का विनाश न हो। यहाँ का पर्यावरण आन्दोलन तब तक सफल होनेवाला नहीं है जब तक गरीब समूहों को यह न मालूम पड़े कि यह गरीबी और गैरबराबरी मिटाने का भी कार्यक्रम है।

मुश्किल से दस प्रतिशत संगठनों को छोड़कर धनी मुल्कों से सहायता प्राप्त करनेवाले भारत के सारे गैर-सरकारी संगठन (एन.जी.ओ.) मुख्यतः पर्यावरण आन्दोलन के वाहक हैं। वे अन्तरराष्ट्रीय मुद्राकोष और डंकेल की नीतियों को निर्विरोध आने देना चाहते हैं। वे गरीब देशों के अत्याधुनिकीकरण और उपभोक्तावाद को बढ़ानेवाले कार्यक्रमों का प्रत्यक्ष या परोक्ष समर्थन करने के साथ-साथ पर्यावरण की रक्षा का श्रेय भी लेना चाहते हैं। विश्व बैंक, यूनिसेफ और विदेशी मदद की संयुक्त योजनाओं का (जैसे 'सबके लिए स्वास्थ्य' या 'सबके लिए शिक्षा') कार्यान्वयन विश्व बैंक उन्हीं के माध्यम से कराना चाहता है। फिर भी इन्हीं में से बहुत सारे लोग 'विकास का विकल्प' ढूँढ़ने की बात कर रहे हैं। यह हास्यास्पद है, एक क्रूर मजाक है।

आधुनिक विकास के विकल्प के बारे में कुछ यूरोपीय व्यक्ति भी सोच रहे हैं, लेकिन यह कोई धारा या आन्दोलन नहीं है। पर्यावरण आन्दोलन के साथ उनके अनुभव में उपभोक्तावाद का टकराव नहीं है, क्योंकि पर्यावरण आन्दोलन उनके उपभोक्तावाद को अधिक पुष्ट या परिष्कृत करता है और स्वास्थ्यवर्धक बनाता है।

आधुनिक विकास पद्धति का विकल्प गैर आधुनिक ही होगा। गैर आधुनिक का मतलब है पीछे चलना। गुलामी से अभ्यस्त दिमाग को गैर आधुनिक होने की बात से डर लगता है। इससे घबराहट होती है कि कोई कह देगा कि तुम देश को पीछे ले जाना चाहते हो। यह आरोप सुनकर बड़े से बड़े गांधीवादी और भारतीयतावादी अपनी बात कहते-कहते कुछ देर रुक जाते हैं।

गांधी के 'हिन्द स्वराज्य' की खूबी ही यह थी कि उसमें झिझक या हिचक नहीं थी। 'हिन्द-स्वराज्य' भारत को अठारहवीं सदी में ले जाने का एक आह्वान था, ताकि गुलामी से पहलेवाली स्थिति में खड़े होकर हम अपनी नयी यात्रा शुरू करें। पीछे ले जाने का आरोप लगानेवाले वाकई महामूर्ख होते हैं, क्योंकि समय के बारे में उनका जो अपना दर्शन है (सरल रैखिक समय), उसमें पीछे जाना कभी होता ही नहीं है। सच यह है कि युद्ध को छोड़कर और कहीं पीछे हटना अपमानजनक नहीं होता और युद्ध

में भी सम्मानपूर्वक पीछे हटने की अनुमति रहती है।

लोग पीछे न हटें, आगे बढ़ते जाएँ, इसे पक्का और कानूनी बनाने के लिए डंकेल का दस्तावेज आया है। तीसरी दुनिया के देशों की सारी विकास योजनाएँ अब इसी के द्वारा नियन्त्रित होंगी। आधुनिक विकास पद्धति के ढाँचे के बाहर किसी को रहने नहीं दिया जाएगा। विकास से तंग आकर पीछे लौटने की कोशिश करनेवालों के लिए हर दरवाजा बन्द हो जाएगा। इससे यूरोपीय समूहों को क्या लाभ होनेवाला है, यह बात तब तक साफ नहीं होगी जब तक इक्कीसवीं सदी की एक सच्चाई के बारे में हम अध्ययन नहीं कर लेते। इक्कीसवीं सदी की सबसे बड़ी वास्तविकता यह होगी कि जनसंख्या के मुकाबले विश्व के कुल प्राकृतिक संसाधनों के अनुपात में एकाएक घोर कमी दिखाई देगी। आनेवाले 40-50 वर्षों में जनसंख्या में कितनी वृद्धि होगी, प्राकृतिक संसाधनों का परिमाण क्या रहेगा और आधुनिक विकास को शानदार ढंग से बनाए रखने के लिए प्राकृतिक संसाधनों का प्रतिव्यक्ति उपयोग कितना होना चाहिए—इस तरह की कुछ बातों को इकट्ठा कर उसका एक गणित बताया जा सकता है और उस गणित से कुछ सामाजिक-आर्थिक निष्कर्ष भी निकल सकते हैं। एक निष्कर्ष तो यह निकलता है कि जब प्रतिव्यक्ति प्राकृतिक संसाधन के अनुपात में घोर कमी आ जाएगी तो विकास और जीवन स्तर में बढ़ोतरी की दर बनाए रखने के लिए करोड़ों-करोड़ों लोगों का बलिदान करना होगा। बहुत सारी स्थानीय आबादियों का सफाया करना पड़ सकता है, जिस तरह उत्तरी अमरीका में एक बार हुआ था (उससे छोटे पैमाने पर सोवियत रूस में भी एक बार हुआ था; जरमनी में भी एक बार ऐसा हुआ था...यानी यूरोपीय लोग इस तरह की कार्रवाइयों से अपरिचित नहीं हैं)। महाहत्याओं और नर संहार (जेनोसाइड) के बजाय आर्थिक योजनाएँ ही ऐसी बनाई जाएँगी कि सफाया अपने आप होने लगेगा। कोई प्रतिकार न होने पर लगातार भुखमरी, महामारी या प्यास से झुंड के झुंड लोग तड़पकर स्पष्ट लेकिन धीमी गति या मात्रा में मरने लगेंगे तब इक्कीसवीं सदी में इसको दैवी विनाश या विकास की कीमत कहकर चर्चा से ओझल कर दिया जाएगा।

दो तरह की परिणतियाँ दिमाग में आती हैं—पहली वह है जिसकी चेतावनी पर्यावरणवादी देते हैं—धरती ही नष्ट हो जाएगी यानी पूरे मानव समाज के निश्चिन्ह होने का एक डर है। दूसरी परिणति ज्यादा व्यावहारिक लगती है क्योंकि मनुष्य एक आशावादी जन्तु है। इस परिणति का यह खुलासा बनता है कि मानव समाज का कोई एक चौथाई हिस्सा अभी से ऐसा इन्तजाम करे (जो योग्यतम है, वही कर सकता है) कि विकास को बनाए रखने के महान उद्देश्य से ('प्रेरित' होकर) बाकी दुनिया के संसाधनों का इस्तेमाल वह अपने लिए करे। इसके फलस्वरूप स्थानीय आबादियाँ अपने ही संसाधनों के उपयोग से वंचित होकर विनष्ट हो जाएँगी लेकिन मानवों का सर्वाधिक 'योग्य' और 'सभ्य' हिस्सा जीवित रह जाएगा और मनुष्य के विकास का एक नया अध्याय शुरू करेगा।

यह योजना सम्भवतः डंकेल प्रस्ताव में निहित है। इसका औचित्य पश्चिम के दो

प्रसिद्ध समाजशास्त्रीय सिद्धान्तों के द्वारा सिद्ध होता है। एक है मालथुसियन सिद्धान्त और दूसरा है योग्यतम समूहों के जीवित रहने का प्राकृतिक नियम (सरवाइवल आफ द फिटेस्ट का सिद्धान्त)।

कोई तीसरा उपाय है या नहीं, इसकी चर्चा वे लोग करेंगे जिनको दोनों परिणतियाँ अनुचित या अनैतिक प्रतीत होती हैं।

—अगस्त-सितम्बर, 1993

संस्कृति और अपसंस्कृति

संस्कृति और अपसंस्कृति का सवाल बहुत बड़ा रूप धारण करने जा रहा है। जैसे-जैसे जीवन और समाज के हरेक क्षेत्र में ग्लोबीकरण (आर्थिक जगतीकरण)* का प्रवेश हो रहा है, वैसे-वैसे संस्कृति का चेहरा बदलता जा रहा है। सिर्फ चेहरा ही नहीं, संस्कृति का केन्द्रीय तत्त्व भी बदल रहा है।

इस परिवर्तन को सांस्कृतिक परिवर्तन या संस्कृति का परिवर्तन न कहकर अपसंस्कृति कहना ही उचित होगा, क्योंकि संस्कृति के कुछ मूल तत्त्वों का उल्लंघन इसके द्वारा हो रहा है। अपसंस्कृति का मुकाबला करना है तो संस्कृति के सम्बन्ध में कुछ मौलिक बातों को जानना चाहिए। अगर वह पहले से जानी हुई बात है तो उसके बारे में पुनः सोचना होगा कि आखिर संस्कृति क्या है, उसका अर्थ क्या है ?

मनुष्य की विशेषता या श्रेष्ठता का एहसास दिलाने के लिए अक्सर पशु या मनुष्येतर जीव-जगत से उसकी तुलना की जाती है। कभी मनुष्य की तर्कबुद्धि को, और कभी मनुष्य की भाषा को मनुष्य की विशेष क्षमता के रूप में चिन्हित किया जाता है। लेकिन आखिर इस तर्कबुद्धि से या भाषा से मनुष्य को क्या मिलता है, जिसके चलते मनुष्य के जीवन को पशु के जीवन से बेहतर माना गया है ? इसका उत्तर शायद संस्कृति है। मनुष्य अपना हरेक काम–जन्म, मृत्यु, भोजन, यौन-सम्पर्क–सब कुछ अपनी बनाई हुई एक संस्कृति के तहत करना चाहता है। खाना पकाकर खाता है। पकाने और खाने की विधियाँ होती हैं। रहने के लिए आवास-निर्माण करता है, उसको सुन्दर और स्वास्थ्यप्रद बनाने की प्रणाली होती है। काम करने की योजना बनती है तो अकेले तथा सामूहिक बनती है। मनुष्य अपने को केवल समाज के साथ जोड़कर नहीं सोचता है, वह अपने को सचेत ढंग से पूरे ब्रह्मांड के साथ जोड़कर देखना चाहता है कि उसका हरेक काम ब्रह्मांड के लिए प्रासंगिक हो और उसके साथ ताल मिलाकर उसके जीवन की गति हो। यानी मनुष्य सीधे प्रकृति के नियमों से निर्देशित होकर नहीं चलता। उसके अपने भी नीति-नियम होते हैं। उसकी एक स्वायत्तता होती है। यह स्वायत्तता उसकी संस्कृति है। बिना संस्कृति के मनुष्य का कोई काम नहीं होता। कहा जा सकता है कि

---

* पुस्तक में भूमंडलीकरण, खगोलीकरण, जगतीकरण आदि विभिन्न नामों से पुकारे जानेवाले ग्लोबलाइजेशन के लिए 'ग्लोबीकरण' का इस्तेमाल किया गया है।

वह प्रकृति में नहीं संस्कृति में जीता है, लेकिन तब यह भी पूछा जाएगा कि उसकी संस्कृति, प्रकृति को अपनाकर प्रकृति के साथ मेल बिठाकर चलती है या प्रकृति के विरुद्ध, प्रकृति से अनमेल होकर चलती है ?

संस्कृति में बहुत सा आडम्बर भी होता है, लेकिन उसका एक बुनियादी अंश है जिसको हम मूल्य कहते हैं। जीवन को स्वस्थ, सुन्दर और गतिशील बनाने के जो तत्त्व होते हैं उनको मूल्य माना गया है। मूल्यों के बहुत सारे सामाजिक और व्यावहारिक रूप हो सकते हैं, लेकिन वास्तव में ये तीन मूल्य हैं। बाह्य स्थिति के साथ सम्यक् संयोग स्थापित करनेवाला तत्त्व सौन्दर्य है। देह और मन के अन्दर कोई अवरोध न रहना स्वास्थ्य है। स्वास्थ्य के होने से बाह्य के साथ संयोग स्थापित करने में और गतिशीलता को क्रियान्वित करने में अवरोध नहीं रह जाता है। तीसरा मूल्य है गतिशीलता, जो मनुष्य की आगे बढ़ने की इच्छा है, यह शारीरिक, मानसिक, आन्तरिक, बाह्य कई स्तरों पर सक्रिय होती है। अन्ततोगत्वा आगे बढ़ने की इच्छा का सम्बन्ध जीवन के विकास की धारा को गति देने से होता है। इसलिए आधुनिक समाज-विज्ञान मूल्यों को जीवन-विकास (इवोल्यूशन) के साथ जोड़ता है। यह गलत नहीं है। मनुष्य का जो व्यवहार जीवन-विकास की धारा का मददगार है वह मूल्य है, वही सुन्दर और नैतिक भी है।

मनुष्य के आदिम काल के बारे में जितनी जानकारियाँ हैं, वे अगर सही हैं तो मनुष्य शुरू से ही अपनी संस्कृति बनाने में लगा हुआ है। अलग-अलग भौगोलिक स्थितियों में अलग-अलग संस्कृतियाँ बनी हैं, उनका विकास हुआ है, बदलाव हुआ है और पतन भी हुआ है। अलग-अलग संस्कृतियों में बहुत सारी भिन्नताएँ हैं। लेकिन भिन्नताओं के पीछे जो मूल प्रेरणा है वह सबके लिए समान है—अपनी-अपनी स्थितियों में रहकर ये संस्कृतियाँ मनुष्य जीवन को—व्यक्ति-जीवन तथा सामूहिक जीवन को—सुन्दर स्वस्थ और गतिशील बनाने की कोशिशें हैं। स्थानीय परिस्थितियों में फरक के कारण संस्कृतियों के मुहावरे, रूप-रंग और आडम्बर अलग-अलग हो जाते हैं; और इस तरह सांस्कृतिक विविधता मानव संस्कृति की एक अनिवार्यता होती है। संस्कृतियाँ उत्थान और पतन के भी अलग-अलग चरणों में पाई जाती हैं। प्रभावशाली संस्कृतियों में आत्मसन्तोष और आक्रामकता के कारण कुछ प्रकार की विकृतियाँ भी दिखाई देती हैं तो पराभूत संस्कृतियों में हीन भावना के कारण अन्य प्रकार की विकृतियाँ भी दिखाई देती हैं। किसी समुदाय के अन्दर नेतृत्व करनेवाला समूह जब अपने समूह या वर्ग को ज्यादा मजबूत या विशिष्ट बनाने के लिए मर्यादाओं को या सन्तुलन को भंग करता है तब भी संस्कृति का ढाँचा बदल जाता है। इसी तरह दुनिया में सैकड़ों संस्कृतियाँ विभिन्न अवस्थाओं में पाई जाती हैं।

आधुनिक युग में विभिन्न संस्कृतियों में जो परिवर्तन हुए हैं और हो रहे हैं, उनमें सबसे प्रमुख है—पश्चिम की आधुनिकता के दबाव से गैर पश्चिमी समाजों का परिवर्तन। यह कहना गलत होगा कि भारतीय समाज पर पश्चिम के विज्ञान के प्रभाव से भारतीय संस्कृति में परिवर्तन हुआ है, बल्कि यह कहा जा सकता है कि भारतीय समाज पर

आधुनिक विज्ञान का प्रभाव कभी नहीं पड़ा। पश्चिम के समाज और संस्कृति पर आधुनिक विज्ञान का प्रभाव प्रत्यक्ष रूप से पड़ा। लेकिन भारतीय समाज पर पश्चिम की आधुनिक सभ्यता और संस्कृति का दबाव पड़ा। भारतीय समाज कई मायनों में पश्चिमी समाज के समकक्ष नहीं था। इसलिए पश्चिम के विज्ञान का नहीं, बल्कि पश्चिम की संस्कृति का ही दबाव पड़ा। जापान और चीन पर भी पश्चिम का दबाव था और भारत पर भी, मगर दोनों में सामंजस्य बहुत ज्यादा होते हुए भी कुछ अंशों में भिन्नता रह गई क्योंकि जापान या चीन भारत जैसे पराधीन नहीं थे। चीन तथा जापान पर पश्चिमी संस्कृति का दबाव कम रहा। इसका स्पष्ट उदाहरण भाषा के क्षेत्र में है। जापान और चीन में आधुनिकीकरण की भाषा उनकी अपनी भाषा रही, जबकि भारत, पाकिस्तान, बांग्लादेश ने एक यूरोपीय भाषा को ही अपने आधुनिकीकरण की भाषा के रूप में अपनाया।

अगर एशिया पर यूरोप का साम्राज्य न होता और एशिया के लोग यूरोप के साथ व्यापारिक-सांस्कृतिक सम्पर्क के जरिए आधुनिक विज्ञान की जानकारी प्राप्त करते, तो पश्चिम की आक्रामकता और आधिपत्य से जनमी हीन भावना का उन्हें शिकार नहीं होना पड़ता, और आधुनिक विज्ञान का प्रभाव उनकी संस्कृति पर दूसरे ढंग से पड़ता और इस प्रकार जो सांस्कृतिक परिवर्तन होता वह एक स्वायत्त संस्कृति का अपना परिवर्तन होता। इसलिए इस फरक पर जोर देना जरूरी है कि पश्चिमी संस्कृति पर आधुनिक विज्ञान का जो प्रभाव पड़ा वह प्रत्यक्ष था, लेकिन भारत या अफ्रीका पर सिर्फ पश्चिम के आधिपत्य का प्रभाव पड़ा—यानी इन देशों में आधुनिक विज्ञान आधिपत्य के एक हिस्से के तौर पर आया। इस प्रकार के प्रभाव से विकृतियाँ (अपसंस्कृति) पैदा होने की ज्यादा सम्भावना बनती हैं। इतिहास में हम इसका उदाहरण पा सकते हैं—जब भारतीय बौद्ध धर्म पूर्वी एशिया में गया तो उन देशों पर भारत के राजनैतिक या आर्थिक आधिपत्य का कोई सवाल ही नहीं था। इसलिए उन समाजों पर बौद्ध धर्म के सन्देश का प्रत्यक्ष प्रभाव पड़ा। परिणाम यह हुआ कि उन देशों के सांस्कृतिक परिवर्तनों में विविधता रही, उनके बौद्ध धर्म में भी उनके देशों की अपनी विशेषताएँ साफ दिखाई पड़ती हैं।

अतः यह समझना होगा कि संस्कृति में विकृतियाँ दो तरह से आ सकती हैं : समाज के अन्दर किसी समूह के आधिपत्य के द्वारा सांस्कृतिक सन्तुलन पर आक्रामक दबाव से या बाह्य समाज के आधिपत्य से। संस्कृति का विशेष अध्ययन करनेवाले यह बताएँगे कि विकृतियों के बहुत सारे ऐतिहासिक-समाजशास्त्रीय कारण होते हैं। लेकिन यहाँ हम विकृतियों के एक प्रधान कारण को ही चिन्हित कर रहे हैं।

पश्चिम के आधिपत्य से पहले ही भारत में संस्कृति में विकृतियाँ आने लगी थीं। यानी भारत की संस्कृति के (या भारत की संस्कृतियों के) सम्यक् व स्वतन्त्र विकास की धारा रुक गई थी। भारतीय समाज पर दो तरह के आधिपत्य का दबाव बन चुका था। सबसे ज्यादा महत्त्वपूर्ण है समाज के अन्दर ब्राह्मणवाद का आधिपत्य। इससे भारत

का सांस्कृतिक बल इतना टूट गया था कि मुसलमानों के काल में जो बाहर का आक्रमण हुआ उसका मुकाबला भारतीय समाज नहीं कर सका। मुसलमानों से भारतीय समाज का सम्पर्क तीन स्तरों पर हुआ : (1) आक्रमण और आक्रामक प्रशासन (2) मुसलमानों का भारतीयकरण और लोकहितकारी प्रशासन तथा (3) आधिपत्यविहीन मुसलमानों का सम्पर्क, जैसे सूफी सम्प्रदायों से। इस त्रिविध सम्पर्क से दो प्रकार का प्रभाव पड़ा। प्रथम सम्पर्क से विकृतियाँ पैदा हुईं और दूसरे तथा तीसरे सम्पर्क से सम्यक् मिश्रणवाला परिवर्तन आया।

भारत का पश्चिम से सम्पर्क सिर्फ आधिपत्य का रहा। इसलिए आधुनिक विज्ञान का जो भारतीय रूप होना चाहिए था, आधुनिक काल के प्रभाव से धर्म और अर्थनीति में जिस प्रकार का परिवर्तन होना चाहिए था, वह नहीं हो सका। अगर साम्राज्यवाद से जुदा आधुनिक विज्ञान और दर्शन का संयोग एक स्वस्थ भारतीय संस्कृति के साथ होता तो धर्म, समाज और अर्थनीति का विकास किन दिशाओं में हो सकता था, उसका अनुमान स्वामी दयानन्द, विवेकानन्द और गांधी के प्रयासों को देखकर लगाया जा सकता है। विकेन्द्रित उद्योगों तथा आत्मनिर्भर अर्थव्यवस्था के लिए वैज्ञानिक सिद्धान्तों का भारतीय मनीषा के द्वारा इस्तेमाल, पश्चिमी तर्कशास्त्र और अनुभववाद के प्रभाव से प्राचीन भारतीय दर्शन परम्परा का आधुनिकीकरण इस परिवर्तन के विशेष पहलू होते। इसके विपरीत, जो भी परिवर्तन हुआ वह आधिपत्य और अनुकरण से हुआ तो हम कह सकते हैं कि आधिपत्य और अनुकरण से संस्कृति में जो परिवर्तन आता है वह अपसंस्कृति है। ब्राह्मणवाद और पश्चिमीकरण भारतीय अपसंस्कृति की दो मुख्य धाराएँ हैं–एक अन्दर के आधिपत्य से और दूसरी बाहर के आधिपत्य का परिणाम हैं।

दो संस्कृतियों के मिश्रण से एक नई धारा उत्पन्न होने की प्रक्रिया में अगर संस्कृति के मूल तत्त्व (जीवन को सुन्दर, स्वस्थ और गतिशील बनाने के तीनों तत्त्व) सुरक्षित रहते हैं, तब मिश्रण से एक नई और सुसंस्कृति पैदा होती है। जब इन तत्त्वों का उल्लंघन होता है तब अपसंस्कृति पैदा होती है। किसी भी गुण का मात्रा-भेद अगर मर्यादाओं का उल्लंघन करता है तो वहाँ विकृति पैदा होती है। फिर सुन्दरता आडम्बर में बदल जाती है और आडम्बर भद्देपन में। जो स्वस्थ है वह स्थूल हो जाता है, जो गतिशील है वह आक्रामक और डरावना हो जाता है।

नैतिकता और संस्कृति में फरक होते हुए भी दोनों में एक बहुत बड़ा सामंजस्य है, कारण जो संस्कृति का प्रेरक तत्त्व है वह नैतिकता की कसौटी भी है। नैतिकता के भी मानदंड स्वास्थ्य, सौन्दर्य और गतिशीलता हैं।

दोनों (नैतिकता और संस्कृति) के साथ मनुष्य के मन का सम्बन्ध है। बुद्धि से मनुष्य सक्रिय होता है, लेकिन समग्र क्रिया का प्रतिफलन मन पर होता है। मन की जिस बुनियादी अवस्था से मनुष्य की चेतना प्रभावित होती है वह सुख-दुख की अवस्था है। सुख-दुख को कैसे ग्रहण करें, कैसे झेलें, कैसे नियन्त्रित करें या पैदा करें–ये सारी बातें संस्कृति से सम्बन्धित हैं। सुख-दुख के बारे में दुनिया में दो तरह की मान्यताएँ

चलती हैं। उनमें जो सबसे अधिक प्रचलित है वह सुखान्वेषण की है। सुख ही प्राप्य है, उसकी तलाश होनी चाहिए; हालाँकि उसके साथ-साथ सुख की अलग-अलग परिभाषाएँ भी बतलाई जाती हैं। एक दूसरी मान्यता है, जो एक विधान के तौर पर गौतम बुद्ध की बतलाई हुई है; अधिकांश धार्मिक दर्शनों में इससे मिलती-जुलती बातें पाई जाती हैं। गौतम बुद्ध का मानना है कि मनुष्य की मूल स्थिति दुख की है। दुख का शमन होना चाहिए। दुख शमन की विधि ही नैतिकता है। वह धर्म है। हम कह सकते हैं दुख शमन होने से मनुष्य जिस स्थिति की ओर प्रगति करेगा वह सुख और दुख दोनों से अलग होगी, वहाँ अन्वेषण एक तीसरी चीज का होगा। सुखान्वेषण का परिणाम विलासिता, स्थूलता, भद्दापन और तामसिक स्थितियों की ओर होता है; लेकिन दुख के दर्शन का परिणाम दारिद्र्य, आत्मसन्तोष और जड़ता भी हो सकता है। सुखान्वेषण के दर्शन पर आधारित सभ्यता-संस्कृति को तो हम देख रहे हैं; शायद दुख शमन की मानवीय कोशिशों से जो एक व्यवस्था खड़ी होती है, वही संस्कृति हो।

सुखान्वेषण और दुख शमन में एक बहुत गहरी खाई है। दुख शमन नकारात्मक सुख है (सुख जरूर है)। सुखान्वेषण का मतलब सुख की वृद्धि हो जाता है। सुख बढ़ाने की कोशिशों का कोई अन्त नहीं है, यानी सुखान्वेषण का अन्त विफलता और दुख ही होगा। यह भी कह सकते हैं कि सुख अप्राप्य है; सुख की वृद्धि असम्भव है। दुख शमन सम्भव है। गौतम बुद्ध के दुख शमन के दर्शन पर आधारित संस्कृति का कोई विकास पृथ्वी पर अभी तक नहीं हो पाया है। दुख शमन का सुख सम्यक् सुख है। वह करुणायुक्त सुख है। इस प्रकार के सुख को माननेवाले मनुष्य बहुत हुए हैं और अभी भी होते हैं। लेकिन इसी को लक्ष्य मानकर एक सामाजिक व्यवस्था का निर्माण हमारे युग के एजेंडा में नहीं है।

इसकी जो सामाजिक व्यवस्था होगी, उसमें विलासिता नहीं रहेगी। कारण, विलासिता करुणायुक्त सुख के विपरीत है । विलासिता का सुख मनुष्य को समाज और प्रकृति से अलग कर देता है, इससे मनुष्य तथा प्रकृति विलासी वर्ग के लिए केवल साधन बन जाते हैं। मनुष्य और सभ्यता के विकास के लिए प्रकृति सम्यक् साधन जरूर है, लेकिन विलासी वर्ग की सुख वृद्धि के लिए उसका दोहन कर पृथ्वी को विकलांग कर दिया गया है। निष्कर्ष यह है कि सभ्यता और संस्कृति मनुष्य की दुख शमन की प्रवृत्ति का परिणाम हैं, लेकिन जब सुख वृद्धि का अन्वेषण कोई एक समूह अपने लिए करने लगता है तब वह प्रकृति और मनुष्य से सम्यक् सम्बन्ध छिन्न करके उनको सुख का साधन के तौर पर व्यवहार करता है और मनुष्य समाज में आधिपत्य का केन्द्र स्थापित करता है। सुख के सम्बन्ध में अगर बुद्ध के दर्शन को अपनाएँ और उसी के अनुरूप एक सामाजिक व्यवस्था का निर्माण करें तब वह एक विलासिताविहीन समाज होगा। सुख की सही अवधारणा संस्कृति के लिए एक मूल तत्त्व है।

सुख और दुख की उत्पत्ति मनुष्य के छह बुनियादी सम्पर्कों से होती है। तीन बुनियादी सम्पर्क हैं : सम्पत्ति, सत्ता और यौन-सम्पर्क । अन्य तीन बुनियादी सम्पर्क

हैं : मनुष्यों से सम्पर्क, वस्तुजगत से सम्पर्क और ब्रह्मांड से सम्पर्क। कहा जा सकता है कि सम्पत्ति से सम्पर्क भूखवाली प्रवृति से पैदा होता है। इसी प्रकार कहा जा सकता है कि ब्रह्मांड से सम्पर्क का अन्य रूप है आत्मा से सम्पर्क। सम्पत्ति, सत्ता और यौन सम्पर्कों के बारे में हम नैतिकता के सूत्र बनाते हैं। सम्पत्ति के बारे में हमारा आचरण, सत्ता की प्राप्ति और उसके इस्तेमाल से सम्बन्धित आचरण तथा यौन सम्पर्क का आचरण–इन तीन आचरणों के मात्रा-भेद को हम नैतिकता कहते हैं।

प्रत्येक मनुष्य के लिए जो 'अन्य' होता है, या बाह्य होता है वह है वस्तुजगत, मानव समाज और ब्रह्मांड। इन तीनों से सम्पर्क बनाने की इच्छा एक औसत आदमी के लिए अनिवार्य है। ज्यादातर लोग ब्रह्मांड को अपने धर्म के माध्यम से जानते हैं और ईश्वर, परलोक, स्वर्ग, मोक्ष आदि कहकर 'स्व' को ब्रह्मांड के साथ जोड़ते हैं। कुछ लोग ब्रह्मांड को जानने के लिए अपनी आत्मा की गहराइयों में जाते हैं। मनुष्य समाज से यानी दूसरे मनुष्यों से कैसा सम्पर्क रखना है, इसका मार्गदर्शन कराने के लिए लिखित और अलिखित कानून बने रहते हैं–कुछ कानून राज्य के, कुछ धर्म के, कुछ समाज की विभिन्न संस्थाओं के। वस्तुजगत से सम्पर्क का विधान भी धर्म, राज्य और लोकमत में प्रकट या निहित रूप में रहता है।

इन छह प्रकार के सम्पर्कों के बारे में जो मान्यताएँ और व्यवस्थाएँ बनती हैं, वे ही हमारा सांस्कृतिक ढाँचा है। ये मान्यताएँ ऐसी हों, उनकी व्यवस्थाएँ ऐसी हों कि मनुष्य जीवन को सुन्दर, स्वस्थ और गतिशील होने में मदद करें, यह अपेक्षा संस्कृति से रहती है। इसलिए जो लोग संस्कृति की समीक्षा करते हैं, अपसंस्कृति पर बहस करते हैं या नई संस्कृति का उदय चाहते हैं, उन्हें मानव के उपर्युक्त आचरणों और सम्बन्धों के बारे में मूल्य निरूपित करने होंगे। संस्कृति की समझ को अगर हम इस समग्र रूप में लें तो केवल नाटक, साहित्य या धर्म, संस्कृति के उपादान नहीं हैं, बल्कि आर्थिक और राजनैतिक संस्थाएँ, शिक्षा और व्यापार की प्रणालियाँ–ये सब संस्कृति के उपादान हैं। राज्य का संचालन कैसे होता है, उत्पादन के तरीके क्या हैं–ये प्रश्न अपने आप में संस्कृति के प्रश्न नहीं हैं। लेकिन संस्कृति के क्षेत्र में जो समस्याएँ पैदा होती हैं, उनको सुलझाने के लिए राज्यव्यवस्था और अर्थव्यवस्था की भी समीक्षा अपरिहार्य है। इसलिए इस वक्त की अपसंस्कृति की चर्चा के अन्दर नई आर्थिक नीतियों और ग्लोबीकरण की अर्थनीति की चर्चा बार-बार आ जाती है। नई आर्थिक नीति का प्रश्न सांस्कृतिक प्रश्न नहीं है, लेकिन संस्कृति का भविष्य ग्लोबीकरण की नीतियों के द्वारा तेजी से प्रभावित हो रहा है क्योंकि नई आर्थिक नीतियाँ वस्तुजगत से मनुष्य के सम्बन्धों को, मनुष्य से मनुष्य के सम्बन्धों को, मनुष्य के यौन सम्बन्धों को तथा अन्य बुनियादी मानवीय सम्बन्धों को कुछ खास दिशाओं में ले जाना चाहती हैं। मनुष्य मन की मूल प्रेरणाओं सौन्दर्य, स्वास्थ्य और गतिशीलता को ये नीतियाँ अपने ढंग से इस तरह ढाल रही हैं जो सांस्कृतिक मूल्यों के प्रतिकूल हैं।

विश्व के पैमाने पर मनुष्य को आपस में जोड़ना मानव जाति का प्राचीन लक्ष्य

है। पहले की सभ्यताओं में इसकी कल्पना, इसकी चर्चाएँ जब भी हुई हैं, उनमें संस्कृति और धर्म को ही इसके माध्यम के रूप में सोचा गया। यह लक्ष्य पूरा नहीं हुआ है। लेकिन आधुनिक युग का शासक वर्ग दावा करता है कि वह व्यापारिक संस्थाओं के द्वारा समग्र मानव जाति को एकीकृत कर देगा। यह कहना एक औद्धत्य है कि विश्व व्यापार संगठन एक विश्व की स्थापना का केन्द्रीय संगठन है। इससे तो बेहतर था संयुक्त राष्ट्र संघ, जिसमें दुनिया के कम शक्तिशाली देशों को भी कहीं न कहीं बराबरी का अधिकार मिला हुआ था, और मनुष्य से मनुष्य के सम्बन्ध को ज्यादा समतामूलक बनाना जिसका घोषित लक्ष्य था।

व्यापार के द्वारा नहीं, संस्कृति के विकास के द्वारा ही मनुष्य का जगतीकरण होगा। संस्कृति का तकाजा है कि आर्थिक नीतियाँ और विकास की प्रणाली मनुष्य के सांस्कृतिक लक्ष्यों का उल्लंघन न करें। अतः हमारे युग की ये दो चुनौतियाँ हैं–(क) मनुष्य की संस्कृति और सांस्कृतिक मानदंडों को हम नए सिरे से परिभाषित करें (ख) व्यापार और विकास की नीतियों को सांस्कृतिक लक्ष्यों के अनुरूप बनाएँ। मनुष्य-मनुष्य के बीच की विषमताओं को दुर्लंघ्य बनाकर, देशों के बीच की विषमताओं को अलंघ्य बनाकर हम व्यापार का ग्लोबीकरण हासिल कर सकते हैं, मनुष्य का जगतीकरण नहीं। मनुष्य का जगतीकरण एक सांस्कृतिक लक्ष्य है।

–जनवरी, 1998

आधुनिक विज्ञान और तकनीक का दम्भ

आधुनिक विज्ञान की दार्शनिक बुनियाद को गलत और उसके मानवीय परिणामों को वीभत्स मानकर, उसकी सत्यता और श्रेष्ठता पर प्रश्नचिन्ह लगाना या उसका विकल्प ढूँढ़ना नई बात नहीं है। शास्त्रज्ञों और वैज्ञानिकों द्वारा आधुनिक विज्ञान की आलोचना भी नई बात नहीं है। पश्चिम के कई दार्शनिक, समाजशास्त्री तथा चोटी के वैज्ञानिक पिछले चार दशकों से इसे एक गम्भीर विवेचन का विषय बना चुके हैं।

राममनोहर लोहिया ने कभी महात्मा गांधी और अणु बम को बीसवीं शताब्दी की दो महान उपलब्धियों के रूप में अनुभव किया था। आधुनिक चेतना का टकराव इन दोनों से हुआ है। आधुनिक चेतना का संचालन केन्द्र, आधुनिक विज्ञान ही है। जबसे आधुनिक चेतना का टकराव इन दोनों से हुआ है तबसे आधुनिक विज्ञान का सतीत्व सन्देह से घिर गया है।

आधुनिक विज्ञान और तकनीक का इस्तेमाल सिर्फ भारत के शोषण के लिए हो सकता है; आजादी प्राप्त होने के बाद भी इस तकनीक द्वारा गरीबी मिटाई नहीं जा सकती है—गांधीजी का यह प्रतिपादन हिन्द स्वराज्य नामक उनकी एक किताब से शुरू हुआ। हिन्द स्वराज्य की भाषा बहुत कट्टर है। पश्चिम से आक्रान्त मस्तिष्क इस पुस्तक पर बहस करना भी नहीं चाहेगा। विद्रूपतापूर्ण अस्वीकार ही उसके लिए स्वाभाविक है। बाद में गांधीजी ने अपने प्रतिपादन की भाषा को आधुनिक और तार्किक बनाया ताकि शिक्षित समूह इसके बारे में सोच सके। आधुनिक बुद्धिजीवियों के दिमागों के सम्राट पंडित जवाहरलाल नेहरू को इस बहस में खींचने की 1945 में गांधीजी ने एक खास कोशिश की थी (यह प्रसंग कुछ अधिक विस्तार से तेन्दुलकर की किताब 'महात्मा' में लिपिबद्ध है) पर जवाहरलाल नेहरू ने बहस से भागने का जो तरीका अपनाया, वह एक आदर्श बन गया और भारत का आधुनिक बुद्धिजीवी तब से अब तक इस सवाल से उसी तरह कतराता है जिस तरह उसका गुरु, अपने गुरु के सवालों से कतराता था। एक वैकल्पिक सभ्यता या वैकल्पिक सामाजिक व्यवस्था की चर्चा के उद्देश्य से आधुनिक विज्ञान-तकनीक पर बहस करना भारतीय बुद्धिजीवियों के लिए रुचिकर नहीं है।

विलक्षण विचारक, समाजवादी नेता राममनोहर लोहिया ने जब गांधीजी के तकनीक-दर्शन को आगे बढ़ाया, तब भी भारतीय बुद्धिजीवी टस से मस नहीं हुआ। कुछ ही अरसे

बाद शुमाखर नामक एक गोरी चमड़ीवाले विचारक ने जब 'स्मॉल इज ब्यूटीफुल' किताब प्रकाशित की, तो भारत के शास्त्रज्ञ बुद्धिजीवियों का ध्यान पिछड़े मुल्कों में तकनीक की समस्या जैसी बुनियादी समस्या पर गया। फिर भी कुल मिलाकर भारतीय बुद्धिजीवी वर्ग एकजुट रहा है। उसमें कोई फूट नहीं हुई। विकेन्द्रित उद्योग और उसके अनुरूप तकनीक की बात का राजनीतिकरण जरूर हुआ है। लेकिन विज्ञान और अर्थशास्त्र की मुख्यधारा इससे अप्रभावित रही है। मानो छोटी तकनीक की आवश्यकता पर एक पाद टिप्पणी ही पर्याप्त है। सम्बन्धित शास्त्रों के सिद्धान्तों में परिवर्तन की कोई आवश्यकता तो शास्त्रों ने महसूस ही नहीं की।

2

अणु बम से टकराव के फलस्वरूप पश्चिम के चोटी के वैज्ञानिकों में आत्मावलोकन तथा आधुनिक विज्ञान की आलोचनात्मक समीक्षा शुरू हुई। अणु-पदार्थ वैज्ञानिक राबर्ट जुंक ने कई महत्त्वपूर्ण पुस्तकें लिखीं, जिनका विषय है वैज्ञानिकों, खासकर अणु-पदार्थ वैज्ञानिकों तथा आधुनिक विज्ञान का संकट। उनकी किताबों का एक रोचक सारांश 'साइंस, हिगेमनि एंड वायलेंस' : प्रकाशक–ऑक्सफोर्ड यूनिवर्सिटी प्रेस में है। विज्ञान, आधिपत्य और हिंसा पर संकलित शोधपूर्ण निबन्धों की इस पुस्तक के सम्पादक हैं– प्रसिद्ध समाज विज्ञानी आशीष नन्दी। इस पुस्तक के प्रकाशन को मैं एक घटना मानता हूँ। इसके आठ लेखक हैं। राबर्ट जुंक के विचारों का सारांश शिव विश्वनाथन ने प्रस्तुत किया है। जुंक खुद उनमें से हैं जो सोचते हैं कि विज्ञान को तकनीक से और राजनीति से अलग किया जा सकता है, उसी में उसका मोक्ष है।

लुई ममफोर्ड या इवान इलिच जैसे लोग मानते हैं कि आधुनिक विज्ञान और तकनीक अभिन्न ढंग से जुड़ गए हैं। आधुनिक विज्ञान के दार्शनिक आधार पर भी बुरी तरह से चोट हो रही है। देकार्त का दार्शनिक सिद्धान्त, फ्रांसिस बेकन का तर्क सिद्धान्त और गैलीलियो का गाणितिक सिद्धान्त आधुनिक विज्ञान के मूल तत्त्व माने जाते हैं। ये तीनों अभी तक आधुनिक विज्ञान के गुरु माने जाते हैं। इनके सिद्धान्तों की मौलिक त्रुटियों पर पश्चिम में काफी कुछ लिखा गया है। इस पुस्तक के एक लेखक क्लाड अल्वारिस ने अपने लेख में लुई ममफोर्ड द्वारा की गई गैलीलियो तथा बेकन के सिद्धान्तों की आलोचना पर विस्तार से प्रकाश डाला है। इसी पुस्तक के एक अन्य लेखक जितेन्द्र बजाज ने एक पूरा लेख फ्रांसिस बेकन के सिद्धान्तों को गलत प्रमाणित करने के लिए लिखा है। बजाज का निष्कर्ष है कि आधुनिक विज्ञान का दार्शनिक आधार ही इतना गलत है तो मानव समाज पर इसका अशुभ परिणाम होना अपरिहार्य है। हालाँकि पुस्तक के अधिकांश लेखक अपना विवेचन एक मध्य बिन्दु से शुरू करते हैं– उस काल बिन्दु से जब विज्ञान, तकनीक और राज्य अभिन्न हो चुके हैं। विवेचन के दौरान वे अवश्य देकार्त या बेकन के सूत्रों पर चोट करते हैं।

भारत के शासक बुद्धिजीवी वर्ग का मुख्य काम होता है—पश्चिम के आधुनिक ज्ञान-विज्ञान की स्थापित और शासकीय धारा को भारत में प्रचारित-प्रसारित करना। इस प्रकार की अनुकरण-संस्कृति में वे सारे विचार छूट जाते हैं जो पश्चिम में असहमति के स्तर पर हैं या प्रश्न के रूप में दिखाई देते हैं। वैसे विचारों को भी छिपाया जाता है, जिनके प्रसारित होने पर औपनिवेशिक बुद्धिजीवियों का खोखलापन उजागर हो जाएगा। उदाहरणस्वरूप भाषाशास्त्र के उन 37 विशेषज्ञों की चर्चा नहीं होती है, जिन्होंने प्रमाणित किया है कि विदेशी भाषा के अधिक व्यवहार से दिमागी बाँझपन और बौनापन पैदा होता है; या स्वीडन के प्रसिद्ध अर्थशास्त्री गुन्नार मिर्डल की चर्चा तब से बन्द हो गई जब उन्होंने औपनिवेशिक समाजों के अर्थशास्त्रियों को चुनौती देकर लिखा कि अपने समाजों के अनुभवों के सन्दर्भ में उन्हें एक नया अर्थशास्त्र बनाना पड़ेगा, क्योंकि प्रचलित अर्थशास्त्र द्वारा पिछड़े देशों की समस्याओं का मुकाबला नहीं हो सकता है।

पुस्तक के लेखकगण औपनिवेशिक गुलामी के इस बन्धन को तोड़ चुके हैं—यानी भारत के शासक बुद्धिजीवी वर्ग का एक हिस्सा अब तैयार हो रहा है जो न सिर्फ पश्चिम के विद्रोही विचारों को फैलाना चाहता है, बल्कि तीसरी दुनिया की वस्तुस्थिति के अनुभवों से विज्ञान को वैकल्पिक शास्त्र बनाने पर जोर देता है। यह दूसरी बात ज्यादा महत्त्वपूर्ण है और मौलिक मस्तिष्क की माँग करती है। पुस्तक के आठ लेखकों का परिचय पढ़कर लगता है कि इनमें से अधिकांश शासक बुद्धिजीवी वर्ग के ही लोग हैं।

3

शासक बुद्धिजीवी का मतलब उन लोगों से है जो शास्त्रज्ञ हैं, हमारे दिमाग पर शासन करनेवाली शोध-संस्थाओं के प्रमुख सदस्य हैं, विदेशों में जाकर अपना ज्ञानवर्धन करते हैं, अँगरेजी में लिखते हैं और शायद घर में भी अँगरेजी बोलते हैं। अगर इसी वर्ग के कुछ लोग हमारे दिमाग पर शासन चलानेवाले सिद्धान्तों को नकारते हैं तो उनका अँगरेजीपन हमें खटकता नहीं है, क्योंकि यह तो विद्रोह की पूर्व शर्त है कि वे इसी वर्ग में रहें। प्रचलित सभ्यता और सामाजिक व्यवस्था के परिवर्तन के लिए वंचित समूहों में या अभद्र विचारकों (जैसे लोहिया) में जो सत्य-अनुभूति होती है, उसको अगर शासक बुद्धिजीवी वर्ग के एक हिस्से का सहारा मिलने लगेगा, तो विद्रोही वैकल्पिक विचारों का व्यापक असर होने लगेगा। इसलिए हमने इस पुस्तक को एक घटना का दरजा दिया है।

दूसरा कारण यह है कि आधुनिक विज्ञान की जो आलोचना पिछले कई दशकों से चल रही है, वह शायद अधूरी रह जाएगी जब तक कि तीसरी दुनिया का जनसाधारण और उसके प्रवक्ता अपने अस्तित्व और अपनी परिस्थिति की बाध्यता के तौर पर पश्चिमी ज्ञान-विज्ञान को अप्रासंगिक नहीं मानने लगते हैं। प्रचलित व्यवस्था के किसी भी अंग को अप्रासंगिक बताने के लिए उसका एक विश्वसनीय विकल्प देना पड़ेगा।

इन लेखकों का परिचय पढ़कर तथा उनके लेखों को पढ़ कर यह विश्वास बनता है कि ये लोग सिर्फ पश्चिम के विद्रोही ज्ञान को अपने देश में प्रसारित करना नहीं चाहते हैं, बल्कि समकालीन तीसरी दुनिया के अनुभवों तथा भारत के अपने (गैर पश्चिमी) सांस्कृतिक बोध के आधार पर एक नया विकल्प प्रस्तुत करना अपना यानी भारतीय बुद्धिजीवी का दायित्व मानते हैं।

इस समीक्षक का एक पूर्वाग्रह है कि आधुनिक विज्ञान की आलोचना के लिए कसौटी हिंसा न होकर, दारिद्र्य या शोषण होनी चाहिए। हिंसा को कसौटी बनाना पश्चिम की अस्तित्ववादी चेतना के लिए सत्य है। इसकी उत्पति दो महायुद्धों से आहत मानसिकता में से हुई है। अणु बम और आधुनिक विज्ञान के टकराव से जो ज्ञान समीक्षा शुरू हुई है, वह पश्चिमी है। महात्मा गांधी और आधुनिक विज्ञान का जो टकराव हुआ था, वह विज्ञान के हिंसावाले पहलू पर न होकर, शोषण या दारिद्र्य के पहलू पर हुआ था। गांधीजी को यह अटल विश्वास हो गया था कि आधुनिक विज्ञान तीसरी दुनिया के लोगों को कंगाल और अर्धमानव बनाएगा। सामान्य मानव का अवमूल्यन और घोर दारिद्र्य विज्ञान का एक परिणाम बन चुका है, अतः तीसरी दुनिया की सामाजिक चेतना में विज्ञान की समीक्षा दारिद्र्य और शोषण के बिन्दु से शुरू होती है। तीसरी दुनिया में आधुनिक विज्ञान अपने हिंसात्मक परिणामों के बावजूद स्वागत योग्य है, अगर उससे गरीबी और शोषण का अन्त हो सकता है, इस धारणा के चलते ऐसा एक यकीन बना दिया गया है कि औपनिवेशिक समाजों के पिछड़े और गरीब समूह आधुनिक विज्ञान के सबसे बड़े समर्थक हैं। इसी समर्थन के चलते वैज्ञानिकों का रहन-सहन सेठों जैसा हो गया है।

तर्क के स्तर पर हिंसा, गरीबी और शोषण एक ही जगह पर मिलते हैं। लेकिन चेतना के स्तर पर इनका अलग-अलग महत्त्व बनता है। अगर दारिद्र्य और शोषण की कसौटी पर आधुनिक विज्ञान की समीक्षा होगी तो अणु बम या जीवच्छेदी चिकित्सा विज्ञान के बजाय उत्पादन-तकनीक और उस पर आधारित विकास नीति के परिणामों पर ज्यादा ध्यान देना होगा। आधुनिक तकनीक और अर्थशास्त्र के मिश्रण से 'विकास' नीति की एक ऐसी दैत्याकार विचारधारा का उदय हुआ है, जिसने सारे राजनीतिक मतवादों और नैतिक विचारों को रौंद दिया है।

उपरोक्त टिप्पणी का मतलब यह नहीं है कि पुस्तक के लेखकगण इस पहलू के बारे में चिन्तित नहीं हैं। सारे लेखक चिन्तित हैं। वन्दना शिवा यहाँ तक लिखती हैं कि आधुनिक विज्ञान का गठबन्धन पूँजीवाद तथा बहुराष्ट्रीय कम्पनियों के साथ हो चुका है। लेकिन तथ्यों और विश्लेषण के साथ इसका उतना प्रतिपादन नहीं है, जितना कि अणु बम या जीवच्छेदी चिकित्सा विज्ञान के बारे में है। अगर अर्थशास्त्र और उत्पादन-तकनीक पर अलग-अलग लेख होते तो यह कमी पूरी हो सकती थी। अर्थशास्त्र में ऐसा कोई काम हो रहा है या नहीं, हम नहीं जानते हैं। हमारी जानकारी में उत्पादन-तकनीक पर सबसे मौलिक विवेचन बनारस हिन्दू विश्वविद्यालय के युवा प्रोफेसर राकेश सिन्हा

का है। उनका प्रतिपादन यह है कि आधुनिक मशीनों की उत्पादन-क्षमता भ्रामक है। इस पुस्तक के लेखकगण जानते हैं कि जनचेतना के सन्दर्भ में ही आधुनिक विज्ञान की समीक्षा आगे बढ़ सकती है। इसलिए उनके लेखों में कुछ प्रकार के जन आन्दोलनों का बार-बार जिक्र आता है। उनकी जानकारी में सिर्फ पर्यावरणवादी आन्दोलन है। अधिकांश पर्यावरणवादी आन्दोलन विदेशी या सरकारी अनुदान प्राप्त करनेवाले संगठनों द्वारा चलाए जा रहे हैं। परिणामस्वरूप इन आन्दोलनों की एक सीमा बन जाती है। अपनी सीमा के अन्दर रहते हुए जब वे गरीबों के लिए सोचने लगते हैं, उनको लगता है कि पर्यावरणवादी आन्दोलन ही गरीबों के लिए एकमात्र मुक्ति आन्दोलन है।

दिल्ली का 'सेंटर फॉर साइंस एंड एनवायर्नमेंट' भारत के पर्यावरणवादी आन्दोलनों का एक केन्द्रीय संगठन है। इसके प्रमुख अनिल अग्रवाल एक प्रतिभाशाली व्यक्ति और वैज्ञानिक हैं। हाल ही में प्रकाशित अपनी एक किताब 'हरे गाँव की ओर' में उन्होंने गरीबी की एक नई परिभाषा दे डाली है। उनका दावा है कि अर्थशास्त्र में गरीबी का अर्थ बदल देना होगा, क्योंकि पर्यावरण की अवनति का परिणाम ही गरीबी है। प्रगतिशील आन्दोलनों में गरीबी आधुनिक समाज की विषमता और शोषण का परिणाम मानी गई है। क्या पर्यावरणवादी आन्दोलन इसको नहीं मानते हैं ? यह सही है कि गाँव के पहले से गरीब लोगों के जीवन को पर्यावरण की अवनति अधिक कंगाल बना देती है। लेकिन गरीबी एक व्यापक सत्य है और गरीबों का आन्दोलन एक व्यापक संघर्ष है, जिसमें पर्यावरण आन्दोलन सिर्फ एक छोटा हिस्सा है। इस आन्दोलन के हमारे मित्र जानते नहीं हैं कि वे क्या कर रहे हैं। उपरोक्त परिभाषा देकर वे शोषण और विषमता की प्रक्रिया से हमारा ध्यान हटा रहे हैं। अति उत्साहित होकर, वे अपनी मजबूरी को सिद्धान्त का रूप दे रहे हैं।

आधुनिक विज्ञान की समीक्षा के लिए सबसे अधिक प्रासंगिक जन आन्दोलन शायद किसान आन्दोलन ही है। किसान आन्दोलन का मतलब शरद जोशी या महेन्द्र सिंह टिकैत का किसान आन्दोलन नहीं, बल्कि हमारी कल्पना का किसान आन्दोलन है, जिसकी सम्भावना जोशी और टिकैत के आन्दोलनों में छुपी हुई है। भारतीय समाज में ग्राम का विनाश और कृषक-वर्ग का दरिद्रीकरण आधुनिक विज्ञान का सबसे बड़ा परिणाम है। किसान आन्दोलन की सार्थकता इस विनाश और दरिद्रीकरण के विरुद्ध एक कारगर रणनीति बना सकने में है। केवल पर्यावरणवादी आन्दोलन से इतना बड़ा काम हो नहीं सकता, बल्कि किसान आन्दोलन जब व्यापक आधार धारण करता है तब पर्यावरणवादी आन्दोलन अपने आप होने लगता है। कर्नाटक के जिस यूकेलिप्टस-विरोधी आन्दोलन का जिक्र वन्दना शिवा और शिव विश्वनाथन ने किया है, वह कर्नाटक रैयत संघ की एक इकाई ने किया था। (पाठकों को हम यह भी सूचित करना चाहेंगे कि जब वैज्ञानिकों के एक झुंड ने यूकेलिप्टस को भारत के लिए 'कामधेनु वृक्ष' के रूप में प्रचारित किया था, तब उसका भंडाफोड़ करने में वन्दना शिवा (इस पुस्तक की एक लेखिका) सबसे आगे थीं। हम चाहेंगे कि इस पुस्तक के लेखक और उनके जैसे

वैज्ञानिक पर्यावरणवादी आन्दोलन तक अपनी सहानुभूति को सीमित न रखें। देश में एक सशक्त किसान और युवा आन्दोलन सम्भावना की दहलीज पर है। उसके उभरने के मार्ग में सबसे बड़ा रोड़ा है आधुनिक विज्ञान सम्बन्धी अन्धविश्वास। आधुनिक उत्पादन-तकनीक का जब तक भंडाफोड़ नहीं होगा और जब तक एक वैकल्पिक तकनीक की विश्वसनीयता नहीं बनती है, तब तक इस आन्दोलन को जनचेतना के साथ जोड़ना मुश्किल हो रहा है। भारत के वैज्ञानिक अगर बेकन और देकार्त का भंडाफोड़ कर सकते हैं, तो आधुनिक उत्पादन-तकनीक और अर्थशास्त्र का भी भंडाफोड़ कर सकते हैं।

4

एक वैकल्पिक विज्ञान के लिए एक नया सांस्कृतिक-दार्शनिक आधार ढूँढ़ना स्वाभाविक है। ऐसा प्रतीत होता है कि इस पुस्तक के अधिकांश लेखक भारतीय हिन्दू संस्कृति के अन्दर ऐसा एक आधार तलाश रहे हैं। आधुनिक भारतीय बुद्धिजीवी समूहों में हिन्दू संस्कृति के बारे में एक नया आग्रह यत्र-तत्र देखने को मिलता है। राष्ट्रीय स्वयंसेवक संघ और विश्व हिन्दू परिषद से सम्पूर्ण अलग, एक नव हिन्दूवाद कुछ बौद्धिक समूहों पर हावी हो रहा है, जिससे गैर साम्प्रदायिक और प्रगतिशील पृष्ठभूमि के बुद्धिजीवी प्रभावित हो रहे हैं। जाति-प्रथा और सती-प्रथा में भी उनको सकारात्मक मूल्य दिखाई देते हैं। जब हम पश्चिमी सभ्यता से त्रस्त होने लगते हैं तो अपनी संस्कृति की हरेक बुराई को सन्देह का लाभ देकर उसको जीवित रखना चाहते हैं। एक नए विज्ञान की उत्पत्ति के लिए यह प्रवृत्ति हानिकारक साबित हो सकती है। भारतीय संस्कृति के कालजयी तत्त्वों को जीवित रखने के लिए उन सारे तत्त्वों का बहिष्कार जरूरी है जिनके परिणामस्वरूप भारत और हिन्दू समाज रसातलगामी हुआ है। हिन्दुओं की गुलामी शायद सबसे अधिक समय तक चलनेवाली गुलामी है। अतः उनकी सांस्कृतिक बुराइयों को चिन्हित करना होगा—उतनी ही बेरहमी से जितनी बेरहमी से हमने आधुनिक विज्ञान की समीक्षा शुरू की है।

—अप्रैल, 1990

इंटरनेट और बैलगाड़ी के विरुद्ध एक घोषणा-पत्र*

भारत के वर्तमान प्रधानमन्त्री अटलबिहारी वाजपेयी ने 'जय विज्ञान' कहकर एक राष्ट्रीय नारा ईजाद किया है। वैसे तो दुनिया-भर में विज्ञान की जय-जयकार बीसवीं सदी के आरम्भ से ही चल रही है। वैज्ञानिकों और समाजशास्त्रियों से लेकर स्कूली शिक्षक व पत्रकार तक जब विज्ञान के बारे में चर्चा करते हैं तो अकसर अपनी बात आधुनिक विज्ञान की स्तुति से शुरू करते हैं। विज्ञान की आलोचना एक गुस्ताखी है–यह बात आलोचक खुद महसूस करता है। इसलिए आलोचना करने से पहले वह एक वाक्य जरूर कहेगा कि आधुनिक विज्ञान ने मनुष्य समाज को अभूतपूर्व उपलब्धियाँ दी हैं। विज्ञान की बदौलत सामान्य आदमी को आज वैसी सुख-सुविधा मिल पाती है जो पहले केवल समाज के एक छोटे वर्ग के लिए उपलब्ध थी। दास-प्रथा जैसी अमानवीय स्थितियाँ आज नहीं हैं। जिन बीमारियों का कोई उपचार नहीं था उनके उपचार के लिए अचूक दवाएँ बन चुकी हैं। सर्वोपरि आदमी की गति बढ़ गई है–दूरी पर उसने विजय प्राप्त कर ली है।

इस प्रकार की स्तुति के बाद जो आलोचना होती है उसका तेज खत्म हो जाता है; आधुनिक विज्ञान में कोई मौलिक बदलाव करने की हिम्मत या प्रेरणा पैदा नहीं होती है; मानो बुराइयाँ आंशिक हैं और उपलब्धियाँ पूर्ण हैं।

साधारण आदमी, जो जटिल वाक्यों की रचना नहीं कर पाता, कहता है कि विज्ञान ने बहुत ज्यादा तरक्की कर ली है और चमत्कारी काम किया है। सच इसी वाक्य में है। विज्ञान की अपनी उपलब्धियाँ बहुत बड़ी-बड़ी हैं और वे चमत्कार जैसी लगती हैं। परन्तु उनके द्वारा मानव समाज को अभूतपूर्व उपलब्धियाँ मिली हैं–यह बात तथ्यों द्वारा समर्थित नहीं है। इसमें कोई सन्देह नहीं कि मनुष्य समाज में एक नया युग प्रवर्तित हो गया है। मानवीय भूगोल का कोई हिस्सा नहीं है जिसका कायापलट न हुआ हो। लेकिन इस कायापलट की तसवीर क्या है ? हम किस आधार पर कहेंगे कि विज्ञान

---

* अक्टूबर 1998 के अंतिम सप्ताह में वाराणसी में आयोजित पारम्परिक विज्ञान और प्रोद्योगिकी कांग्रेस के महाधिवेशन के अवसर पर लिखा गया लेख। कांग्रेस के आयोजकों में भारतीय वैज्ञानिकों का एक युवा समूह था, जो आधुनिक विज्ञान की अपूर्णता के बारे में सचेत है और पारम्परिक विज्ञान यानी 'लोक विद्या' में नये वैज्ञानिक सृजन की संभावना देखता है।

द्वारा परिवर्तित यह मानव समाज युक्तिसंगत और सुखप्रद है ? प्राचीन तकनीक (बैलगाड़ी) के युगों में भी हरेक मुल्क के कुछ परिवार आलीशान जीवन व्यतीत करते थे और दूसरी पंक्तिवाले बहुत सारे परिवार कामचलाऊ ढंग से सुखी थे। लेकिन अधिकांश जनसाधारण का जीवन पशुतुल्य था। विलासिता की ऊँचाइयों को हम आज भी 'मध्ययुगीन', 'मुगलकालीन' या 'शाही' या 'सामन्ती' कहते हैं। यानी कुछ लोगों के लिए सुख की पराकाष्ठा तब भी थी लेकिन आज भी विश्व समाज के अधिकांश लोग असुरक्षा का जीवन जी रहे हैं। विश्व की एक तिहाई जनसंख्या जिस प्रकार की अमानवीय हालत में रहती है, प्राचीन सभ्यताओं में उतनी बदहाली थी या नहीं कहना मुश्किल होगा। बहुत सारी दवाएँ जरूर बनाई गई हैं लेकिन बीमारियाँ कभी इतनी व्यापक नहीं थीं। एक दिन भी ऐसा नहीं होता जब भारत या अफ्रीका में महामारियाँ फैली हुई न हों । क्या ऐसा भी हो सकता है कि विज्ञान आगे बढ़ता जा रहा है और मनुष्य समाज रसातल में जा रहा है ?

आधुनिक विज्ञान ने समाज को कैसे प्रभावित किया है, इसका शास्त्रीय विश्लेषण और प्रतिपादन 'विज्ञान और समाज', 'औद्योगिक समाज' आदि शीर्षकों के तहत बार-बार किया गया है। बड़े-बड़े समाजशास्त्रियों और चिंतकों ने इस पर लेख और किताबें लिखी हैं। उनके कुछ निष्कर्षों को करोड़ों बार दोहराया गया है। आज भी यह दोहराया जाता है कि आधुनिक विज्ञान उर्फ टेकनोलौजी ने मनुष्य समाज को अधिक युक्तिसंगत (रेशनल) और न्यायसंगत बनाया है। साधारण जनता के लिए स्वच्छन्दता और सुख के साधन व्यापक पैमाने पर उपलब्ध हो गए हैं। यह निष्कर्ष बीसवीं सदी के प्रथमार्ध में ही प्रचारित हो चुका था। प्रगतिशील सोच का यह अभिन्न अंग हो चुका था। तीसरी दुनिया का हर उदारवादी या प्रगतिशील नेता यह मानता था कि उसका देश अगर औपनिवेशिक बन्धन से मुक्त हो जाएगा तो आधुनिक विज्ञान का रास्ता अपनाकर यूरोप जैसा समृद्ध हो सकता है। ऐसा मानने के पीछे यह समझ थी कि यूरोप-अमरीका की तरक्की आधुनिक विज्ञान के द्वारा ही सम्भव हुई है। अतः जब हम उन वैज्ञानिक यन्त्रों के इस्तेमाल के लिए स्वतन्त्र हो जाएँगे तब हमारा रहन-सहन, भोजन, वस्त्र आदि यूरोप के स्तर के हो जाएँगे। आश्चर्य की बात है कि आज भी पढ़े-लिखे लोगों का यही सोच है।

दुनिया भर के लोगों में विज्ञान सम्बन्धी सोच गोलमाल है। ज्यादातर लोग यही मानते हैं कि यूरोप-अमरीका की तरक्की का एकमात्र कारण आधुनिक विज्ञान है और उसका इस्तेमाल हम भी कर सकते हैं। अगर यह पूछा जाए कि क्या भारत और पाकिस्तान यूरोप-अमरीका जैसा बन सकेंगे, तो उनकी दिमागी प्रतिक्रिया 'हाँ' कहने की होगी; हालाँकि चारों तरफ की वास्तविकता को देखकर बोलने में हिचकिचाहट होगी। विज्ञान और विकास के अन्तर्सम्बन्ध के बारे में विश्वविद्यालयों का प्रशिक्षण और प्रसार माध्यमों का विज्ञान सम्बन्धी सघन प्रचार इस प्रकार के सोच के लिए उत्तरदायी है, जो पिछले पचास साल के अनुभव के विपरीत है।

1950 से 1970 के दशकों तक तीसरी दुनिया के अधिकांश देशों को राजनैतिक आजादी मिल गई थी। तभी से प्रत्येक नव-स्वाधीन राष्ट्र आधुनिक विज्ञान के जरिए अपने समाज को समृद्ध बनाने की कोशिश में लगा हुआ है। इन देशों के बीच कोई संयुक्त प्रयास या आपसी परामर्श नहीं रहा है। इनकी सामाजिक और ऐतिहासिक पृष्ठभूमि भी अलग-अलग थी। हरेक ने अपनी बुद्धि से पश्चिमी विज्ञान को पश्चिमी विशेषज्ञों की सलाह से अपने यहाँ लागू करने की योजना बनाई। लेकिन सबकी परिणति मोटे तौर पर एक जैसी हुई है। जिन तीन-चार देशों को सफलता के उदाहरण के तौर पर पेश किया जाता है, उनकी समृद्धि का स्तर भी यूरोप-अमरीका के स्तर से अलंघ्य दूरी पर है (उनकी सफलता के कारणों की चर्चा हम यहाँ नहीं करेंगे) अन्यथा सारे विकासशील देशों की असफलता, विकृति और समस्याएँ एक जैसी हैं। आर्थिक विकास का मतलब ही है आधुनिक टेकनोलौजी का अधिक से अधिक इस्तेमाल। पिछले पचास साल में आधुनिक टेकनोलौजी के विश्वव्यापी इस्तेमाल की कोई विधिवत् समीक्षा पुस्तक के रूप में दिखाई नहीं पड़ती है। लेकिन अन्तरराष्ट्रीय स्तर पर आर्थिक सर्वेक्षण प्रतिवर्ष होने लगे हैं। मानवीय विकास के नाम से भी एक सर्वेक्षण संयुक्त राष्ट्र संघ द्वारा होता है। उसके तथ्यों को हम आधुनिक विज्ञान उर्फ टेकनोलौजी के विश्वव्यापी इस्तेमाल के परिणाम के रूप में देख सकते हैं। इन सर्वेक्षणों से विश्वव्यापी मनुष्य समाज की जो भयंकर तसवीर उभरती है उसे हम आधुनिक विज्ञान का परिणाम क्यों न कहें ? प्राचीन सभ्यताओं में बीस-तीस साल में जब अकाल या महामारी आती थी तो असंख्य लोग कीड़े-मकोड़ों की तरह मर जाते थे। आधुनिक दुनिया में निरन्तर यानी प्रतिवर्ष और प्रतिदिन उतने या उससे अधिक लोग भूख और बीमारी से ग्रस्त जीवन जीने को अभिशप्त हैं। आधुनिक विज्ञान अपना चमत्कार दिखा रहा है, लेकिन उससे मनुष्य समाज बेहतर या युक्तिसंगत नहीं हो पाया है।

कुछ प्रकार के वर्गों को आधुनिक विज्ञान ने शक्तिशाली जरूर बनाया है। सत्ता का सुख अपने ढंग का होता है। इसी तरह से टेकनोलौजी ने एक (सुखी समाज नहीं) सुखी वर्ग दुनिया-भर में पैदा किया है। अतीत की सभ्यताओं में दासों का मालिक होने के नाते जिस प्रकार सामन्ती समूह को सत्ता का सुख प्राप्त होता था, टेकनोलौजी को अपनाकर आधुनिक सत्ता-सम्पन्न वर्ग को वही सुख मिल रहा है। दास-प्रथा खत्म हुई है तो इसलिए नहीं कि दास बननेवाले लोगों को विज्ञान ने कोई औजार दे दिया है। जिन परिस्थितियों में रहनेवाले लोगों को दास बनाया जा सकता था उन परिस्थितियों में उतने ही लोग अभी भी हैं। उन परिस्थितियों को आधुनिक विज्ञान समाप्त नहीं कर पाया है। आधुनिक टेकनोलौजी के बल पर पचीस-पचास साल बाद की मानव पीढ़ी के लिए पर्याप्त भोजन सामग्री या पीने का पानी उपलब्ध कराने की कोई योजना नहीं बन पा रही है।

गांधी की चरखा-नीति की आलोचना बहुत हुई है। यह आलोचना आंशिक रूप से सही है और उसकी रोशनी में गांधी-नीति का भी सुधार होना चाहिए। लेकिन आधुनिक

विज्ञान के बारे में गांधी की जो व्यावहारिक आपत्ति थी उसका प्रत्युत्तर या खंडन आधुनिकतावादियों ने अभी तक नहीं किया है। एशिया-अफ्रीका के देशों के स्वाधीन होने के काफी पहले गांधी का यह दावा था कि आधुनिक विज्ञान इन देशों को समृद्ध नहीं बना सकता। सारी दुनिया को यूरोप की समृद्धि के स्तर तक ले जाने का मतलब होगा उपनिवेशवाद को पृथ्वी से हटाकर ब्रह्मांड के कुछ अन्य ग्रहों की तलाश कर उन्हें पृथ्वी का उपनिवेश बनाना। इसके बगैर तो दुनिया से कभी उपनिवेशवाद नहीं हट सकता। या फिर उपनिवेशवाद हटेगा तो यूरोप-अमरीका की समृद्धि नहीं रहेगी। लगभग इन्हीं शब्दों में गांधी ने आधुनिक विज्ञान पर अपनी आपत्ति जाहिर की थी।

मध्यवर्ग की तलाश

गांधी की बात का अगर हम खंडन नहीं कर पाते हैं तो हमें मानना होगा कि आधुनिक विज्ञान एक साम्राज्यवादी विज्ञान है। इसका लाभ गैर साम्राज्यवादी देश नहीं उठा पाएँगे। जिस टेकनोलौजी को हम आधुनिक विज्ञान कहते हैं, उसका विकास साम्राज्यवाद की आवश्यकताओं को पूरा करने हेतु हुआ है और एक साम्राज्यवादी ढाँचे में ही उसका पूर्ण उपयोग हो सकता है। किसी एक उद्‌देश्य के लिए बनी हुई टेकनोलौजी उसके विपरीत उद्‌देश्य के लिए भी उपयोगी होगी, यह धारणा हमेशा शोध का विषय होगी। उदाहरण के लिए मनुष्यचालित रिक्शा भी एक टेकनोलौजी है। इसका एक छोर बैठनेवालों के लिए है और दूसरा छोर खींचनेवालों के लिए। इसको एक सार्वजनिक वाहन के रूप में अपनाने के लिए किसी भी शहर को मालिकों और नौकरों की श्रेणियों में बाँटना होगा। आधुनिक टेकनोलौजी के ज्यादातर यन्त्रों का ऐसा ही चरित्र है। हम रोज अखबारों में पढ़ते हैं कि धनी औद्योगिक देश विकासशील देशों में बाजार ढूँढ़ रहे हैं जहाँ उन्हें पर्याप्त प्राकृतिक संसाधन, सस्ता मानवीय संसाधन और महँगी उपभोग की वस्तुएँ खरीदनेवाला एक मध्यवर्ग उपलब्ध होगा। एक छोर उनका अपना देश होगा जहाँ से टेकनोलौजी का नियन्त्रणकारी, प्रबन्धनकारी यन्त्रों से संचालन होगा; दूसरा छोर होगा भारत, चीन, इंडोनेशिया और ब्राजील जैसे देशों का, जहाँ उन्हें बाजार मिलेगा, जहाँ अधूरे ढंग से और घटिया स्तर की टेकनोलौजी का व्यवहार फैलाया जाएगा। इन दो छोरों का समन्वय करनेवाला जो यन्त्रपुंज होगा वही आधुनिक औद्योगिक टेकनोलौजी है। इन दोनों छोरों को मिलाने पर ही आधुनिक टेकनोलौजी की समग्र इकाई बनती है।

साम्राज्यवादी टेकनोलौजी के लक्षण

साम्राज्यवादी टेकनोलौजी के तीन लक्षण होते हैं–(1) इसका कार्रवाई क्षेत्र (ऑपरेशनल एरिया) बहुत बड़ा होता है, अन्तरराष्ट्रीय या विश्वव्यापी। छोटे समुदायों, छोटे राष्ट्रों के अन्दर एक सम्पूर्ण इकाई के तौर पर वह काम नहीं कर सकती। (2) इसका संचालन केन्द्र

हजारों किलोमीटर की दूरी पर अवस्थित होकर सारे कामों को नियन्त्रित कर सकता है। जो असली संचालक है उसकी शारीरिक उपस्थिति कार्यक्षेत्र के अधिकांश भागों में अनावश्यक है। (3) प्राकृतिक संसाधनों का इस्तेमाल किसी एक स्थान और एक समय पर इतना अधिक होगा कि चिरकाल तक चलनेवाले प्राकृतिक संसाधनों को कुछ ही पीढ़ियों के जीवन-काल में समाप्त किया जा सकता है और इस प्रकार के इस्तेमाल में अन्य देशों के संसाधनों की मात्रा अपने देशी संसाधनों से भी अधिक होगी। इन तीन तत्त्वों को मिलाने पर आधुनिक टेकनोलौजी के रहस्य की एक परत खुल जाती है। यह वह यन्त्र है जिसका चालक भविष्य के अपने सभी वंशजों का हिस्सा और दूर-दूर के देशों में बसनेवाले लोगों का भी लगभग पूरा हिस्सा खुद खा जाता है। इसमें पैदा करने की क्षमता नहीं है, सिर्फ एकत्रित करने की क्षमता है। जैसा कि राउरकेला इंजीनियरिंग कॉलेज के प्रोफेसर राकेश सिन्हा का कहना है कि कृषि की पारम्परिक पद्धति को छोड़कर और कोई वैज्ञानिक पद्धति अभी तक नहीं हुई है जिसके द्वारा नए संसाधनों को पैदा किया जा सके। आधुनिक विज्ञान का चमत्कार एक तरफ तो एकत्रीकरण का चमत्कार है और दूसरी तरफ है ध्वंस का चमत्कार। समय और दूरी पर विजय के नाम से जो भी टेकनोलौजी इस वक्त प्रचलित है उसका मुख्य अंश इन्हीं दो चमत्कारों को फलीभूत करने के काम आता है। अतः आधुनिक विज्ञान को चमत्कार कहना कतई अनुचित नहीं है।

इस ऐतिहासिक सत्य को हम कैसे भुला सकते हैं कि आधुनिक टेकनोलौजी को उन्हीं शक्तियों ने विकसित करवाया है जिनका निहित स्वार्थ साम्राज्यवादी सम्पर्कों को दृढ़ करना था ? अरबों डॉलर लगाकर, सर्वश्रेष्ठ वैज्ञानिकों को पैसे और प्रतिष्ठा के जरिए प्रलोभित कर जो कम्पनियाँ या सरकारें दिन-ब-दिन यन्त्रों को अधिक क्षमताओं से लैस करा रही हैं, क्या उनके सामाजिक चरित्र का पुट (अंश) इन यन्त्रों में अंगीभूत नहीं हो जाता है ? आधुनिक टेकनोलौजी के इस पहलू का अध्ययन और मूल्यांकन सिर्फ विद्रोही ढंग से सोचनेवाले कुछ व्यक्तियों के द्वारा होता है। आम शिक्षित जनों की चेतना को यह धारा प्रभावित नहीं कर पाती है क्योंकि विश्वविद्यालय और प्रसार माध्यम इस सत्य को छुपा कर ही रखना चाहते हैं। आधुनिक टेकनोलौजी के निर्माण और इस्तेमाल के साथ सत्ता और पैसा इतने अधिक जुड़े हुए हैं कि प्रत्येक योग्य और शिक्षित व्यक्ति की आकांक्षाओं के पीछे यह एक प्रेरणा के रूप में रहती है। इसी वजह से शिक्षितों में जो प्रगतिशील हैं, विषमता और शोषण के विरोधी हैं, उनको एक भ्रम पालना होता है। भ्रम यह कि यह टेकनोलौजी इतनी चमत्कारी है तो इसका चमत्कार सर्वत्र होगा, यानी सारे मनुष्यों को समृद्ध कर देनेवाला होगा। यह भ्रम कोई मामूली नहीं है। शायद हरेक महान संस्कृति, सभ्यता या धर्म में एक भ्रम होता है जो उस युग के मनीषियों, महानुभावों और प्रगतिशीलों की चेतना का अंग होता है। ईश्वर, पुनर्जन्म, दास-प्रथा इत्यादि इसके उदाहरण हैं। प्राचीन यूनान के बड़े-बड़े दार्शनिकों के विचार में दास-प्रथा सभ्यता के लिए जरूरी थी। कार्ल मार्क्स के लिए इतिहास की हर चीज वर्ग-प्रभावित है, लेकिन टेकनोलौजी वर्गीय प्रभाव के परे है।

कम्युनिस्ट आन्दोलन को दुनिया में इतनी बड़ी सफलता मिलने के बावजूद सोवियत रूस समेत सारी कम्युनिस्ट व्यवस्थाएँ अचानक लुढ़क गईं। इसका अभी तक कोई गम्भीर और विश्वसनीय विश्लेषण नहीं हुआ है; जब होगा तब टेकनोलौजी का पहलू एक प्रमुख कारक के रूप में पाया जाएगा। जिस यन्त्र-कौशल के द्वारा साम्राज्यवादी देशों के बुरजुवा समूहों ने समृद्धि हासिल की है, उसी यन्त्र-कौशल के द्वारा कम्युनिस्ट नेताओं ने उतनी ही समृद्धि और उसके साथ समाजवाद भी प्राप्त करना चाहा तो क्या-क्या विरोधाभास पैदा हुए, उन विरोधाभासों का कोई युक्तिपूर्ण समाधान सोचा गया या नहीं, इसका विश्लेषण विस्तार से होना चाहिए। यह सचमुच आश्चर्य का विषय है कि सोवियत संघ के पतन जैसी विश्व इतिहास को बदल देनेवाली घटना के सभी पहलुओं का अध्ययन अभी तक नहीं हुआ है। इसलिए नहीं हुआ कि आधुनिक टेकनोलौजी की विफलताओं की समीक्षा करने का कोई तरीका प्रचलित विचारधाराओं में विकसित नहीं हो पाया है। सोवियत क्रान्ति के नेतागण आर्थिक समानता और आधुनिक टेकनोलौजी के प्रति समान रूप से प्रतिबद्ध थे। क्रान्तिकारी जोश के साथ उन्होंने टेकनोलौजी को अपनाया और कम समय के अन्दर युद्ध के विज्ञान में अमरीका के समकक्ष हो गए। फिर एक समय के बाद वे पिछड़ने लगे क्योंकि आधुनिक टेकनोलौजी को हमेशा बढ़ाते रहने के लिए उससे सम्बन्धित तात्त्विक और प्रायोगिक अनुसन्धानों को बहुत बड़ी लागत से चलाना पड़ता है। इतनी पूँजी साम्यवादी देश को कहाँ से मिलती ? युद्ध को छोड़कर जीवन और समाज के अन्य क्षेत्रों में यूरोपीय स्तर की टेकनोलौजी लगाना सम्भव ही नहीं था। बाजार, कच्चा माल और सस्ते श्रम के लिए जितना बड़ा औपनिवेशिक क्षेत्र चाहिए वह कहाँ से आता ? परिणामतः सोवियत संघ के एक छोटे इलाके में ही, जहाँ रूसी जाति के लोग बसते हैं, यूरोपीय स्तर की समृद्धि दिखाई पड़ी। आधुनिक समृद्धि के कुछ द्वीप बने; शहर और गाँव का फासला बढ़ गया। गैर रूसी गणराज्यों में आधुनिक टेकनोलौजी का तामझाम नगण्य था। उनकी स्थिति उपनिवेश की तरह थी। पूर्वी यूरोप के देशों से रूस का रिश्ता औपनिवेशिक था। इसी कारण पूर्वी यूरोप के देश रूस से रिश्ता तोड़ने लगे और मौका मिलते ही सोवियत संघ के सारे गैर रूसी गणराज्य स्वतन्त्र हो गए। वर्गीय विषमता को तानाशाही सरकार ने काफी हद तक सीमित रखा; लेकिन क्षेत्रीय विषमता टेकनोलौजी का सीधा परिणाम थी। स्टालिन के राजत्व के आरम्भ में ही टेकनोलौजी के यज्ञ में किसानों की बलि चढ़ाई गई थी। सोवियत संघ में करोड़ों छोटी जोतवाले किसान थे, जिनका सपना था क्रान्ति के द्वारा जमींदारों के आधिपत्य से मुक्त होना। रूसी क्रान्ति में उनकी हिस्सेदारी निर्णायक थी। लेकिन आधुनिक टेकनोलौजी को कृषि क्षेत्र में लागू करने का मतलब है छोटी जोतों को तोड़कर विशालकाय कृषि फार्म बनाना। स्टालिन ने समूचे देश में सरकारी सामूहिक फार्मों के उद्देश्य से किसानों से जमीन छीनी। इसके खिलाफ विद्रोह उभरा तो उसको दबाने के लिए करीब तीस लाख किसानों की हत्या करनी पड़ी। तब जाकर आधुनिक टेकनोलौजी का प्रचलन खेती के लिए हो सका। याद रखना होगा स्टालिन का विचार जनविरोधी नहीं था; लेकिन आधुनिक टेकनोलौजी को प्रयोग में लाने

का संकल्प सर्वोपरि था। किसी न किसी स्तर पर टेकनोलौजी और जन साधारण का संघर्ष बना ही रहता है। शायद इसकी ग्लानि आधुनिक टेकनोलौजी में निहित है, इसीलिए वह 'जनसंख्या' से घबराती है।

इस द्वन्द्व का दूसरा उदाहरण पर्यावरण आन्दोलन है। पिछले बीस-तीस सालों में आधुनिक टेकनोलौजी की सर्वाधिक आलोचना पर्यावरण आन्दोलन ने की है। लेकिन इसकी आलोचना टेकनोलौजी को समग्र रूप से चुभती नहीं है क्योंकि प्रायः किसी घटना को लेकर यह आलोचना होती है। टेकनोलौजी की समग्र आलोचना पर्यावरणवादी नहीं करते। एक नए विज्ञान को स्थापित करना इनका लक्ष्य नहीं हो पाता है। इस आन्दोलन के कुछ इने-गिने व्यक्ति जरूर हैं जो आधुनिक टेकनोलौजी के साम्राज्यवादी परिणामों के खिलाफ मुहिम चलाते हैं। मोटे तौर पर पर्यावरण आन्दोलन के लोग इसी उम्मीद में रहते हैं कि मौजूदा टेकनोलौजी की व्यवस्था के अन्दर ही कुछ सुधार हो जाएगा और दुष्परिणामों में कमी आ जाएगी। विकासशील देशों के शहरों और महानगरों में आधुनिक वाहनों के कारण हवा जहरीली हो रही है। पर्यावरण आन्दोलन इसका जोरदार प्रचार करता है, लेकिन गाड़ियों की संख्या घटाने की माँग नहीं करता। परिणाम यह होगा कि कुछ महानगरों के कुछ खास हिस्सों में जहाँ विशिष्ट वर्ग के लोग विचरण करते हैं, ज्यादा कीमती, ज्यादा आधुनिक और कम प्रदूषणकारी वाहनों का प्रचलन कानूनी हो जाएगा। बाकी समग्र देश प्रदूषण को झेलेगा क्योंकि विकासशील देशों में इतना पैसा नहीं है कि सारी गाड़ियों को बदल दें। दूसरा उदाहरण पशु उद्यान (अभयारण्य) बनानेवालों का है। अपने को पशुओं की विविधता के संरक्षक माननेवाले ये लोग (जैसे बिट्टू सहगल) पशु संरक्षण उद्यान बनाने के लिए वैसे मनुष्यों को जंगल के इलाकों से बहिष्कृत करना चाहते हैं जिनकी संस्कृति और जीवन-धारा जंगलों पर निर्भर है। इनकी दृष्टि में जंगल का प्रसार असम्भव है इसलिए सीमित जंगली इलाकों पर पशुओं का और धनी पर्यटकों का एकाधिकार हो। एक धनी वर्ग की मौज-मस्ती के लिए जंगलों को नष्ट किया जा रहा है और उसका दंड आदिवासियों और वनवासियों को भुगतना पड़ रहा है। इस प्रकार की अमानवीय नीति से जंगल अधिक नष्ट होंगे और अन्ततोगत्वा पशुओं की विविधता भी संरक्षित नहीं होगी। मानव समाज जितना अधिक कृत्रिम होता जाएगा, जानवरों की जीवन-शक्ति उतनी अधिक घटती जाएगी। इन बड़े-बड़े 'राष्ट्रीय पार्कों' और पशु उद्यानों के लिए धनी देशों का पैसा लग रहा है तो कहीं न कहीं यह खतरा भी निहित है कि विकासशील देशों में जो प्राकृतिक चीजें बची रहेंगी उन पर दाता देशों का भी अधिकार मानना पड़ेगा।

वैज्ञानिकों का चरित्र

रॉबर्ट जुंक की 'सहस्त्र सूर्यों से अधिक दीप्तिमान' नामक जो किताब प्रसिद्ध हुई थी उसमें परमाणु बम के निर्माता कुछ महान वैज्ञानिकों–खासकर प्रथम निर्माता रॉबर्ट

ओपेनहीमर के द्वन्द्वमय मानस का चित्रण है। राबर्ट जुंक के अनुसार ज्यादातर प्रतिभाशाली वैज्ञानिकों का मस्तिष्क उनके सामाजिक-मानविक व्यक्तित्व से बिलकुल अलग होकर काम करता है। उनके मस्तिष्क पर वैज्ञानिक रहस्यों को ढूँढ़ने का भूत सवार हो जाता है। ओपेनहीमर बम के मानव विरोधी और विध्वंसकारी चरित्र के बारे में सचेत थे। कभी-कभी इस बात को अभिव्यक्त भी करते थे। फिर भी उसके निर्माण में, उसको अधिक शक्तिशाली बनाने के अनुसन्धान में लग जाते थे। आधुनिक विज्ञान से अधिक शक्ति उत्पन्न करने के कामों में इतना अधिक सुख मिलता है कि कोई वैज्ञानिक उस सुख को छोड़ नहीं सकता है। विज्ञान की कई सम्भावित दिशाएँ और धाराएँ हैं, जिनके साथ सत्ता और पैसा नहीं जुड़ा है। उन दिशाओं में काम करने की दिलचस्पी वैज्ञानिकों में दिखाई नहीं पड़ती। आज के वैज्ञानिकों के बारे में सोचने पर इस बात पर चिन्ता होती है कि अधिकांश प्रतिभाशाली वैज्ञानिक किसी युद्ध विभाग या बहुराष्ट्रीय कम्पनी द्वारा निर्देशित योजना के तहत काम कर रहे हैं क्योंकि वहाँ सत्ता और पैसा है। यन्त्रों को अधिक शक्तिशाली और सूक्ष्म बनाने की प्रक्रिया में प्रकृति और ब्रह्मांड के रहस्यों में प्रवेश करने का सुख मिल जाता है और उस मस्ती में वैज्ञानिक भूल जाता है कि वह एक बहुत ही मानव-विरोधी योजना का अंग बनता जा रहा है। निश्चय ही आज की दुनिया में वैज्ञानिकों की कोई स्वायत्तता नहीं है। इस स्थिति के विरुद्ध कोई विद्रोह भी नहीं है।

इस लेख में हम विज्ञान और आधुनिक टेकनोलौजी का एक ही अर्थ में इस्तेमाल कर रहे हैं, कारण खुद वैज्ञानिक ऐसा करते हैं। यह विज्ञान का बचकानापन है। शब्दों के इस तरह के इस्तेमाल से साम्राज्यवादियों और व्यापारिक समूहों को फायदा होता है क्योंकि वे अपने माल को विज्ञान कहकर बेचते हैं—मोबाइल फोन, नई मोटरगाड़ी, परमाणु बिजली यह सब विज्ञान है, इसलिए यह सब रोके नहीं जा सकते हैं। विकासशील देशों में बहुराष्ट्रीय कम्पनियों और विदेशी पूँजी को न्योता देने के पक्ष में जो अन्तिम और चुप करा देनेवाला तर्क होता है वह है : 'हम आधुनिक विज्ञान को अपने देश में नहीं लाएँगे तो पिछड़ जाएँगे। विदेशी कम्पनियों के द्वारा जो लाया जा रहा है उसको छोड़ कर बाकी सब चीजें आदिम युग की हैं, अजायबघरों में रखने लायक हैं।' इस औद्धत्य का कोई प्रत्युत्तर वैज्ञानिक समूह की ओर से नहीं दिया जाता है। व्यक्ति के तौर पर अधिकांश प्रतिभाशाली वैज्ञानिक सरल और आकर्षक व्यक्तित्व के होते हैं। लेकिन एक सामाजिक श्रेणी के रूप में यह समूह शासक और शोषक प्रतिष्ठानों का अभिन्न अंग है।

विज्ञान की कसौटी

मुगल सम्राटों ने भारत को ताजमहल दिया। लेकिन यहाँ के लोगों को क्या दिया और क्या बनाया ? इसका उत्तर ताजमहल नहीं हो सकता है, उर्दू भाषा हो सकती है।

वैज्ञानिक कहते हैं हमने दुनिया को यह दिया, वह दिया। लेकिन दुनिया के 600 करोड़ लोगों को क्या दिया और क्या बनाया ? लोक कल्याणकारी, मानव को ऊँचा उठानेवाले विज्ञान की कसौटी इस प्रकार होगी : विज्ञान ऐसी तरकीबों का आविष्कार करे जिसके सहारे साधारण व्यक्ति या छोटा समुदाय अपने सीमित संसाधनों और औसत बुद्धि के द्वारा स्वावलम्बी हो सके, यानी अपने जीवन की रक्षा के साथ-साथ अपने विशेष गुणों को विकसित कर सके। इस कसौटी को चुनौती मानकर काम करनेवाला वैज्ञानिक एक नया संसार बनाएगा, जीवन के क्रम-विकास में मनुष्य प्रजाति को उन्नत करेगा। इक्कीसवीं सदी के प्रारम्भ में अगर किसी क्रान्ति की सबसे अधिक जरूरत है तो वह है एक वैज्ञानिक क्रान्ति। वर्तमान के चमत्कारी लेकिन खोखले विज्ञान के मुकाबले वह विज्ञान आरम्भ में फीका-फीका लगेगा। जैसे-जैसे समाज और मनुष्य को बदलने के लिए इसका प्रयोग होता जाएगा, वैसे-वैसे विज्ञान का एक अलग महत्त्व उजागर होगा। विज्ञान केवल भोजन-वस्त्र देनेवाली, दूर सम्पर्क करानेवाली विद्या नहीं है, ब्रह्मांड को अनुभव के क्षेत्र में लाकर चेतना को उदात्त बनानेवाला एक साधन है। आधुनिक टेकनोलौजी ब्रह्मांड से जुड़ने की सिर्फ एक लोभी चेतना पैदा कर रही है—कहीं किसी ग्रह-उपग्रह में अगर सम्पदा का अक्षय भंडार मिल जाए तो मजा आ जाएगा। यह एक कुत्सित चेतना है, इसलिए आधुनिक पढ़े-लिखे लोगों में भी एक ब्रह्मांड-बोध पैदा नहीं हो पाता है। बैलगाड़ी, चरखा और तलवार की सभ्यता में ब्रह्मांड की चेतना के आज से अधिक होने का दावा नहीं किया जा सकता है, हालाँकि प्राकृतिक परिवेश में उसकी सुविधाएँ अधिक थीं। भौतिक उत्पादन का स्तर इतना कम था कि उसमें स्वाधीन चिन्तन की प्रेरणा समाज के औसत मनुष्य के लिए नहीं थी। विशाल प्रकृति और सम्पूर्ण सृष्टि के बारे में कुछ सोचने और अनुभव करने के लिए भौतिक जीवन स्तर की जरूरत एक हद तक रहेगी। भौतिक जीवन और आध्यात्मिक जीवन का समावेश किन भौतिक परिस्थितियों में होगा उसका निरूपण वैकल्पिक विज्ञान के साथ-साथ होता जाएगा।

वैकल्पिक धारा के वैज्ञानिक अभी भी मौजूद हैं। उनको आक्रामक होना पड़ेगा। उनका एक घोषणा-पत्र जाहिर हो जाना चाहिए, जिसकी पहली बात यह होगी कि वैज्ञानिक दुनिया के जनसाधारण के साथ हों, और शोषक तथा शासक वर्ग के प्रतिष्ठानों से हट जाएँ। यह कहना गलत है कि आधुनिक टेकनोलौजी ने सारी प्राचीन और पारम्परिक तकनीक को अप्रासंगिक बना दिया है। ज्ञान के तौर पर अभी भी बहुत सारे तरीके लोगों की स्मृति में तथा कुछ समूहों के व्यवहार में लोक-विद्या के रूप में हैं। आधुनिक टेकनोलौजी हमारे सामने है और किताबों में है। इन दोनों का भंडार आनेवाली पीढ़ियों की विरासत है। इनमें से कुछ को चुनना है। आधुनिक टेकनोलौजी के हरेक यन्त्र को त्यागना नहीं है और परम्परा की हरेक प्रौद्योगिकी को अपनाना नहीं है। ज्यों का त्यों भी किसी को अपनाना नहीं है। पुरानी तकनीक को आधार बनाकर उसका नया ढाँचा बनाया जा सकता है; कुछ पारम्परिक यन्त्रों को आधुनिक ऊर्जा से परिचालित कर नए यन्त्र ईजाद किए जा सकते हैं। कोई चरखा हो, जो गैर पारम्परिक ऊर्जा द्वारा

परिचालित हो और जिसको कोई आदमी या औरत घर में बैठकर चलाकर मौजूदा चरखे की तुलना में कई गुना अधिक उत्पादन कर सके तो वह एक आदर्श यन्त्र हो सकता है (अम्बर चरखा इन शर्तों को पूरा नहीं करता है)। इस प्रकार के यन्त्रों के लिए आधारभूत ढाँचों का स्वरूप बदलना होगा। यन्त्रों और उपकरणों के मुख्य निर्माता और उपभोक्ता जब छोटे समुदाय होंगे तब आधारभूत ढाँचों का स्वरूप बदलेगा ही। उत्पादन-वितरण के 'परिसर' अलग-अलग वस्तु के हिसाब से छोटे-बड़े होंगे। प्रख्यात इंजीनियर के. आर. दाते कहते हैं कि ऊर्जा के इस्तेमाल को बदलकर कई सारे पारम्परिक तरीकों को और कई सारे आधुनिक तरीकों को हम एक समतावादी विकेन्द्रित समाज के लायक बना सकते हैं।

'इंटरनेट' और 'वैश्विक शहर' (ग्लोबल विलेज) की परिकल्पना भयावह है। दुनिया के एक फीसदी लोगों को विश्व-शहरी बनाकर बाकी लोगों को साधनविहीन बना देने का षड्यन्त्र है वैश्विक शहर। इंटरनेट ज्ञान की विविधता को नष्ट करने का षड्यन्त्र है। ज्ञान का स्थान सूचना ले लेगी और सूचनाओं का एक बड़ा हिस्सा गलत तथा अधूरा होगा। परमाणु हथियार, इंटरनेट और वैश्विक शहर की योजनाओं को तत्काल प्रतिबन्धित करना जरूरी है। मोटरगाड़ियों और कम्प्यूटरों की संख्या को एक तिहाई तक तत्काल घटा देना चाहिए। भविष्य का आघात (फ्यूचर शॉक) इसी रूप में आना चाहिए। वैज्ञानिकों और समाजशास्त्रियों का कोई संयुक्त दल सन् 2000 में मनुष्य समाज की स्थिति की समीक्षा करते हुए विज्ञान की नई दिशा की एक विस्तृत रूपरेखा तैयार करे।

—अक्टूबर, 1998

'मैं प्रलयवादी हूँ'—आधुनिकतावादियों से नम्र निवेदन

ख7 मार्च, 1997 के 'दूसरा शनिवार' में युवा पत्रकार सत्येन्द्र रंजन का एक लेख प्रकाशित हुआ था : 'प्रलयवादियों से कुछ निवेदन : बीसवीं शताब्दी कोसने के लिए नहीं है'। इस लेख ने मुझे अत्यधिक विचलित किया और मैंने अपना यह प्रत्युत्तर तभी लिखा था।,

मैं एक प्रलयवादी हूँ। इसलिए सत्येन्द्र रंजन का लेख (प्रलयवादियों से कुछ निवेदन) पढ़कर मैं विचलित हुआ और मैंने तभी सोच लिया था कि मैं एक प्रतिनिबन्ध लिखूँगा। सत्येन्द्र रंजन का नई पीढ़ी के लेखक-पत्रकारों में महत्त्वपूर्ण स्थान है और वह प्रगतिशील मूल्यों के पक्षधर हैं। अगर 'इंडिया टुडे' के किसी लेखक ने यह निबन्ध लिखा होता, मैं न उससे विचलित होता, न उसका प्रत्युत्तर लिखता। हालाँकि 'इंडिया टुडे' के सम्पादक ने शायद सत्येन्द्र रंजन की उन दस पंक्तियों को काट दिया होता जो विश्व-पूँजीवाद के विरुद्ध उनका आक्रोश व्यक्त करती हैं। यह आक्रोश सत्येन्द्र रंजन की असलियत है और निबन्ध का एक छोटा अंश होने पर भी समूचे लेख में एक विरोधाभास पैदा करता है, क्योंकि आधुनिक जीवन शैली और विश्व पूँजीवाद के सम्बन्ध को लेख में बताया भी नहीं गया है और नकारा भी नहीं गया है; नकारा गया है तो परोक्ष ढंग से।

सत्येन्द्र रंजन के निबन्ध का सन्देश इस प्रकार है : 'मानवता का पतन हो रहा है, संस्कृति भ्रष्ट हो रही है, पर्यावरण नष्ट हो गया है'—ये बातें गलत हैं। ऐसी बातें बार-बार कहकर कुछ लोग निराशा फैला रहे हैं, मानो प्रलय आनेवाला है। हकीकत में हम प्रगति के राजमार्ग पर हैं। आधुनिक जीवन-शैली और नई प्रौद्योगिकी ने हमें जितना सभ्य और सुखी बना दिया है, उतना मानव इतिहास में कभी नहीं हुआ। कुछ विसंगतियाँ जरूर हैं, क्योंकि अन्तरराष्ट्रीय पूँजीवाद के चलते अनेक राष्ट्रों में गरीबी, पिछड़ापन और प्रदूषण है। आधुनिक टेकनोलौजी के सहारे इनको दूर किया जा सकता है। जो काम आखिर न्यूयॉर्क में हो सकता है, वह नई दिल्ली या अन्य किसी जगह क्यों नहीं हो सकता।

जो प्रगतिशील भी है और आधुनिकीकरण के मोह से ग्रस्त है, उसके वक्तव्य का विरोधाभासपूर्ण होना स्वाभाविक है। इस वजह से संवाद में कठिनाई होती है। उदाहरणस्वरूप निराशावाद को ध्वस्त करने के लिए और आधुनिक जीवन की श्रेष्ठता को प्रमाणित करने

के लिए लिखे गए निबन्ध में यह भी कहा जाता है कि (क) 'कहने का मतलब नहीं है कि आज हालत बहुत अच्छी है।' (ख) 'पूँजीवादी व्यवस्था जनता के घोर शोषण पर टिकी हुई है।' (ग) 'दुनिया के ज्यादातर लोग निश्चित रूप से अमानवीय स्थिति में रहने को मजबूर हैं।' अगर इन तीन वाक्यों को ब्योरे सहित उदाहरणों के साथ तीन सौ पंक्तियों में लिखा जाएगा, तो 'निराशावाद' होगा या नहीं ? अगर मानव समाज के अधिकांश लोग अमानवीय स्थितियों में जी रहे हैं, तो निराशावाद की चर्चा का यही एक मुख्य विषय है। या फिर कथ्य का रूप इस प्रकार हो जाता है : अधिकांश लोग नारकीय जीवन जी रहे हैं, इस पर ध्यान नहीं देना होगा। मुट्ठी-भर लोग जिस प्रकार आधुनिक शैली में रहते हैं, उसमें ही हम आधुनिक युग की तसवीर देखें। हम उस पर ध्यान केन्द्रित करें और यह कोशिश करें कि प्रत्येक शहर और नगर न्यूयॉर्क जैसा हो जाए।

2

प्रलयवादी, निराशावादी, अतीतवादी—ये शब्द अपरिभाषित ढंग से उच्चारित होते हैं और समानार्थक मान लिए जाते हैं। बहुत सारे अतीतवादी होते हैं जो न निराशावादी हैं, न प्रलयवादी। वे अतीत की कुछ व्यवस्थाओं और मूल्यों को पुनर्स्थापित करना चाहते हैं। प्रचलित सभ्यता को अपरिवर्तित रखकर ही वे अपना लक्ष्य पूरा करना चाहते हैं। लालकृष्ण आडवाणी इस विचारधारा के प्रवक्ता हैं। उनका कोई अनुयायी अगर कहता है कि आणविक हथियार बनाने का सूत्र वेदों में भी मिलता है तो उसका तात्पर्य यह है कि आणविक युद्ध श्रेष्ठ कोटि का युद्ध है और अणु बम बनाना वेद-समर्थित है।

निराशावादी वह है, जो वर्तमान की बुराइयों से त्रस्त है और बेहतर भविष्य का कोई सपना नहीं देख पाता है। इस वजह से वह बुराइयों से लड़ने की व्यर्थता का भी प्रचार करता है। कहने लगता है कि जो वर्तमान है उसी से समझौता कर लेना चाहिए। इसी अर्थ में हम कभी-कभी अँगरेजी 'सिनिसिज्म' शब्द का इस्तेमाल करते हैं। स्वप्नविहीनता (जाहिर है कि स्वप्न का मतलब दुःस्वप्न नहीं है) इसका एक पहलू है।

प्रलयवाद में एक हद तक निराशा रहती है, लेकिन एक सुदूर स्वप्न के साथ जुड़ पाने के कारण एक नव-सृजन की कोशिश भी उसके साथ रहती है। प्रलय शब्द ही ऐसा है कि एक नव-सृजन का तत्त्व उसमें अन्तर्निहित है। फिर भी दो प्रकार के दृष्टिकोण हो सकते हैं। कुछ लोग बुराइयों को बदतर होते देखकर चकरा जाते हैं और संघर्ष में आस्था खो बैठते हैं। दूसरे प्रकार के प्रलयवादी अपने को नए सृजन और नए युग से प्रतिबद्ध कर लेते हैं। इसलिए पतन के चक्रव्यूह से घिरे रहने के बावजूद वर्तमान के साथ समझौता नहीं कर पाते। वर्तमान के वे शत्रु हो जाते हैं। बाइबल और दास कैपिटल दोनों ग्रन्थों में प्रलय की सूचना है। कार्ल मार्क्स के अनुसार महासंकट के आने के पहले छोटे-छोटे संकट होते रहते हैं और जनसाधारण के लिए हालत बुरी से बदतर होती रहती है। क्रान्तिकारी को चाहिए कि महासंकट को सही मोड़ देने के

लिए अभी से तैयारी करे और प्रलयोत्तर मूल्यों का प्रचार करते हुए वर्तमान के विरुद्ध चले। बाइबल में भी प्रलयोत्तर युग के लिए तैयारी रखनी पड़ती है।

प्रलयोत्तर मूल्यों को लेकर कभी एक बेहतर मानव समाज बनेगा और स्थायी होगा, इसका दावा वस्तुनिष्ठ ढंग से हम नहीं कर सकते। लेकिन उसे बनाने की कोशिश एक प्रजाति के तौर पर मनुष्य के विकास के लिए पूर्व शर्त है। अगर मनुष्य की प्रजाति को आगे शत-सहस्र शताब्दियों तक जीवित रखना है तो अतीत और वर्तमान की सारी व्यवस्थाओं को अस्वीकृत करते हुए आगे की ओर देखना पड़ेगा। हो सकता है कि क्रान्तियों और प्रलयों से कई बार गुजरना पड़े।

3

मौजूदा स्थिति अतीत से बेहतर है, यह एक लँगड़ी दलील है। दुनिया भर के शासक वर्ग इसके बने-बनाए आँकड़े पेश करते रहते हैं। इसका तर्क प्रचार माध्यमों के द्वारा इतना प्रचारित है कि आधुनिकतावाद के समर्थक बगैर जाँच किए इन आँकड़ों और तर्कों को बहस में उतारते हैं। अतीत के युगों से वर्तमान के तुलनात्मक अध्ययन का कोई शास्त्र अभी तक बना नहीं है। तुलना की कोई विधि हमारे सामने नहीं है, क्योंकि हरेक युग के अपने मानदंड होते हैं और विशिष्ट चेतना होती है। अभी तक की अत्यन्त सीमित जानकारी में से हम अतीत के कुछ आँकड़ों और तथ्यों को चुनकर वर्तमान के मुकाबले खड़ा कर देते हैं और कहते हैं कि अतीत ही श्रेष्ठ था या निकृष्ट। वर्तमान का मूल्यांकन वर्तमान की चेतना के धरातल पर ही होना चाहिए। वर्तमान से रुष्ट या सन्तुष्ट होने के लिए वर्तमान के ही मानदंड चाहिए, जिनमें अतीत का ज्ञान भी समाहित है। अठारहवीं सदी का फ्रांसीसी समाज निश्चय ही सोलहवीं तथा सत्रहवीं सदी के फ्रांस से अधिक सभ्य और उन्नत रहा होगा; लेकिन बात ऐसी हुई कि अठारहवीं सदी में फ्रांस का एक अपना मानदंड विकसित हुआ, उसकी एक अपनी संवेदनशीलता पैदा हुई और उस संवेदनशील मानदंड के अनुसार सोलहवीं-सत्रहवीं सदी का फ्रांस मानव आत्मा के लिए प्रतिकूल घोषित हो गया।

जो जिन्दा है, उसे मृतकों से बेहतर कहकर ज्यादा दिन तक प्रोत्साहित नहीं किया जा सकता। युग-चेतना का तर्क है कि हम वर्तमान के नफे-नुकसान और भविष्य की परिणतियों की कसौटियों पर ही किसी प्रचलित व्यवस्था का मूल्यांकन करें। अपने युग की सतत समीक्षा के क्रम में युग-चेतना परिभाषित होती है और प्रगति की नई कसौटियाँ जन्म लेतीं हैं—अतीत से तुलना के लिए नहीं, आधुनिकता की जाँच के लिए। यानी अगर स्त्री-पुरुष समानता आज की युग-चेतना है तो यह कहना निरर्थक है कि इस मुद्‌दे पर हमारी सदी पिछली सदी से बेहतर है। जाँच का सवाल यह होना चाहिए कि क्या आज की व्यवस्था में नर-नारी समानता के मूल्य दिखाई पड़ रहे हैं ? क्या आज की जैसी संस्कृति और प्रौद्योगिकी के भीतर लैंगिक समानता हासिल हो सकेगी ? पहली बात में

आत्म-सन्तोष है तो दूसरे सवाल में चुनौती।

सवाल यह नहीं कि सत्रहवीं-अठारहवीं सदी के भारत में आज से ज्यादा गरीबी और महामारी थी या नहीं। सवाल कुछ ज्यादा कठोर है। सवाल यह है कि गरीबी और बीमारी आज कितनी है और क्यों है ? अपने युग की गरीबी और बीमारी का क्या अनुपात होना चाहिए ? गरीबी, बीमारी, असहायता और मानव उत्पीड़न की मात्रा कितनी अधिक होने के बाद हम कहेंगे, 'धिक्कार हमारे ज्ञान को, धिक्कार हमारे विज्ञान और हमारी सभ्यता को !'

4

आधुनिकतावाद के कुछ बने-बनाए तर्क होते हैं। कहा जाता है कि भारत की आजादी के समय औसत भारतीय की आयु 27 साल थी, आज यह दोगुनी से ज्यादा हो गई है। 1943 में कितना बड़ा अकाल पड़ा था ! ऐसा अकाल पुराने जमाने में 'आम बात थी।' अब तो न वैसा अकाल पड़ता है और न महामारियों से हजारों लोगों की मृत्यु हो जाती है। ये तथ्य कुछ अन्तरराष्ट्रीय केन्द्रों से प्रसारित होते हैं और हमारे अति निकट के साथी इनसे प्रभावित हो जाते हैं। अगर 1947 में भारतीय आयु 27 साल की थी, तो प्रगति के सरल रैखिक सिद्धान्त के अनुसार मध्य युग में और भी कम रही होगी। तब तो भारतीय समाज में दादी-नानी की परम्परा नहीं रहनी चाहिए थी। 1947 और 1943 दोनों तारीखें आधुनिक ब्रिटिश काल की हैं, जब आधुनिक प्रौद्योगिकी का विधिवत् प्रवेश भारत में हो चुका था । पाश्चात्य सभ्यता के भारत के पहले केन्द्र कलकत्ता के आसपास 1943 का भयंकर 'बंगाल का अकाल' हुआ था। पुराने जमाने में ऐसा अकाल आम बात थी–इसकी पुष्टि इतिहास की पुस्तकों से नहीं होती। अकाल जरूर होता था। ब्रिटिश काल के भारतीय अकालों के कई अध्ययन हुए हैं। उनसे यह भी पता चलता है कि परिवहन के आधुनिकीकरण के चलते अर्थव्यवस्था का जो अन्तरराष्ट्रीयकरण हुआ और बंगाल का जो औद्योगिक विनाश हुआ, उससे ग्रामीण क्षेत्र की असहायता चरम सीमा पर पहुँच गई थी।

आज अगर अकाल की बात सुनाई नहीं देती है तो इसलिए नहीं कि अकाल का अस्तित्व नहीं है, बल्कि अकाल निषिद्ध हो गया है। 1950 के आसपास भारत के शासक वर्ग ने यह तय किया कि अब सारे भारत में आधुनिक प्रौद्योगिकी का प्रचलन हो जाएगा, इसलिए अकाल फिर कभी नहीं होगा। शासन में उसका जिक्र नहीं होना चाहिए। ब्रिटिश काल में अकाल की पहचान और प्रतिकार के लिए एक अकाल-संहिता बनाई गई थी। उसे रद्द कर दिया गया है।

अभी भारत का प्रशासन 'अकाल' शब्द का इस्तेमाल नहीं करता। आधुनिक भद्र समाज के शब्द हैं सूखा, प्राकृतिक विपर्यय, खाद्याभाव और राहत। आज भी ओड़िशा के कालाहाँडी-नोआपाड़ा-बलांगीर जिलों में अकाल पड़ा हुआ है। कुपोषण से सैंकड़ों मौतें

हो चुकी हैं और 50 हजार से अधिक लोग पलायन कर चुके हैं। अगर आधुनिक दुनिया में अकाल कोई दुष्प्राप्य चीज होती और आधुनिक सभ्यता से उसका तार्किक रिश्ता नहीं होता, तो कालाहाँडी एक अन्तरराष्ट्रीय पर्यटन-स्थल बन गया होता। 1965 से अभी तक ओड़िशा के इसी इलाके में चार बार अकाल पड़ा है। ऐसी स्थिति भारत में केवल ओड़िशा में ही नहीं होती है। पुराने जमाने में हजारों लोग कुपोषण से मरते थे तो अकाल कहा जाता था। हमारे सभ्ययुग में अगर किसी जिले में सौ-दो सौ कुपोषणजनित मौतें हो जाती हैं और हजारों लोग क्षेत्र से पलायन करते हैं, तो क्या हम इसे अकाल कह सकते हैं ? आधुनिकतावाद में इतनी मजाल नहीं है क्योंकि तब सूची बहुत लम्बी हो जाएगी। 1996 में रोम में विश्व खाद्य शिखर सम्मेलन हुआ था। इसके प्रस्ताव को देखें तो स्पष्ट हो जाएगा कि मनुष्य जाति को कुपोषण से मुक्ति दिलाने का दावा आधुनिक सभ्यता नहीं कर सकती है।

विश्व स्वास्थ्य संगठन के महानिदेशक का एक ताजा प्रतिवेदन प्रकाशित हुआ है। इसे देखने से मालूम होगा कि आधुनिक दुनिया में स्वास्थ्य की हालत बिलकुल अच्छी नहीं है। कुछ प्रकार की बीमारियों तथा महामारियों पर पुराने युगों में नियन्त्रण नहीं था। आधुनिक युग में भी कुछ बीमारियों और महामरियों पर नियन्त्रण नहीं है। पुराने जमाने के आकस्मिक अकाल और आकस्मिक महामारी के स्थान पर नित्य अकाल और नित्य महामारी हमारे युग का सत्य है। तपेदिक (यक्ष्मा) ने भारत में एक महामारी का आकार धारण किया हुआ है। तपेदिकग्रस्त बीमार, कुपोषणग्रस्त लोग, रक्तहीन औरतें, बेरोजगार युवक, अपराधी किशोर, ऋणग्रस्त किसान–इनकी संख्या को देखने पर लगता है कि ब्रिटिश पूर्व भारत में यह संख्या जरूर कम रही होगी। इससे अतीत बेहतर नहीं हो जाता है; आधुनिकता घृणा का विषय हो जाती है। ऐसा तो नहीं होना चाहिए कि इस युग की सारी अच्छाइयों के लिए हम आधुनिक प्रौद्योगिकी को श्रेय दें और बुराइयों के लिए अतीत की पाप योनि को जिम्मेदार ठहराएँ।

5

आधुनिक सभ्यता का सबसे ज्यादा प्रगति विरोधी तत्त्व है–आर्थिक विषमता। यह कहना मुश्किल है कि दास-प्रथा, अस्पृश्यता और आधुनिक युग की आर्थिक विषमता–इन तीनों में किसका परिणाम ज्यादा अमानवीय है। अगर सभ्यताओं की तुलना में आर्थिक समानता एक कसौटी होगी तो आज की सभ्यता सबसे निकृष्ट प्रमाणित हो सकती है। देशों के बीच और राष्ट्र के अन्दर इतनी आर्थिक विषमता कभी नहीं थी। विश्व पूँजीवाद के सारे राजनैतिक प्रतिनिधि अपने भाषणों में सामाजिक और राजनैतिक समानता का गुणगान करते हैं। वे जानते हैं कि इससे पूँजीवादी स्वार्थों को कोई नुकसान नहीं होनेवाला है, क्योंकि आर्थिक विषमता की मात्रा जब एक सीमा से अधिक होने लगती है तब सामाजिक और राजनैतिक समानता के नियम-कानून निरर्थक हो जाते हैं।

देश के अन्दर और राष्ट्रों के बीच सामाजिक-आर्थिक-राजनैतिक समानता स्थापित करने के एक सपने ने बीसवीं सदी के प्रथम भाग में मनुष्य-मन को आलोड़ित किया था। 1950 के बाद आधुनिकीकरण का जो विश्वव्यापी दौर चला, उससे यह सपना दब गया। 1950 के आसपास दुनिया के हर हिस्से में शिक्षितों और मजदूरों का एक अच्छा-खासा समूह था, जिसकी चेतना में आर्थिक समानता का लक्ष्य था। आज के दिन शिक्षितों और मजदूरों का शायद ही कोई हिस्सा है, जो आर्थिक समानता के बारे में प्रतिबद्ध होकर सोच-विचार करता है।

आधुनिकीकरण समता का शत्रु है। इस शत्रुता को छुपाने के लिए उसने सामंजस्य का कौशल अपनाया है, जिसे समरूपीकरण कहा जाता है। आधुनिकीकरण के द्वारा प्रत्येक इलाके में और हरेक समूह के अन्दर एक आधुनिक क्षेत्र विकसित किया जाता है और एक नवधनाढ्य वर्ग उत्पन्न किया जाता है। विकासशील देशों के इन चुने हुए क्षेत्रों और समूहों का आपसी सामंजस्य तो होता ही है, समृद्ध पूँजीवादी देशों के साथ भी इनका काफी सामंजस्य दृष्टिगोचर होता है। यह एक विश्वस्तरीय समरूपीकरण है, जिसे देखकर कुछ लोग फुदक-फुदक कर कहते हैं, 'विश्व अब ग्राम हो गया है।' नई दिल्ली में धन्धा करनेवाला आदमी जब शनिवार की सुबह अपने रात्रि भोजन के लिए सिंगापुर या हाँगकाँग के रेस्तराँ में मेज आरक्षित करवाता है, तब उसे लगता होगा कि विश्व एक गाँव हो गया है।

सम्भवतः एक योजना यह चल रही है कि परिवहन और संचार के यन्त्रों की गति को और अधिक बढ़ाकर सचमुच एक विश्व-नगर बसाया जाए जिसके बाशिन्दे एक-दूसरे से उतना सम्पर्क रख सकें जितना कि दिल्लीवाले आपस में रखते हैं। दिल्ली-मुम्बई, बीजिंग-शंघाई, जकार्ता-मनीला-बैंकाक-सिंगापुर आदि को न्यूयॉर्क-वाशिंगटन-लन्दन-पेरिस के साथ कुछ चुने हुए दिन नियतकालीन कार्यों के लिए जोड़ा जा सकता है। नाम लिये गए शहरों को मुहल्ला मानकर हर मुहल्ले से कुछ लोगों को बुलाकर एक जलसा, एक खेल या एक सालाना भोज आयोजित किया जा सकता है—तो देखो, हो गया विश्व-शहर ! क्या यह है आधुनिक युग का जीवन ? या वह भी है आधुनिक युग का जीवन, जिसमें पृथ्वी के आधे से अधिक लोग नारकीय जीवन जीने के लिए मजबूर हैं ? दोनों एक ही आधुनिकीकरण की प्रक्रिया की उपज है, जैसाकि एक ही जाति-प्रथा की प्रक्रिया की उपज ब्राह्मण भी हैं और चांडाल भी हैं। विश्व-शहर में रहनेवाले लोगों का जीवन निश्चित तौर पर आधुनिक जीवन है। लेकिन आधे से अधिक लोगों के जीवन का नामकरण भी वैसा होना चाहिए, जिससे पता चले कि वह भी आधुनिक युग की एक विशेषता है। यह बहस आधुनिकतावादियों से नहीं है, प्रगतिशील आधुनिकतावादियों से है क्योंकि जो सिर्फ आधुनिकतावादी है, वह कह देगा, 'समता-फमता से हमें कोई ममता नहीं है; हमें विशुद्ध आधुनिकता चाहिए।' या कहेगा, 'एक हजार ब्राह्मणों का जीवन ही वैदिक धर्म है; दस लाख चांडालों का जीवन पाप योनि से उत्पन्न है, उनके लिए वैदिक धर्म का कोई उत्तरदायित्व नहीं है।'

6

प्रगतिशील आधुनिकतावादी का आखिरी आश्रय है यन्त्रेश्वर (यन्त्र. ईश्वर)। अगर यन्त्रों के द्वारा न्यूयॉर्क स्वस्थ और समृद्ध हो सकता है, तो 'नई दिल्ली या अन्य सब जगह वैसा क्यों नहीं हो सकता है?' बीसवीं सदी के प्रथम भाग में यह बात धड़ल्ले से कही जाती थी, अब उतनी नहीं। तब कहा जाता था, भारत यूरोप हो सकता है, चीन अमरीका हो सकता है, वाराणसी लन्दन और गोरखपुर पेरिस हो सकता है। 'यह हो सकता है' अब विश्वसनीय नहीं रह गया है। इसलिए 1950 के बाद गांधी और मार्क्स के राजनैतिक अनुयायियों ने समानता के लक्ष्य को गौण कर दिया और आधुनिकीकरण के लक्ष्य को सर्वोच्च प्राथमिकता दी। नेहरू ने कहा, पहले समृद्धि आने दो बाद में समानता की बात सोची जाएगी। देंग ने चीनवासियों को कहा, पहले कुछ लोग सुखी होंगे, बाद में सब लोग होते जाएँगे। पहले एक न्यूयॉर्क, बाद में दस न्यूयॉर्क, बाद में सब जगह न्यूयॉर्क...। सामाजिक सम्पत्ति का मुख्य आधार है–प्राकृतिक संसाधन। अभी तक के मानव ज्ञान के मुताबिक ये संसाधन इतने सीमित हैं कि ये कब चुक जाएँगे, इस बारे में आनुमानिक हिसाब ही लगाया जा सकता है। एक न्यूयॉर्क को बनाने या सुधारने में पृथ्वी के संसाधनों का कितना अंश लगेगा, इसके आँकड़े मिल जाएँगे। हिसाब लगाने से मालूम होगा कि दुनिया में 20-30 से ज्यादा न्यूयॉर्क नहीं बनाए जा सकते। अगर प्रत्येक परिवार को एक रोल्स रायस मोटरगाड़ी उपलब्ध करानी है तो भावी पीढ़ी के लिए छोड़े गए संसाधनों को इस्तेमाल करना पड़ेगा और तब भी सन्देह है कि यह लक्ष्य पूरा होगा या नहीं। रोल्स रॉयस की बात मजाक हो सकती है तो दुनिया के आधे परिवारों को एक-एक फिएट गाड़ी मुहैया करने की बात सोचें। फिर भी असम्भव लगेगा। न्यूयॉर्क और मोटर गाड़ी तो बड़ी बात हो गई। हमारा निर्णायक सवाल संडास के बारे में है। जिस आधुनिक टेकनोलौजी के तहत पूरे विश्व का शहरीकरण हो रहा है, उससे भारत के कितने प्रतिशत परिवारों को एक स्वच्छ संडास मिल पाएगा ? प्रति परिवार एक स्वच्छ संडास के लक्ष्य को पूरा करने के लिए आधुनिक टेकनोलौजी और उससे हो रहे शहरीकरण को कितनी शताब्दियाँ लगेंगी ? हो सकता है कि प्रत्येक भारतीय परिवार को आधुनिक टेकनोलौजी के तहत एक स्वच्छ संडास दिलाने के लिए भारत का एक आर्थिक साम्राज्य बांग्लादेश, नेपाल और पाकिस्तान में स्थापित करना पड़े। या कहें हमारी दुनिया के सारे लोगों को न्यूयॉर्कवासी जैसा आधुनिक बनाने के लिए कुछ प्राकृतिक साधन सम्पन्न ग्रहों और तारों का आविष्कार करना पड़ेगा जिनको हम उपनिवेश बना सकें।

इस बहस में हम जनसंख्या के सवाल को नहीं छू रहे हैं। कारण, हरेक सभ्यता और हरेक टेकनोलौजी को अपने युग की जनसंख्या के प्रति जिम्मेदार होना होगा। आधुनिकता टेकनोलौजी का बहुत बड़ा अंश युद्ध, उपभोग और बाजार-प्रबन्धन के तीन क्षेत्रों में ईजाद हुआ है। इन तीन क्षेत्रों की टेकनोलौजी की कार्य प्रणाली पर ध्यान दें तो हम समझ

पाएँगे कि इन तीन क्षेत्रों के प्रमुख यन्त्रों को अगर किसी भी विकासशील देश में ले जाकर स्थापित करेंगे तो वहाँ पर एक घोर विषमतापूर्ण व्यवस्था पैदा हो जाएगी। यानी आधुनिक टेकनोलौजी जहाँ भी जाएगी, वहाँ एक सामन्तवादी या पूँजीवादी जैसा समाज बनाने लगेगी। अगर आपको सामन्तवादी-पूँजीवादी व्यवस्था नहीं बनानी है, तो आपको बहुत सारे आधुनिक यन्त्रों के प्रवेश पर रोक लगानी होगी। रोक लगाने का मतलब है नकारना। नकारने का मतलब होना चाहिए विकल्प की माँग करना। लेकिन आधुनिकतावादी दिमाग, आधुनिक टेकनोलौजी (यन्त्रेश्वर) के बारे में इतना अन्धविश्वासी है कि उसके विकल्प की सम्भावनाओं पर सोच नहीं पाता। एक वैकल्पिक यन्त्र प्रणाली की तलाश वह कर नहीं सकता। सोवियत रूस में यही हुआ। रूसी कम्युनिस्टों ने कुछ प्रकार की, खासकर उपभोग की टेकनोलौजी को बड़े पैमाने पर प्रतिबन्धित किया लेकिन वैकल्पिक टेकनोलौजी की तलाश के लिए उनका दिमाग तैयार नहीं था। अन्ततोगत्वा उनके दिमाग पर आधुनिकता का दबाव इतना अधिक हुआ कि रूस साम्यवाद छोड़ने के लिए तैयार हो गया। आज सारी दुनिया के कम्युनिस्ट और सोशलिस्ट समाजवाद को छोड़ने के लिए तैयार हो गए हैं। कारण, आधुनिकता का मोह वे छोड़ नहीं सकते।

आधुनिकता और समानता के बीच के द्वन्द्व से उबरने के दो ही उपाय हो सकते हैं– (क) हम आधुनिकता को ही अपनाएँ और प्रचलित सामंतवादी-पूँजीवादी व्यवस्था को स्वीकार करें (ख) दूसरा उपाय है कि समानता (यानी व्यावहारिक समानता) के लिए युद्ध, व्यापार, उद्योग और संस्कृति की एक नई वैकल्पिक यन्त्र प्रणाली हम ईजाद करें। वैकल्पिक टेकनोलौजी के प्रथम चरण में हम आधुनिक प्रौद्योगिकी के प्रमुख यन्त्रों को घटाते जाएँ, खासकर उन यन्त्रों को हटाएँ, जिनका निर्माण हम अपनी राष्ट्रीय बुद्धि के द्वारा नहीं कर पाते हैं। दूसरे चरण में समानता और संसाधनों की किफायत के सिद्धांतों पर आधारित एक वैकल्पिक यन्त्र प्रणाली का निर्माण शुरू होगा। इस वैकल्पिक यन्त्र प्रणाली में प्राचीन युगों तथा आधुनिक युग के भी कई सारे यन्त्र होंगे। सारा अतीत हमारा संग्रहालय है तो वर्तमान भी उस अतीत का एक हिस्सा हो जाता है। उस संग्रहालय से हम अपने उद्देश्यों के मुताबिक चीजों का चयन करेंगे और नई यन्त्र प्रणाली में उनका उपयोग करेंगे। आधुनिकता के विरोध का मतलब आधुनिक युग का बहिष्कार नहीं है। आधुनिकता का मतलब है एक खास प्रकार की टेकनोलौजी के द्वारा परिचालित होना। आधुनिक युग मात्र एक काल खंड है। उस काल खंड में जो भी उपलब्ध है, उसमें से चयन करना भविष्य का अधिकार है। आधुनिक युग के किन तत्त्वों और किन यन्त्रों को भविष्य में इस्तेमाल के लिए चुनना है, यह एक सृजनात्मक, वैज्ञानिक और सामूहिक दिमाग का काम है। चुनी हुई चीजों को हम नूह की नाव में रख लेंगे। जो निराशावादी नहीं हैं, लेकिन जिनकी प्रलय चेतना है, वे इस प्रकार से एक नूह की नाव बना लें और प्रलय का मुकाबला करें।

—अप्रैल, 1997

कालाहँडी की क्षुधा

कुछ साल पहले कालाहँडी का नाम ओड़िशा के बाहर कोई नहीं जानता था। यह एक महज संयोग था कि प्रधानमन्त्री का आदिवासी क्षेत्र परिदर्शन करने का शौक उन्हें सपरिवार वहाँ ले गया। पानी और कीचड़ में पैदल चलकर सपत्नीक वे लोगों से बात करने उनके घरों में गए और यही सन्दर्भ था कालाहँडी की घटनाओं के राष्ट्रीय अखबारों व दूरदर्शन में प्रसारित होने का। इसके बाद अभी तक पत्रकारों का ताँता लगा हुआ है और दारिद्र्य रूपी काली का यह लीला स्थल सर्वविदित हो गया है।

कालाहँडी की समस्या के साथ कंगाली, दरिद्रीकरण और भुखमरी जुड़े हुए हैं और उनके पीछे शोषण की कुछ लम्बी प्रक्रियाएँ गुँथी हुई हैं। इनके प्रतिकार के बगैर कालाहँडी की समस्या का प्रारम्भिक हल भी नहीं हो सकता है। इस सन्दर्भ में मैंने सर्वोच्च न्यायालय में एक याचिका दर्ज की थी। दो प्रकार के शोषण के प्रति याचिका ने ध्यान खींचा था।

शोषण का पहला तरीका यह है कि व्यापारी संगठित होकर स्थानीय किसानों से सत्तर या अस्सी रुपए प्रति क्विंटल की दर पर धान खरीद लेते हैं, जबकि सरकार द्वारा निर्धारित न्यूनतम सहायक मूल्य एक सौ चालीस से डेढ़ सौ रुपए प्रति क्विंटल है। यह आसानी से सोचा जा सकता है कि साल-दर-साल इस भाव पर धान बेचनेवाले किसान कंगाली से कैसे बच सकते हैं ! कम कीमत पर फसल बेचने के कुछ अरसे बाद किसान नया कर्ज लेने के लिए जमीन गिरवी रख देता है, फिर कुछ समय बाद मुँहमाँगे दाम पर जमीन बेचता है। सम्बलपुर विश्वविद्यालय के अर्थशास्त्र विभाग के प्राध्यापकों ने इसका सर्वेक्षण करके पुष्ट किया है कि यह दुष्चक्र बहुत व्यापक है।

दूसरा शोषण मजदूरी का है। इस जिले की अर्थव्यवस्था में रोजगार पैदा करने की क्षमता बिलकुल नहीं है। तीन रुपए प्रतिदिन के आगे औसत मजदूरी बढ़ती नहीं है। सरकार ने पहले इन सारी बातों को झूठ और मनगढ़न्त कहा, परन्तु बाद में विधानसभा की ही आकलन समिति ने (समिति का अध्यक्ष शासक दल का ही सदस्य है) जाँच करके पाया कि सरकारी विभागों के कामों में भी मजदूरों को तीन रुपया प्रतिदिन मिला है।

कालाहँडी की विडम्बना यहीं खत्म नहीं होती। वह प्रशासन और सरकार की नीतियों से इतना अधिक त्रस्त है कि सर्वोच्च न्यायालय का निर्णय भी स्थानीय व्यवस्था की विडम्बनाओं से बच नहीं पाया।

5 जनवरी, 1985 को सर्वोच्च न्यायालय ने कालाहाँडी की गरीबी और उसके कारणों की जाँच का आदेश दिया था। यह एक नई और आशाजनक बात थी। जाँच आदेश में मुख्य न्यायाधीश ने लिखा था कि किसी भी व्यक्ति को अगर इतने कम पैसे में अपनी मजदूरी बेचनी पड़ती है या जीवन धारण के लिए उसके पास कोई उपाय नहीं रह जाता है तो इसकी जिम्मेदारी सरकार की है।

कालाहाँडी की घटनाओं की जाँच के लिए सर्वोच्च न्यायालय द्वारा दो व्यक्तियों का एक आयोग नियुक्त किया गया, परन्तु यह जाँच शुरू ही नहीं हो पाई क्योंकि न्यायालय के दफ्तरवालों ने आयोग के सदस्यों की नियुक्ति सम्बन्धी दोनों चिट्ठियाँ गलत पते पर भेज दीं। इस कारण जाँच स्थगित हो गई। दो साल बाद (16 जनवरी, 1987) न्यायालय को फिर उसी जाँच पर लौटना पड़ा। इस बार न्यायाधीशों ने कालाहाँडी के जिला जज को जाँच के लिए नियुक्त किया और 30 अप्रैल, 1987 तक जाँच रिपोर्ट भेजने का निर्देश दिया। परन्तु इस बार भी सर्वोच्च न्यायालय के दफ्तर ने लापरवाही (?) दिखाई। जाँच के लिए आवश्यक कागजात जिला जज के पास बार-बार पत्र लिखने के बावजूद नहीं भेजे गए। जाँच शुरू नहीं हो सकी। अप्रैल, 1987 पार हो गया। इस तरह दोनों बार सर्वोच्च न्यायालय के न्यायाधीशों के आदेश को सर्वोच्च न्यायालय के दफ्तरवालों ने रद्द (?) कर दिया। कालाहाँडी के लिए यह भी एक विडम्बना रही।

सारे देश में, जहाँ देहाती इलाकों में सिंचाई की व्यवस्था नहीं है और ग्रामीण उद्योगों को ध्वस्त करने के बाद सरकार ने पूरी आबादी को सूखे पर अवलम्बित कर छोड़ दिया हैं, वहाँ तेजी से दरिद्रीकरण अवश्यम्भावी है। अगर इलाका आदिवासी या अर्द्धआदिवासी हैं, बार-बार सूखे की चपेट में आता है, शिक्षा में पिछड़ा हुआ है, तो भुखमरी अवश्य होगी। भुखमरी से बचने के लिए पलायन और पलायन के दौरान भुखमरी की नियति झेलना मजबूरी बन जाती है।

कालाहाँडी से अधिकांश पलायन मध्य प्रदेश के औद्योगिक क्षेत्रों की ओर होता है क्योंकि यही क्षेत्र सबसे नजदीक है। अब पलायन की संख्या अधिक होने लगी है तो लोग दूर के राज्यों में भी जा रहे हैं। अब यह पलायन मौसमी नहीं रह गया है। पलायन करनेवालों में जिन लोगों ने जीवित रहकर काम-धन्धा हासिल कर लिया है, उनकी बड़ी-बड़ी बस्तियाँ मध्य प्रदेश के शहरों में बन गई हैं। हाल के सर्वेक्षणों से पता लगा है कि पलायन करनेवालों में दो से सात एकड़ जमीनवाले लोगों की काफी संख्या है। खेती की पैदावार में लगातार गिरावट और प्रशासन के अत्याचार से बचने का उपाय है गाँव, घर और जमीन छोड़कर चले जाना। यह पलायन, व्यवस्था का सवाल खड़ा करता है। फिर भी प्रशासन को इसकी कोई चिन्ता नहीं है।

पलायन के बारे में कुछ बातें याद रखनी चाहिए। सरकार कहती है कि लोग बेहतर जीवन स्तर की तलाश में अपना इलाका छोड़कर जाते हैं। जब अशिक्षित, अकुशल श्रमिक झुंड में और परिवार लेकर पलायन करते हैं तब यह समझना होगा कि न्यूनतम

मजदूरी के आधे दाम पर भी श्रम बेचना अपने इलाके में असम्भव हो गया है। अगर आधी मजदूरी पर भी साल-भर काम मिलने की उम्मीद रहेगी, तो अकुशल निरक्षर श्रमिक अपना इलाका छोड़कर नहीं जाएगा। बेहतर जीवन स्तर के लिए जो लोग अपना इलाका छोड़ते हैं वे झुंड में नहीं जाते और जब तक काम पक्का नहीं होता है, अपने परिवार को साथ नहीं ले जाते। निरक्षर बेरोजगार झुंड में जाते हैं। परिवार को साथ ले जाने की कोशिश होती है। बूढ़े और अपंग जैसे कुछ लोग रह जाते हैं।

लाँजीगढ़ प्रखंड में कुछ महीनों में सैकड़ों मौत का कारण बताते हुए सरकार ने विधानसभा में कहा है कि एक 'अपरिचित बीमारी' आ गई है। भूख से अधमरे शरीर का कब क्या बिगड़ जाता है, उसका बीमारी के रूप में निरूपण करना डॉक्टरों के लिए भी मुश्किल का काम है। अभी तक भुखमरी की मौतों के बारे में सरकार का बयान होता था कि मृत्यु के पहले कोई बीमारी थी। अतः मौत का कारण भुखमरी नहीं है। विशुद्ध भूख से मौत तो शायद अनशन-सत्याग्रह करनेवालों की होगी, जिनका पेट खाली पाया जाएगा। भुखमरी से ग्रस्त आदमी पेट खाली नहीं रखना चाहता है। वह अखाद्य, कुखाद्य खाकर बीमार होता है। भुखमरी का प्रमाण पत्र कोई डॉक्टर नहीं दे सकता है। भुखमरी का पता तो तब लगेगा जब मृतक के मृत्यु पूर्व छह महीने के भोजन और रोजगार की समीक्षा होगी।

1985 के राजीव गांधी के दौरे के बाद भुखमरी को रोकने के लिए कई स्थानों पर कंगाली भोजन (मुफ्त भोजन का सरकारी केन्द्र) शुरू हो गया था। इस साल भी कई जगह मुफ्त भोजन केन्द्र खुले हैं। प्रधानमन्त्री का दौरा हुआ और उनके सचिवालय की निगरानी कालाहँडी के सुधार पर रखी गई। सर्वोच्च न्यायालय के द्वारा जाँच का आदेश दो बार हुआ। फिर भी कालाहँडी की दो साल की प्रगति कंगाली भोजन से कंगाली भोजन तक ही है। इससे एक निष्कर्ष निकलता है। इस प्रकार के इलाकों को आर्थिक रूप से सक्षम बनाने की कोई ऐसी कारगर नीति योजना आयोग के पास नहीं है जिससे लोग अपने ही इलाके में मजदूरी करके, उत्पादन कार्य के द्वारा जीवन-निर्वाह कर सकें तथा अपने इलाके का विकास कर सकें। इस तरह गलत योजना नीति का ही नाम कालाहँडी है।

–मई, 1987

[देखें परिशिष्ट–'संसद में कालाहँडी' पृ. 271]

रुवांडा हमारा भविष्य है ?

यह एक हकीकत है कि रुवांडा-बुरुंडी जैसे मुल्कों के बारे में हमें कोई जानकारी नहीं है। इसके बारे में लिखने के पीछे भी उद्देश्य यह है कि लोग समझें कि दुनिया के गरीब देशों से, अर्थात् अपने से हम कितना कटे हुए हैं। ग्लोबीकरण के साथ-साथ यह कटाव और भी गहरा होगा।

23 अप्रैल, 1995 के अखबारों में यह समाचार था कि रुवांडा के एक शरणार्थी शिविर में, जहाँ एक लाख से अधिक लोग नारकीय स्थिति में जीवन बिता रहे थे, सेना और शरणार्थियों के बीच मुठभेड़ के कारण गोलियों तथा भगदड़ का शिकार होकर आठ हजार जानें गईं। पर्याप्त कारण के बिना आकस्मिक घटनाओं में–मुठभेड़ या भगदड़ में–हजारों की मृत्यु की सम्भावना केवल गरीब (तथाकथित विकासशील) देशों में ही रहती है।

मध्य अफ्रीका के दो पड़ोसी देश हैं–रुवांडा और बुरुंडी। दोनों देशों में एक ही प्रकार के लोग, जिनका उल्लेख जन-जातियों के तौर पर होता है, बसते हैं। तुत्सी, हूतू और बतुआ नाम की जातियाँ दोनों देशों में रहती हैं और एक जैसी भाषा बोलती हैं। यह पूरा क्षेत्र 1962 तक यूरोप के बेलजियम का उपनिवेश था। राजनैतिक आजादी के बाद फ्रांस का आर्थिक और सांस्कृतिक आधिपत्य इस पर है। हम अनुमान कर सकते हैं कि इस क्षेत्र को आजादी देते समय विभाजित करने की साजिश हुई होगी। विभिन्न जातियों के लोग एक साथ ही मिल-जुलकर रह रहे होंगे; तभी बँटवारे के बाद भी जो जातियाँ बुरुंडी में हैं वे रुवांडा में भी हैं। उनके बीच आपसी गृहयुद्ध पैदा करना, गृहयुद्ध की निरन्तरता बनाए रखने के लिए कूटनीतिक चालें चलाना यूरोपीय सरकारों के लिए एक आसान खेल है। कुछ समय पहले खबर थी कि रुवांडा और बुरुंडी के बीच युद्ध हुआ था। बुरुंडी में जातियों के गृहयुद्ध में एक लाख लोगों की जान गई थी। हूतू और तुत्सी जातियों के बीच पहले भी संघर्ष होता रहा है।

इक्कीसवीं सदी के पूर्व-दशक में यह कैसी मानवीय स्थिति है कि अफ्रीका की जनजातियाँ जब आपस में लड़ती हैं तब वे नरभक्षी जैसी खूँखार और अमानवीय होती हैं–यह बात बहुत जल्दी हमारे शिक्षित लोग विश्वास कर लेते हैं क्योंकि मीडिया और हमारे विश्वविद्यालय इस तरह के विश्वास को पुष्ट करने की शिक्षा देते रहते हैं। क्या रुवांडा, बुरुंडी या सोमालिया के लोगों के अन्दर कुछ ऐसे पढ़े-लिखे संवेदनशील समूह

भी हैं, जो हमें अपने हालात के बारे में कुछ अन्य बातें बताएँ—उनकी यह दुर्दशा कैसे और क्यों हो रही है ? यानी एक वैकल्पिक सूचना-स्रोत हमें चाहिए अफ्रीका के बारे में, सारे विकासशील देशों के बारे में।

सूचना के स्तर पर एक जबरदस्त साम्राज्यवाद तीसरी दुनिया के देशों पर हावी है। हमारा अपना, शायद सारे विकासशील देशों का अपना कोई भी जानकारी का स्रोत नहीं है। साम्राज्यवादी देशों की राजधानियों में सूचना और प्रसारण की एजेंसियाँ हैं। उन्हीं के ऊपर निर्भर होकर हम दुनिया के बारे में सूचना प्राप्त करते हैं। संगठित सूचना एजेंसियों के अलावा बुद्धिजीवियों, राजनेताओं और नौकरशाहों की यात्राओं के माध्यम से भी वैकल्पिक सूचनाएँ मिलनी चाहिए। लेकिन हमारे बुद्धिजीवी, नौकरशाह और राजनेता को जब भी विदेश जाने का मौका मिलता है तब वह धनी देशों में ही जाने की कोशिश करता है। अगर किसी को अफ्रीका जाना है तो वह बीच का कुछ समय यूरोप में बिताना चाहता है और उसका आग्रह इसी पर केन्द्रित रहता है। हर साल विदेश यात्रा करनेवाले हमारे हजारों बुद्धिजीवियों व नौकरशाहों की यात्राओं से हमें विश्व के सम्बन्ध में कोई सूचना नहीं मिलती।

गुटनिरपेक्ष आन्दोलन का नेता होने के बावजूद गुटनिरपेक्ष देशों के बारे में सूचना प्राप्त करने के लिए हमारा कोई माध्यम विकसित नहीं हुआ। इन्दिरा गांधी के जमाने में एक बार यह निर्णय हो गया था कि गुटनिरपेक्ष देशों का एक अपना सूचना और समाचार माध्यम संगठित होगा। मगर इसकी शुरुआत ही नहीं हो सकी। जाहिर है कि साम्राज्यवादी देशों ने इसको न होने देने की पूरी कोशिश की होगी; लेकिन गुटनिरपेक्ष देशों के किन लोगों ने इस निर्णय पर अमल को रोका ? इसकी जानकारी मिले तो वह निश्चय ही दिलचस्प होगी।

फ्रांस में राष्ट्रपति का चुनाव हुआ तो चुनाव के हरेक चरण की जानकारी हमें मिलती रही। प्रत्येक उम्मीदवार के बारे में राजनैतिक विश्लेषण भी कई अखबारों में छपता रहा। अफ्रीका या लातीन अमरीका की राजनीति के बारे में हमें कभी भी इस प्रकार की गहरी जानकारी नहीं दी जाती। हमें धनी देशों के अनुभव से सीखना है, या अन्य विकासशील देशों के संकटों और पीड़ा की छानबीन करके अपनी नियति के बारे में सचेत होना है ?

यह बात तो हमें अब बिलकुल भूल जानी चाहिए कि दुनिया की या तीसरी दुनिया के देशों की समस्याओं को हम अपनी समस्या मानकर उन पर चिन्तन करें। यह तो गांधी का दावा हो सकता था, जिसने कहा था, 'भारत की आजादी मेरा लक्ष्य नहीं है। भारत की मुक्ति के जरिए उन सारे तथाकथित दुर्बल देशों की मुक्ति मेरा उद्देश्य है, जिनका शोषण साम्राज्यवाद कर रहा है।' रवीन्द्रनाथ ठाकुर ने 'अफ्रीका' नाम की एक बड़ी कविता लिखी थी। उसका काव्यात्मक मूल्य साहित्यिक तय करेंगे। अँगरेजी लेखक और पत्रकार खुशवन्त सिंह ने इस लेख के प्रकाशन से कुछ पूर्व यह 'फतवा' जरूर जारी किया था कि रवीन्द्रनाथ की रचनाओं का कोई साहित्यिक मूल्य नहीं है। हमें याद

है कि भारतीय मानस को विश्व मानस बनाने में रवीन्द्रनाथ की इस कविता का महत्त्वपूर्ण योगदान था। इस कविता के माध्यम से भारतीय मस्तिष्क अफ्रीका के बारे में सीधा सोच सकता था, लन्दन या न्यूयार्क के जरिए नहीं, रायटर या एसोसिएटेड प्रेस के माध्यम से नहीं।

ग्लोबीकरण के जमाने में इस बात की कोई जरूरत नहीं रह जाएगी कि भारत का मस्तिष्क अफ्रीका के बारे में सीधे तौर पर सोचे। स्विच दबाने पर रुवांडा-बुरुंडी के बारे में हमें आवश्यक 'ज्ञान' पेरिस के किसी एक केन्द्र से मिल जाएगा। सीधे समझने की कोशिश करना 'लागत की बरबादी' या 'लागत में अनावश्यक वृद्धि' मानी जाएगी।

जिसको आप और हम संचार क्रान्ति कह रहे हैं उसका यह रहस्य अभी तक खोजा नहीं गया है कि आखिरकार ज्ञान और संवाद पर उसका क्या असर होनेवाला है। इस क्रान्ति में जो चमत्कारी विकास हो रहा है, वह सूचना एकत्रित करके प्रसारित करने के तरीकों में हो रहा है। इसका तन्त्र जिसके नियन्त्रण में रहेगा, उसकी दी हुई सूचना दुनिया के हरेक शहर और देहात के कोने-कोने तक प्रसारित होगी। यानी सूचनाओं का एकरूपीकरण होगा। उसमें ज्ञान और संवाद कुचल दिए जाएँगे।

संचार की क्रान्ति हमें रुवांडा की एक ही तसवीर दिखाएगी। दुनिया के हर कोने के लोग उस तसवीर को देखेंगे। रुवांडा हमारे कौतूहल और किंचित् दया का विषय बनेगा। फिर हमारी दृष्टि के सामने अन्य तसवीरों का ताँता लग जाएगा—अफ्रीका से ही चुनी हुई विश्व सुन्दरियों की तसवीर उनमें होगी।

सम्भवतः रुवांडा हमारा ही भविष्य है।

—मई, 1995

नाइजीरिया का अदृश्य खलनायक

काले अफ्रीका का समाचार हमें तब मिलता है, जब गोरे लोग उसकी कालिमाओं को उछालते हैं। दक्षिण अफ्रीका एक अपवाद है क्योंकि गांधी ने उसके साथ भारत का एक सीधा सम्बन्ध बना दिया था। ब्रिटेन के नेतृत्व में गठित राष्ट्रकुल की बैठक जब न्यूजीलैंड में चल रही थी और 11 नवम्बर, 1995 को यह निर्णय हुआ कि नाइजीरिया को राष्ट्रकुल से निलम्बित किया जाएगा तो काले अफ्रीका की एक खबर अच्छे-खासे ढंग से हमारे अखबारों में छपी। कुछ दिन पहले नाइजीरिया के सैनिक-शासन ने लेखक-नाटककार- आन्दोलनकारी केन सारो वीवा को फाँसी दी थी। सारो वीवा के साथ और भी आठ आन्दोलनकारियों को मृत्युदंड दिया गया। सारो वीवा जन आन्दोलन के मुख्य नेता थे।

रुवांडा, बुरुंडी, सोमालिया, अँगोला, उगांडा, कांगो आदि की शृंखला में नाइजीरिया का भी असभ्य चेहरा सामने आता है और प्रमाणित करता है कि अफ्रीका को अन्धकारमय महाद्वीप घोषित करना सही था। तभी राष्ट्रकुल ने इस अफ्रीकी देश को अपने 'सभ्य समाज' से निष्कासित करने का तत्काल फैसला किया। अधिकांश गोरे देशों की सरकारों की ओर से नाइजीरिया की कटु भर्त्सना करते हुए वक्तव्य आ गए हैं। सुरक्षा परिषद में अमरीकी राष्ट्रदूत मेडलीन अलब्राइट ने यहाँ तक कह दिया कि इस पूरे क्षेत्र में लोकतन्त्र का भविष्य अन्धकारमय दिखाई दे रहा है। हालैंड की सरकार (हालैंड की बड़ी-बड़ी कम्पनियाँ नाइजीरिया में घुसी हुई हैं) ने आगे बढ़कर कहा है कि नाइजीरिया की सरकार के खिलाफ कड़ी कार्रवाई करने की बात सोची जानी चाहिए।

पाठकों से निवेदन है कि अफ्रीका की असभ्यता के खिलाफ वे भी बोलें या सोचें, लेकिन उसके साथ-साथ लोकतन्त्र, मानवाधिकार और सभ्यता के इस खेल को समझने की भी कोशिश करें। अखबारों में छपे सरकारी बयानों से इस खेल का कोई अन्दाजा नहीं लगाया जा सकता कि असभ्यता का यह वीभत्स रूप बनता कैसे है। काले रंग को वीभत्स बनाने में शायद सफेद का भी कुछ योगदान रहता है। अखबारों में छपे एक बयान को छोड़कर बाकी सारे बयानों का खलनायक नाइजीरिया है। सिर्फ यूरोप के एक पर्यावरणवादी संगठन 'ग्रीन पीस' के वक्तव्य में एक भिन्न खलनायक की झाँकी मिलती है। 'ग्रीन पीस' के अनुसार खून का धब्बा लगा हुआ है 'शेल' कम्पनी के हाथों में। 'ग्रीन पीस' का आरोप है कि पिछले चार दशकों में 'शेल' ने नाइजीरिया के जन-जीवन

को तहस-नहस कर दिया है।

'शेल' ऐंग्लो-डच (इंग्लैड और हालैंड की संयुक्त) कम्पनी है। पेटरोलियम का उत्पादन और व्यवसाय करनेवाली इस विशाल बहुराष्ट्रीय कम्पनी से भारत परिचित है। ब्रिटिश भारत में पेटरोल के क्षेत्र पर इसी कम्पनी का एकाधिकार था और वह 'बर्मा शेल' के नाम से प्रसिद्ध थी। नाइजीरिया के ओगोनी क्षेत्र के पेटरोल भंडार पर इसी का एकाधिपत्य है, जहाँ इसने अपरिमित मुनाफा कमाने के जुनून में जल, मिट्टी और आकाश को इतना प्रदूषित कर दिया है कि ओगोनीवासियों के लिए स्वाभाविक जीवन जीना असम्भव हो चुका है। ओगोनीवासी सालों से इस प्रदूषण और शोषण का प्रतिवाद कर रहे थे। लेकिन उनकी कोई सुनवाई नहीं हो रही थी। कम्पनी उद्धत थी, सरकार मजबूर थी। विदेशी मुद्रा की कमाई का 80 प्रतिशत हिस्सा जिस पेटरोल कम्पनी के कारोबार से आता हो, उस कम्पनी को कुछ कहने की हिम्मत सरकार को कैसे होगी ? मौजूदा सैनिक-सरकार इसी कम्पनी का खिलौना है। आन्दोलनकारियों के खिलाफ दमनकारी रवैया अपनाने के अलावा ऐसी सरकार क्या कर सकती है ! इसी वजह से 'ग्रीन पीस' की आँखों में खून का धब्बा 'शेल' कम्पनी के हाथों में दृष्टिगोचर होता है।

अब हम इस नाटक की रचना दो तरह से कर सकते हैं। मीडिया के अनुसार प्रथम दृश्य शुरू होता है फाँसी की सजा से, अभियुक्त पर आरोपों का संक्षिप्त जिक्र करते हुए। फोकस इस बात पर डाला जाता है कि एक लेखक-बुद्धिजीवी को, मानवाधिकार-आन्दोलनकारियों को एक सैनिक सरकार द्वारा फाँसी दी जा रही है। अन्त में दुनिया के लिए एक लम्बा सन्देश, राष्ट्रकुल द्वारा नाइजीरिया को निलम्बित करना, यूरोपीय संघ द्वारा नाइजीरिया की निन्दा, अमरीका द्वारा पूरे क्षेत्र को चेतावनी, संयुक्त राष्ट्र संघ के महासचिव बुतरस-बुतरस गाली का मृत्युदंड पर क्षोभ...।

नाटक की वैकल्पिक रचना चार दशक पहले शुरू होती है। एक 'गँवार' मुल्क के जंगली क्षेत्र में पेटरोल मिलने के बाद एक अत्याधुनिक अन्तरराष्ट्रीय कारोबार उस मुल्क की अर्थव्यवस्था, पर्यावरण, सामाजिक सम्बन्धों और शासक वर्ग की संरचना सब बदल देता है। विकास की रीढ़ पेटरोल कम्पनी है और उसे मजबूत बनाए रखने के लिए कोई भी मूल्य दिया जा सकता है। पेटरोल उत्पादन और सम्बन्धित कारोबार से उत्पन्न प्रदूषण आदि की समस्याओं से आसपास के ओगोनी क्षेत्र के समूचे पचास लाख लोगों का जीवन असह्य हो जाता है। बार-बार शिकायत और प्रतिवाद की कोई सुनवाई न होने पर वहाँ के लोग आविष्कार करते हैं कि वे शासक वर्ग से अलग एक 'एथनिक' (जातीय) समूह हैं और उन्हें स्वायत्तता चाहिए। प्रदूषण विरोधी आन्दोलन स्वायत्तता के आन्दोलन का रूप ले लेता है तो ज्यादा तीव्र और व्यापक हो जाता है। इस बीच शासक वर्ग का चरित्र बदल चुका है। पेटरोल कम्पनी के पैसों से खेलनेवाले गिरोहों का राजनीति और प्रशासन पर कब्जा हो गया है। फौजी शासन के फौजी चरित्र को मजबूत करने के लिए ब्रिटेन से हथियार मँगाए जाते हैं। हथियार दमन के काम में आते हैं। अन्तिम दृश्य में केन सारो वीवा को फाँसी दी जाती है। इस पर सबसे पहले रोष व्यक्त करता है ब्रिटेन

और उसके द्वारा परिचालित राष्ट्रकुल। राष्ट्रकुल के कुलाधिपति ब्रिटेन की कम्पनी है शेल और ब्रिटेन के अस्त्र-शस्त्रों से सज्जित होकर सैनिक शासन तांडव करता है।

नाटक का एक उपसंहार भी है। सारो वीवा की फाँसी-मृत्यु के बाद उसका एक पत्र पाया जाता है, जिसमें उसने लिखा है, ''नाइजीरिया और अफ्रीका में लोकतन्त्र की बहाली के लिए सबसे ज्यादा शोर करता है ब्रिटेन, जबकि उसी के द्वारा दिए गए कर्ज और अस्त्र-शस्त्रों पर ही नाइजीरिया का सैनिक-शासन टिका हुआ है। जिस कम्पनी ने नाइजीरिया की प्रकृति को विपर्यस्त किया है और जन-जीवन का सर्वनाश किया है, ब्रिटिश सरकार की प्रिय पात्र है वही शेल कम्पनी क्योंकि वह उसके (ब्रिटेन के) लिए बड़ी आय का उत्स है और ब्रिटेन के नागरिकों को रोजगार भी दिलाती है।''

केन सारो वीवा का बेटा केन वीवा लन्दन में रहता है। उसके एक बयान में पिता के पत्र की प्रतिध्वनि सुनाई देती है 'इन पेटरोल कम्पनियों का अन्तरराष्ट्रीय बहिष्कार होना चाहिए।'

क्या केन वीवा के इस आह्वान का कोई प्रभाव तीसरी दुनिया के देशों के जनमत पर पड़ेगा ? क्या भारत का कोई एक भी मानवाधिकार संगठन अपने प्रस्ताव के द्वारा यह माँग करेगा कि नाइजीरिया को लूट रहे पेटरोल निगमों का अन्तरराष्ट्रीय बहिष्कार हो ?

ऐसी कोई उम्मीद नहीं है क्योंकि भारत का सामाजिक कार्यकर्ता और बुद्धिजीवी नाटक के सिर्फ पहले दृश्य को समझता है जिसमें कुछ भी अदृश्य नहीं है। अफ्रीका के बारे में उसकी जानकारी अमरीकी एसोशिएटेड प्रेस (एपी) से आती है।

1947 के पहलेवाले युग में अफ्रीका से भारत का सम्बन्ध भिन्न था। हमारा सम्बन्ध पश्चिमी सूत्रों पर आधारित नहीं था। प्रत्यक्ष हस्तक्षेप की दो सशक्त धाराएँ बन गई थीं, जो आजाद भारत में विकसित नहीं हो पाईं। एक गांधी की, एक रवि ठाकुर की। अफ्रीका की राजनीति में प्रत्यक्ष हस्तक्षेप करना और अफ्रीका की जानकारी सीधे भारत को देना गांधी का काम था। अफ्रीका को सीधे अपने दिमाग से समझना, उसके बारे में स्वतन्त्र धारणा विकसित करना उस युग का लक्षण था। रवि ठाकुर ने 'अफ्रीका' नाम की एक लम्बी कविता लिखी थी। उस कविता का साहित्यिक मूल्य क्या है, यह जानने के लिए हम ख़ुशवन्त सिंह की मदद ले सकते हैं, क्योंकि उस कविता का अँगरेजी में अनुवाद करने के बाद ही और कई अनुवादों को पढ़ने के बाद ही किसी भारतीय कवि का साहित्यिक मूल्य समझा जा सकता है। लेकिन शायद साहित्यिक मूल्य से सृजनात्मक मूल्य भिन्न है। 'अफ्रीका' नाम की कविता का सृजनात्मक मूल्य उसके दिमागी साहस में था। अफ्रीका के यथार्थ को बांग्ला भाषा के रस में डालकर विश्व की महान सम्भावनाओं का एक बोध पैदा करना उस कविता का 'दुःसाहस' था।

काले अफ्रीका की महान सम्भावनाओं की कविता लिखना आज के युग में अटपटा लगेगा। लेकिन काले अफ्रीका की असभ्यता का जो यथार्थ है उसके बिम्बों को गढ़ना भारतीय पद्य, गद्य और चिन्तन का एक अंगीकार होना चाहिए या नहीं ?

—नवम्बर, 1995

मणिबेली : आधुनिक विकास की एक किंवदंती

नर्मदा बाँध की विशाल योजना में जो सर्वप्रथम गाँव डूबनेवाला है वह है महाराष्ट्र का एक छोटा सा आदिवासी गाँव–मणिबेली। कहा जाता है कि वर्षा आते ही यह गाँव जलमग्न हो जाएगा। मणिबेली के साथ और कुछ गाँव इसी साल डूबेंगे।

मार्च के महीने से इस गाँव को खाली कराने का सघन प्रयास चल रहा है। सरकार की सशस्त्र पुलिस, ट्रकें, बुलडोजर आदि वहाँ तैनात हैं। बाँध के समर्थक गैर सरकारी संगठन के कुछ सामाजिक कार्यकर्ता भी कोशिश कर रहे हैं कि यह गाँव जल्द से जल्द खाली हो जाए–वे ग्रामवासियों को बाँध और विस्थापन के समर्थन में समझा रहे हैं।

'नर्मदा बचाओ आन्दोलन' के कार्यकर्ता इसके प्रतिरोध में जुटे हुए हैं। उनकी मुख्य नेता मेधा पाटकर वहाँ से हट नहीं रही हैं, उनके साथ गाँव की आधी आबादी अभी भी है। सरकारी दबाव तथा गैर सरकारी संगठन के कार्यकताओं के परामर्श पर आधी आबादी गाँव छोड़ चुकी है। गुजरात सरकार ने जहाँ उसके लिए पुनर्वास का इन्तज़ाम किया है, वहाँ वह चली गई है। शक्ति-परीक्षण की इस घड़ी में आधा गाँव आन्दोलनकारियों के साथ डटा हुआ है।

यह एक असमान युद्ध है। एक तरफ तो मणिबेली के भोले-भाले आदिवासियों के पचास परिवार हैं। दूसरी तरफ बड़े बाँध के खेमे में विश्व बैंक और उसकी विकास नीति है, भारत का राज्यतन्त्र है और विश्व बैंक द्वारा निर्देशित विकास पद्धति को अन्धविश्वास के तौर पर माननेवाले तमाम बुद्धिजीवियों के समूह हैं, जिनका सम्मिलित उपहास 'आधुनिक विकास-विरोधी' लोगों की हिम्मत पस्त कर देता है।

फिर भी इस विकास-पद्धति के विरुद्ध तीसरी दुनिया के अन्दर एक प्रतिवाद खड़ा हो रहा है। उसकी आवाज तर्कपूर्ण बन रही है। जन आंदोलन करनेवाले कई संगठनों के द्वारा हाल में पारित एक नीति-वक्तव्य का मसविदा कहता है :

"बड़े बाँध की अव्यावहारिकता इस रूप में बिलकुल स्पष्ट है कि (क) बड़ी बाँध योजनाओं से देश का बड़ा हिस्सा हमेशा असिंचित रहेगा (ख) सिंचाई जैसी बुनियादी सेवा के लिए किसी राष्ट्र को पूरी तरह विदेशी मदद पर आश्रित करना शर्मनाक बात है (ग) देश की अर्थनीति में जब भी जनता के हित में मौलिक परिवर्तन किए जाएँगे, यह विदेशी मदद बन्द हो जाएगी। अपनी सरकारों के लिए इन बाँधों का खर्च वहन करना सम्भव नहीं है (घ) इनसे होनेवाले घाटे और विस्थापन को राष्ट्र बरदाश्त नहीं

कर सकता। विस्थापितों को मानवीय मुआवजा देना अभी तक सम्भव नहीं दिख रहा है—यह सरकार के बूते के बाहर की बात है।''

स्वतन्त्र भारत में अभी तक जितनी बड़ी योजनाएँ बनी हैं उनमें से किसी के द्वारा भी आदिवासियों का सामूहिक कल्याण नहीं हुआ है। यह एक क्रूर विडम्बना है कि आदिवासियों के इलाके में तब कोई विकास होता है जब उनको उस इलाके से सम्पूर्ण रूप से हटा दिया जाता है यानी आदिवासियों का विनाश आधुनिक विकास की एक अनिवार्य शर्त है। अरबों रुपए के खर्च से बनी बीसियों योजनाओं की समीक्षा इस सत्य को उजागर करती है।

विस्थापित आदिवासियों, वनवासियों की ओर से लड़ी जानेवाली यह पहली लड़ाई नहीं है। यह शायद पहली लड़ाई है जिसकी ओर राष्ट्र तथा विश्व का ध्यान गया है। नर्मदा बाँध की योजना जब पूरी हो जाएगी तब कई राज्यों में फैला हुआ एक विस्तृत आदिवासी इलाका जलमग्न हो जाएगा। इसके बारे में नर्मदा बचाओ आन्दोलन ने एक देशव्यापी चेतना और चर्चा पैदा की है। लेकिन हम नहीं कह सकते हैं कि आदिवासियों की सुरक्षा के लिए कोई देशव्यापी वातावरण पैदा हुआ है। भारत का औसत शिक्षित नागरिक आदिवासियों के विरुद्ध है।

रोजा लुक्सेम्बर्ग की इस बात पर अभी तक बुद्धिजीवियों का ध्यान नहीं गया है कि पूँजीवादी व्यवस्था को बनाए रखने के लिए हमेशा एक प्राक्-पूँजीवादी दुनिया चाहिए, जिसका शोषण करके ही पूँजीवाद समृद्धि के उत्पादन की प्रक्रिया को जारी रख सकता है। भारत जैसे विकासशील देश में हम इस प्रक्रिया को अपनी आँखों के सामने देख सकते हैं कि देश के एक हिस्से को विकसित करने के लिए अपने ही देश के कुछ अन्य हिस्सों को उसी तरह कुचलना पड़ रहा है जिस तरह कि साम्राज्यवादी देशों ने उपनिवेशों को कुचला और उनका दोहन किया था। दोहन के लिए उन्हीं इलाकों को चिन्हित किया जाता है जिनमें आदिवासी या आदिवासी-जैसी जातियाँ रहती हैं। और विकास के लिए उन इलाकों को ही चुना जाता है जिनमें सम्भ्रान्त वर्ग और जातियों के लोग रहते हैं (या आकर रहेंगे)। इस नियम का अपवाद भी ढूँढ़ना मुश्किल है।

आदिवासियों के बारे में एक बात जानना बहुत जरूरी है। राज्यतन्त्र और विकास तन्त्र के अत्याचार का मुकाबला जिन समूहों को करना पड़ता है, उनमें सबसे कमजोर आदिवासी हैं। हरिजनों जैसा उनको अपमानित नहीं होना पड़ता, फिर भी हरिजनों की तुलना में वे ज्यादा कमजोर हैं। खासकर उनको जब गैर आदिवासियों के बीच या बाजू में अल्पसंख्या में रहना पड़ता है, वहाँ वे बिलकुल कमजोर होते हैं। झारखंड आन्दोलन के बाहर कहीं भी उनकी प्रतिरोध-शक्ति नहीं दिखाई देती। उनके साथ खिलवाड़ करना बहुत आसान है।

राज्यतन्त्र और विकासतन्त्र के द्वारा उनको हतोत्साहित करने की कोशिश कामयाब हो जाती है क्योंकि उनकी बुद्धि दृढ़ नहीं होती है। मेधा पाटकर सही हैं या आर्च-वाहिनी (गुजरात का बाँध समर्थक गैर सरकारी संगठन) सही है यह जानना उनकी बुद्धि के

बाहर है क्योंकि छलकपट को वे कम समझ पाते हैं। उनको यह भी भय हो सकता है कि कहीं वे राष्ट्र के विकास या दूसरे लोगों के विकास में बाधा तो नहीं डाल रहे हैं।

इसलिए इस असमान युद्ध में हमारा हृदय आदिवासियों की तरफ जाता है। नर्मदा बचाओ आन्दोलन में यह सम्भावना बनी हुई है कि मणिबेली और आसपास के गाँव के सारे आदिवासी परिवार दबाव से पराजित होकर बाँध विरोधी आन्दोलन से हट जाएँ लेकिन हमारी इच्छा है कि नर्मदा बाँध विरोधियों को अपूर्व शक्ति प्राप्त हो ताकि विश्व बैंक और उसके विकासतन्त्र को धक्का लगे।

आर्च-वाहिनी को हम इस बात का श्रेय देते हैं कि उन्होंने विस्थापन के लिए न्यायपूर्ण मुआवजे का आन्दोलन चलाकर पुनर्वास सम्बन्धी कुछ ऐसे नियम बनवाएँ हैं जो पहले कभी नहीं थे। लेकिन हम जानते हैं कि अधिकांश विस्थापित आदिवासी इन नियमों के लाभ से वंचित रहेंगे। जब वी.जी. वरगीस जैसे मान्य व प्रतिष्ठित पत्रकार मणिबेली जाते हैं और वहाँ पुलिस के शान्तिपूर्ण आचरण की तारीफ करते हैं, उनके बयानों में एक मौलिक खोट रह जाता है, उनके बयान से यह सूचना नहीं मिलती है कि गुजरात और महाराष्ट्र की सरकारें आदिवासियों को किस तरह पुनर्वास की सुविधा दे रही हैं और उस सम्बन्ध में खुद वरगीस सन्तुष्ट हैं या नहीं। आदिवासियों पर नर्मदा जैसे बाँधों का असर क्या होगा—इस बारे में भी वे मुखर नहीं हैं।

पुलिस की ज्यादतियों के बारे में दो परस्पर विरोधी बयान आ रहे हैं। निर्विवादीय तथ्य यह है कि उस छोटे से गाँव में सैकड़ों सशस्त्र पुलिस, बहुत सारे ट्रक और बुलडोजर मौजूद हैं। पुलिस का उद्देश्य कुछ भी हो, एक आदिवासी गाँव में पुलिस की इस तरह की उपस्थिति दहशत पैदा करनेवाली है और भोले-भाले लोगों के दिमाग को कुचलनेवाली है। आर्चवाहिनी खुद सामाजिक कार्यकर्ताओं का एक समूह है। उसके लिए यह शोभा नहीं देता है कि सशस्त्र पुलिस और बुलडोजरों की उपस्थिति में वह ग्रामवासियों के हृदय-परिवर्तन की कोशिश करे। उसको चाहिए था कि पहले वह सशस्त्र पुलिस को हटाने की माँग करती। नर्मदा-बचाओ आन्दोलन भी उनके जैसा एक जन आन्दोलन है—हालाँकि दोनों के लक्ष्यों में भिन्नता है। ऐसी स्थिति में आर्चवाहिनी के लिए उचित था कि उस स्थल पर न जाए जहाँ एक दूसरा जन-संगठन अपनी आखिरी लड़ाई लड़ रहा है। इतना नकारात्मक समन्वय सारे जन आन्दोलन के बीच होना चाहिए। नहीं तो न्यस्त स्वार्थ समूह एक जन आन्दोलन को दूसरे जन आन्दोलनों के विरुद्ध लड़ाएँगे।

मणिबेली एक महान नाटकीय स्थिति में है। इसका माहौल त्रासदीमय है। परिणति की कोई भविष्यवाणी नहीं हो सकती है।

—अप्रैल, 1992

मानव अधिकारों का भ्रम

मानव अधिकार का प्रसंग क्रान्तिकारी या पवित्र नहीं रह गया है। फ्रांसीसी क्रान्ति के काल में जब 'मानव के अधिकारों की घोषणा' पहली बार हुई (ब्रिटेन में 'अधिकारों का कानून' पारित होने के सौ साल बाद) तो यह एक क्रान्तिकारी अवधारणा थी। बीसवीं सदी के मध्य में यह एक चुनौतीपूर्ण प्रसंग हो गया था, जब सारे प्रमुख उपनिवेश आजाद हो रहे थे और अपनी-अपनी जनता को नए अधिकारों से लैस करने का सपना देख रहे थे। किसी ने भोजन के अधिकार को तो किसी ने अभिव्यक्ति के अधिकार को प्रधानता देने के विचारों को अपनाया था। दोनों अधिकारों को संवैधानिक अधिकार देने की व्यवस्था कहीं भी नहीं बन पाई। बाद के दिनों में साम्यवाद की भोजन की सच्चाई और पूँजीवाद की अभिव्यक्ति की सच्चाई पर भी प्रश्न होने लगे।

दोनों तरह के अधिकारों को मिलाकर सूत्रबद्ध करने का एक प्रयास द्वितीय विश्व युद्ध के समय अमरीकी राष्ट्रपति रूजवेल्ट ने अपनी 'चार आजादियों' में किया था : 'भय से मुक्ति, क्षुधा से मुक्ति, अभिव्यक्ति की आजादी और उपासना की आजादी।' संयुक्त राष्ट्र संघ द्वारा मानव-अधिकारों की जो घोषणा तैयार की गयी, वह सम्भवतः इसी पर आधारित थी। रूसी क्रान्ति और समाजवादी आन्दोलनों के प्रभाव से '40 के दशक में शिक्षा, स्वास्थ्य, भोजन आदि को अधिकार का दरजा मिला—संविधान में नहीं, लेकिन मान्यता के स्तर पर और विकास की योजनाओं में। तब से लगभग पाँच दशकों के बाद भी दुनिया में अज्ञान, भूख और बीमारी का अनुपात कम नहीं हो रहा है। इसलिए अधिकारों की मान्यता और अधिकारों की वास्तविकता के बीच की दूरी को समझना जरूरी है।

भोजन और अभिव्यक्ति, दोनों का सह-अस्तित्व विकसित पूँजीवादी देशों में देखने को मिलता है। वहाँ लोकतन्त्र है और वैभव इतना अधिक है कि गरीबी की रेखा का मानदंड भी बहुत ऊँचा है। यह उपलब्धि पूँजीवादी-लोकतान्त्रिक व्यवस्था का गुण है या साम्राज्यवादी वैभव का कमाल है, यह जाँच का विषय है। अनुसन्धान इसलिए जरूरी है कि वैभवविहीन पूँजीवाद में इन अधिकारों का कोई गौरवमय विवरण मिलता नहीं है। अगर अधिकारों की अवधारणा और व्यवस्था ऐसी है कि अनन्त वैभव में ही वह फलती-फूलती हो, तो यह मानव सभ्यता की कोई बड़ी उपलब्धि नहीं मानी जा सकती।

2

सभ्यता का मूल्यांकन जैसा भी हो, अधिकारों का सन्तोषप्रद व्यावहारिक रूप दुनिया के अतिसमृद्ध देशों में ही मौजूद है और वहीं से हमें लोकतन्त्र तथा मानवाधिकार की सीख मिलती रहती है। 1945 के बाद के जगत में जो देश नाटो या अमरीकी खेमे में पूरी तरह नहीं होता था, उसे लोकतन्त्र की सीख मिलती थी। 1990 के बाद लोकतन्त्र शब्द गौण हो गया है, मानवाधिकारों की सीख ज्यादा मिल रही है। दुःखी जनता की किन समस्याओं को मानवाधिकार आन्दोलन का मुद्‌दा बनाना होगा, इसका निर्देशन भी अमरीका के नेतृत्व में अन्तरराष्ट्रीय संस्थाओं-सम्मेलनों के माध्यम से हो रहा है। अपने देश में पिछले कुछ सालों के अन्दर मानवाधिकार आन्दोलनों का जो उभार आया है, वह इसी का परिणाम है। मानवाधिकार के निर्धारित सवालों को आन्दोलित करने के लिए गैर सरकारी संगठनों (एन.जी.ओ.) को पर्याप्त अन्तरराष्ट्रीय अनुदान मिल जाता है। सैकड़ों, हजारों की संख्या में कार्यकर्ता और संस्थाएँ इस काम के लिए उठ खड़े हो रहे हैं। मानवाधिकार एक आदर्शगत मूल्य है। आदर्श और मूल्यों का अनुसरण करने के लिए धन की कमी का बिलकुल न होना शायद पहली बार हो रहा है—कम-से-कम विकासशील देशों में। जब भी अन्तरराष्ट्रीय केन्द्रों में किसी मानवाधिकार समस्या को चिन्हित कर दिया जाता है, विकासशील देशों में उसका आन्दोलन शुरू हो जाता है। यूरोप के कुछ देशों ने भारतीय कालीन के आयात पर रोक लगाने के लिए भारतीय बच्चों के मानवाधिकार का मुद्‌दा उठाया और इधर भारत के गैर सरकारी संगठनों का एक काम हो गया है—कालीन उद्योगों के बाल श्रमिकों के बारे में तथ्य एकत्रित करना, प्रकाशित करना और बालमुक्ति की माँग करना। अब भारत सरकार भी एक बाल श्रमिक अधिनियम प्रस्तुत करने में लगी हुई है।

ऐसी घटनाओं का उल्लेख होने पर कुछ मानवाधिकारवादी कहते हैं : मानवाधिकारों का मुद्‌दा ऐसा है कि अगर शैतान भी उठाता है, तो उसका साथ देना चाहिए। यह हमारे जमाने का शानदार बयान हो सकता है, लेकिन सवाल उससे भी गहरा है। क्या बाल श्रमिक अधिनियम पारित हो जाने के बाद भारतीय बच्चों की हालत सुधरेगी ? दुनिया में सबसे अधिक बाल श्रमिक भारत में हैं।

3

सिर्फ हिन्दी में नहीं, अँगरेजी में भी आजादी और अधिकार पर्यायवाची ढंग से लिखे जाते हैं। 'सिविल लिबर्टीज' को 'सिविल राइट्स' भी कहा जाता है। समाजशास्त्रियों ने इन दो अवधारणाओं के भेद और दोनों में सम्बन्ध को स्पष्ट नहीं किया है। इसलिए ये एक दूसरे का पर्याय बने हुए हैं। आजादी एक प्राचीन अवधारणा है। इसके सामाजिक, मनोवैज्ञानिक और आध्यात्मिक कोण हैं। भारतीय ज्ञान में इसका आध्यात्मिक

कोण ज्यादा प्रकट है। आजादी एक स्थिति है, अधिकार एक सुविधा या छूट है। मौजूदा अर्थ में अधिकार पश्चिम की एक महत्त्वपूर्ण देन है और इसका तात्पर्य है एक बड़ी शक्ति के मुकाबले व्यक्ति या छोटे समूह का अधिकार, अन्यथा यह शब्द विशेषाधिकार ही था। जिस 'मैग्नाकार्टा' को ब्रिटेन के इतिहास में इतना गरिमा मंडित किया गया है, वह असल में निरंकुश राजतन्त्र के विरुद्ध सामन्तों और विशिष्ट वर्ग का एक अधिकार-पत्र था। इसका ऐतिहासिक महत्त्व इसलिए है कि राजसत्ता को मर्यादित करने का एक तरीका इससे विकसित हुआ। बाद में इसका विस्तार राज्य की केन्द्रित शक्ति के मुकाबले नागरिकों के अधिकार के रूप में हुआ। आधुनिक राज्य में सत्ता का केन्द्रीकरण इतना अधिक है कि नागरिक अधिकारों के अभाव में मनुष्य के लिए आत्मसम्मानपूर्ण जीवन जीना नामुमकिन है। अगर नागरिक अधिकार न होते, तो आधुनिक राज्य राजतन्त्र से भी अधिक डरावनी चीज होता।

इस दृष्टि से देखें तो अधिकार एक तरह का बचाव या आत्मरक्षा है, ताकि हम कुचल न दिए जाए। कुल स्थिति आजादी की नहीं है, नियन्त्रित होने या दासता की है। उसमें अधिकार एक सहारा है। अकसर तो तिनके का ही सहारा।

4

राज्य में सत्ता के केन्द्रीकरण के साथ-साथ उन्नीसवीं सदी में धन की सत्ता का भी केन्द्रीकरण होने लगा। पूँजी के रूप में धन के अत्यधिक केन्द्रीकरण से आबादी के बड़े हिस्से के लिए आर्थिक असुरक्षा का नया खतरा पैदा हो गया । केवल अभिव्यक्ति और विचरण के अधिकारों से इसका प्रतिकार सम्भव नहीं था। यूरोप में समाजवादी विचारों का जन्म हुआ, जिनकी यह मान्यता थी कि पूँजीवाद मनुष्य की आजादी और मानवीय गुणों को नष्ट करनेवाला है। पूँजीवाद की समाप्ति से ही मानव की मुक्ति होगी। राजनीतिक कार्यक्रम के तौर पर साम्यवाद तथा समाजवाद ने मजदूरों और गरीब वर्गों की आर्थिक सुरक्षा पर सर्वाधिक जोर दिया। लम्बे संघर्ष के बाद दुनिया के अतिसमृद्ध पूँजीवादी देशों ने अपनी जनता के लिए आर्थिक सुरक्षा का इन्तजाम कर लिया। जनसाधारण का जीवन स्तर ऊँचा हुआ और सामाजिक सुरक्षा के कानून भी बने। बाकी दुनिया में सामाजिक-आर्थिक असुरक्षा की समस्याएँ ज्यों की त्यों हैं। आधी मानव आबादी इनकी चपेट में है। साम्यवाद और समाजवाद फिलहाल तो सम्पूर्ण रूप से पराजित हो गए हैं। फिर दुनिया में इतनी बड़ी आबादी की सामाजिक-आर्थिक असुरक्षा का समाधान कैसे होगा ? क्या साम्यवाद-समाजवाद का पुनरुत्थान होगा ?

इसी बिन्दु पर मानवाधिकार आन्दोलन की राजनीति शुरू होती है। मानवाधिकार आन्दोलन यह उम्मीद दिलाता है कि पूँजीवाद में ही हर प्रकार की सामाजिक सुरक्षा का समाधान होगा। असुरक्षाओं की सूची बनाई जाती है। बँधुआ मजदूर, बाल श्रमिक, निरक्षरता, प्रदूषण, गर्भवती महिलाओं का कुपोषण, विस्थापन, बीमारियाँ—सारी समस्याएँ

मानवाधिकार की समस्याओं के रूप में चिन्हित की जा रही हैं। किसी भी मानवीय दुःख के सामने 'मुक्ति' शब्द डालकर एक नया अधिकार आन्दोलन शुरू किया जा सकता है।

अधिकारों की फेहरिस्त बढ़ती है, तो लोकतान्त्रिक मिजाज के लोग और मानवाधिकारवादी उल्लसित होते हैं। इक्कीसवीं सदी में एक नया अधिकार आनेवाला है—सूचना का अधिकार—कहते हुए सचमुच कुछ लोग उल्लसित अनुभव करते हैं। ऐसा अनुभव करनेवालों में वे भी होते हैं, जो पेटेंट 'अधिकारों के' समर्थक हैं और हमें यानी पेटेंट अधिकार को अनुचित कहनेवालों को कभी-कभी चोर तक कहते हैं।

क्या बीसवीं सदी में सूचना का अधिकार नहीं है ? अगर इस नए अधिकार का मतलब पेटेंट कवच को तोड़ना नहीं है (नहीं ही है) तो इसका उद्देश्य क्या है ? यह कि प्रत्येक नगरपालिका, प्रखंड समिति और ग्राम सभा को एक-एक सुपर कम्प्यूटर खरीदना पड़ेगा, ताकि उसका समुदाय अत्याधुनिक सूचनाओं से वंचित न रह जाए। सूचना तो वहीं से मिलेगी। इक्कीसवीं सदी के किसी एक दशक में एक और अधिकार जुड़ेगा—पानी पीने का अधिकार या पीने के पानी का अधिकार। इस प्रकार बहुत लम्बी सूची हो जाएगी, तब भी वाजिब लगेगी, क्योंकि समस्याएँ उत्कट हो रही हैं।

5

पचास साल पहले, भारत की आजादी के समय में हम शिक्षा को एक अधिकार के रूप में नहीं देखते थे। 1947 वाले दिमाग के लिए शिक्षा एक अनिवार्यता थी, अधिकार नहीं। आजादी का यह एक अन्तर्निहित गुण था। शिक्षा के बिना आजादी क्या ? इसे कार्यान्वित करने के लिए आम्बेडकर के संविधान ने मात्र दस साल का समय दिया था। 1960 के दशक में जब तीन पंचवर्षीय योजनाओं की समीक्षा हुई, यह पता चला कि विकास की हमारी रणनीति से विषमताएँ बढ़ी हैं, निचले वर्ग को कुछ भी नहीं मिला है। तब यह महसूस हुआ कि शिक्षा भारतीय आजादी का हिस्सा नहीं बन पाई है। शिक्षा के लिए अलग से एक अधिकार की लड़ाई लड़नी पड़ेगी।

सौ साल पहले (50 साल पहले भी) भारत का आदिवासी जंगल में रहता था। एक तरह की आजादी की स्थिति में रहता था। भोजन उसे जंगल में मिलता था। निसर्ग यानी जीव-जन्तु, फल-मूल उसके जीवनधारण के स्रोत थे। पौष्टिक आहार के अभाव से बीमारियाँ उसे कभी नहीं होती थीं। जब वह शहर में प्रवेश करता था, उसे पैसे की जरूरत होती थी, क्योंकि शहर में पैसे से भोजन का अधिकार मिलता था। हमारे अनेक अधिकारों को पैसे से खरीदना होता है। इसलिए पैसे के कम-ज्यादा होने पर अधिकार भी कम-ज्यादा होते हैं। यह उदाहरण जंगली जीवन को आदर्श मानने के लिए नहीं है, बल्कि आजादी और अधिकार का फरक समझने के लिए है।

एक तीसरा उदाहरण धर्म से सम्बन्धित हो सकता है। मुसलमान तथा सवर्ण हिन्दू

महिलाओं को चेहरा खुला रखकर विचरण करने के लिए अधिकार-आन्दोलन की जरूरत होती है। ईसाई औरतों के लिए इसकी जरूरत नहीं है। ऐसा नहीं कि ईसाई औरतों को पहले से यह अधिकार मिला हुआ है। बल्कि ईसाई धर्म ने कभी औरतों से चेहरा खुला रखने की आजादी को छीना ही नहीं था।

मध्य युग के धर्म ने और आधुनिक युग के राज्य ने मनुष्य को सम्पूर्ण नियन्त्रित करने का प्रयास किया है। दोनों का ढाँचा केन्द्रीकरण का है। केन्द्रीकृत ढाँचे में नियन्त्रण का विस्तार और सघनता अधिक होती है। बीसवीं सदी में धर्म का नियन्त्रण ढीला पड़ गया है, लेकिन राज्य का नियन्त्रण (नाजी जरमनी तथा सोवियत रूस में) चरम सीमा तक पहुँच गया। बीसवीं सदी में एक अन्य नियन्त्रणकारी शक्ति का पूर्ण विकास हो चुका है, जिसका विस्तार और प्रभुत्व राज्य से भी अधिक होने का डर है। दैत्याकार व्यापारिक निगमों का नियन्त्रण सारे भौतिक पदार्थो पर होने जा रहा है। व्यक्ति के लिए या छोटे समूह के लिए अपनी बुद्धि या मरजी से मूल भौतिक साधनों का उपयोग करना दिन-दिन असम्भव हो रहा है। राज्य और निगमों ने मिलकर मनुष्य की स्थिति को इस तरह अपने कब्जे में कर लिया है कि अगर कोई मनुष्य दोनों में से किसी के उपयोग में नहीं आया, तो वह शून्य में लटका रह जाएगा। वस्तुओं के निर्माण और बिक्री के अलावा सूचना, अनुसन्धान, विज्ञान, नाटक, मनोरंजन, सब कुछ कम्पनियाँ अपने नियन्त्रण में ले रही हैं। अभी तक अधिकारों का संघर्ष राज्य से होता था, लेकिन अब धीरे-धीरे कम्पनियों के विरुद्ध भी अधिकार के आन्दोलन हो रहे हैं। विस्थापन, प्रदूषण आदि के आन्दोलन इसी कोटि के हैं। विडम्बना यह है कि कम्पनियों के विरुद्ध अधिकार प्राप्त करने के लिए राज्य का सहारा लेना पड़ेगा, जबकि राज्य पर कम्पनियों का वर्चस्व अधिक गहरा होता जा रहा है। इसी तरह दो नियन्त्रणकारी शक्तियाँ—राज्य और बाजार—मनुष्य की समग्र सत्ता पर, उसके सारे संसाधनों (वायु, जल, मिट्टी और पौधों) पर हावी होने जा रही हैं, तो मनुष्य को सहस्र अधिकारों की जरूरत पड़ेगी। साँस लेने के अधिकार की भी जरूरत पड़ेगी।

6

हिन्दी भाषा में मनुष्य की आजादी के बारे में बात नहीं हो पाती है। शायद कहीं भी नहीं हो पाती है। पश्चिम के लेखन में बार-बार इसकी बात उठती है, लेकिन आगे नहीं बढ़ती है, राजनीति तक नहीं पहुँच पाती है। अस्तित्ववादियों ने दार्शनिक स्तर पर इस मुद्दे को उठाया और वहीं छोड़ दिया जहाँ बहुत साल पूर्व भारतीय ऋषियों ने छोड़ा था—व्यक्ति की अन्दरूनी दुनिया में। सामाजिक सन्दर्भ में इस सवाल को कार्ल मार्क्स ने सचमुच वैज्ञानिक ढंग से उठाया था। लेकिन इस मुद्दे का राजनीतिकरण साम्यवाद में नहीं हो पाया। मार्क्सवाद की स्थिति इस बारे में विचित्र है। मार्क्स का लक्ष्य अधिकार नहीं, आजादी था। लेकिन कम्युनिस्ट घोषणा-पत्र के अनुसार जब तक राज्य रहेगा, तब

तक तानाशाही रहेगी। साम्यवादी अन्दोलन को भी निर्देश है कि एक खास प्रकार की तानाशाही स्थापित करे। आजादी तब आएगी जब अनन्त वैभव की स्थिति पैदा होगी। गौरतलब बात यह है कि इस कल्पना में आजादी एक स्थिति है और अनुकूल स्थिति न होने पर अधिकारों का कोई महत्त्व नहीं है। विडम्बना वहाँ है, जहाँ अनन्त वैभव की स्थिति को ही मार्क्स ने आजादी की स्थिति के रूप में वर्णित किया है। यह तो देवताओं की आजादी है। मानवीय आजादी कैसे बनेगी ? जहाँ धन-दौलत अमरीका जैसी, जरमनी जैसी नहीं है; 1995 के चीन जैसी है तो क्या उसके जितनी धन-दौलत लेकर आजादी की स्थिति बनाई जा सकती है या नहीं ? मार्क्सवाद यहाँ निरुत्तर है। समाजवाद को फिर से खड़ा करने के लिए सम्पत्ति का एक नया दर्शन जरूरी होगा।

7

वस्तुतः मानवाधिकार आन्दोलन समाजवाद के पुनरुत्थान को रोकने की एक राजनीति है। इसका उद्देश्य यह भ्रम पैदा करने का है कि अन्तरराष्ट्रीय पूँजीवाद गरीबों की सारी समस्याओं के बारे में सचेत है।

फिर भी, आजादी और अधिकार विपरीतधर्मी नहीं हैं। अगर बुनियादी अधिकारों को स्थापित करने के लिए जन आन्दोलन होगा, तो वह आजादी के लक्ष्य को पुष्ट करेगा। अन्तरराष्ट्रीय अनुदान के दादा लोग यह नहीं चाहते हैं कि बुनियादी सामाजिक अधिकारों का सघन आन्दोलन हो। गौण मुद्दों पर जागरूक करना उनका उद्देश्य है। सूचना, साक्षरता, बाल श्रमिक, बँधुआ मजदूर, विस्थापन, गर्भवतियों का कुपोषण—ये सब गौण विषय हैं। अतिकेन्द्रित धनव्यवस्था में आम जनता का रोजगार और संसाधन छीना जाता है, इसी से सामाजिक असुरक्षा तीव्र होती है। इन बिन्दुओं पर अधिकार-आन्दोलन को अधिक महत्त्व देना चाहिए—रोजगार का संवैधानिक अधिकार और जल, जमीन, जंगल पर स्थानीय समुदाय का नियन्त्रण। विचित्र बात यह है कि जब मानवाधिकार आन्दोलन में सघनता नहीं थी, तब रोजगार को संवैधानिक अधिकार बनाने की माँग राजनीतिक महत्व की हो गई थी। 1989 के शासक दल के घोषणा-पत्र में इसका प्रवेश हो गया था। लेकिन 1990 के बाद जब से मानवाधिकार आन्दोलन का जमाना आया है, यह माँग लुप्त हो गई है।

8

आतंकवादियों और अपराधियों को मानवाधिकार दिलाने का प्रश्न कभी-कभी इसलिए पेचीदा होता है कि इसमें अन्तरराष्ट्रीय कूटनीति का अनुप्रवेश रहता है। फिर भी जहाँ विदेशी सरकारों की दखलन्दाजी नहीं है, अन्तरराष्ट्रीय नागरिकों या गैर सरकारी संस्थाओं का हस्तक्षेप है, वहाँ हमें असहिष्णु नहीं होना चाहिए।

होना तो यह चाहिए कि प्रशासन और पुलिस का व्यवहार आम आदमी के प्रति इतना शिष्टाचारपूर्ण हो कि उस आदत का फायदा अपराधियों को भी मिले। लेकिन भारत में अभी तक प्रशासन और नागरिकों के सम्बन्ध औपनिवेशिक हैं। नेहरू और पटेल का सबसे बड़ा विश्वासघात यह था कि प्रशासन व्यवस्था को बदलने का संकल्प उन्होंने कभी नहीं किया। कानून का पालन करनेवाला ग्रामवासी पुलिस से भयभीत रहता है, अदालत से आतंकित रहता है, जबकि अदालत को नागरिकों का रखवाला माना जाता है। लोकतन्त्र में जो निम्नतम अधिकार है, वह है कानून के सामने बराबरी का अधिकार। भारत में यह अभी तक साकार नहीं हुआ है। 1947 से अभी तक किसी भी समूह ने इस सवाल को प्रखर रूप में नहीं उभारा है। कोई भी कह देता है कि प्रशासक आदमी को मनुष्य नहीं समझता है, लेकिन इसके लिए वह प्रशासक की व्यक्तिगत बदतमीजी को जिम्मेदार ठहराता है। यह एक गलत धारणा है। कोई किसान अगर वाजिब काम के लिए तहसीलदार के पास जाता है, तो उसका काम वहीं हो जाना चाहिए, उसे दुबारा नहीं आना चाहिए। निम्न मध्य वित्त के किसी भले आदमी को झूठे केस में पुलिस ने फँसाया है और मामूली अपराध है, तो अदालत को उसे दो बार से अधिक नहीं बुलाना चाहिए। कोई सेवानिवृत हो गया है, तो पेंशन पाँच साल बाद नहीं, 30 दिन के बाद मिलनी चाहिए। प्रशासन का अधिकांश काम उसी तरह होना चाहिए, जैसे डाक घर में पोस्टकार्ड खरीदा जाता है। इसके लिए प्रशासन के पूरे ढाँचे को बदलना होगा—जो कोई क्रान्तिकारी काम नहीं है, लेकिन जिसका परिणाम क्रान्तिकारी होगा। अगर गाँव का किसान तहसीलदार या इंस्पेक्टर के सामने बैठकर स्वच्छन्दता से अपना वाजिब काम करवा लेगा, सेवानिवृत्ति के 30 दिन बाद पेंशन मिलनी शुरू हो जाएगी, दो-तीन पेशी के बाद अदालत से छुट्टी मिल जाएगी, तो भारत की जनता का एक बहुत बड़ा हिस्सा पहली बार महसूस करेगा कि उसे आजादी मिली है। फिर अन्यान्य अधिकारों के लिए वह खुद सोचेगा।

—1995

गांधी का मर्म

- ☐ गांधी, लोहिया और आधुनिक सभ्यता
- ☐ गांधी का पाखंड
- ☐ गांधी और स्त्री
- ☐ सत्ता-विरोधी नहीं, सत्ताकामी
- ☐ गांधी-नेहरू संवाद
- ☐ गांधी का समाजवाद और ट्रस्टीशिप का विचार
- ☐ गांधी का 'भारत छोड़ो'
- ☐ गांधी का 125वाँ साल
- ☐ गांधी की निन्दा अवश्य होनी चाहिए

गांधी, लोहिया और आधुनिक सभ्यता

महान् व्यक्तियों के शिष्य दो प्रकार के होते हैं—एक प्रकार के शिष्य हर बात में अपने गुरु का अनुसरण करने की कोशिश करते हैं। ये गुरु के मुख से उच्चरित प्रत्येक शब्द का अक्षरशः पालन करते हैं। उसकी हर भंगिमा को अति पवित्र तथा अनुकरणीय मानते हैं। लेकिन यह एक असम्भव कोशिश है, क्योंकि एक व्यक्ति वह कितना ही महत् क्यों न हो, जटिलताओं का सम्पुंजन होता है, जिसमें बहुत से अन्तर्विरोधों का रहना और कमियों का होना लाजिमी है। इस तरह देखें तो एक 'सच्चा शिष्य' हमेशा अपने गुरु का 'विकृत' रूप होता है। धर्म और मतवाद के क्षेत्रों में हमारा अकसर ऐसे शिष्यों से पाला पड़ता है। इन शिष्यों के सम्प्रदाय बन जाते हैं और वे एक ही स्रोत की दुहाई देते हुए और खुद को गुरु का एकमात्र वारिस होने का दावा करते हुए एक दूसरे का गला तक काटने को उद्यत रहते हैं।

एक दूसरे प्रकार के शिष्य भी होते हैं। इस दूसरे प्रकार के शिष्य को समझने के लिए स्वामी विवेकानन्द से उत्कृष्ट उदाहरण मिलना मुश्किल है। इस बात से कौन इनकार कर सकता है कि वह रामकृष्ण परमहंस के शिष्य थे। लेकिन उनका परिधान और अनुष्ठान के मामले में ही नहीं बोली तक में अपने गुरु से साम्य नहीं था। गुरु ने शिष्य के चित्त/आत्मा/सत्ता (बीइंग) का कायापलट कर डाला था। ऐसा ही शिष्य बाद में आत्म-बोध प्राप्त करने और अपने तरीके से काम करने में सक्षम होता है। उसका अपना व्यक्तित्व, आचरण का अपना ढंग, अपना मुहावरा तो होता ही है पर इनसे भी ज्यादा महत्त्वपूर्ण यह है कि विचार भी उसका अपना होता है, गुरु का नहीं।

गांधीवादियों का सम्प्रदाय एक ऐसा जाना-पहचाना सम्प्रदाय है, जो धीरे-धीरे समाप्त हो रहा है। गांधी के रचनात्मक और आनुष्ठानिक आचार-व्यवहार को इस सम्प्रदाय द्वारा चलाते रहने के कारण ज्यादा से ज्यादा यही सम्भव है कि एक रचनात्मक कार्यकर्ता के रूप में गांधी की क्या छवि होती, इसका हम कुछ अनुमान लगा सकें। लोहिया ऐसे गांधीवादी साँचे में फिट नहीं बैठते। डा. राममनोहर लोहिया खादी पहनते थे पर चरखा नहीं कातते थे। यह कहना सही होगा कि जो चरखा नहीं कातता, वह गांधीवादी नहीं कहला सकता। यही नहीं, लोहिया नास्तिक भी थे। वह मद्य-निषेध को अहमियत नहीं देते थे, हालाँकि उन्होंने भारत में कभी भी शराब न पीने की कसम खाई थी। वह अविवाहित रहे लेकिन अपनी कुछ महिला मित्रों के साथ उनका यौन-सम्बन्ध था। गांधी

ने उन्हें सिगरेट पीने के लिए डाँटा था। गांधी की हत्या के पहले उन्होंने सिगरेट पीना छोड़ दिया था। लेकिन गांधी की हत्या के बाद उन्होंने फिर सिगरेट पीना शुरू कर दिया। 1956 में जब वह अपनी पार्टी के सर्वोच्च पदाधिकारी बने तो उन्होंने सिगरेट पीना हमेशा के लिए छोड़ दिया, शायद अपनी पार्टी के लोगों के सामने एक मिसाल रखने के लिए।

लोहिया का एक और गैर गांधीवादी लक्षण उनकी जुबान का तीखी और कड़वी होना था। अपने विरोधियों को वह इस तरह फटकारते थे कि उसमें कभी-कभी कटुता दिखाई पड़ती थी। शुरू में उन्होंने भूदान आन्दोलन का यह कहकर स्वागत किया था कि 'भूमि के पुनर्वितरण के कार्यक्रम को आधार बनाकर राष्ट्र की ऊर्जा को उमड़ने देने में यह सक्षम हो सकता है।' लेकिन प्रधानमन्त्री नेहरू ने जब भूदान आन्दोलन को संरक्षण देते हुए अपनी बाँहें फैला दीं तो आन्दोलन के नेता सरकारी संरक्षण के सुखद आलिंगन के प्रलोभन से बच न सके। इसलिए लोहिया को शायद लगा कि उन्हें धोखा हुआ है और उन्होंने विनोबा भावे को, जब वह अपनी प्रसिद्धि के चरमोत्कर्ष पर थे, नेहरू सरकार का राजकीय सन्त कहा। नेहरू की आखिरी वसीयत का भी लोहिया ने यह कह कर मजाक उड़ाया कि 'सारे गहने तो अपनी बेटी को दे दिए और राख (भस्मी) देश को।'

लोहिया की भाषा आजादी के बाद ज्यादा ही कटु होती गई; उन्हें लगा कि उनके कुछ निकटतम साथी और कांग्रेस के बुजुर्ग नेता देश और गांधी के साथ गद्दारी कर रहे हैं। उनकी कटुता के लिए भले ही परिस्थितियों के तकाजे की बात कही जाए या और कोई सफाई दी जाए, इस बात में शक की कोई गुंजाइश नहीं कि विरोधियों का लोहिया ने जिस तरह उपहास किया, वह बिलकुल ही गांधीवादी तरीका नहीं था। नेहरू की आडम्बरपूर्ण जीवन शैली—बटन के काज में रोज गुलाब लगाने, चूड़ीदार पाजामे पर शेरवानी पहनने का उपहास करते हुए लोहिया ने नेहरू के परिधान की मुगल दरबार के तबलचियों के परिधान से तुलना की। उन्होंने नेहरू को जहाँगीर और शाहजहाँ का वारिस, अस्पष्ट और हवाई सोचवाला उदारवादी-कट्टर ब्राह्मणवादी, आधुनिक डॉन क्विक्जोट और छद्म क्रान्तिकारी कहा; उन्हें एक ऐसा क्रान्तिकारी बताया जिसने अपना लक्ष्य मार्क्सवाद के मुताबिक 'दुनिया के मजदूरों एक हो' या गांधीवाद के मुताबिक 'दुनिया के लोग एक हो' निर्धारित करने के बजाय अपने लिए एक अनूठा और विशेष लक्ष्य सामने रखा—'दुनिया के बुरजुवा, नौकरशाह और नेता एक हो।'

फुरसत और आराम के क्षणों में लोहिया अपने डेढ़ गुरुओं की कभी-कभी चाव और प्रेम से याद किया करते थे; नेहरू तो एक वक्त उनके आधे गुरु थे, सार्वजनिक जीवन के प्रारम्भिक वर्षों में वह उन्हें एक ऐसा आदर्श पुरुष मानते थे, जिसका अनुसरण और अनुकरण किया जाए।

गांधी से लोहिया ने एक बहुत बड़ा गुण ग्रहण किया था—अपरिग्रह। मृत्यु से सिर्फ चार वर्ष पहले वह लोकसभा के सदस्य निर्वाचित हुए थे। इसके पहले उनके पास

किराए का मकान तक नहीं था और न ही बैंक में कोई खाता। यूसुफ मेहरअली उन्हें 'प्यारा आवारा' कहा करते थे। मृत्यु के समय उनके पास जो कुछ व्यक्तिगत माल-असबाब था वह यात्रा में काम आनेवाले एक बक्से और किताबों के सिवाय और कुछ नहीं था। वह दूसरों को सम्पत्तिविहीन होने को नहीं कह सकते थे। लेकिन वह गांधी के इस नुस्खे पर बहुत ज्यादा जोर देते थे कि सादगी भारत की समृद्धि की कुंजी है यानी सादगी और मितव्ययिता से ही भारत को समृद्ध बनाया जा सकता है। इसीलिए उन्हें यह बात बरदाश्त नहीं होती थी कि गांधी के राजनीतिक उत्तराधिकारी अँगरेज शासकों द्वारा खाली किए गए महलों में रहें।

यह बात नहीं कि गांधीवादी लोग नेताओं के महलों में रहने के पक्ष में थे। ऐकान्तिक बातचीत में गांधीवादी इसके खिलाफ कानाफूसी किया करते थे लेकिन लोहिया सार्वजनिक रूप से इस बारे में फट पड़ते थे। इसकी वजह यह नहीं थी कि वह अधीर और मुँहफट थे वरन् यह थी कि वह चाहते थे कि लोगों को इस तरह के आचरण पर गुस्सा आए।

उन्होंने नेहरू को क्यों अपना निशाना बनाया ? निश्चित और स्पष्ट रूप से इसीलिए कि उस समय नेहरू से कोई बड़ा नहीं था, वह भारत के महानतम व्यक्ति थे; उन सब लोगों में महानतम जिन्होंने गांधी के नेतृत्व में चले आजादी के आन्दोलन में फले-फूले मूल्यों से अपने को विमुख कर लिया था। गांधी ने नेहरू को ही अपने उत्तराधिकारी के रूप में देखा था, जो आधुनिक सभ्यता से अपनी तात्कालिक मोहग्रस्तता त्याग कर 'मैं जब नहीं रहूँगा तब मेरी भाषा बोलेगा।'

लोकसभा में लोहिया ने खर्च को सीमित करने और उसकी सीमा बाँधने के बारे में एक पूरा भाषण दिया था। उनका कहना था कि सार्वजनिक और निजी दोनों प्रकार के खर्च को सख्ती से एक सीमा तक बाँधना होगा। लोहिया की इस फटकार का जरा सा भी असर नहीं पड़ा क्योंकि उनकी पार्टी के लोग बहुत कम थे। अगर आचार्य विनोबा भावे और उनके हजारों गांधीवादी अनुयायियों ने, जिन्होंने 50 और 60 के दशकों तक अपना प्रभाव एकदम खो नहीं दिया था, अगर यही बातें कही होतीं तो सार्वजनिक जीवन और सरकार में गांधीवादी दृष्टिकोण को बल प्राप्त होता। 50 और 60 का दशक वह समय था जब यह तय होने जा रहा था कि भारत किस दिशा में जाएगा। लोहिया जब नेहरू की भर्त्सना कर रहे थे तो वह देश को गांधी की दिशा में ले जाने की वकालत कर रहे थे और नेहरू की भर्त्सना का कारण यह था कि वह देश को दूसरी दिशा में ले जाना चाह रहे थे। कांग्रेस के बाहर जिनकी भी साख थी, उन सभी ने–विनोबा भावे, कम्युनिस्ट, प्रजा सोशलिस्ट पार्टी जिसमें अशोक मेहता के नेतृत्व में सोशलिस्टों का एक बड़ा हिस्सा शामिल था–स्वातन्त्र्योत्तर भारत के बेताज बादशाह जवाहरलाल नेहरू से एक अदृश्य गठबन्धन कर रखा था। नेहरू के मन्त्रिमंडल में दो प्रकार के मन्त्री थे–दक्षिणपन्थी और वामपन्थी। दक्षिणपन्थी मन्त्री थे–मोरारजी देसाई और सदोबा पाटिल तो वामपन्थी मन्त्री थे–कृष्ण मेनन और केशवदेव मालवीय। वामपन्थी गुट मोरारजी पर

हमला करते तो स्वतन्त्र पार्टी और जनसंघ जैसे दक्षिणपन्थी गुट कृष्ण मेनन पर। इस तरह प्रधानमन्त्री की कोई आलोचना नहीं होती, वह आलोचना से परे परम पावन बने रहते।

गांधी के उत्तराधिकारी नेहरू ने इस प्रकार अपने नेतृत्व के बारे में राष्ट्रीय सहमति और मतैक्य पैदा किया। इसी के चलते उदारवादी-लोकतान्त्रिक-पूँजीवादी आधार पर भारत का आधुनिकीकरण करने पर आम सहमति हासिल की गई। इस प्रकार गांधी की मृत्यु के बाद दो दशक से भी कम समय में ब्रिटिश साम्राज्यवादियों द्वारा लाई गई आधुनिक सभ्यता ने आजाद हिन्दुस्तान में अन्ततोगत्वा वैधता प्राप्त कर ली। चीन से 1962 की पराजय ने एक धक्का जरूर दिया पर भारत का प्रबुद्ध वर्ग 1962 की शर्मनाक घटना की गहराई से जाँच-पड़ताल कर उसकी जड़ तक पहुँच नहीं पाया सो आधुनिकीकरण और यूरोपीकरण के बारे में आम सहमति बनी रही। आज हम ग्लोबीकरण के रूप में आधुनिकीकरण और यूरोपीकरण के उस लक्ष्य के दूसरे चरण में पहुँचने का दंड भोग रहे हैं। केवल ब्रांड का नाम बदल गया है–नेहरूवाद की जगह विश्व बैंक ने ले ली है।

तो गांधी की क्या दिशा थी, जिसे लोहिया बचाना चाहते थे ? क्या वह वास्तव में गांधीवादी दिशा थी ? या नहीं थी ? इस प्रश्न का उत्तर भिन्न-भिन्न प्रकार के शास्त्रज्ञ, विद्वान, नेता आदि अपने-अपने हिसाब से देंगे। ऐसे शास्त्रज्ञों की कोई कमी नहीं है, जो वर्तमान ग्लोबीकरण की नीतियों की व्याख्या कर यह बताएँ कि वे गांधीवाद से मेल खाती है–'गांधी जीवित होते तो इन नीतियों का समर्थन करते।' लोहिया की राजनीति के गांधीवादी रुझान और गांधीवादी तत्त्वों के बारे में चर्चा करने से पहले इस बात पर गौर करना वाजिब होगा कि लोहिया गांधी को किस तरह आँकते थे; गांधी का उनका मूल्यांकन क्या था। गांधी के सवाल पर वह कितने अधिक संवेदनशील थे, यह गौतम बुद्ध की 2500वीं जयन्ती के दिनों में प्रकट किए गए उनके उद्‌गारों से जाहिर होता है। 1956 के वर्ष में देश गौतम बुद्ध की 2500वीं जयन्ती मना रहा था और जवाहरलाल नेहरू 'इतिहास के सबसे महान भारतीय' के बारे में जगह-जगह भाषण दे रहे थे। नेहरू के इन भाषणों पर अपनी तीव्र प्रतिक्रिया व्यक्त करते हुए लोहिया ने अपने मासिक पत्र 'मैनकांइड' के पहले ही सम्पादकीय में (मैनकांइड का प्रकाशन 1956 में ही शुरू हुआ था) लिखा :

''गांधी के शिष्यों ने इतिहास के महानतम भारतीय की तीन या चार बार चर्चा की। उनका बार-बार चर्चा करना यह बताता है कि वे अपनी इस नीच अभिव्यक्ति के बारे में अस्पष्ट रूप में ही सही लेकिन निश्चित रूप से सचेत रहे होंगे। क्या हम यह कल्पना कर सकते हैं कि सारिपुत्र और आनन्द अपने गुरु की मृत्यु के बाद किसी और व्यक्ति को महानतम भारतीय घोषित करते ! गांधी शायद बुद्ध जितने महान नहीं थे। शायद इतिहास में और भी अनेक भारतीय हो सकते हैं जो उनसे ज्यादा महान होने के दावेदार हो सकते हैं। लेकिन गांधी का कोई निकटतम शिष्य, अगर वह शालीन और

भद्र हुआ तो न ऐसा सोच सकता है और न ही ऐसा कहने की जुर्रत कर सकता है। क्या गांधी की ताजा याद सरकार के कार्यकलाप में ज्यादा ही असुविधाजनक मालूम होने लगी है कि सुदूर अतीत के किसी महान व्यक्ति की याद जगाई जाए। या फिर कुछ लोग यह मानने लगे हैं कि वे अपने गुरु से ज्यादा महान हैं सो उसे बौना साबित किया जाए ताकि इतिहास में वे अपना उचित स्थान प्राप्त कर सकें।"

1952 में सोशलिस्ट पार्टी के पंचमढ़ी सम्मेलन की अध्यक्षता करते हुए लोहिया ने जो भाषण दिया, उसे बाद में भारत में समाजवाद की 'नई सैद्धान्तिक नींव' के रूप में देखा और माना गया। इस सम्मेलन के पहले तक सोशलिस्ट पार्टी का जयप्रकाश नारायण के नेतृत्व में जो रूप था, वह कट्टर मार्क्सवादी था। लोहिया ने ऐलान किया कि वह न मार्क्सवादी है और न ही गांधीवादी और साथ-साथ यह भी कहा कि वह न मार्क्स विरोधी हैं और न ही गांधी विरोधी। लेकिन उनकी नई स्थापना (थीसिस) में गांधी की उच्छ्वसित चर्चा जरूर थी :

"इस सदी ने केवल एक ही प्रवर्तक महात्मा गांधी को और एक ही आविष्कार अणुबम को जाना है। (यह) आविष्कार आधुनिक सभ्यता की परिणति है और प्रवर्तक एक ऐसी कोख से बाहर आया है जिसकी अभी तक पहचान नहीं हो सकी है या जो अभी तक शक्ति सम्पन्न नहीं है (क्योंकि) आधुनिक सभ्यता ने विचार को पूरी तरह ताकत की सेवा में लगा दिया है..."

अपने इस ऐतिहासिक व्याख्यान में लोहिया ने इस बात की ओर भी ध्यान दिलाया कि 'पूँजीवाद और कम्युनिज्म मौजूदा सभ्यता के एक ही तन्तुजाल के दो हिस्से हैं।'

आधुनिक सभ्यता के बारे में लोहिया की ये टिप्पणियाँ सारगर्भित हैं क्योंकि गांधी को छोड़कर हमारे युग के सभी सामाजिक चिंतकों व विचारकों और खासकर राजनीतिक चिंतकों व विचारकों ने आधुनिक सभ्यता के दायरे के भीतर ही दुनिया को बदलने की चेष्टा की है। यहाँ इस बात को भी ध्यान में रखना आवश्यक है कि आधुनिक सभ्यता का आधुनिक टेकनोलौजी से अभिन्न सम्बन्ध है–उनका एक ही अर्थ है, वे एक दूसरे के पर्यायवाची शब्द हैं।

आम मार्क्सवादी यदा-कदा कम्युनिज्म की फलश्रुति के रूप में नए इंसान के निर्माण की बात कहते हैं। लेकिन ऐसा कहते हुए उनका अभिप्राय एक नई सभ्यता के निर्माण से नहीं होता। अगर वे 'सभ्यता' शब्द का ही हल्के-फुल्के ढंग से 'संस्कृति' के लिए इस्तेमाल करते हों तो बात अलग है। कम्युनिस्ट आधुनिक सभ्यता का विरोध नहीं करते। सभ्यताओं का मार्क्सवादी विधान में कोई वर्गीकरण नहीं किया गया है। मार्क्सवाद सामाजिक विकास को एक ऐसे क्रमिक और निरन्तर आरोहण के रूप में देखता है, जो आदिम साम्यवाद, सामन्तवाद, पूँजीवाद आदि की विभिन्न वर्ग-व्यवस्थाओं से गुजरता हुआ साम्यवाद के लक्ष्य को प्राप्त करेगा।

बहुत सारे इतिहासकारों की दृष्टि में सभ्यता एक भौगोलिक क्षेत्र में समाज के विकसित होने का एक चरण और एक युग है, जिसमें सामाजिक-राजनीतिक संगठन,

आर्थिक संस्थाओं, टेकनोलौजी और संस्कृति के क्षेत्रों में विशिष्ट उपलब्धियाँ हासिल होती हैं। किसी भी सभ्यता को अकसर एक सुनिर्दिष्ट जन समुदाय से, जो उसकी अगुवाई करता है और एक सुनिर्दिष्ट क्षेत्र से जिसमें इसकी उत्पत्ति होती है और इसका आदर्श (मॉडल) स्थापित होता है, जोड़कर देखा जाता है। सभ्यताओं का कोई एक ही प्रकार का वर्गीकरण नहीं होता। कोई इतिहासकार किसी खास समय, किसी खास क्षेत्र और किसी खास नाम से सभ्यता को जोड़कर देखता है तो कोई और अन्य किसी खास से। कहने का मतलब यह है कि किसी इतिहासकार का मत कुछ होता है तो किसी का कुछ और। उदाहरण के लिए हम जिसे पश्चिमी सभ्यता कहते हैं, वह मुख्यतया एक भारतीय या एशियाई धारणा है। हाँ, अधिकांश इतिहासकार यूनानी और रोमन सभ्यताओं के नामकरण के मामले में सहमत हैं। लेकिन अगर हम हिन्दू या ईसाई या अरबी सभ्यता की अवधारणा प्रस्तुत करें तो उसे सभी इतिहासकार शायद स्वीकार नहीं करेंगे।

गांधी की प्रशंसा करनेवाले गांधीवादियों और उदारवादियों ने कभी भी गांधी की भारत और एशिया के लोगों की अगुवाई और पहल पर सभ्यताओं में परिवर्तन करने की उद्विग्नता के बारे में गम्भीरता से सोचने की कोई कोशिश ही नहीं की है। जब विनोबा भावे ने आध्यात्मिकता और विज्ञान के बीच विवाह की बात कही तो उनका आशय शायद वर्तमान विज्ञान और टेकनोलौजी से था। उनकी इस स्थापना को इस तरह समझा जा सकता है कि वह मौजूदा सभ्यता में आध्यात्मिकता को ठीक उसी तरह स्थान दिलाना चाहते थे जिस तरह नेहरू और उनकी बेटी की दुनियाओं में उन्होंने (विनोबा भावे ने) अपना स्थान प्राप्त किया था।

लोहिया ने सभ्यता के मामले पर गहराई से विचार किया और उसे एक ज्वलन्त प्रश्न की तरह उठाने की गम्भीर चेष्टा की। इतिहास के दर्शन या फलसफे में उनकी पुस्तक 'इतिहास-चक्र' एक महत्त्वपूर्ण और विशिष्ट योगदान है। इतिहास को वह सभ्यताओं की दृष्टि से देखते हैं। वह इस बात से उदास और दुखी होते हैं कि चक्र के ऊपर कुछ लोगों का आधिपत्य होता है और कुछ लोग उसी चक्र से कुचले जाते हैं पर इसके साथ चक्र के घूमने से यह सम्भावना भी बनी रहती है कि जो लोग अभी चक्र के ऊपर विराजमान नहीं हैं वे ऊपर पहुँच सकते हैं। इस अवधारणा के पीछे दुनिया के लोगों के बीच निकटता स्थापित होने के एक युग की आशा और इच्छा का संकेत है–एक ऐसी दुनिया का जिसमें सम्भव बराबरी हो, बराबरी सम्भव हो। इस पुस्तक में लोहिया के तर्क और उनकी भाषा यूरोपीय विचार-दर्शन से अत्यधिक प्रभावित हैं पर उसका मर्म और सार तत्त्व गांधी से आता है। अगर लोहिया ने अपने विचारों को गांधी से बिना किसी कुंठा के उन्मुक्त रूप से प्रभावित न होने दिया होता तो जरमनी में उनकी पढ़ाई उन्हें शायद मनुष्य की नियति के सम्बन्ध में और शान्तिपूर्ण कार्य-कलाप की एक नई संस्कृति की दिशा में प्रयत्न करने का आह्वान करनेवाली 'इतिहास चक्र' जैसी पुस्तक लिखने की प्रेरणा नहीं जुटाती।

विश्व का पुनर्निर्माण करने के संदर्भ में गांधी और लोहिया दोनों को ही आधुनिक

सभ्यता से घोर असन्तोष था और दोनों यह मानते थे कि उसे अस्वीकार करना ही होगा। दोनों के विचार के केन्द्र में यह बात थी कि विश्व का पुनर्निर्माण आधुनिक सभ्यता के आधार पर नहीं हो सकता। लोहिया अपनी कड़वी और आक्रामक जुबान के लिए बदनाम हैं पर जहाँ तक आधुनिक सभ्यता की बात है, गांधी उनसे ज्यादा आक्रामक जान पड़ते हैं। आधुनिक सभ्यता को वह पूरी तरह और एकदम निर्ममता से अस्वीकार करते थे। 'हिन्द स्वराज्य' लिखने के बाद उन्होंने अपने सभ्यता सम्बन्धी विचारों में कभी संशोधन नहीं किया। लोहिया कभी-कभी आधुनिक सभ्यता की कुछ उपलब्धियों और रोमांस से आकर्षित होते प्रतीत होते हैं। ऐसा लगता है कि कभी-कभी वह अपने मन को टटोलते हुए सोचने लगते हैं कि आर्थिक ताकत और टेकनोलौजी के चमत्कार की चकाचौंध से शायद ही बचा जा सकता है। लेकिन उनका यह विश्वास कि आधुनिक सभ्यता हमेशा समानता या समता का वायदा तो करेगी पर उसे कभी प्रदान नहीं करेगी, इस तरह की टटोल को खारिज कर देता था—यह विश्वास हमेशा निर्णायक साबित होता था, लोहिया के आधुनिक सभ्यता को अस्वीकार करने में। दिखाई पड़नेवाली समृद्धि की चकाचौंध में हिस्सा प्राप्त करने के थकान-भरे संघर्ष में व्यक्तिगत और सामूहिक नकलचीपन पैदा होता है। इस नकलचीपन के चलते एक प्रकार की बाह्य सादृश्यता व्यापक रूप से दिखाई पड़ती है। सादृश्यता, यह मरीचिका पैदा करती है कि समानता सम्भव है। और इस तरह आधुनिकीकरण गरीब वर्गों में झूठी आकांक्षाएँ जगाता है।

लोहिया बार-बार टेकनोलौजी के सवाल को उठाते हैं। इस सवाल से उन्हें छुटकारा नहीं मिलता सो पुनः-पुनः उसकी तरफ लौटते हैं और अन्त में गांधी के जवाब में ही उसका हल ढूँढ़ते हैं। टेकनोलौजी के सवाल पर उनका वही जवाब है जो गांधी का है। 7 अक्टूबर, 1926 के यंग इंडिया में गांधी ने लिखा था, 'भारत को अमरीका या इंग्लैंड बनाने के लिए दुनिया में कुछ अन्य जातियों और स्थानों को ढूँढ़ना होगा ताकि उनका शोषण किया जा सके। अब तक (ऐसा प्रतीत होता है कि) पश्चिमी राष्ट्रों ने यूरोप के बाहर की सभी जानी-पहचानी जातियों का शोषण करने के जिम्मे का अपने बीच बँटवारा कर लिया है और अब खोज करने के लिए नई दुनियाएँ नहीं रह गई हैं।' लोहिया भी लगभग यही बात कहते हैं। पश्चिम की आर्थिक समानता की अवधारणा प्राचुर्य पर आधारित है; प्राचुर्य होगा तो सबको मिलेगा, इसलिए लोहिया ने लिखा :

''वैज्ञानिक आविष्कारों के परिणामस्वरूप प्राचुर्य का युग आएगा, यह एक दयनीय खयाल है जो बुद्धि और विवेक का परित्याग करता है। सचेत रूप से एक ऐसे राजनीतिक और आर्थिक ढाँचे को शक्ल देने की जरूरत है जो राष्ट्र के भीतर और राष्ट्रों के बीच की खाई को पाटे। मौजूदा औद्योगिक टेकनोलौजी इस लक्ष्य को पूरा नहीं कर सकती—उसके द्वारा इस लक्ष्य को पूरा किया जाना अत्यधिक सन्देहास्पद है। यह टेकनोलौजी कुछ ऐसी परिस्थितियों में शुरू हुई थी, जिनसे कुछ खास और निश्चित शर्तें जुड़ी थीं : एक, कम आबादी और ज्यादा जमीन; दो, प्रतिव्यक्ति खासी पूँजी और उन्नत

मशीनें; तीन, पश्चिम यूरोप के कुछ थोड़े से देशों में दुनिया-भर के लिए औद्योगिक उत्पादन किया जाना। ये अभूतपूर्व परिस्थितियाँ थीं, जिनकी पुनरावृत्ति नहीं हो सकती। यह बात समझ में ही नहीं आती कि एक ऐसी टेकनोलौजी जो कुछ खास परिस्थितियों और शर्तों से जुड़ी हो, उन परिस्थितियों और शर्तों के बिना कैसे अपनाई और पनपाई जा सकती है। इस विषय में बहुत सारा सोच-विचार फिजूल है क्योंकि पूँजीकरण, औद्योगीकरण, समाजवाद जैसी अमूर्त्त अवधारणाओं की आड़ में हम इतिहास की विभिन्न अनूठी और दुबारा पैदा न होनेवाली परिस्थितियों और शर्तों को भुला देते हैं। लेकिन यह तो एक आनुषंगिक तर्क है; प्रसंग आया तो कही गई बात है। असल सवाल तो यह है कि क्या विज्ञान और टेकनोलौजी की जो मौजूदा प्रवृत्ति और पद्धति है उनसे सारी दुनिया के लिए प्राचुर्य का युग हासिल किया जा सकता है या कोई नई पद्धति ईजाद करनी होगी। इस सवाल का जवाब इतिहास पर छोड़ा जा सकता है। जो बात मानी हुई है वह यह है कि मानव जाति को एक ऐसा आर्थिक और राजनीतिक ढाँचा ईजाद करना होगा, जो समता की क्रान्ति को मूर्त्त रूप प्रदान करे।''

गांधी आधुनिक सभ्यता के साथ आधुनिक टेकनोलौजी के सम्बन्ध को इस अर्थ में और भी ज्यादा प्रगाढ़ मानते हैं कि उनकी राय में आधुनिक सभ्यता, आधुनिक टेकनोलौजी की उपज है और वह आधुनिक युग के सारे असन्तुलन की जड़ में है। लोहिया आधुनिक मनुष्य की दुविधाओं और असमंजसों से पार पाने के लिए इतिहास के निर्माण में इच्छा-शक्ति के तत्त्व को उभारते हैं। लोहिया के लेखन में इच्छा-शक्ति शब्द बार-बार आता है। गांधी के धार्मिक आशावाद में संकल्प अकेले नहीं आता, वह ब्रह्मांड की प्रक्रिया का अविभाज्य और अनिवार्य अंग है। इसलिए गांधी जब सपना देखते हैं तो उन्हें उसे बताने में सुविधा होती है। लोहिया का सपना ठोस है पर प्रयत्न साध्य है। लोहिया लिखते हैं :

''बड़े पैमाने पर औद्योगीकरण से उत्पन्न होनेवाली राष्ट्र की आर्थिक समृद्धि के गौरव और व्यक्तियों के ऊँचे जीवन-स्तर का चकाचौंध करनेवाला पक्ष इतना ज्यादा मादक हो सकता है कि अधिकांश लोग गलत-सही का निर्णय करने की अपनी बुद्धि खो डालते हैं और अपने ही हित के प्रतिकूल कार्य करने को प्रवृत्त होते हैं। इसका एकमात्र प्रतिकार और इलाज यही है कि वर्तमान सभ्यता की विध्वंस लीला और एक नई सभ्यता के निर्माण की आवश्यकता के बारे में बड़े पैमाने पर चेतना का विस्तार हो। इसके लिए संकल्प करने के एक चरम प्रयत्न की जरूरत होगी।''

एशियाई देशों द्वारा साम्राज्यवाद की आलोचना उतनी ही पुरानी है जितना कि साम्राज्यवाद। यह आलोचना नेक और सदिच्छापूर्ण रोष से आगे नहीं जाती। जो लोग आधुनिक सभ्यता के दुष्परिणामों पर जार-जार आँसू बहाते हैं उनमें इसे पराभूत करने के सोच और इरादे का अकसर अभाव दिखाई पड़ता है। आधुनिक भारत में गांधी और लोहिया को छोड़कर और किसी भी लेखक या चिंतक-विचारक ने पश्चिमी व्यवस्था को छोड़ने और उसकी जगह एक नई व्यवस्था को लाने के बारे में गम्भीरता से सोचा ही

नहीं। आधुनिक सभ्यता को छोड़ने की बात सोचते ही अव्यावहारिकता और विकल्पहीनता के हठीले प्रतिवाद उठ खड़े होते हैं। आधुनिक दुनिया के गरीब देशों में अपने संकल्प के द्वारा दुनिया को बनाने की इच्छा लम्बे समय से रुक गई है। उनकी आर्थिक और राजनैतिक आकांक्षाओं को रौंदते हुए ग्लोबीकरण का रथ आगे बढ़ रहा है; और जब भी वे अपनी अर्थव्यवस्था और प्रभुसत्ता पर विदेशी कम्पनियों के हमले का विरोध करने की चेष्टा करते हैं तो उनका मुँह इन आप्त वचनों के द्वारा बन्द कर दिया जाता है कि 'दूसरा कोई विकल्प नहीं है', 'इसके सिवाय और कोई चारा नहीं है।' मार्क्सवादियों ने उदारीकरण यानी छुट्टे बाजार की मनमानी और बहुराष्ट्रीय कम्पनियों का विकल्प पेश करना छोड़ दिया है। इसी सन्दर्भ में गांधी और लोहिया के महत्त्व और उनके विचारों की प्रासंगिकता और सार्थकता को समझा जा सकता है। विचारों के महत्त्व को जो जानना चाहते हैं, वे इस बात को समझें कि महान विचारों की क्या उपयोगिता है। महान् विचारों के विवेचनों और नवनिर्माण के विमर्शों से उन सबको जो कठिन परिस्थितियों में प्रचलित अन्यायों का विरोध करते हैं, अपार मानसिक बल मिलता है।

सत्य, अहिंसा, ब्रह्मचर्य, विश्व शान्ति, ईश्वर और चरखा, इनमें से प्रत्येक का गांधी की दुनिया में अपना स्थान है। अगर हम गांधी को इतिहास का प्रवर्त्तक, आन्दोलनों का नेता, एक पैगम्बर, एक युग-पुरुष या इस तरह के गुणों और प्रतिभावाला व्यक्ति मानते हों तो हमें उसे एक ऐसी हस्ती के रूप में भी स्वीकार करना होगा जिसमें मानव सभ्यता को बदल डालने का संकल्प था, लेकिन इस महत् काम के लिए जिसके पास सहयोगी नहीं थे। कांग्रेस के बुजुर्ग नेताओं द्वारा तिरस्कृत किए जाने के बाद गांधी ने कबूल किया था कि वह सोशलिस्टों की तरफ जो उस समय बहुत कम हैसियतवाले नेता थे, झुक (खिंच) रहे हैं। इस बारे में कमला देवी चट्टोपाध्याय (महात्मा गांधी–हंडरेड इयर्स; सम्पादक : डा. राधाकृष्णन) ने अपने लेख में लिखा है :

"(देश के) विभाजन के सवाल पर उन्होंने (गांधी ने) कड़ा रुख अपनाया। लेकिन कांग्रेस ने उनकी राय पर ध्यान नहीं दिया। एक बार फिर सोशलिस्ट और गांधीजी एक साथ खड़े थे।...जाहिर था कि वह घोर मानसिक यन्त्रणा से गुजर रहे थे और जैसा कि उन्होंने कबूल किया कि उन्हें अपने आगे अन्धकार के सिवाय और कुछ नहीं दिखाई पड़ रहा था। जब उन्हें अपने जीवन-भर के काम का ऐसा अन्त होता दिख पड़ा तो उनको कितनी व्यथा हुई होगी, इसकी हम कल्पना कर सकते हैं। इस स्थिति ने कुछ महत्त्वपूर्ण सोशलिस्ट नेताओं और उनको इस तरह एक साथ कर दिया, जिस तरह पहले कभी सम्भव नहीं हुआ था। गांधीजी और सोशलिस्टों के बीच ज्यादा निकट का बिरादराना रिश्ता बना; उन्होंने विकल्पों पर सोच-विचार किया... ।"

इस बात का हमें पता नहीं कि गांधीजी और सोशलिस्टों ने आधुनिक सभ्यता के विकल्पों पर सोच-विचार किया या नहीं। शायद सुस्पष्ट (और सुनिश्चित) रूप में तो नहीं ही किया होगा क्योंकि गांधी ने अपने तात्कालिक उत्तराधिकारियों को, जो आजाद हिन्दुस्तान की पहली सरकार का संचालन करनेवाले थे, यह दायित्व सौंप दिया था कि

वे नीतियाँ तय करें। राजनीति गांधी के लिए महत्त्वपूर्ण थी। इसलिए अपने नामजद उत्तराधिकारी जवाहरलाल नेहरू को 5 अक्टूबर, 1945 को उन्होंने अपना सबसे ज्यादा चुनौती भरा पत्र लिखा, ऐसे समय में जब आजादी एकदम आसन्न थी और इस बात में तनिक भी शुबहा नहीं था कि जवाहरलाल पहले प्रधानमन्त्री बननेवाले हैं। नेहरू-गांधी के इस पत्र-व्यवहार में गांधी द्वारा लिखे गए दो पत्र हैं। ये दोनों पत्र तफसील से बताते हैं कि साम्राज्यवाद के चंगुल से मुक्त होनेवाले प्रथम बड़े देश के रूप में भारत को अपनी नियति को किस प्रकार एक वैकल्पिक दिशा में ले जाना होगा। गांधी ने इस वैकल्पिक दिशा की 'शहरी लोगों और ग्रामीणों के बीच समानता' के रूप में व्याख्या करते हुए लिखा कि सारे आर्थिक विकास के केन्द्र में गाँव और ग्रामोद्योग रहेंगे। चूँकि पत्र नेहरू को लिखा गया था सो गांधी ने यह स्पष्टीकरण भी दिया कि गाँव को केन्द्र में रखनेवाली तसवीर में अगर रेलवे, टेलीग्राफ आदि का मेल होता है तो उन्हें कोई आपत्ति नहीं होगी। गांधी का वैकल्पिक दिशावाला यह मिशन उनके उत्तराधिकारी के तिरस्कार (नेहरू का 9 अक्टूबर, 1945 का पत्र) के बावजूद समाप्त नहीं हुआ। 1946 में प्रथम एशियाई (एशियन रिलेशंस कान्फ्रेंस) सम्मेलन में भाषण देते हुए गांधी ने बताया कि साम्राज्यवादी गुलामी से शीघ्र ही मुक्त होनेवाले एशियाई देशों से वह क्या अपेक्षा करते हैं–'आपका शोषण हुआ है इसलिए बदले के माध्यम से नहीं वास्तविक समझदारी और सौहार्द से आप पश्चिम पर विजय प्राप्त करेंगे। इस विजय से पश्चिम प्रेम करेगा।'

गांधी ने सम्मेलन में एक सवाल यह भी उठाया था कि अगर अफ्रीका औपनिवेशिक रूप से शोषित होने से इनकार कर दे तो यूरोप क्या करेगा। गांधी के इस सवाल को उनके प्रायः सभी जीवनी-लेखकों और व्याख्याकारों ने महत्त्व नहीं दिया है और उसकी उपेक्षा की है। जीवनीकारों और व्याख्याकारों ने गांधी को बहुत सारे गुणों, मूल्यों और कार्यक्रमों के व्रती के रूप में तो चित्रित किया है पर उनकी ऐतिहासिकता को नहीं; यह उनसे ओझल ही रह गई। एक विशेष और सुनिर्दिष्ट ऐतिहासिक परिस्थिति में, जो अभी भी शायद बीत नहीं गई है, गांधी ने मानवता के सामने एक लक्ष्य रखा था, जिसे प्राप्त करने के लिए मानव को संघर्ष करते रहना था। इतिहास की सम्भावित दिशा के बारे में वह अनूठे रूप से अत्यधिक संवेदनशील थे। इस महान आत्मा के लिए निश्चय ही एक अत्यधिक महत्त्व और उत्तेजना का अवसर था कि दुनिया के दो महान महादेश एशिया और अफ्रीका औपनिवेशिक शोषण से मुक्त होकर अपने भविष्य का स्वयं निर्माण करने जा रहे थे।

यही वह एकमात्र आधार है जिस पर गांधी की ऐतिहासिक महानता टिकी है। इस पहलू को छोड़ दें तो गांधी एक ऐसा सामान्य अनुप्राणित व्यक्ति जान पड़ता है, जिसने भारत की आजादी की लड़ाई को कुछ गतिशील और ऊर्जस्वी रुझान प्रदान किया। आध्यात्मिक रूप में या नैतिक आचरण, ब्रह्मचर्य, अहिंसा आदि के मामले में विनोबा भावे गांधी से अधिक संगत जान पड़ते हैं; एक नाटकीय अर्थ में सुभाष बोस या भगत सिंह अधिक देशभक्त और नेहरू तथा कम्युनिस्ट उस वक्त की दुनिया में उनसे ज्यादा

प्रगतिशील और अन्तरराष्ट्रीयतावादी थे।

आपको अपना गांधी चुनना होगा या तो उसे महज एक ऐसा अनोखा व्यक्ति मानना होगा, जो भारत के सार्वजनिक जीवन में जागरण के एक खास समय में अपरिहार्य और अनिवार्य बन गया था या आधुनिक युग का महानतम व्यक्ति जो दुनिया को संकट से उबरने का रास्ता दिखा रहा था। मानव बनाम आधुनिक सभ्यता का संकट बना हुआ है। आज का उदारवादी इस संकट को दो प्रकार से नकार सकता है—अपने को और दूसरों को यह कह सकता है कि अभी समृद्धि के जो छीटें इधर-उधर दिखाई पड़ते हैं वे अगले तीस-चालीस वर्षों में ऐसी घनघोर वर्षा का रूप ले लेंगें कि गरीबी डूब जाएगी और इसी बीच आधुनिक सभ्यता पर्यावरण से मैत्री निभानेवाली नई मशीनों का एक समग्र और नया सेट भी प्राप्त कर लेगी। संकट को नकारने का एक दूसरा सोच यह विश्वास है कि विज्ञान का एक नया अवतार अन्तरिक्ष से कल्पतरु (और कामधेनु) ले आएगा। अगर आप इन सम्भावनाओं को शंका की दृष्टि से देखते हैं तो गांधी आपको निश्चय ही परेशान करता रहेगा।

आजाद हिन्दुस्तान की राजनीति में सिर्फ लोहिया ही अकेले नेता थे जिनके एजेंडे में भारत की अर्थव्यवस्था और समाज के पश्चिमीकरण की नेहरू की योजना का मुकाबला करने और उसका प्रतिकार करने के लिए जनता को एकजुट करने का 'हठीला' आग्रह था। 'छोटी मशीनें और छोटे उद्योग' जैसे आर्थिक शब्द और पद लोहिया ने गढ़े। 'विकेन्द्रीकरण' शब्द के चलन को उन्होंने लोकप्रिय बनाया। आधुनिक और अँगरेजी पढ़े-लिखे भारतीयों ने विकेन्द्रीकरण की अवधारणा के बारे में शुमाखर और पर्यावरणवादियों से जाना। नेहरू के बाद के समय के भारतीय उदारवादियों ने विकेन्द्रीकरण का अर्थ लोहिया के अर्थ से भिन्न कर उसका आनुषंगिक-सहायक (उद्योगों), (कम्पनियों की) शाखा-प्रशाखाओं और विचौलियों व दलालों के समूह के अर्थ में इस्तेमाल किया है। लोहिया ने इनके विपरीत आर्थिक ही नहीं राजनीतिक सत्ता के केन्द्रीकरण को छिन्न-भिन्न करने के एक तरीके के रूप में विकेन्द्रीकरण की बात कही थी। आनुषंगिक-सहायक (उद्योग), (कम्पनियों की) शाखा-प्रशाखाएँ और बिचौलियों व दलालों के समूह केन्द्रीकरण को छिन्न-भिन्न और विघटित नहीं करते वरन् उसे ज्यादा सघन और मजबूत बनाते हैं।

विकास के पश्चिमी मॉडल का गांधी ने जो विकल्प रखा, वह उनके समग्र सोच, विचार और चिन्तन की तार्किक परिणति है। गांधी का तर्क व्यापक और भयानक शोषण के कारणों और भारी व अलंघ्य विषमता की खाइयों के (जो आधुनिक सभ्यता की खासियत है) विश्लेषण के इर्द-गिर्द बुना गया है। ये शोषण और विषमताएँ आर्थिक साम्राज्यवाद की उपज हैं और उसकी वजह से हैं। इतने बड़े पैमाने पर शोषण पूँजीवाद द्वारा अपनाई गई टेकनोलौजी के कारण ही सम्भव है। मशीनों का इस तरीके से निर्माण किया जाता है कि वे महाद्वीपों के पार जाकर उत्पादन और प्रबन्धन की प्रक्रियाओं का केन्द्रीकरण कर सकें। ऊँच-नीच की श्रेणियाँ और विषमताएँ केन्द्रीकरण की उपज हैं और

उसकी तार्किक परिणतियाँ हैं। इसलिए अन्तरराष्ट्रीय गैरबराबरी व विषमता कम करने और राष्ट्रों के बीच और राष्ट्रों के भीतर समानता व समता लाने के किसी भी प्रयत्न का लक्ष्य केन्द्रीकरण की प्रक्रिया और उसकी मशीनरी को बेदखल कर उसके स्थान पर नई प्रक्रियाओं और नई मशीनरी को स्थापित करना ही होगा। इसलिए विकेन्द्रीकरण आमतौर पर बड़े पैमाने पर उत्पादन का विरोधी है। यहाँ लोहिया इस बात की ओर भी ध्यान दिलाते हैं कि विकेन्द्रीकरण का नतीजा कम उत्पादकता या उत्पादन में कमी होना नहीं होगा। इसलिए वह चरखा और छोटी मशीन के बीच फरक करते हैं। छोटी मशीन की कल्पना के पीछे विकेन्द्रीकरण की बात तो थी ही साथ में उत्पादकता के ऐसे स्तर की भी, जिसे आदिम जमाने का न कहा जाए। इस बात को लोहिया इस प्रकार कहते हैं :

''विकास के कुल खर्च का आधे और तीन-चौथाई के बीच का एक हिस्सा पूँजी के तौर पर उस औद्योगिक क्षेत्र में लगना चाहिए जो अतीत के कुटीर उद्योगों से उतना ही दूर हो जितना कि आज के बड़े पैमाने के उत्पादन से—न बिन्नी (बृहत् कपड़ा उद्योग) और न ही चरखा वरन् छोटी इकाईवाली मशीन (हमारा लक्ष्य है)।

''हम अमरीका और रूस की बृहत्कार मशीनें नहीं चाहते और न ही प्राचीन भारत के जीर्ण उपकरण, न स्वचालित करघा और न ही चरखा, हम तो बिजली द्वारा चलाए जानेवाली छोटी इकाईवाली मशीन चाहते हैं। हम महात्मा गांधी का प्रेत नहीं, उनके सिद्धान्त चाहते हैं।''

गांधी के सिद्धान्त खुद गांधी-द्वारा निरूपित किए गए हैं। अपने आलोचकों को जवाब देते हुए गांधी ने बार-बार इस बात का स्पष्टीकरण दिया है कि वह सुधरी हुई मशीनों के खिलाफ नहीं है। उन्होंने कहा, ''हमें इस बात पर ध्यान देना होगा कि गाँव अपने में पूर्ण और आत्मनिर्भर हों और मुख्यतया उपयोग के लिए ही निर्माण-उत्पादन करें। अगर ग्रामोद्योग का यह चरित्र कायम रखा जा सके तो ग्रामीणों द्वारा ऐसी आधुनिक मशीनों और उपकरणों के, जिन्हें वे खुद बना और बरत सकते हों, इस्तेमाल में कोई आपत्ति नहीं होनी चाहिए। सिर्फ ध्यान में रखने की बात यह है कि उनका दूसरों का शोषण करने के साधन के रूप में इस्तेमाल नहीं होना चाहिए।'' जब गांधी अपर पक्ष की बात मानने के कुछ ज्यादा ही मूड में होते हैं तो अपने दायरे को बढ़ाकर बुनियादी और मुख्य (की इंडस्ट्रीज) उद्योगों तक ले जाते हैं। वह जिन्हें 'बुनियादी और मुख्य उद्योग' कहते हैं, उनसे उनका आशय ऐसे केन्द्रीकृत उद्योगों से है जिनमें मशीन बनानेवाले यन्त्र शामिल होंगे। इस तरह की बात कहते हुए वह कभी भी इस बात पर जोर दिए बिना नहीं रहते कि ऐसे बुनियादी उद्योग राष्ट्र के अधीन होंगे और उन पर सरकार की मिल्कियत होगी। इस सम्बन्ध में तो वह अपने ट्रस्टीशिप के सिद्धांत तक की बात नहीं कहते। एक खास प्रकार के गांधीवादियों में गांधी की राय के इस अंश को दबाने की प्रवृत्ति दिख पड़ती है। ऐसा लगता है कि वे इस बात को कहीं छिपाना चाहते हैं कि गांधी बड़े उद्योगों पर सरकार की मिल्कियत के पक्ष में थे।

“**सवाल** : क्या आप यह सोचते हैं कि कुटीर उद्योगों और बड़े उद्योगों के बीच सामंजस्य बिठाया जा सकता है ?

गांधी : हाँ, अगर उनका इस तरह नियोजन किया जाए कि वे गाँवों की मदद करें। राष्ट्र को जिन बुनियादी उद्योगों की आवश्यकता है उनका राष्ट्रीयकरण किया जा सकता है। लेकिन मैं ऐसी किसी चीज के उत्पादन को ‘बुनियादी उद्योग’ के रूप में चिन्हित नहीं करूँगा जिसको थोड़े से संगठन के द्वारा गाँवों में ही बनाया जा सकता है। उदाहरण के लिए मैं हाथ के बने कागज की सम्भावनाओं के बारे में अनभिज्ञ था। अब मैं इसको लेकर इतना आशावादी हूँ कि मेरा विश्वास है कि हर गाँव अपना कागज बना सकता है, अलबत्ता अखबारों आदि के लिए नहीं। अगर सरकार कागज बनाने पर नियन्त्रण कायम करने और उसका केन्द्रीकरण करने का निर्णय करे तो मैं उससे यह उम्मीद (जरूर) करूँगा कि वह उस सारे कागज को संरक्षण प्रदान करे जो गाँव बनाते हों।”

ऊपर का सवाल-जवाब आधुनिक मशीनों को स्वीकार करने या अस्वीकार करने के मामले में गांधी के सोच के लचीलेपन का एक सटीक उदाहरण हैं–यह गांधी के लचीलेपन की दिशा का संकेत करता है। अपने निजी जीवन में गांधी देश के देहातों की बेरोजगारी और बेकारी से इतने क्षुब्ध थे कि वह हाथ से पीसने और कूटने तक को बनाए रखना चाहते थे और यह नहीं चाहते थे कि उनका स्थान कोई दूसरी व्यवस्था ले। उनके सिद्धान्त के पीछे सर्वोपरि मान्यता यह थी कि किसी भी चीज की सीमा निर्धारित करते वक्त निर्णायक बात यह होगी कि भारत का औद्योगीकरण मुख्य रूप से गाँवों का औद्योगीकरण या ग्रामीण औद्योगीकरण होगा। बुनियादी उद्योग के रूप में जिन उद्योगों को चिन्हित किया गया हो उनको छोड़कर अन्य सभी उद्योगों में ऐसी ही मशीनों का इस्तेमाल हो जो घरों और गाँवों में सहजता से चलाई जा सकें। लोहिया कुटीर शिल्प के उपयोग के बारे में गांधी के विचार से अपने को हटाते हैं पर विकेन्द्रीकरण के सिद्धान्त को गांधी ने जो अर्थ प्रदान किया था, उसे एक बुनियादी सैद्धान्तिक निष्ठा के रूप में स्वीकार करते और मानते हैं। इसका समर्थन करते हुए वह कहते हैं, ‘यह मशीन गाँव और कसबे को उतनी ही उपलब्ध होगी जितनी शहर को...इसके लिए बड़े पैमाने पर पूँजी विनियोग की आवश्यकता नहीं होगी।’

शायद गांधी भी चरखे की उत्पादन-क्षमता से सन्तुष्ट नहीं थे या हो सकता है कि वह युवा लोहिया से प्रभावित हुए हों। उन्हें ज्यादा सक्षम चरखे की चाह थी और उन्होंने बिजली के इस्तेमाल की सम्भावना से भी इनकार नहीं किया था बशर्ते कि सारे गाँवों को वह उपलब्ध हो। उनकी मृत्यु के बाद एक ‘सुधरा जैसा कुछ’ चरखा प्रकट हुआ। इसे अम्बर चरखा कहा गया और खादी-अधिकारियों ने इसे बाकायदा सारटिफिकेट भी दे दिया। यह एक बदशक्ल यन्त्र था। चरखे से थोड़ी ज्यादा उत्पादन-क्षमता थी पर इसको अकसर मरम्मत करने की जरूरत पड़ती थी इसलिए जिन लोगों को इसकी

आवश्यकता थी, उनके बीच यह लोकप्रिय नहीं हो पाया। यह थोड़े अचरज की बात लगती है कि इसके ग्रामीण घरों में लाभदायक न पाए जाने के बावजूद रचनात्मक कार्य करने का दम्भ करनेवाले गांधीवादी संस्थानों ने इसके खिलाफ कोई असन्तोष जाहिर नहीं किया।

गांधी और लोहिया दोनों के ही निकट सभ्यता को परिवर्तित करने के लिए औद्योगीकरण की नीति एक केन्द्रीय सैद्धान्तिक स्थान रखती थी और इसका तकाजा था कि नए आविष्कार किए जाएँ। दुर्भाग्यवश आविष्कार की संस्कृति एकदम बदल गई है। अब उपयोगी मशीनों का आविष्कार राज्य या बड़े व्यापारियों व उद्योगपतियों की इजारेदारी बन गया है। औद्योगिक और सरकारी संस्थानों से जो वैज्ञानिक नहीं जुड़े हुए हैं, वे यदि सभ्यता में परिवर्तन चाहनेवाले स्वप्नदर्शियों और क्रान्तिकारियों से जुड़ें और एक नए विज्ञान के लिए कष्ट उठाने को तैयार हों तभी जनाभिमुख मशीनों का आविष्कार हो सकता है अन्यथा उपभोक्ता संस्कृति को बढ़ानेवाली मशीनों का ही आविष्कार होता रहेगा।

अगर कोई चाहे तो वह नई मशीनों के आविष्कार के बारे में लोहिया और गांधी के दृष्टिकोणों में अन्तर जता सकता है। जाहिर है कि गांधी की 'सुधरी हुई मशीन' परम्परागत टेकनोलौजी और विज्ञान के ही आगे के सुधार की चीज थी जब कि लोहिया ने छोटी इकाई वाली मशीन की वकालत करते हुए परम्परागत तत्त्व की बात नहीं कही। अर्थात् लोहिया की छोटी इकाईवाली मशीन की अवधारणा में परम्परागत तत्त्व होना लाजिमी नहीं था। परम्परागत मशीन पहले से ही विकेन्द्रीकरणमुखी है और उसके इस रुझान से छेड़-छाड़ किए बिना समझदारी से इसकी क्षमता बढ़ाई जा सकती है। लेकिन लोहिया का दृष्टिकोण यह है कि आधुनिक मशीनी क्षमता को जन स्वार्थ में कौशल से अपने लायक बनाना होगा और टेकनोलौजी के सारे समूहों (पैकेज) को इस तरह बदलना होगा कि (आधुनिक) औद्योगीकरण का रुझान ही क्रान्तिकारी ढंग से परिवर्तित हो जाए। गांधी और लोहिया के दृष्टिकोणों में समन्वय स्थापित करना कोई असम्भव कार्य नहीं होगा। इनमें समन्वय की मजे से आशा की जा सकती है।

हमारा यह लेख अब समाप्त होने को है। हमने अब तक जो कुछ कहा है वह मानव जीवन के भौतिक/आर्थिक पक्ष के बारे में ही है। क्या गांधी के शिष्यों को आर्थिक नीतियों की कसौटी पर ही परखना न्यायसंगत होगा ? गांधी के सारे सिद्धान्तों या सारे व्यवहार को लें और उन्हें दो हिस्सों–आर्थिक और गैर आर्थिक (सांस्कृतिक)–में बाँटें तो यह बताना मुश्किल होगा कि कौन किससे ज्यादा भारी पड़ता है। गांधी का सारा आर्थिक चिन्तन और सोच-विचार सांस्कृतिक और सभ्यतामूलक प्रश्नों से जुड़ा हुआ है। शायद यह कहना ज्यादा सही होगा कि वह इन प्रश्नों से ही परिचालित होता था। इसी तरह उनकी आध्यात्मिकता आर्थिक तत्त्वों और अनुशासन से भरपूर थी। एक बार गांधी ने यहाँ तक सोचा था कि वह गौतम बुद्ध से इस बारे में जवाब-तलब करेंगे कि उन्होंने भिक्षुओं को रोज उत्पादक (शारीरिक) श्रम करने का उपदेश क्यों नहीं दिया।

आधुनिक सभ्यता के आर्थिक और सांस्कृतिक परिणामों के प्रति गांधी के दृष्टिकोण ने (मानव) समाजों के आर्थिक और आम लक्ष्यों के लोहिया के सिद्धान्तों को निश्चय ही प्रभावित किया होगा। लोहिया के ये सिद्धान्त भारतीय समाजवादी मत को रूढ़िवादी मार्क्सवादी मत से, जो वामपन्थी आन्दोलन पर छाया हुआ था, अलग कर अपनी पहचान बनानेवाले एक मत के रूप में प्रतिष्ठित करने की आवश्यकता से प्रेरित थे। कम्युनिस्टों के अनुसार आर्थिक परिवर्तनों के अनुषंग के रूप में सांस्कृतिक परिवर्तन अपने-आप आयेंगे लिहाजा संस्कृति को प्रमुखता और प्राथमिकता देने की कोई जरूरत नहीं। गांधी से प्रभावित समाजवादियों के गले यह मार्क्सवादी गोली (धारणा) उतरती नहीं थी क्योंकि उन्हें लगता था कि यह तो नए सांस्कृतिक मूल्यों का निर्माण करने और उनको व्यवहार में लाने की क्रान्तिकारियों की जिम्मेदारी से सीधा पलायन है। गांधी के निकट मानव-जीवन के ये दो पहलू (आर्थिक और सांस्कृतिक) एक दूसरे से इस तरह गुँथे हुए हैं कि वे अभिन्न हैं। लोहिया ने इसीलिए यह प्रतिपादित किया कि साधारण (सांस्कृतिक) और आर्थिक लक्ष्यों की तरफ एक साथ और समानान्तर रूप से बढ़ना होगा; उनके लिए अलग-अलग ढंग से प्रयत्न नहीं किए जा सकते और न ही यह माना जा सकता है कि आर्थिक लक्ष्यों के पूरे होने से सांस्कृतिक लक्ष्य भी अपने-आप पूरे होने लगेंगे। उनका तो यह मानना था कि एक के अभाव में दूसरा लक्ष्य अधूरा रह जाएगा। साधारण लक्ष्य में निश्चय ही आध्यात्मिकता, लोकतन्त्र, सुन्दरता आदि निहित होंगे। इसलिए लोहिया के समाजवादी कार्यक्रम में भाषा, जाति, महाकाव्यों आदि गैर आर्थिक विषयों और कार्यकलाप की एक लम्बी सूची शामिल थी।

आधुनिक सभ्यता के बाद गांधी ने सबसे ज्यादा गुस्सा अँगरेजी के खिलाफ प्रकट किया है। वह इसे तुरन्त हटाए जाने की माँग करते थे। सबसे ज्यादा आश्चर्य की बात तो यह है कि उनके उत्तराधिकारियों ने अँगरेजी के प्रति उनके रोष को नजर-अन्दाज ही नहीं किया वरन् अँगरेजी के आजाद हिन्दुस्तान की प्रधान भाषा बनते जाने की स्थिति से अपने को अभ्यस्त कर डाला। ऐसी स्थिति में लोहिया और उनकी सोशलिस्ट पार्टी ने अँगरेजी का विरोध जारी रखकर अँगरेजी जाननेवाले प्रबुद्ध वर्ग के सारे आक्रमण और व्यंग्य-बाणों को झेला। लोहिया की भाषा नीति को समझनेवाले और उसकी प्रशंसा करनेवाले गांधीवादियों और साहित्यिक व्यक्तियों की संख्या इतनी कम थी कि उन्हें अँगुलियों पर गिना जा सकता है।

आजादी के दस साल के अन्दर देश के शासक वर्ग के दिमाग से गांधी का डर निकल चुका था; वह निश्चिन्त हो चुका था कि नेहरू-राजेन्द्रप्रसाद के राजत्व में उसका हित सुरक्षित है; अँगरेजी शासन में अँगरेजी-शिक्षित उच्चवर्णीय समूहों का जो वर्चस्व सरकार, समाज और आर्थिक क्षेत्र में बना हुआ था वह अटूट रहनेवाला है। इसलिए जब लोहिया ने अँगरेजी विरोधी आन्दोलन खड़ा करके गांधी की भाषा-नीति को पुनरुज्जीवित किया और दलितों-पिछड़ों के लिए साठ फीसदी आरक्षण की माँग कर आम्बेडकर के जाति-विनाश कार्यक्रम को गतिशील बनाया तो ब्रिटिश गुलामी में फले-फूले

बुरजुवा-द्विजों के मन में लोहिया के प्रति तिरस्कार और घृणा का अन्त नहीं रहा। आजादी-आन्दोलन और अगस्त-क्रांति के इस प्रमुख नेता को अखबारों के किसी कोने में भी जगह मिलना मुश्किल हो गया। विद्वत् मंडलियों में लोहिया के प्रति उपहास छोड़कर और कुछ नहीं था। लोहिया की किताबों या लेखों को पढ़ना तो दूर उन्हें पास फटकने देने के लिए भी कोई तैयार नहीं था। वामपन्थी बुद्धिजीवी उनसे उतना ही खफा था जितना कि दक्षिणपन्थी बुद्धिजीवी। तिरस्कार और घृणा की यह भावना गांधी की नीतियों के प्रति थी और लोहिया के व्यक्ति के प्रति। हम यह नहीं कहेंगे कि गांधी के व्यक्ति के प्रति यह घृणा थी, क्योंकि विद्वानों का एक बड़ा हिस्सा जरूर ऐसा था जो गांधी की नीतियों का कट्टर विरोधी था, लेकिन गांधी को इज्जत भी देता था। लोहिया के प्रति यह रियायत नहीं थी क्योंकि लोहिया आक्रामक ढंग से अपनी बात रखते थे। यह कहा जा सकता है कि लोहिया की बातें गांधी का उग्र रूप हैं। लोहिया की भाषा में हमेशा नाटकीयता रहती थी। लेकिन 1954 के बाद लोहिया की कटुता बढ़ती है। जैसे-जैसे यह स्पष्ट होता गया कि गांधी के राजनैतिक उत्तराधिकारीगण आजाद भारत के निर्माण के लिए गांधी के किसी भी मौलिक विचार पर अमल करना नहीं चाहते, लोहिया की कटुता बढ़ती गई मानो विश्वासघात करनेवालों से प्रतिशोध लेने के लिए उन्होंने इस शैली को अपनाया हो।

इस बात से कोई इनकार नहीं कर सकता कि अगर गांधी पचास के दशक के अन्तिम दिनों में जीवित रहते तो वह निश्चय ही अँगरेजी हटाओ आन्दोलन का सक्रिय समर्थन करते। यह बात अलबत्ता लोहिया की जाति-नीति के बारे में निश्चितता के साथ नहीं कही जा सकती। आरक्षण का तरीका सामाजिक समस्याओं को हल करने के गांधी के तरीके से मेल नहीं खाता। लेकिन गांधी की एक हरिजन महिला को भारत का राष्ट्रपति बनाने की बात का लोहिया की पिछड़े समूहों को तरजीह देने की बात से मेल था। भारतीय समाज से जाति-प्रथा को समाप्त करने के लिए आरक्षण लोहिया के चार-सूत्री कार्यक्रम का एक अंग था। अपनी हत्या के पहले गांधी भारतीय समाज से जाति-प्रथा के उन्मूलन के पक्ष में हो गए थे। यह कहना होगा कि इस प्रश्न पर उन्हें अपना मत-परिवर्तन करने में काफी समय लगा। इसी प्रश्न पर उनकी अपने जीवन की दूसरी सबसे बड़ी लड़ाई डॉ. आम्बेडकर के साथ हुई। आम्बेडकर का यह तर्क ज्यादा ताकतवर और विश्वसनीय मालूम पड़ता है कि जाति-प्रथा को समाप्त करने का पक्षधर हुए बिना गांधी का हरिजनोत्थान का कार्यक्रम दलितों को पूरी तरह न्याय प्रदान नहीं कर सकता। इस प्रश्न पर गांधी की शुरू में हिचकिचाहट की जो भी वजह रही हो अपने जीवन के अन्तिम दिनों में वह जाति-प्रथा के उन्मूलन के पक्ष में हो गए थे और उन्होंने यह प्रतिज्ञा की थी कि वे ऐसे किसी विवाह को अपना आशीर्वाद नहीं देंगे जो अन्तर्जातीय नहीं होगा। अस्सी वर्ष के मनमोहन चौधरी ने, जो उन चन्द गांधीवादियों में हैं जो विश्व बैंक के साम्राज्यवाद के खिलाफ लड़ने के लिए गांधी का इस्तेमाल कर रहे हैं, इन पंक्तियों के लेखक को बात-बात में बताया कि यद्यपि उनका विवाह

अन्तर्जातीय था पर गांधी ने उसे आशीर्वाद देने से यह कहकर इनकार कर दिया कि वह दो ऊँची जातियों के बीच विवाह को अन्तर्जातीय विवाह नहीं मानते।

एक अवधारणा के रूप में सत्याग्रह की मृत्यु नहीं हुई है हालाँकि वह कुछ अपरिष्कृत और सस्ते किस्म का आन्दोलन बन गया है। सत्याग्रह समाज की आसुरी शक्तियों के खिलाफ बिना हथियारों की लड़ाई है सो यह केवल एक राजनैतिक औजार नहीं है, यह एक नई संस्कृति की शुरुआत है । एक समय भारत के पहले प्रधानमन्त्री ने सत्याग्रह की वैधता के खिलाफ आम सहमति पर आधारित जनमत बनाने तक की कोशिश की थी। उन्होंने यह कहना शुरू कर दिया था कि चूँकि भारत आजाद और लोकतान्त्रिक है सो उसमें सत्याग्रह की कोई उपयोगिता और प्रासंगिकता नहीं रह गई है। आचार्य विनोबा भावे ने अपनी अनूठी शैली में इसकी ताईद करते हुए उपदेश दिया कि सत्याग्रह को सौम्य और सौम्यतर होते जाना चाहिए। उनका आशय यह था कि कानून तोड़ना, जेल जाना सत्याग्रह का असौम्य और अपरिष्कृत रूप है। लोहिया ने सत्याग्रह पर जो कुछ बोला और लिखा है, वह इस विषय पर गांधी के लेखन के साथ-साथ रखा जाना चाहिए। लोहिया की यह मान्यता थी कि वोट देने का अवसर और अधिकार नागरिक के अहिंसक विद्रोह करने के अधिकार को छीन नहीं लेते। लोहिया की राय में जेल जाना (या घायल होना) सत्याग्रह का एक अनिवार्य अंग है। सत्याग्रह तभी कच्चा होता है जब उसमें कष्ट सहने या जोखिम उठाने का तत्त्व नहीं रहता। सत्याग्रह कोई व्यक्तिगत संकल्प की अभिव्यक्ति नहीं है वरन् इसके विपरीत एक सामूहिक संकल्प की अभिव्यक्ति है, भले ही इसे अभिव्यक्ति प्रदान करने के मामले में सत्याग्रही अकेला ही क्यों न हो। लोहिया ने अनशनों की यहाँ तक कि गांधी के अनशनों की कटु आलोचना की है। वह अनशन को वीरतापूर्ण कार्य मानने को तभी राजी थे जब वह आमरण हो।

सत्याग्रह अन्याय के प्रतिकार का अहिंसक उपाय है। कल्पना यह है कि कोई भी मनुष्य अपनी आत्म-शक्ति को जागरित कर बड़े से बड़े जालिम के सामने खड़ा हो सकता है। इसका स्वरूप व्यक्तिगत सत्याग्रह से लेकर जन-सत्याग्रह तक हो सकता है। 1974 में लोहिया की मृत्यु के डेढ़ दशक बाद जयप्रकाश नारायण ने बिहार आन्दोलन में जन-सत्याग्रह को एक तेजस्वी रूप दिया। एक स्वेच्छाचारी शासन का सफल प्रतिरोध उससे हो सका। सत्याग्रह की एक कमी उस समय दिखाई दी जब इन्दिरा गांधी ने जन-आन्दोलन के दमन के लिए एक अर्ध तानाशाही व्यवस्था (इमरजेंसी) लागू कर दी– सत्याग्रह निष्प्रभ हो गया। चूँकि लोकतन्त्र को पूरी तरह से खत्म करना इन्दिरा गांधी के लिए नामुमकिन था, उसे चुनाव करवाना पड़ा और बिहार के सत्याग्रह को राजनैतिक विजय मिली।

यह सवाल रह जाता है कि एक तानाशाही व्यवस्था में खासकर जब हिटलरशाही या स्टालिनशाही जैसी पूर्ण तानाशाही हो, सत्याग्रह का व्यवहार कैसे हो सकेगा। सत्याग्रह बनाम सशस्त्र विद्रोहवाले तर्क में इस सवाल का एक प्रत्युत्तर दिया जा सकता है : पूर्ण

तानाशाही में अगर सत्याग्रह का कोई स्थान नहीं है तो क्या स्टालिनशाही और हिटलरशाही जैसी व्यवस्थाओं में सशस्त्र विद्रोह टिक पाएगा ? अगर गांधी से पूछा जाएगा तो सकारात्मक उत्तर ही मिलेगा। घोर अन्धकार में 'एक कदम' गांधी के लिए पर्याप्त है। एक कदम की जगह तो आत्मशक्तिवाले को मिल ही जाएगी । इससे ज्यादा विस्तार से बातचीत करने में गांधी की दिलचस्पी नहीं होगी।

इस प्रश्न को भारत में किसी सैद्धान्तिक बहस में नहीं लाया गया है। लोहिया या जे.पी. ने दृढ़तापूर्वक इस सम्बन्ध में कुछ नहीं कहा है। सत्याग्रह के विचार में एक अधूरापन अभी भी दिखाई पड़ता है। गलोबीकरण के तहत भारत में लोकतन्त्र का क्षय होने लगा है। प्रतिरोध की शक्तियाँ अशक्य प्रमाणित हो रही हैं। आर्थिक साधनों और प्रचार माध्यमों पर बाजार की शक्तियों का एकाधिकार हो जाने के बाद एक तानाशाही की स्थिति बन जाएगी क्योंकि राज्य पर भी उनका (बाजार की शक्तियों का) एकाधिकार हो सकता है। इसलिए सत्याग्रह को एक बड़ी चुनौती का सामना करना पड़ेगा। सम्भवतः गांधी से हमने सत्याग्रह के स्थूल तरीकों को सीखा है। कठिन परिस्थितियों में प्रतिरोध के सांगठनिक अस्तित्व को बनाए रखने के लिए और विद्रोह को सम्भव बनाने के लिए आत्मशक्ति और अनुशासन की आवश्यकता है। केवल गांधी, लोहिया, जयप्रकाश या मंडेला में आत्मशक्ति होना पर्याप्त नहीं है। समूह में यानी जनसाधारण नहीं, संगठित समूह में आत्मशक्ति जागरित करने का उपाय होना चाहिए। अपने आखिरी वसीयतनामे में गांधी ने जिस प्रकार का संघ बनाने का प्रस्ताव दिया था उस पर लोहिया, जयप्रकाश, विनोबा किसी ने अमल करने की कोशिश नहीं की। अत्यन्त कठिन परिस्थिति में अहिंसक विद्रोह के संचालन के लिए एक व्यक्ति का आत्म-बल यथेष्ट नहीं होगा। एक संगठित समूह चाहिए। उसका निर्माण एक नया भविष्य है।

–1996

गांधी का पाखंड

गांधी की कथनी और कथनी में* फरक है। इसलिए कथनी और करनी में और भी ज्यादा फरक दिखाई देता है। अगर करनी कथनी से अधिक उदार और उग्र नहीं होती तो गांधी महापाखंड का नाम होता। जो लोग गांधी को पाखंड का अवतार बतलाने की कोशिश करते हैं, वे कुछ इस तरह के तथ्यों की तलाश करते हैं जिनमें करनी कथनी से प्रतिगामी लगती है, जैसे उनके सान्निध्य में रहकर बिड़ला देश का सबसे बड़ा पूँजीपति हो गया। ऐसी ही बहुत सारी बातें कही जाती हैं।

लेकिन और एक पहलू भी है। शान्ति और सहयोग का जितना वचनामृत गांधी दूसरों को पिलाते थे, उनके जीवन में उसका प्रतिफलन बहुत कम मात्रा में दिखाई देता है। उनके अन्तर्जीवन में, आत्मा में शायद अधिकांश समय शान्ति रही होगी, लेकिन बाह्य जीवन में, घटना और कर्म में शान्ति-भंग, असहयोग, अनशन, बायकाट की एक लम्बी कड़ी गांधी का इतिहास है। जीवन में 2338 दिन गांधी जेल में रहे। हजारों और लाखों को शान्ति भंग और असहयोग की प्रेरणा और बलिवेदी पर चढ़ने का उत्साह उस जीवन से मिला। अभी इसका अन्तिम उदाहरण गांधी-भक्त प्रभाकर शर्मा का था, जिन्होंने इमरजेंसी में इन्दिरा गांधी की तानाशाही के विरुद्ध आत्माहुति दी।

गांधी एक दूसरे अर्थ में पाखंड थे। दूसरों को नरम होने का उपदेश देते थे और खुद सत्य के प्रयोग के नाम से अपने को कभी भी ठंडा नहीं होने देते थे। दूसरों को ब्रह्मचर्य पालन और शारीरिक सम्पर्क से दूर रहने की सलाह देते थे। इस उपदेश से विनोबा भावे जैसे ब्रह्मचारी पैदा हुए लेकिन खुद कभी औरत के शरीर से बहुत दूर नहीं रहे। अपने अन्तिम दिनों में उन्होंने ब्रह्मचर्य के जो प्रयोग किए वे ब्रह्मचर्य की मान्य परम्पराओं से एकदम भिन्न और प्रतिकूल थे।

गांधी की बातों का सन्देश जो भी हो, उनके कामों का सन्देश संघर्ष है। उनके बनाए आदर्श-सिद्धान्तों से एक प्रकार की कथनी निकलती है। लेकिन आदर्श पर अमल करने के लिए वह जब कर्म पर उतरते थे, जब कर्म पर टिप्पणी, प्रतिक्रिया या जवाब देना पड़ता था तो दूसरे प्रकार की कथनी निकला करती थी। 'विद्यार्थियों को राजनीति

---

* 'कथनी और कथनी में फरक है', यह छापे की भूल नहीं है। गांधीजी ने खुद अपनी कथनी और कथनी में फरक की बात जोर देकर कही है और अपनी पहले की कथनी और बाद की कथनी में दूसरी को ही चुनने और मानने की सलाह दी है।

से अलग रहना चाहिए', यह उनके आदर्श-सिद्धान्त के मुताबिक कथनी थी लेकिन 'कॉलेज की पढ़ाई छोड़कर आजादी के आन्दोलन में कूद पड़ो' का आह्वान कर्म-सिद्धान्त था। गांधी की यह वैचारिक विफलता रही कि वह इन दोनों प्रकार के सिद्धान्तों का ताना-बाना ठीक ढंग से नहीं बुन सके। इसीलिए किशोरलाल मश्रुवाला जैसे उनके प्रिय शिष्य और प्रवक्ता भी समझ नहीं पाए कि 1942 में हिंसा के प्रति उनकी क्या प्रतिक्रिया होगी; औरतों से गांधी के सम्बन्ध के बारे में भी उनको (मश्रुवाला) गांधी से विद्रोह करना पड़ा।

अभी तक गांधी के दो प्रकार के दावेदार बने हैं–एक, जो उनके उपदेशों के आधार पर उनका अर्थ करते हैं और पोशाक, भोजन आदि में गांधी जैसा बनने की कोशिश करते हैं। कार्यक्रमों में रचनात्मक काम में ही रुचि रखते हैं–जब तक सरकारी या विदेशी अनुदान मिलता रहे। इस प्रकार के गांधीवादियों की जमात के जन्म लेने की जिम्मेदारी से गांधी को मुक्त नहीं किया जा सकता।

दूसरे प्रकार के गांधी के ऐसे शिष्य हैं, जो गांधी-जीवन के संघर्ष को, अन्याय के प्रतिकार को अधिक महत्त्व देते हैं। अन्याय के खिलाफ संघर्ष करना जहाँ 'कर्त्तव्य' हो जाता है और जिन्हें वहाँ से वर्ग-संघर्ष तक चले जाने में और फिर भी गांधीवादी बने रहने में विरोधाभास नहीं लगता। पोशाक और खान-पानवाले गांधीवादियों का वंश, जो पाखंड की पैदाइश है, शायद अब समाप्त हो रहा है। गांधी के जीवन काल में जिन गांधीवादियों ने अपना कर्म-जीवन शुरू नहीं किया, यानी नई पीढ़ी के लोग, इस प्रकार के गांधीवादी नहीं बन सकते।

अनुदान पर चलनेवाले, वेश-भूषा और खान-पानवाले गांधीवादियों का वंश तो इस दशक में ही समाप्त हो जाएगा। लेकिन गांधी के संघर्षवाले संस्कार को चलानेवालों का वंश शुरू होगा। अपने को सीधे गांधीवादी कहने का दम्भ लोहिया को नहीं हो सका, लेकिन गांधी से हटकर अपना परिचय देना उनके लिए मुश्किल था; इसलिए वह अपने को 'कुजात गांधीवादी' कहकर सन्तुष्ट हुए। यह मालूम नहीं कि वर्ग-संघर्ष और वर्ग-संगठन पर जोर देने के बाद जयप्रकाश नारायण क्या हैं ? गांधीवादी या कुजात गांधीवादी ? जे. पी. की गांधीनिष्ठा इतनी निर्विवाद है कि उनको गांधीलोक से निर्वासित करने की कोशिश गांधीवादियों के लिए महँगी पड़ सकती है।

गांधी के लेखों, वचनों और बयानों को इकट्ठा करने पर एक पहाड़ बनेगा, लेकिन उसमें एक भी वाक्य ऐसा नहीं निकलेगा कि जिससे यह ध्वनि निकले कि गांधी वर्ग-संघर्ष के समर्थक थे। फिर भी वर्ग-संघर्षवादी गांधीवादी हो सकता है, गांधीनिष्ठ तो हो ही सकता है। जब तक अन्याय के खिलाफ संघर्ष की जरूरत रहेगी तब तक गांधीवादी भी रहेंगे। आखिरकार गांधीवाद अन्याय के खिलाफ संघर्ष करने की एक विशेष पद्धति है।

–अक्टूबर, 1977

गांधी और स्त्री

जिन दिनों हमने गांधी के ब्रह्मचर्य के बारे में लिखा था (अक्टूबर, 1977) उन्हीं दिनों और भी कुछ पत्रिकाओं ने इस विषय पर कुछ सामग्री छापी थी। इसके बाद नेहरू के निजी सचिव मथाई के संस्मरणों के आधार पर 'नेहरू की औरतें' शीर्षक से चर्चाएँ चलने लगीं। कुछ लोग गांधी और नेहरू को साथ लपेटने लगे। इस पर हमारा एतराज है और सिर्फ इसीलिए हम नेहरू की औरतों के बारे में चर्चा कर रहे हैं। नेहरू और संजय के प्रेम सम्बन्धों को भी एक कोटि का नहीं माना जाना चाहिए। नेहरू के जमाने में बहुतों को मालूम था कि उनकी बहुत सारी औरतों से दोस्ती थी और उनमें से कई से प्रेम सम्बन्ध भी था। मौलाना आजाद ने भी अपनी किताब 'इंडिया विन्स फ्रीडम' में लेडी माउंटबेटन के नेहरू पर गलत प्रभाव के बारे में चिन्ता व्यक्त की थी।

प्रेम सम्बन्धों के नेहरू की राजनीति पर प्रभाव के बारे में किसी ने लिखा नहीं है। मथाई की किताब में इस बारे में कोई उल्लेखनीय बात नहीं है। किसी बड़े आदमी के बारे में यह जानना कि उसका अमुक-अमुक महिला से सम्बन्ध था और अमुक को उससे बच्चा पैदा हुआ था, लोगों को हल्के किस्म का कौतूहलपूर्ण आनन्द देता है। मथाई की किताब इसी स्तर की सामग्री देती है। कुछ कम्युनिस्ट और नेहरू-भक्त इस चर्चा से इतने परेशान हैं कि किताब पर पाबन्दी लगाने की माँग कर रहे हैं। पाबन्दी की बात बचकानी है। मथाई की रुचि निम्न स्तर की है लेकिन उसकी किताब की यह विशेषता है कि हमारे देश में इस प्रकार के संस्मरण नहीं लिखे जाते, जिनसे बड़े लोगों की अच्छाई-बुराई और निजी जीवन की अन्तरंग जानकारी मिले।

नेहरू की प्रेमिकाएँ कोई खास बहस की बात नहीं। ये तो रूजवेल्ट, केनेडी आदि की रखैलों और प्रेमिकाओं के जैसे किस्से हैं। इस प्रकार के किस्से मशहूर लेखकों और राजनेताओं के बारे में ढेर सारे हैं।

लेकिन गांधी का स्त्री-सम्बन्ध चर्चा का विषय रहेगा और रहना भी चाहिए। जब तक स्त्री-पुरुष सम्बन्ध का रहस्य रहेगा तब तक शायद इसकी चर्चा रहेगी। गांधी ने खुद इसको चर्चा का विषय बनाया लेकिन गांधी के 'शुभेच्छु' लोगों ने, जो अपने मापदंड से गांधी की महानता को सुरक्षित रखना चाहते हैं, इस चर्चा पर रोक लगाई। निर्मल कुमार बोस की प्रसिद्ध किताब 'माई डेज विद गांधी' का हिन्दी अनुवाद अभी तक नहीं छपा है और न ही इस सम्बन्ध में गांधी की अपनी बातों को नवजीवन प्रकाशन ने

छापा है। औरत या ब्रह्मचर्य सम्बन्धी प्रकाशनों में भी नवजीवन ने इन बातों को शामिल नहीं किया है। नतीजा यह हुआ कि गांधी के जीवन के इस पहलू के बारे में लोग अनजान रहे और वेद मेहता की किताब से एक अनावश्यक सनसनी पैदा हुई। वेद मेहता ने निर्मल बोस के ही कुछ तथ्यों को दुहराया है।

महात्मा गांधी की राजनीति, उनकी नैतिकता और उनका अर्थशास्त्र, ये सभी सत्य के प्रयोग के ही अंग थे। इसलिए बहुत सी चीजों के बारे में उनके विचार भी किसी वाद या शास्त्र से बँधे न होने के कारण बदलते गए। गीता 'माता' थी, 'प्रेरणास्रोत' थी लेकिन गांधी गीता के हर श्लोक से बँधे नहीं थे। वह हिन्दू धर्म को मानते थे लेकिन मन्दिर में जाना अपने लिए गलत मानते थे। निहायत आस्तिक थे, लेकिन भगवान सत्य से बड़ा या भिन्न हो सकता है, इसके बारे में उन्हें सन्देह था। ब्रह्मचर्य उनका आदर्श रहा, लेकिन औरत के साथ सोना और उलंग होकर सोना उनके लिए स्वाभविक बन गया था। यह उनके लिए ब्रह्मचर्य का ही प्रयोग था। ब्रह्मचर्य के इस प्रयोग के बारे में उन्होंने अपने सहयोगियों के साथ चर्चा की, पत्राचार द्वारा बहस चलाई।

इस प्रयोग का एक ही अर्थ निकलता है–ब्रह्मचर्य, स्त्री से सम्बन्ध शून्यता का नाम नहीं वरन् औरतों से एक खास किस्म की घनिष्ठता ही है, जिसमें कामवासना न हो लेकिन प्रेम की तीव्रता हो। एक किस्सा याद आता है। पद्मजा नायडू ने लिखा है कि गांधीजी उन्हें अकसर चिट्ठी लिखते थे (पता नहीं, गांधीजी कितनी औरतों को चिट्ठी लिखा करते थे)। एक बार दो-तीन दिन के भीतर पद्मजा नायडू के पास गांधीजी की दो चिट्ठियाँ आईं तो लीलामणि नायडू (पद्मजा की बहन) ने पद्मजा नायडू से कहा कि बुड्ढा तुमसे जरूर ही प्रेम करता होगा, नहीं तो इतनी व्यस्तता में तुम्हें चिट्ठी लिखने की फुरसत कैसे निकाल लेता है। पद्मजा नायडू ने गांधीजी को लिखा कि लीलामणि ऐसा कहती है तो गांधीजी ने उत्तर में लिखा कि लीलामणि को कहो कि वह ठीक ही कहती है कि "मैं तुमसे (पद्मजा नायडू) प्रेम करता हूँ। लीलामणि को प्रेम का अनुभव नहीं। जो प्रेम करता है उसको समय मिल ही जाता है।"

गांधीजी की शुरू से ही औरत के प्रति तीव्र आसक्ति थी। यौन सम्बन्धों के बारे में वह अत्यधिक सचेत थे, अपनी आसक्ति के अनुभव के कारण उन्हें 'पाप' समझने लगे। पाप की चेतना से ब्रह्मचर्य के प्रयोग तक उनमें एक ऊर्ध्वमुखी विकास है। इस सारी प्रक्रिया में वह औरत से युक्त रहे, मुक्त नहीं। ऐसी बातें मनोविज्ञान के दायरे में जरूर आती हैं लेकिन सस्ते उपन्यास या कहानी की शैली में इन्हें अतृप्त वासना की विकृति या उदात्तीकरण कह कर छुट्टी नहीं मिल सकती।

अतृप्त वासना कहने के पीछे एक मूर्खता छिपी रहती है कि यौन तृप्ति एक सामान्य स्थिति है और यह भुला दिया जाता है कि काम कोई वस्तु नहीं, एक सम्बन्ध है। इस सम्बन्ध में जो तीव्रता होती है वही उसकी शक्ति है। यह सम्बन्ध पुरुष और पुरुष के बीच भी है और विशेष रूप से स्त्री और पुरुष के बीच प्रकट होता है। कभी-कभी लगता है कि जिस व्यक्ति में संवेदनशीलता और सृजनशीलता अधिक रहती

है उसका यौन सम्बन्ध भी तीव्र होता है। ऐसे लोगों की यौन-तीव्रता लम्बी उम्र के बावजूद रहती है। इसलिए अगर कोई सत्तर-अस्सी साल की उम्र में भी यौन-चिन्ता और सम्बन्ध के विकास के बारे में सक्रिय रहता है तो यह अतृप्त वासना का प्रमाण नहीं, जीवन्त यौन-बोध का ही प्रमाण है। गांधी जैसे लोग जो हमेशा नए क्षितिजों की खोज और प्रयोग में रहते हैं, इस बोध को विभिन्न आयामों में ले जाते हैं और बहुआयामी सम्बन्ध बनाते हैं। गांधी जिसका पुरुषत्व अपरिमेय था, खुद औरत या हिजड़ा और माँ बनने के लिए भी आतुर था। यह तीव्रता का ही लक्षण था। इसी तीव्रता के कारण अपने यौन सम्बन्ध को बहुआयामी बनाने की सृजनशीलता गांधी में थी। वह माँ बने भी। मनु गांधी के लिए वह माँ बने और उसके साथ सोए।

निर्मल बोस ने एक सवाल उठाया था, जो अनुत्तरित है। गांधीजी खुद सत्य के प्रयोग करने के योग्य थे; उन पर प्रयोग का अच्छा परिणाम हुआ होगा या कम से कम प्रयोग करने द्वारा बुराई की अपेक्षा ज्यादा अच्छाई ही उन्हें हासिल हुई होगी। लेकिन जिनके साथ उन्होंने प्रयोग किया उन पर क्या बीती, क्या उनकी मानसिकता में, उनके यौन सन्तुलन में कोई बिगाड़ आया ? निर्मल बोस का कहना है कि ऐसा बिगाड़ उन्हें (निर्मल बोस को) कभी-कभी दिखाई पड़ा; गांधीजी के स्वभाव में भी नुक्स दिखाई देने लगा था। निर्मल बोस आधुनिक तर्क करनेवाले वैज्ञानिक (नृतत्वशास्त्री) थे। हो सकता है कि उनको भ्रम हुआ हो। लेकिन जब तक आभा गांधी या सुशीला नायर या और कोई सहज ढंग से अपने अनुभव को व्यक्त नहीं करती हैं, तब तक यह सवाल रह जाता है। वेद मेहता चटपटी शैली पसन्द करनेवाले लेखक हैं और उनकी कोशिश गांधी के मिथक को नष्ट करने की है। उनकी भेंट-वार्ताओं से हमें सत्य का कोई ज्ञान नहीं होता।

प्रयोग में हमेशा शायद कुछ अन्याय रह जाएगा। जीव-विज्ञान के प्रयोग में मेढकों, चूहों और खरगोशों पर अन्याय होता है। तो सत्य के प्रयोग में भी ऐसा नुक्स हो सकता है। नुक्स मिटाने का एक तरीका यह है कि दूसरे को वस्तु के रूप में न देखकर अपने सहयोगी या साथी के रूप में देखा जाए। यह कितना सम्भव है ? क्या आभा गांधी या सुशीला नायर को गांधीजी ने अपना सहयोगी या समस्कन्ध बनाया था ? क्या गांधीजी ने एक आदर्श की वेदी पर सारे राष्ट्र को प्रयोगशाला का गिनी पिग (प्रयोग के लिए इस्तेमाल किए जानेवाला प्राणी) बनाया था ? लेकिन सारे क्रान्तिकारी ऐसा करते हैं। एक सत्य को मान लेते हैं और उसी के अनुसार सारे देश को बनाने के लिए कमर कस लेते हैं। प्रयोग करनेवालों में इस प्रकार का 'अमानवीय' आयाम होता है। गांधीजी में यह अमानवीय पक्ष था या नहीं ? भिखमंगों के प्रति गांधीजी को तनिक भी सहानुभूति न थी। लेकिन गांधीजी को कौन क्रूर कह सकता है जो पुरुष होकर माँ बनना चाहता था। माँ का मतलब अपरिमेय हृदय।

—जनवरी, 1978

सत्ता विरोधी नहीं, सत्ताकामी

एक विद्वान सर्वोदयी का मुझे कोपभाजन होना पड़ा था, जब मैंने कह दिया था कि गांधी को सत्ता की तलाश थी। इस प्रकार के विवाद में, जब मैं पूछता हूँ कि गांधी ने यह कब कहा था कि उन्हें सत्ता से नफरत है, तो कोई नहीं बतला पाता है कि गांधी ने कभी अपने को सत्ता से अलग रखने की घोषणा की थी, हालाँकि गांधी जैसे बातूनी आदमी की वचनावली से बहस के दोनों पक्षों के लिए उद्धरण मिल जाने चाहिए। ढूँढ़ने पर ऐसे वाक्यांश मिल जाएँगे, जिनका अर्थ होगा कि अहिंसा में सत्ता का स्थान नहीं है लेकिन उसके साथ वाक्य का दूसरा अंश कहेगा कि सत्य और अहिंसा के प्रयोग के लिए संसद के अंदर जाने का खतरा भी उठाया जा सकता है–'एक आवश्यक बुराई के तौर पर नहीं, बल्कि उसको कर्तव्य मानकर।'

जो आदमी राजनैतिक संगठन और संघर्ष का नेतृत्व लेने के लिए हमेशा तैयार रहता था और अपनी शर्त पर ही नेतृत्व सँभालता था, ताकि निर्देश देने और जिम्मेदारी लेने की पूरी छूट रहे, ऐसे आदमी को सत्ता से बहुत अरुचि नहीं हो सकती। 1934 में गांधी ने कांग्रेस की प्राथमिक सदस्यता से इस्तीफा दिया था। उसके कारणों के बारे में एक गलत और अस्पष्ट धारणा लोगों में अभी तक है कि शायद गांधी राजनीति से हटकर रचनात्मक कार्य में लगना चाहते थे। बात बिलकुल उलटी थी, आगे आनेवाले बड़े-बड़े राजनैतिक संघर्षों को गांधी रचनात्मक कार्य और व्यापक जन सहयोग पर आधारित करना चाहते थे। इस्तीफे में गांधी ने सर्वप्रथम यह लिखा : कांग्रेस के बुद्धिजीवी लोग मेरी बातों से असहमत हैं, मेरे तर्कों को समझ नहीं पा रहे हैं।

रचनात्मक कार्य में विशेष रुचि रखनेवाले लोगों ने गांधी को एक सही संगठन देने के लिए 'गांधी सेवा संघ' का गठन किया। किशोरलाल मश्रुवाला और कृष्णदास जाजू उनमें प्रमुख थे। उनका ध्येय था–सत्य-अहिंसा के प्रचार के साथ-साथ रचनात्मक कार्य पर अपनी शक्ति केन्द्रित करना। गांधी ने उनको नाराज नहीं किया, बल्कि उनके हरेक सम्मेलन में भाग लिया। लेकिन गांधी को उससे कभी सन्तोष नहीं मिला। उन्होंने 1940 में उसे भंग कर देने की सलाह दी। उससे अपना असन्तोष प्रकट करते हुए गांधी ने यहाँ तक कहा कि इसमें "मुझे कोई रस नहीं मिलता है...तुम्हारा संगठन सिर्फ रचनात्मक कार्य के लिए है। तुम लोग सिर्फ अपना प्रतिनिधित्व कर सकते हो। कांग्रेस करोड़ों का प्रतिनिधित्व करती है...यहाँ मेरी हरेक बात मान ली जाती है। कांग्रेस में मेरा

विरोध होता है, विवाद होता है, तो मेरी अहिंसा की परीक्षा हो जाती है।'' (इस लेख के सारे उद्धरण तेंदुलकर की अँगरेजी किताब 'महात्मा' से अनुवाद किए गए हैं। जाहिर है, कुछ अंश मूलतः हिन्दी में रहे होंगे।)

गांधी सेवा संघ की बैठकों में बातचीत के दौरान गांधी ने समय-समय पर सत्ता के प्रति अपने रुख को स्पष्ट किया है और कई बार अस्पष्ट भी किया–''मैंने जब संसदीय राजनीति का विरोध किया था, वह उस वक्त की रणनीति थी। अभी (1937) समय और सन्दर्भ बदल गए हैं। कांग्रेस का अभी का निर्णय समय के अनुकूल सिद्ध हो सकता है। विधानसभा का बहिष्कार सत्य-अहिंसा जैसा स्थिर सिद्धान्त नहीं है। आज की विधानसभा तब की विधानसभा से भिन्न है। सत्य और अहिंसा को कार्यान्वित करने के लिए वहाँ जाना पड़ सकता है।...अब भी संघ के सदस्यों को वहाँ जाने की इजाजत नहीं दे रहा हूँ। लेकिन उसका भी समय आ सकता है और तब जिम्मेदारी से भागना ठीक नहीं होगा।...यह सही है कि संसदीय काम से राजसिक वृत्ति पनपती है और अनेक प्रलोभन होते हैं। क्या इसी वजह से उसको छोड़ दें ? क्या उसका मुकाबला करना पुरुषार्थ नहीं है ?''

जब किसी ने कह दिया कि गांधी को चरखे के काम में सारी शक्ति और सारा जीवन लगा देना चाहिए, तो जवाब बहुत घमंड भरा था, ''वह मैं करता अगर ईश्वर ने समाज की भलाई करने की शक्ति मुझे नहीं दी होती।'' फिर जोड़ दिया, ''हाँ, यह भी समझो, चरखे का अर्थ बहुत विशाल है, उसके परिणामस्वरूप बहुत सारे अन्य काम करने पड़ते हैं।'' इसी बात को गांधी ने एक अन्य चर्चा में जरा नखरे के साथ कहा, 'सरदार (पटेल) स्वभाव से राजनेता हैं, मैं स्वभाव से रचनात्मक कार्यकर्ता हूँ। मुझे अगर राजनीति छोड़नी पड़ जाए, तो मैं आनन्दविभोर हो जाऊँगा; सरदार के लिए ऐसा नहीं होगा।'' शायद इसी लहजे में रामकृष्ण परमहंस ने विवेकानन्द को सामाजिक कर्म के लिए प्रेरित किया था, ''समाधि लगाना निजी आनन्द की चीज है, अपनी खुशी के लिए काम करना स्वार्थी आचरण है।''

गांधी ने कांग्रेस की सदस्यता से इस्तीफा जरूर दिया था, लेकिन उसका नेतृत्व नहीं छोड़ा था। कांग्रेस को संकट की हर घड़ी में प्रस्ताव करना पड़ता था कि गांधी आकर उसका नेतृत्व करें। गांधी ने ऐसे प्रस्तावों को ठुकराया नहीं। जिन दिनों कांग्रेस के मुख्य कार्यक्रमों से उनको अलग रहना पड़ता था, उन दिनों उनका इशारा रहता था, ''जब अहिंसक संघर्ष चलाने की बात होगी, मुझे बुला लेना, क्योंकि उसके लिए सर्वाधिक योग्यता और अनुभव मेरे पास है। जब तक मैं जिन्दा रहूँगा और मेरा मस्तिष्क स्वस्थ रहेगा, यह मेरा अधिकार रहेगा।''

दूसरे विश्वयुद्ध के प्रारम्भ से ही एक बड़े संघर्ष के लिए गांधी के मन में तनाव उत्पन्न होने लगा था। युद्ध से त्रस्त गोरे लोगों के लिए गांधी के मन में अनुकम्पा थी। नेहरू की सहानुभूति फासीवाद के विरुद्ध युद्धग्रस्त ब्रिटेन के प्रति थी। गांधी की सहानुभूति उस तरह की नहीं थी। वे तो युद्धग्रस्त ब्रिटेन के साथ लड़ने की तैयारी कर

रहे थे। गांधी पर जापान-परस्त होने का भी आरोप लगा था। कांग्रेस ने ब्रिटेन से समझौते की प्रतीक्षा में एक साल गँवाया। जब समझौते की उम्मीद खत्म हो गई, तब गांधी को संघर्ष चलाने के लिए नेतृत्व सौंपा गया। उसका नतीजा 1942 के 'भारत छोड़ो' आन्दोलन के रूप में सामने आया।

जब भी गांधी को किसी बड़े संघर्ष के लिए नेतृत्व मिलता था, वे कांग्रेस से अपनी बात मनवाने की कोशिश करते थे। हृदय-परिवर्तन में विश्वास करनेवाला अपने सहयोगियों के विचार बदलने का सर्वाधिक प्रयास करेगा ही। 'भारत छोड़ो' आन्दोलन की सफलता की पृष्ठभूमि तैयार करने के लिए गांधी ने फिर से यह कोशिश की। 1945 के अक्टूबर में उन्होंने कांग्रेस कार्यकारिणी के सामने बहस का मुद्दा प्रस्तुत किया और नेहरू से भी इस सम्बन्ध में पत्राचार चलाया। कांग्रेस और नेहरू को अपने विचार के अनुकूल बनाने के लिए यह गांधी की आखिरी कोशिश थी। अगर गांधी को 'गांधी सेवा संघ' में रस नहीं मिलता था और कांग्रेस को अपने विचारों में दीक्षित करने की उनकी हमेशा कोशिश रही, तो उसका मतलब है कि गांधी को एक ऐसा संगठन चाहिए था, जो भविष्य में सत्ता सँभाले और उनके विचारों को कार्यान्वित करे। आधुनिक सभ्यता के मुकाबले एक नई सभ्यता खड़ी करने के लिए आजाद हिन्दुस्तान की पहली सरकार की महत्त्वपूर्ण भूमिका हो सकती थी। गांधी खुद प्रधानमन्त्री या राष्ट्रपति बनना चाहते थे या नहीं–यह विवाद की बात हो जाएगी। निर्विवाद यह है कि सत्ताधारियों को अपने वश में रखकर वे अपने विचारों को कार्यान्वित करना चाहते थे।

यह कह देना कि नेहरू और गांधी के बीच वैचारिक मतभेद था, नेहरू के प्रति अन्याय करना होगा। बाकी लोगों से वैचारिक मतभेद था, लेकिन नेहरू और समाजवादियों से गांधी का वैचारिक संघर्ष था। उनके विचारों को बदलने के लिए गांधी हमेशा मौका ढूँढ़ते रहे। 'हरिजन' पत्रिका में जयप्रकाश और लोहिया के पत्रों को छापकर जवाब लिखना उनका एक नियमित काम था। समाजवादियों के नेता नेहरू थे। इस तरह नेहरू के विचारों को बदलने का मतलब होता था समाजवादी खेमे पर विजय प्राप्त करना। नेहरू के साथ एक दूसरी और विशेष बात यह थी कि गांधी ने नेहरू को अपना उत्तराधिकारी घोषित किया था। कैसा उत्तराधिकारी ? गांधी ने खुद इसका स्पष्टीकरण किया है, 'कानूनी उत्तराधिकारी नहीं,...मेरी बातों का उत्तराधिकारी...मेरे मरने के बाद वह मेरी भाषा बोलेगा।'

1933 में नेहरू ने एक पत्र लिखकर गांधी को न्यस्त स्वार्थों के विरुद्ध, राजाओं और पूँजीवादी शोषण के खिलाफ समझाया था और यह भी कहा था कि अन्तरराष्ट्रीयता आधुनिक युग की जरूरत है। गांधी ने जवाब दिया, "मैं इन सारी बातों को मानता हूँ। न्यस्त स्वार्थों को, राजाओं को...नहीं रहने देना है, लेकिन ये सारे लक्ष्य हैं। लक्ष्य को एक बार निर्धारित कर लेने के बाद बार-बार दोहराने की जरूरत मैं नहीं समझता हूँ।...हम दोनों में शायद स्वभाव का फरक है...मैं उपायों पर ज्यादा जोर देता हूँ।...तुमने अपने पत्र में रचनात्मक कार्यक्रम के बारे में कुछ नहीं लिखा है।"

गांधी पर नेहरू का वैचारिक प्रभाव था। नेहरू पर गांधी का वैचारिक प्रभाव था या नहीं, यह एक अलग प्रसंग है। 1945 में गांधी ने नेहरू और कांग्रेस के साथ अपने वैचारिक संघर्ष को फिर उभारा। जब कांग्रेस कार्यकारिणी के सामने बात आई, तो कार्यकारिणी ने तय किया कि इस बात पर बहस के लिए कार्यकारिणी की एक विशेष बैठक बुलाई जाएगी। गांधी ने शायद यह समझ लिया कि यह टालने की बात हुई। इसलिए 5 अक्टूबर को नेहरू के नाम पत्र लिखा। लिखने की शैली कड़ी थी, "अगर हम दोनों के विचारों में मौलिक मतभेद है, तो जनसाधारण को भी यह मालूम हो जाना चाहिए, उनको अँधेरे में रखना हमारे आन्दोलन के लिए घातक हो सकता है।...'हिन्द-स्वराज्य' पुस्तक में मैंने राज्यव्यवस्था की जो कल्पना की थी, मैं अब भी उसको मानता हूँ।...लेकिन 'हिन्द-स्वराज्य' में क्या लिखा था, क्या नहीं लिखा था, उसको भूल जाओ।...देर-सबेर यह स्वीकारना पड़ेगा कि हमारे देश के लोग गाँव में रहेंगे, झोंपड़ियों में रहेंगे, अट्टालिकाओं में नहीं।...मैं जब गाँव के विकास की बात करता हूँ, तो मेरे मन में आज के गाँव की तसवीर नहीं है, मेरे दिमाग में भविष्य का गाँव है...जिसमें हर व्यक्ति को कुछ-न-कुछ शारीरिक श्रम करना पड़ेगा और किसी भी व्यक्ति को विलास में डूबे रहने की छूट नहीं होगी।...अगर इस मुख्य बात को मान लो, तो उसके साथ रेल-पथ, बिजली, टेलीग्राफ आदि सुविधाओं को जोड़ा जा सकता है। उसमें मेरी आपत्ति नहीं होगी। लेकिन अगर मुख्य बात को छोड़ दो, तो बाकी सारा विकास अप्रासंगिक है।...तुम्हें मैंने अपना उत्तराधिकारी घोषित किया है, तो मैं अपने उत्तराधिकारी के विचारों को जानना चाहूँगा; यह भी चाहूँगा कि मेरा उत्तराधिकारी मेरे विचारों को समझे।..."

ये बातें देखने में कठोर लग सकती हैं, लेकिन गांधी की स्थिति दयनीय थी। मानो नेहरू सुनना नहीं चाहते हैं और गांधी उनका पीछा कर रहे हैं। नेहरू ने उपर्युक्त पत्र का जवाब दिया तो लिखा : "बहुत व्यस्त होने के कारण विलम्ब से जवाब दे रहा हूँ।...मैं समझ नहीं पाता हूँ कि गाँव को आप क्यों सत्य-अहिंसा का अवतार मानते हैं, जब कि गाँव का बौद्धिक और सांस्कृतिक स्तर पिछड़ा और दकियानूसी होता है। ऐसे वातावरण में कोई प्रगति नहीं हो सकती है...इससे हम इनकार नहीं कर सकते कि बड़े-बड़े उद्योगों को रखना ही होगा। एक ग्रामीण सभ्यता के साथ इसका कैसे तालमेल हो पाएगा ? व्यक्तिगत तौर पर मैं मान लेता हूँ कि बड़े-छोटे सारे उद्योगों का यथासम्भव विकेन्द्रीकरण होना चाहिए। बिजली की बदौलत यह सम्भव भी है। लेकिन अगर दो तरह की अर्थव्यवस्थाएँ रहेंगी, तो या तो दोनों में संघर्ष चलता रहेगा या एक अर्थव्यवस्था दूसरी को निगल जाएगी।...मैंने सोचा था कि आप 'हिन्द स्वराज्य' लिखने के बाद विचारों में काफी आगे बढ़ चुके हैं और आधुनिक धाराओं को मान चुके हैं। लेकिन आप जब यह कहते हैं कि अब भी आप उस पुरानी तसवीर को मानते हैं, तो मुझे निराशा होती है। कांग्रेस ने कभी उस तसवीर को ही नहीं अपनाया, न विचारणीय समझा। आपने कभी उस तसवीर को पूरी तरह अपनाने की बात कांग्रेस के सामने नहीं

रखी थी।...अगर इस वक्त कांग्रेस इस बहस में पड़ेगी, तो लोगों के मन में उलझन पैदा हो जाएगी और वर्तमान में जो काम करना चाहिए, कांग्रेस वह नहीं कर पाएगी।...बेहतर होगा कि इन सवालों पर आजाद हिन्दुस्तान के प्रतिनिधिगण ही निर्णय करें।..."

यह प्रकरण इससे आगे नहीं बढ़ पाता है। तीन-चार पत्रों के बाद समाप्त हो जाता है। आज़ाद हिन्दुस्तान की सरकार ग्राम के विकास को केन्द्र में रख कर आर्थिक योजना बनाएगी या शहरीकरण तथा बड़े उद्योगों को बुनियादी धारा मानेगी–इसका निर्णय नेहरू के उपर्युक्त पत्र द्वारा हो चुका था। इस बहस को अपने हक में कठोरता के साथ चलाने का दम गांधी में नहीं था। अपनी हत्या के दिन, 30 जनवरी, 1948 को उन्होंने एक नए संगठन के लिए जो विधान प्रस्तुत किया, वह एक दुर्बल चेष्टा थी–एक निःसन्तान आदमी का आखिरी वसीयतनामा था।

–जनवरी, 1984

गांधी-नेहरू संवाद

नेहरू जन्म शताब्दी का तामझाम अब समाप्त होने को है। एक साल तक क्या न हुआ ! कितने आयोजन, दूरदर्शन से नेहरू-नेहरू का कितना मन्त्रजाप, कितने मेले, कितनी प्रतियोगिताएँ, कितनी नई किताबें और नेहरू की पुस्तकों के कितने नयनाभिराम महँगे शताब्दी संस्करण। इस शोर और प्रचार अभियान में कहीं भी आम आदमी की शिरकत नहीं थी और न ही राष्ट्रपिता की स्मृति। अगर राष्ट्रपिता का उल्लेख होता था तो यह बतलाने के लिए कि नेहरू और वह एक आत्मा दो शरीर थे—एक का भारत की आजादी में योगदान था तो दूसरा आधुनिक भारत का निर्माता था। कैसा आधुनिक भारत ? क्या इस तथाकथित आधुनिक भारत का गांधीजी के सपने के भारत से कहीं भी मेल है ? जो सपना गांधीजी ने देखा था, उसकी ही मार्मिक कहानी आगे कही जा रही है। शताब्दी वर्ष में स्वातन्त्र्य-योद्धा के रूप में नेहरू को याद करना और एक प्रधानमन्त्री के रूप में उनके कार्य का मूल्यांकन करना उचित है। लेकिन मूल्यांकन के नाम पर तो प्रशस्ति-वाचन के सिवाय कुछ भी नहीं हुआ। इस लेख में गांधीजी और नेहरू के रिश्ते के एक विस्मृत के पक्ष को रखा जा रहा है। लेख में आए सारे उद्धरण जी.डी. तेंदुलकर की पुस्तक 'महात्मा' (8 खंड) से लिये गए हैं। अब आगे लेख पढ़ें।

जवाहरलाल नेहरू गांधीजी के भक्त थे। उन्हें गांधीजी से प्रेम और लगाव था। गांधीजी भी उन्हें कोई कम प्रेम नहीं करते थे। नेहरू के प्रति उनकी ममता अपार और अगाध थी। लेकिन गांधीजी के विचारों के प्रति नेहरू को प्रेम के बजाय घनघोर शंकाएँ ही थीं। ये सारी बातें नेहरू पर लिखनेवालों ने विस्तार से बताई हैं, पर वे इस बात को अकसर छिपा ले जाते हैं कि शंकाएँ दोनों ही ओर से थीं। नेहरू अलबत्ता अपनी शंकाएँ बिना किसी लाग-लपेट के साफ-साफ प्रकट करते थे, लेकिन गांधीजी जब शंका प्रकट करते थे तो उसमें अपने 'उत्तराधिकारी' के प्रति प्रेम और विश्वास की चाशनी मिली होती थी। गांधीजी को कहीं यह विश्वास था कि नेहरू अन्ततः उनके विचारों को स्वीकार करेंगे; सैद्धान्तिक रूप से भी उनकी तरफ लौटेंगे।

नेहरू-गांधी सम्बन्ध पर लिखते हुए पुराने और नए लेखक, दोनों ही, 'पिता-उत्तराधिकारी सम्बन्धों' को उजागर करने के अति उत्साह में 'गुरु की अपनी शिष्य के प्रति हताशा' की बात को नजरअन्दाज कर जाते हैं। ऐसे सैकड़ों अवसर आए हैं, जब गांधीजी ने नेहरू के प्रति अपना पूरा भरोसा जताया है लेकिन कुछ खास-खास अवसरों पर सन्देह

भी जाहिर किया है। एक बार उन्होंने नेहरू के विचार और स्वभाव से भारतीय के बजाय अँगरेज होने की बात कही थी तो एक दूसरे अवसर पर नेहरू की उग्र बोली को 'नया-नया जोश (नाइन डेज वंडर)' बताते हुए उसे खारिज कर दिया था और कहा था कि वह जो बोल रहे हैं, वह करेंगे नहीं।

गांधीजी कहीं स्वयं को नेहरू का गुरु मानते थे; उन्हें दीक्षा देना चाहते थे। नेहरू का स्वप्नदर्शी मन, उनकी उदारता और उनका वह दम-खम (ड्राइव) जो और किसी में नहीं था, गांधीजी को इतना मोहित कर गया था कि वह उनका मन जीतकर उन्हें अपना शिष्य बनाने पर तुले थे। यह मजे की बात है कि नेहरू की तथाकथित उग्र बोली और उग्र अभिव्यक्तियाँ गांधीजी को अपने रास्ते में रुकावट के बजाय मददगार ही जान पड़ती थीं। वह यह सोचते थे कि नेहरू की उग्र बोली और अभिव्यक्तियाँ उनकी अपरिपक्वता के लक्षण हैं जो दूर हो जाएँगे। लेकिन उनकी बुनियादी उग्र मानसिकता बनी रहेगी जो स्वतन्त्र भारत में नए समाज के निर्माण में सहायक और लाभदायक होगी। गांधीजी आखिर नेहरू से यही तो आशा करते थे कि वह अर्थव्यवस्था में आमूलचूल परिवर्तन करने और उसका रूपान्तरण करने में पहल करेंगे—एक नए युग की शुरुआत करेंगे।

गांधीजी ने हरिजन (1942) में नेहरू के सम्बन्ध में अपनी राय के बारे में एक दिलचस्प सवाल-जवाब छापा था। पाठक इसे ध्यान से पढ़ें :

"**सवाल :** आपके 'कानूनी वारिस' जापान के खिलाफ छापामार लड़ाई लड़ने की वकालत कर रहे हैं। आपकी अहिंसा का क्या होगा ? जवाहरलाल खुल्लमखुल्ला हिंसा की वकालत करते हैं और राजाजी (चक्रवर्ती राजगोपालाचार्य) सारे राष्ट्र के लिए अस्त्र-शस्त्र और सैनिक प्रशिक्षण चाहते हैं ?

गांधीजी : स्थिति वास्तव में इतनी भयंकर नहीं, जितनी आपको मालूम पड़ रही है। पहली बात तो यह है कि कानूनी वारिस (या उत्तराधिकारी) मेरे शब्द नहीं हैं। मैं हिन्दी में बोला था। मैंने यह कहा था कि वह मेरा कानूनी उत्तराधिकारी नहीं है लेकिन असलियत में एक प्रकार से है...इसका मतलब यह था कि जब मैं नहीं रहूँगा तब वह मेरा स्थान लेगा। जवाहरलाल ने मेरे तरीकों को कभी पूरी तरह से स्वीकार नहीं किया है। उसने उनकी खरी और स्पष्ट आलोचना की है। लेकिन इसके बावजूद उसने कांग्रेस की नीतियों का सच्चाई के साथ पालन किया है—ऐसी नीतियों का, जो अगर मेरे द्वारा पूरी तरह निर्देशित न मानी जाएँ तो भी मुख्य रूप से मेरे द्वारा प्रभावित तो थी हीं। सरदार वल्लभभाई पटेल जैसे लोग जो बिना किसी शंका के (मेरा) अनुसरण करते हैं, उत्तराधिकारी नहीं कहे जा सकते। हर आदमी यह मानता है कि जवाहरलाल में जो दमखम है वह किसी और में नहीं है। और मैंने क्या यह पहले नहीं कहा है कि

जब मैं नहीं रहूँगा तो वह मेरे साथ अपने जिन मतभेदों की अक्सर घोषणा करता रहता है, उन्हें त्याग देगा (अँगरेजी में शेड)। मुझे इस बात से दुख होता है कि छापामार लड़ाई की बात उसे भा गई है; वह इससे आकर्षित हो गया है। लेकिन मुझे इस बात में भी कोई शक नहीं है कि यह नए-नए आकर्षण का जोश (नाइन डेज वंडर) है। इसका कोई नतीजा नहीं निकलनेवाला।"

यह ध्यान देने की बात है कि गांधीजी किस खूबी से सरदार (पटेल) के उत्तराधिकार के दावे को खारिज कर देते हैं। अपने मत से असहमत (हेरेटिक) व्यक्ति को उत्तराधिकारी चुनने की कोशिश में वह यह कहते हैं कि सरदार वल्लभ भाई पटेल अन्ध अनुयायी हैं इसलिए वह उत्तराधिकारी नहीं हो सकते । इससे पहले उन्होंने राजाजी को खारिज कर दिया था–'राजाजी नहीं, जवाहरलाल मेरा उत्तराधिकारी होगा...मैं जानता हूँ जब मैं नहीं रहूँगा तो जवाहरलाल मेरी बोली बोलेगा।'

यह कम कारुणिक नहीं कि गांधीजी, एक ऐसे व्यक्ति को अपनी आशाओं की धुरी बनाते हैं जिसके विचारों और अवधारणाओं के बारे में उनकी राय इतनी तुच्छ थी। अगर वह यह मानते थे कि नेहरू की उग्र बोली में कोई दम नहीं था, वह छिछली थी, और वह जनता के बीच बोली अपनी बात पर अमल नहीं करेंगे, तो फिर कैसे यह उम्मीद करते थे कि इस तरह का व्यक्ति उस महान युगान्तरकारी दायित्व का पालन करेगा, जिसकी वह (गांधीजी) उनसे (नेहरू से) अपेक्षा रखते थे। यह क्या था ? क्या यह अन्धप्रेम था या जहाँ कोई उत्तराधिकारी था ही नहीं, वहाँ उसे खोजने की लाचार और 'मरता क्या न करता' वाली कोशिश थी ?

यह प्रकट है कि कोशिश, लाचार और 'मरता क्या न करता' किस्म की ही थी। 1945 के आखिर में नेहरू को गांधीजी ने जो पत्र लिखे, वे इस कोशिश की मार्मिकता को ही प्रकट करते हैं। गांधीजी और उनके अनुयायियों के बीच जो बहसें चलीं, जो विवाद हुए, उनमें नेहरू के साथ उनका 1945 का यह पत्र-व्यवहार एकदम अनूठा है। यह घोर अचरज की बात है कि नेहरू पर लिखनेवाले नामी लेखकों ने इस पत्र-व्यवहार पर कोई टिप्पणी नहीं की है। उलटे उन्होंने इस सारे प्रसंग को ही पाठकों की तीक्ष्ण नजरों से छिपाना चाहा है कि कहीं इससे गांधी और नेहरू के सम्बन्धों के अन्त तक अत्यन्त मधुर और समस्वर (हारमोनियस) बने रहने का बड़े जतन से गढ़ा हुआ मिथक धराशायी न हो जाए।

गांधीजी जब अपने सहकर्मियों के बारे में लिखते थे तो एक अभिभावक की तरह प्रेम भी व्यक्त करते थे। उनकी यह शैली सहकर्मियों के बारे में उनकी आलोचना को छिपा ले जाती थी और यह नेहरू पर लिखनेवालों को बहुत मुआफिक साबित हुई। सहकर्मी जब खासकर राजाजी, सरदार, नेहरू जैसे हुए तो गांधीजी की नाराजगी मधुर और मिष्ट भाषा में प्रकट होती थी। यह उनकी एक बुरी आदत थी। सामान्य पाठक इसके चलते मधुर और मिष्ट भाषा के पीछे जो कड़ी और कड़वी या आक्रमणात्मक

बातें होती थीं, उन्हें पकड़ नहीं पाता।

2 अक्टूबर, 1945 को गांधीजी 76 वर्ष के हुए। उन्हें अपनी शक्ति और सामर्थ्य में कमी का एहसास होने लगा था। उन्हें यह चिन्ता सताने लगी थी कि क्या सचमुच में उनका कोई उत्तराधिकारी है भी कि नहीं ! क्या उन्होंने सही चुनाव किया है ! ऐसे में 5 अक्टूबर को उन्होंने नेहरू को लम्बा पत्र लिखा। इस पत्र की प्रारम्भिक पंक्तियाँ ही चेतावनी और चुनौती देती जान पड़ती हैं। गांधीजी लिखते हैं, 'सबसे पहले और पहली बात यह है कि मैं तुम्हें हमारे दृष्टिकोण में अन्तर (फरक, मतभेद) के बारे में लिखना चाहता हूँ। अगर अन्तर बुनियादी हैं तो जनता को इनके बारे में सचेत करना और जताना चाहिए। उसे अनभिज्ञ रखना या अँधेरे में रखना स्वराज्य के हमारे काम में बाधक होगा और इससे क्षति होगी।'

गांधीजी ने इस पत्र के मसविदे को बहस शुरू करने के एक नोट के रूप में इस तरह लिखा कि उसमें किसी प्रकार की गलतफहमी और भिन्न व्याख्या की गुंजाइश ही न रहे और न ही सामनेवाले को विषयान्तर करने का कोई मौका मिले। वह जानते थे कि नेहरू का उनकी पुस्तक 'हिन्द स्वराज्य' के प्रति पूर्वाग्रह है, इसलिए पत्र के प्रारम्भ में ही उन्होंने इस बारे में खुलासा कर दिया। उन्होंने लिखा, "अभी जब मैं तुम्हें पत्र लिख रहा हूँ तो हिन्द स्वराज्य (की प्रति) मेरे सामने नहीं है। यह एक तरह से सचमुच ही अच्छा है क्योंकि ऐसे में मैं अपने शब्दों में (हिन्द स्वराज्य में प्रस्तुत) चित्र को नए सिरे से आँक सकूँगा। यह चित्र हिन्द स्वराज्य में प्रस्तुत चित्र जैसा ही है या नहीं, यह हम दोनों के लिए बेमतलब है। (हिन्द स्वराज्य में) उस वक्त मैंने जो कहा था उसे साबित करना आवश्यक नहीं है। आवश्यक सिर्फ इतना ही जानना है कि आज मैं क्या अनुभव करता हूँ और यही महत्त्वपूर्ण है।" गांधीजी की इन पंक्तियों से प्रकट है कि अगर नेहरू बहस करने को राजी हुए तो वह (गांधीजी) पहले की अपनी कुछ बातों को परिवर्तित करने को तैयार थे। गांधीजी आगे लिखते हैं :

"कांग्रेस कार्यसमिति की बैठक के अन्तिम दिन यह तय किया गया था कि इस विषय पर पूरी बहस हो, पूरी तरह विचार किया जाए...कार्यसमिति की बैठक हो या न हो, मैं चाहता हूँ कि तुम मेरे दृष्टिकोण के बारे में क्या सोचते हो और मैं क्या सोचता हूँ, यह स्पष्ट हो जाए और हम दोनों इसे स्पष्ट रूप से समझें। इसके दो कारण हैं– तुम मुझसे उमर में बहुत छोटे हो और इसीलिए मैंने तुम्हें अपना उत्तराधिकारी घोषित किया है। लेकिन यह जरूरी है कि मैं अपने उत्तराधिकारी को समझूँ और मेरा उत्तराधिकारी मुझे। ऐसा होने पर ही मुझे सन्तोष होगा।"

गांधीजी की मंशा थी कि इस सम्बन्ध में वह नेहरू को कई पत्र लिखेंगे। यह पत्र उस शृंखला का पहला पत्र है। इसमें गांधीजी एक खास मुद्दे से बहस शुरू करते हैं– स्वतन्त्र भारत के आर्थिक विकास का क्या आधार होगा। वह लिखते हैं–"मेरी यह पक्की राय है कि अगर भारत को सच्ची स्वतन्त्रता अर्जित करनी है और भारत के माध्यम से दुनिया को भी, तो देर-सबेर इस बात को कबूल करना होगा कि लोगों को

शहरों में नहीं गाँवों में और महलों में नहीं झोंपड़ियों में रहना होगा...लेकिन तुम यह मत सोच बैठना कि हमारे गाँवों का आज जैसा जीवन है वैसे ही जीवन की मैं बात सोच रहा हूँ। मेरे सपने का गाँव अभी भी मेरे कल्पना-जगत में है (मेरे मन में ही है)। मेरे आदर्श गाँव में बुद्धिमान और समझदार लोग होंगे। वे पशुओं की तरह गन्दगी और अन्धकार में नहीं रहेंगे। गाँव के स्त्री-पुरुष स्वतन्त्र होंगे। और दुनिया में सिर उठाकर रहेंगे (किसी से हेठे या किसी के आगे सिर झुकाकर नहीं रहेंगे)। प्लेग, हैजा, चेचक जैसी महामारियाँ नहीं होंगी। कोई निठल्ला बैठा नहीं रहेगा और न ही कोई विलासिता के पंक में डूबा होगा। हर व्यक्ति को अपने हिस्से का शारीरिक श्रम करना होगा। मैं विस्तृत रूप से विशाल चित्र आँकना नहीं चाहता था। रेल, डाक और तारघरों की बात ध्यान में रखना या सोचना सम्भव है। मेरे लिए असली चीज को प्राप्त करना महत्त्वपूर्ण है। बाकी की चीजें तो चित्र में बाद में फिट हो जाएँगी। अगर मैं असली चीज को न पकड़ूँ तो और सब धराशायी हो जाएगा।''

ये अन्तिम पंक्तियाँ ध्यान देने योग्य हैं। चूँकि गांधीजी नेहरू से बहस कर रहे हैं, वह इस बात को एकदम स्पष्ट कर देना चाहते हैं कि रेल, तार आदि के वह विरोधी नहीं हैं बशर्ते कि ये चीजें अपने सही स्थान पर हों और 'बाद' में आएँ।

अगर नेहरू ने चुनौती मंजूर की होती और बहस व विवाद के लिए तैयार होते तो यह पत्र-व्यवहार इतिहास में सैद्धान्तिक बहस या विवाद के एक क्लासिकी (श्रेष्ठ-प्रतिष्ठित) दस्तावेज के रूप में अमर हो जाता। लेकिन नेहरू में वह 'दमखम' नहीं था। आधुनिकता के अग्रदूत के रूप में अपनी ख्याति और अपने अदम्य आकर्षण के बावजूद नेहरू में शायद सैद्धान्तिक बहस कर सकने की कूवत नहीं थी। 9 अक्टूबर के अपने जवाब में नेहरू बहस को रोकने या बीच में ही समाप्त कर देने की कोशिश करते हैं। अगर हम नेहरू के उत्तर को गांधीजी के तर्कसंगत, अत्यावश्यक और व्यावहारिक पत्र के आमने-सामने रखकर पढ़ते हैं तो स्तब्ध रह जाते हैं। यह उत्तर तो टाल-मटोल, बहानेबाजी, विषयान्तर करने की ओछी हरकत, अधकचरे विचारों और इन सबसे भी ज्यादा घमंड से सराबोर है। नेहरू ने अपने इस 'महान' पत्र में लिखा :

''मैं विस्तार से उत्तर देने की कोशिश करूँगा। लेकिन इसमें यदि कुछ देर हुई तो आप गाफ करेंगे क्योंकि मैं अभी एकदम व्यस्त हूँ, कई चीजों में उलझा हुआ हूँ (टाइड अप)। सच, बेहतर तो यह होता कि हम ऐसे ही (इनफारमल-अनौपचारिक) बात करते लेकिन अभी मैं यह नहीं जानता कि कैसे और कब इसको फिट किया जा सकता है। मैं कोशिश करूँगा...,''

हालाँकि गांधीजी ने अपने पत्र में पहले ही यह चेतावनी दे दी थी कि वह 'हिन्द स्वराज्य पर बहस नहीं चाहते। नेहरू हिन्द स्वराज्य को घसीट लाते हैं और इस प्रकार जिसे अँगरेजी में कमर के नीचे वार करना कहा जाता है, वैसा ओछा वार करते हैं। वह लिखते हैं :

''हिन्द स्वराज्य को पढ़े बहुत वर्ष हो गए। उसकी एक अस्पष्ट तसवीर ही मेरे

दिमाग में है। लेकिन बीस वर्ष या उससे पहले जब मैंने पढ़ा था तो वह एकदम अवास्तविक (अनरियल) लगा था। तब से आपके लेखन और भाषणों में मुझे काफी कुछ ऐसा लगा जो आपकी पुरानी विचारधारा से आगे का है और यह भी महसूस हुआ कि आप आधुनिक प्रवृत्तियों के प्रति ग्रहणशील हैं। इसलिए जब आपने हमें (कार्य समिति में) कहा कि आपके दिमाग में पुरानी तसवीर बनी हुई है तो मुझे बड़ा अचरज हुआ।

"मुझे यह समझ में नहीं आता कि एक गाँव को आवश्यक रूप से सत्य और अहिंसा का मूर्त रूप क्यों होना चाहिए ? सामान्य तौर पर एक गाँव बौद्धिक और सांस्कृतिक रूप से पिछड़ा होता है। पिछड़े वातावरण में कोई प्रगति नहीं हो सकती। संकीर्णमना लोगों के मिथ्यावादी और हिंसक होने की ज्यादा आशंका रहती है।

"करोड़ों के लिए महलों का सवाल ही नहीं उठता लेकिन करोड़ों लोग आरामदेह और अपटूडेट घरों में क्यों न रहें ? इन घरों से वे सुसंस्कृत जीवन बिता सकते हैं।"

नेहरू के ये विचार अधकचरे हैं क्योंकि गांधीजी हमेशा अच्छे (डिसेंट) आवास की आवश्यकता पर बल देते आए थे। और अपटूडेट घर का क्या अर्थ है ? यही नहीं, जहाँ तक महलों की बात है, समाजवादी होने का दम भरने के बावजूद नेहरू यह तो नहीं कह सके कि वे थोड़े से लोगों के लिए भी नहीं होने चाहिए।

गांधीजी ने नेहरू को स्पष्ट और सुर्निदिष्ट रूप से लिखा था कि कांग्रेस कार्यसमिति की बैठक में बहस हो या न हो, वह नेहरू और अपने बीच स्पष्टीकरण चाहते हैं। नेहरू इस बात पर ध्यान नहीं देते और अपने जवाब में कहते हैं कि न गांधीजी को और न ही कांग्रेस को स्वतन्त्र भारत की नीति तय करने का अधिकार है। नीति सिर्फ वे ही तय कर सकते हैं जो स्वतन्त्र भारत के शासक होंगे, 'मुझे ऐसा प्रतीत होता है कि इस तरह के विषय पर बहसबाजी में जिससे केवल ज्यादा अस्पष्टता और भ्रम ही पैदा हो सकते हैं, उलझकर कांग्रेस जैसे संगठन को अपने को नष्ट नहीं करना चाहिए ...इससे कांग्रेस और देश के अन्य लोगों के बीच दरार पड़ सकती है और अवरोध (बैरियर) भी पैदा हो सकते हैं...अन्ततः इस प्रश्न को और अन्य प्रश्नों को स्वतन्त्र भारत के प्रतिनिधियों को ही तय करना होगा।'

तो ऐसे थे वीर जवाहरलाल ! दुनिया-भर में स्वतन्त्रता और मुक्ति के लिए लड़नेवाले संगठन और व्यक्ति भविष्य की नीतियाँ तय करते हैं। क्रान्ति के बाद जिनके हाथ में सत्ता आती है वे उन बुनियादी नीतियों का पालन करते हैं जिन्हें क्रान्ति योद्धाओं और शहीदों ने बनाया होता है। और हमारे जवाहरलाल को देखिए। इस बात को अच्छी तरह जानते हुए भी कि वह स्वतन्त्र भारत के प्रधानमन्त्री बनेंगे, वह स्वातन्त्र्य-योद्धाओं द्वारा तय की गई नीतियों से अपने को प्रतिबद्ध करना नहीं चाहते। जब वह यह कहते हैं कि 'इससे कांग्रेस और अन्य लोगों के बीच दरार पड़ सकती है और अवरोध भी पैदा हो सकते हैं' तो उनका आशय क्या है, मतलब क्या है ? निश्चय ही उनका आशय उच्च मध्यवर्ग और अफसरशाहों से है जिन्होंने आजादी की लड़ाई से अस्पृश्यता बनाए

रखी थी। क्या उच्च मध्यवर्ग के लोग और अफसरशाह विचारों के मामले में नेहरू के लिए गांधीजी की तुलना में ज्यादा बड़े स्रोत थे; ज्यादा प्रासंगिक और उपयोगी थे ?

नेहरू ने जिस तरह पत्र का उत्तर दिया, वह किसी भी दूसरे व्यक्ति को विरक्त और हताश कर डालता लेकिन गांधीजी हार माननेवाले नहीं थे। वह 'वारा-न्यारा' करने पर आमादा थे सो उन्होंने फिर कोशिश की। एक महीने बाद नेहरू गांधीजी से मिलने आए। गांधीजी ने फिर बात छेड़ी। मुँहजबानी बातचीत के भूल जाने या गलत ढंग से रखे जाने या गलत समझे जाने की आशंका रहती है सो नेहरू के जाते ही गांधीजी ने जो बातचीत हुई थी उसे लिपिबद्ध किया और उसे नेहरू को भेजा कि कहीं कोई गलतबयानी तो नहीं हुई है। वह चाहते थे कि नेहरू जल्द से जल्द बातचीत के ब्योरे को स्वीकार या अस्वीकार करें ताकि बहस को आगे बढ़ाया जा सके। गांधीजी ने लिखा :

"कल हम लोगों की जो बातचीत हुई उसने मुझे प्रफुल्लित किया है। मुझे अफसोस है कि हम उसे और बढ़ा न सके। मुझे लगता है कि यह बातचीत या बहस एक मुलाकात में खत्म नहीं हो सकती। इसके लिए हमें ज्यादा मिलना होगा। अगर मैं दौड़-भाग कर सकता तो तुम कहीं भी क्यों न होते तुम्हें पकड़ लेता और दिल-भर कर दिली बातचीत कर लौट आता।

"कल की बातचीत से मेरे मन में यह छाप पड़ी है कि हमारे दृष्टिकोण में ज्यादा फरक नहीं है। मेरी यह धारणा सही है या नहीं, इसे जाँचने के लिए यहाँ बातचीत को जैसा मैंने समझा है, उसका सारांश रख रहा हूँ। अगर इसमें कोई असंगति हो तो तुम कृपया मुझे दुरुस्त कर देना।"

गांधीजी ने बातचीत का जो सारांश तैयार किया था वह उद्धृत करने योग्य है क्योंकि इससे यह पता चलता है कि गांधीजी किस प्रकार अत्यन्त सतर्कता और जतन के साथ नेहरू को एक कदम के बाद दूसरा कदम चलाकर एक विचार-सरणि तक ले आना चाहते थे—नेहरू को कुछ बुनियादी बातों को स्वीकार या अस्वीकार करने के लिए बाध्य करना चाहते थे। वह नेहरू को छूटकर निकल जाने का मौका ही नहीं देना चाहते थे। गांधीजी ने बातचीत का जो सारांश नेहरू को भेजा था, वह दिया जा रहा है :

"(1) तुम्हारे अनुसार असली सवाल यह है कि मनुष्य का किस प्रकार बौद्धिक, आर्थिक, राजनैतिक और नैतिक विकास किया जाए। मैं तुमसे पूरी तरह सहमत हूँ।

(2) इसके लिए सबको समान अधिकार और अवसर मिलें।

(3) दूसरे शब्दों में, शहरों में रहनेवालों और गाँवों में रहनेवालों के बीच खान-पान, वस्त्र और जीवन-धारण की अन्य परिस्थितियों के स्तर में समानता होनी चाहिए। इस लक्ष्य को हासिल करने के लिए लोग अपने जीवन की आवश्यकता की वस्तुओं (वस्त्र, खाद्य, घर, प्रकाश और पानी) का उत्पादन करने में समर्थ हों।

(4) मनुष्य अकेला और अलग-थलग जीने के लिए नहीं जनमा है, वह एक सामाजिक प्राणी है जो स्वतन्त्र भी है और दूसरे मनुष्यों पर निर्भर भी। कोई दूसरे के

पीठ पर सवार न हो; किसी को भी दूसरे की पीठ पर सवार नहीं होने देना चाहिए। अगर हम जीवन की आवश्यक परिस्थितियों का हिसाब लगाएँ और उन पर सोचें तो हम इस निष्कर्ष पर पहुँचने को बाध्य होते हैं कि गाँव को समाज की इकाई होना चाहिए, या एक ऐसा सक्षम (मैनेजेबल) छोटा समूह, जो आदर्श के रूप में जीवन धारण की अपनी आवश्यकताओं को पूरा करने के मामले में आत्मनिर्भर हो...अगर (तुम्हारा पत्र मिलने के बाद) मुझे यह लगेगा कि यहाँ तक मैंने (बातचीत को) सही समझा है तो मैं दूसरे हिस्से को उठाऊँगा (या पेश करूँगा)..."

सारांश सही या गलत है इस बारे में नेहरू का 'हाँ' या 'ना' कोई जवाब नहीं आया। 'दूसरा हिस्सा' कभी उठाया नहीं गया' वह प्रतीक्षा करता ही रह गया। द्रुत राजनीतिक परिवर्तनों और फिर साम्प्रदायिक तांडव ने जवाहरलाल नेहरू को वह समुचित बहाना प्रदान कर दिया कि गांधीजी को उन्हें 'पढ़ाने' का मौका ही न दिया जाए।

—नवम्बर, 1989

गांधी का समाजवाद और ट्रस्टीशिप का विचार

गांधीजी के बारे में बड़ी गलतियाँ होती हैं। लोग उनके विचारों से कोई फारमूला या हल ढूँढ़ने की कोशिश करते हैं और फिर उसको गांधीवाद कहे बिना नहीं मानते। ये लोग वैसी ही गलती करते हैं जैसी कि कुछ लोग गांधी को सिर्फ कर्मवीर कहकर बरखास्त कर देने के वक्त। ऐसे लोग उन्हें सिर्फ कर्मवीर मानते हैं और कहते हैं कि गांधीजी की मार्क्स या मारक्यूजे से तुलना नहीं की जा सकती क्योंकि वह बौद्धिक नहीं है। मार्क्स की तरह उन्होंने कोई प्रतिपाद नहीं किया।

बहरहाल एक सिद्धान्त के रूप में सत्याग्रह शायद समाजवाद से ज्यादा दिन टिकेगा और सत्याग्रह के इस सिद्धान्त के प्रणेता गांधीजी थे। गांधीजी का तरीका अलग था, उन्होंने कभी समाज के विकास की ऐतिहासिक अवधारणा पेश करने की कोशिश नहीं की। उन्होंने दिशा-निर्देश के लिए सिद्धान्तों की प्रतीक्षा किए बिना कर्म शुरू किया। उन्होंने मार्क्स की तरह समाज को पहले उसके ऐतिहासिक विकास के परिप्रेक्ष्य में समझकर वर्तमान में जो साधन अनुकूल हों सिर्फ उन्हीं को इस्तेमाल में लाने की बात नहीं कही। गांधीजी ने ज्यादा शाश्वत दृष्टि अपनाई। समाज का मौजूदा स्वरूप और चरण कुछ भी क्यों न हो और उसके बारे में समझ भी कुछ क्यों न हो, सत्य और न्याय जैसे बुनियादी व सार्वभौम सिद्धान्तों के आधार पर कर्म शुरू किया जा सकता है। सत्य जैसा बुनियादी व मूलाधार वाला सिद्धान्त किसी को भी कर्म की ओर प्रवृत्त करने के लिए काफी है। यदि आप सत्य से निर्देशित हो रहे हैं तो जैसे-जैसे आप बढ़ेंगे मौजूदा भौतिक स्थितियों के सापेक्ष और विकासशील गुणों के बारे में सचेत होकर सत्य को अपनाते जाएँगे और खुद में उन्हें खपाते जाएँगे। इसलिए सत्य के प्रयोगों से प्रेरित होकर वेग के साथ जैसे-जैसे गांधीजी बढ़ते गए वैसे-वैसे उन्हें हर कदम पर अवधारणाएँ बनानी पड़ीं जिन्हें वह सुधारते व विकसित करते रहे। दुनिया के किसी भी बड़े क्रान्तिकारी से वह इस बात को ज्यादा अच्छी तरह जानते थे कि नई सभ्यता के निर्माण के लिए मौजूदा अवधारणाएँ अनुपयुक्त हैं। इस ज्ञान को उन्होंने कुछ ज्यादा ही महत्त्व दिया। आधुनिक सभ्यता और उसकी अवधारणाओं के बारे में उनकी शंका बहुत ज्यादा रही। इसका नतीजा यह हुआ कि उनका समाजवाद कुछ ज्यादा ही कल्पना जगत का हो गया। लगभग उसी तरह जिस तरह कि मौजूदा भौतिक परिस्थितियों के प्रति अत्यधिक रुझान के कारण मार्क्स का समाजवाद कुछ ज्यादा ही संकीर्ण हो गया।

वर्तमान सभ्यता के नारे अपनाकर प्रभावशाली बननेवाले नेहरू जैसे आधुनिकतावादी गांधीजी को कभी भी समझ नहीं पाए और ऐसे आधुनिकतावादी गांधीजी को पुरातनपन्थी और चिन्तनशून्य कहकर सतही तौर पर लोकप्रिय भी हो गए। गांधीजी ने चिन्तन-मनन करने के बजाय सोचा ज्यादा। शायद उनके जितना किसी भी आधुनिक कर्म पुरुष ने नहीं सोचा होगा। उन्होंने जितना लिखा और बोला वह शायद लेनिन से ज्यादा ही होगा। एक ऐसे व्यक्ति को, जो अपने जीवन को सत्य का प्रयोग कहता हो, विचारों की दुनिया से हटाया नहीं जा सकता और खासकर ऐसे व्यक्ति के मामले में, भले ही इसके लिए अपवाद क्यों न करना पड़े, सोच को उसके जीवन के सन्दर्भ में ही समझा जाना चाहिए। तथाकथित गांधीवादी यही गलती करते हैं। वे गांधीजी के कुछ शब्दों को चुन लेते हैं, उनका उनके जीवन से रिश्ता नहीं जोड़ते और इन शब्दों की निवीर्य रूप से रटन्त लगाते रहते हैं।

यह सोचने पर हमें शायद कुछ हैरत हो कि गांधीजी ने अपने जीवन को 'सत्य के प्रयोग' क्यों कहा, अहिंसा के प्रयोग क्यों नहीं कहा। यह मानना बेहूदगी होगी कि वह अहिंसा को सत्य की अपेक्षा गौण मानते थे। यह कहना ज्यादा सही होगा कि वह यह मानते थे कि सत्य ज्यादा बुनियादी है और उसे कसौटी पर ज्यादा कसा जा सकता है। उन्होंने कहीं कहा भी है कि समाज में अहिंसा का प्रयोग क्रमिक होता है। उन्होंने यह भी कहा कि साहसपूर्ण हिंसा कायर-अहिंसा से बेहतर है। लोग गांधीजी की यह बात यह सिद्ध करने के लिए कहते हैं कि गांधीजी ने हिंसा की वकालत की, पर तथ्य यह है कि गांधीजी सिर्फ उन लोगों के मामले में ही, जो उनकी राय से सहमत नहीं थे, साहसपूर्ण हिंसा को बरदाश्त करने व उसका सम्मान करने को प्रस्तुत थे। इस तरह एक विभाजन पैदा होता है, जिसमें यदि आप गांधीवादी हैं तो आप अपनी कायरता भरी अहिंसा का औचित्य साबित नहीं कर सकते और यदि आप गांधीवादी नहीं हैं तो आप गांधीजी का हवाला अपनी हिंसा का औचित्य ठहराने के लिए नहीं दे सकते। गांधीजी के सोच की प्रक्रिया का यह एक उदाहरण माना जा सकता है।

इसी तरह आनेवाली पीढ़ियों को इस बात से अचरज हो सकता है कि गांधीजी ने सरदार पटेल या राजेन्द्र प्रसाद के बजाय जवाहरलाल नेहरू को अपना उत्तराधिकारी क्यों चुना। इसमें किसी को गांधीजी की स्थिति का दयनीय पक्ष नजर आ सकता है। गांधीजी ने यह निश्चय ही माना था कि नेहरू की समाजवाद में आस्था वास्तविक है। उनसे केवल तरीकों में फरक की बात थी। नेहरू को इस बात पर यकीन नहीं था कि अहिंसा, ट्रस्टीशिप और ग्रामोद्योग द्वारा समाजवाद लाया जा सकता है। साथ ही गांधीजी को यह लगा कि जो लोग उनके अहिंसा, ट्रस्टीशिप और ग्रामोद्योग के सिद्धान्तों के हिमायती हैं, वे लगनवाले समाजवादी नहीं हैं। नेताओं में उन्हें ऐसा कोई नजर नहीं आया जिसमें दोनों बातें एक साथ हों, लिहाजा उन्होंने एक 'गांधीवादी' के बजाय एक 'समाजवादी' को अपना उत्तराधिकारी चुना। यह भ्रम ही स्थिति को करुणाजनक व दयनीय बनाता है। जब 'समाजवादियों' ने गांधीजी को उनके मुँह पर लगभग यह कहने

में कसर नहीं रखी कि वह पूँजीपतियों के सहयोगी हैं, तब उन्हें कितना दुख हुआ होगा। गांधीजी को बीच-बीच में कहना पड़ा कि वे पूँजीवाद को यदि बहुत ज्यादा नहीं तो लगभग उतना ही समाप्त करना चाहते हैं जितना कि कोई अति उग्र समाजवादी या कम्युनिस्ट चाह सकता है, 'मेरे तरीके और मेरी भाषा अलग है। मैंने हिन्दुस्तान के समाजवादियों से बहुत पहले समाजवादी होने का दावा किया है।'

नेहरू ने कभी गांधीजी की इस बात के मर्म को नहीं समझा और अत्यन्त अनुदारतापूर्वक कहा कि गांधीजी के ट्रस्टीशिप के विचार की गरीबों को दान देने जैसी धार्मिक भावना से तुलना की जा सकती है (मेरी कहानी : जवाहरलाल नेहरू)।

नई पीढ़ी की नजरों में कम्युनिस्टों ने गांधीजी को रूढ़िवादी और पूँजीपतियों का सहयोगी नहीं बनाया है, वरन् नेहरू और उनके सलाहकारों ने, जिन्हें सारे बुद्धिजीवी लोग और जनता में प्रचार करनेवाले लोग मिल गए। देश में उपलब्ध जन-प्रचार के साधनों द्वारा यह काम किया गया है। गांधीजी को अतीत के संग्रहालय में डाल दिया गया है। हमारी इस मौजूदा स्थिति में इससे ज्यादा दुख की और कोई बात नहीं हो सकती कि हमारी युवा पीढ़ी गांधीजी के विद्रोही और क्रान्तिकारी रूप को नहीं जानती कि उन्होंने लगातार लड़ते हुए, प्रचार करते हुए और यातनाएँ सहते हुए हिन्दुस्तान में ब्रितानी शासन की नींव हिला दी–जहाँ उदासीनता थी, चेतना नहीं थी वहाँ उन्होंने गुस्से का खम्भा गाड़ दिया; इसके बाद ब्रितानी शासन इस कदर हिल गया कि वह बना नहीं रह सकता था। पूँजीवाद के मामले में भी गांधीजी इसी तरह के रास्ते पर चल रहे थे।

गांधीजी अगर चाहते तब भी 1947 के पहले कारखानों और भूमि का राष्ट्रीयकरण नहीं कर सकते थे। इस बीच वह देशवासियों का हृदय परिवर्तन करते रहे ताकि पूँजीवाद के सभी आधार ढह जाएँ। शायद इस बात की वह और कुछ सख्त कोशिश करते क्योंकि उन्होंने अँगरेजों के चले जाने के बाद ज्यादा ठोस ढंग से और ज्यादा गुस्से से बोलना शुरू कर दिया था। वह ज्यादा जोर से पूँजीवाद के खात्मे की बात कहने लगे, उनके बोलने का ढंग बदल गया। उन्होंने कहा, 'मैं न आरामकुरसी के समाजवाद और न ही सशस्त्र समाजवाद में विश्वास करता हूँ। मेरा विश्वास है कि कुछ मुख्य उद्योग जरूरी हैं। मैं अपनी निष्ठा के आधार पर या उसके मुताबिक पूर्ण हृदय-परिवर्तन की प्रतीक्षा किए बिना कर्म में विश्वास करता हूँ।

"मैं उन उद्योगों को राज्य की मिल्कियत के अन्तर्गत करता जहाँ बहुत से लोग एक साथ काम करते हैं वहाँ इन लोगों का श्रम दक्ष हो या अदक्ष, उत्पादन की मिल्कियत राज्य के माध्यम से इन लोगों के पास ही रहेगी। मैं पैसेवाले आदमियों को जबरन नहीं हटाऊँगा वरन् राज्य की मिल्कियत में परिवर्तित करने की प्रक्रिया में उनका सहयोग आमन्त्रित करूँगा। समाज से अलग व बहिष्कृत कोई नहीं है भले ही वह लखपति हो या कंगाल। लखपति और कंगाली एक ही बीमारी के घाव हैं" (तेन्दुलकर : 'महात्मा')। यह एक स्पष्ट व निर्दोष दृष्टिकोण है, इसमें किसी प्रकार की अस्पष्टता नहीं। नेहरू ने इस प्रकार की आरोपजनक बातें कही हैं जिनसे यह लगे कि गांधीजी

गरीबी को गरिमामंडित करते थे और पूँजीपतियों के अस्तित्व को बरदाश्त करते थे। लखपतियों और कंगालियों को एक ही बीमारी के घाव बताना यह बताने से कि 'दोनों अपनी ऐतिहासिक, आवश्यकताएँ पूरी कर चुके हैं, लिहाजा अनावश्यक हैं, ज्यादा असहिष्णु हैं। यह व्यवस्था के प्रति गांधीजी का असहिष्णु रूप उजागर करता है। गांधीजी ने यह कहा था कि वह पूर्ण हृदय परिवर्तन की प्रतीक्षा नहीं कर सकते, जो लोग सिर्फ गांधीजी की सूक्तियों को ही नहीं जानते, उनके जीवन को भी जानते हैं, वे यह अनुमान लगाएँ कि वह कहाँ जाकर रुकते। जो धनियों को गरीबों के प्रति दयालु होने को कहेगा, वह धनियों को समाज का कोढ़ नहीं कहेगा और न ही मिल्कियत के परिवर्तन के लिए सामाजिक विधान की वकालत करेगा। गांधीजी ने एकदम स्पष्ट व जोरदार ढंग से मालिकों को ट्रस्टियों में बदलने की बात कही, उन्होंने कहा कि लाखों-करोड़ों द्वारा सत्ता व सम्पत्ति में हिस्सा प्राप्त करने की इच्छा के कारण असमानता का बना रहना असम्भव हो जाएगा। आजाद हिन्दुस्तान में वह कानून द्वारा सत्याग्रह को पूरा करना चाहते थे–

''जब जनता के पास, जमीन जोतनेवाले के पास राजनीतिक ताकत न हो तब के लिए सविनय अवज्ञा और असहयोग के तरीके हैं पर जैसे ही उन्हें राजनीतिक सत्ता ताकत हासिल होगी, यह स्वाभाविक होगा कि उनकी हालत कानूनी तरीकों से सुधारी जाए। लेकिन किसान को शायद इतनी राजनीतिक सत्ता न प्राप्त हो...यदि विधान मंडल किसानों के हितों का संरक्षण करने में अक्षम व असमर्थ रहा तो किसानों के पास हमेशा सविनय अवज्ञा का अमोघ अस्त्र है ही...

''कोई भी व्यक्ति चाहे वह शाहजादा हो या व्यापारी वंशगत या स्वअर्जित सम्पत्ति का स्वयं मालिक नहीं हो सकता और न ही इस सम्पत्ति के मामले में उसका स्वैच्छिक अधिकार हो सकता है। वर्तमान असमानताएँ निश्चय ही लोगों के अज्ञान के कारण हैं। लोगों को अपनी स्वाभाविक शक्ति का ज्ञान जैसे ही बढ़ेगा असमानताओं का खात्मा होना लाजिमी है'' (तेंदुलकर : महात्मा)।

इसके बाद भी क्या यह शंका रह जा सकती है कि किसानों और मजदूरों को अपनी स्वाभाविक शक्ति के बढ़ते हुए ज्ञान के बाद भी अपनी शक्ति का इस्तेमाल नहीं करना चाहिए। गांधीजी ने यह कहकर अपनी स्थिति बार-बार स्पष्ट की है कि हिंसा द्वारा संगठित क्रान्ति से सर्वहारा को उसके अधिकारों के ज्ञान के आधार पर मजबूत बनाने की प्रक्रिया में बाधा पड़ सकती है और इससे ऐसा परिवर्तन आएगा जिसमें राज्य उसको उसी तरह दबाएगा जैसा कि पूँजीपति दबाता था। अहिंसक क्रान्ति से विजयी होनेवाले लोग राज्य के आगे अपनी सत्ता व ताकत का समर्पण नहीं कर देंगे। इस तरह हिंसक तरीकों को त्यागने की उनकी बात के पीछे मानवीय सिद्धान्त ही नहीं राजनीतिक उद्देश्य भी था।

सम्पत्ति जब्त किए जाने के पहले हृदय परिवर्तन हो, यह गांधीजी के सामाजिक सिद्धान्त की विशेषता है। हृदय परिवर्तन का व्यावहारिक मतलब यही है कि सम्पत्ति

जब्त किए जाने से पहले सम्पत्ति का मोह छोड़ दें। गांधीजी ने यह स्पष्ट कर दिया है कि यह जरूरी नहीं कि पूरी तरह हृदय परिवर्तन हुआ हो। यह विभिन्न स्थितियों और कारणों पर निर्भर करेगा, उनके बीच सन्तुलन बनाने पर तय किया जा सकेगा। एक कारण व स्थिति ऐसी हो कि खुद गांधीजी कह उठें 'बस बहुत हुआ, अब और इन्तजार की जरूरत नहीं' लेकिन गांधीवादी की मनःस्थिति से ज्यादा महत्त्वपूर्ण कारक होगा जनता का आन्दोलन—वह कितनी व्यग्र है और सरकार का निश्चय कितना प्रबल है। गांधीवादी रणनीति में विधान मंडल को 'अभी नहीं' या 'हाँ, जल्दी करो' कहने का अधिकार सिर्फ उनको है, जिन्होंने जनता को अहिंसक आन्दोलन के लिए संगठित किया हो। इस मामले में बाहर खड़े और स्थिति देखकर कूद पड़नेवाले लोगों को बोलने का कोई अधिकार नहीं, पर आज के सभी गांधीवादी इसी श्रेणी में आते हैं।

दूसरे चरण में यानी आजादी के बाद के पहले चरण में गांधीजी चाहते कि ट्रस्टीशिप बिल पास किया जाए क्योंकि उन्होंने कानून बनाने की बातें शुरू कर दी थीं। एक ऐसा कानून जो बड़े नागरिकों से जबरन सम्पत्ति छीनने के बजाय उन्हें अपने सम्पत्ति को ट्रस्ट में बदलने का अवसर प्रदान करता हो और एक तरफ मालिकों के सामाजिक दृष्टिकोण को चुनौती दे और दूसरी तरफ जनता को तमाम सम्पत्ति का समाजीकरण करने के लिए प्रेरित करे, उकसाए। गांधीजी इसके साथ ही वेतनों की और ख़र्च की सीमा बाँधने का भी अभियान छेड़ते। इन सारी बातों का समग्र प्रभाव बहुत ज्यादा होता और उस प्रभाव को नजरअन्दाज कर पाना बहुत मुश्किल होता।

मैंने इस लेख में यह दिखाने की कोशिश की है कि गांधीजी के सामाजिक सिद्धान्त और सामाजिक क्रान्ति के सिद्धान्त को किस तरह समझा जाए। गांधीजी का अध्ययन कोई हल या फारमूला ढूँढ़ निकालने के लिए नहीं वरन् उनके लड़ाकू गुणों, हिन्दुस्तानी जीवन की वास्तविकताओं के प्रति उनकी अन्तर्दृष्टि और क्रान्तिकारिता को समझने के लिए किया जाना चाहिए। इसके साथ ही क्रान्ति अन्ततः किसी और दमन का रूप लेकर असफल न हो जाए, इसके प्रति गांधीजी चिन्ता को भी हमें समझना चाहिए।

—अक्टूबर, 1990

[परिशिष्ट में देखें 'एक मृत विधेयक' शीर्षक के अन्तर्गत स्व. डॉ. राम मनोहर लोहिया द्वारा प्रस्तावित 'ट्रस्टी शिप विधेयक का मसविदा'—पृ. 281-84]

गांधी का 'भारत-छोड़ो'

अगस्त, 1942 के 'भारत-छोड़ो' आन्दोलन की 50वीं वर्षगाँठ का जो सरकारी उत्सव गत 8 और 9 अगस्त को मनाया गया उसमें देश की किसी वर्ग का उत्साह या भागीदारी नहीं थी। 8 अगस्त का बम्बई-कार्यक्रम और 9 अगस्त का संसद भवन का कार्यक्रम दोनों शर्मनाक घटनाएँ थीं, क्योंकि मंचों से या दीर्घाओं से किसी ने यह याद नहीं दिलाया कि भारत को पुनः गुलाम बनाया जा रहा है और साम्राज्यवाद की जकड़न पहले से अधिक मजबूत होने जा रही है। 1942 की स्मृति अगर आजादी की चेतना को नहीं जगाती तो उसको भूल जाना बेहतर है।

दोनों कार्यक्रमों में ऐसे बहुत सारे राजनैतिक और सामाजिक कार्यकर्ता थे जो अपने को 1942 की क्रान्तिकारी धारा का उत्तराधिकारी मानते हैं, संसद भवन के कार्यक्रम में अनुपस्थित रहकर भी वे अपना प्रतिवाद व्यक्त कर सकते थे, अरुणा आसफ अली को हम यह कह बरी कर सकते हैं कि वे अत्यन्त वृद्धा हो गई हैं, अन्यथा नरसिंह राव जैसे प्रधानमन्त्री के भाषण-मंच को अलंकृत करने के लिए क्यों वहाँ बैठी रहतीं।

पचास साल के अन्दर देश की राजनीति और बौद्धिक जीवन में इतनी गिरावट आ गई है, क्या उसका कोई सम्बन्ध 1942 की घटनाओं से नहीं है ?

यह सोचना बिलकुल गलत है कि 1942 का आन्दोलन भारतीय राजनीति का एक महान और आदर्श अध्याय था और 1947 के बाद से ही पतन का युग शुरू हो गया। इस प्रकार का सोच मानवीय प्रयासों को अर्थहीन बना देता है और भविष्य के प्रति अविश्वास पैदा करता है। सत्य यह है कि 1942 का भारतीय राजनैतिक नेतृत्व सम्पूर्ण दिशाहीन था और अगस्त क्रान्ति का बहुत बड़ा हिस्सा खोखला था।

गांधी और जन आक्रोश को छोड़कर 1942 के आन्दोलन में कोई दूसरी ताकत नहीं थी, समाजवादियों में व्यक्तिगत वीरता थी–इतने बड़े आन्दोलन को चलाने लायक समझदारी और वैचारिक परिपक्वता उनमें नहीं आई थी। यह वैचारिक कमी इतनी अधिक थी कि अगस्त क्रान्ति के अधिकांश नेता आजादी के बाद अपने मूल आदर्शों के विपरीत दिशाओं में चले गए या निष्क्रिय हो गए। जयप्रकाश नारायण और राममनोहर लोहिया को अपने 1942 वाले विचारों में मौलिक परिवर्तन करना पड़ा।

कम्युनिस्ट पार्टी अगस्त क्रान्ति में नहीं रही, लेकिन भारत के जिस राजनैतिक नेतृत्व को 1942 की स्थिति के सामने होना पड़ा था, उसका एक हिस्सा कम्युनिस्ट भी

थे, इसलिए आज के भारत पर 1942 के कुल प्रभाव का अगर हम जिक्र करेंगे तो कम्युनिस्टों की भूमिका के बारे में समझना होगा। उनके कार्य को राष्ट्र के साथ विश्वासघात कहना आज के समय में उतना ही बेमतलब है जितना कि उनकी गलतियों पर लीपापोती करना। जिस वक्त राष्ट्रीय जनाक्रोश साम्राज्यवादियों के विरुद्ध सबसे अधिक और व्यापक था, उन दिनों कम्युनिस्टों ने साम्राज्यवादी विरोधी संघर्ष का न आवाहन किया, न उसमें सहयोग किया—यह उनकी ऐतिहासिक त्रुटि थी और इस गलती की सही समय पर और सही ढंग से समीक्षा न करने का परिणाम यह हो रहा है कि आज की एक समानान्तर स्थिति में जब भारत पर पुनः साम्राज्यवादी शिकंजा कसता जा रहा है और उनके ही द्वारा सबसे अधिक प्रचारित साम्राज्यवाद अमरीकी साम्राज्यवाद भारत और तीसरी दुनिया के प्रति अट्टहास कर रहा है, कम्युनिस्टों के अंग-प्रत्यंग शिथिल हो रहे हैं। अगर 1942 के अपने दिशाभ्रम की उन्होंने सही ढंग से समीक्षा की होती तो उनकी यह लकवामार स्थिति नहीं होती। एशिया में जहाँ-जहाँ कम्युनिस्ट क्रान्ति कामयाब हुई है वहाँ कम्युनिस्टों ने ही राष्ट्रीय आन्दोलन की अगुवाई की थी, इसलिए 1942 की दिशाहीनता कम्युनिस्टों के लिए मामूली चीज नहीं है । यह भी कल्पना की जा सकती है कि अगर कम्युनिस्टों ने अगस्त क्रान्ति में सहयोग किया होता तो आज देश के मुख्य राजनैतिक दल के रूप में कम्युनिस्ट पार्टी सक्रिय होती।

उन समाजवादियों को सतर्क कर देना उचित होगा जो अगस्त क्रान्ति की 50 वीं वर्षगाँठ पर अपनी बहादुरी बताकर कम्युनिस्टों को गद्दार कह रहे हैं। आज साम्राज्यवाद-विरोधी आन्दोलन की जो तीव्र आवश्यकता है उसके सामने समाजवादियों के समूह उतना ही पलायन कर रहे हैं जितना कि कम्युनिस्टों के समूह। इसलिए कोई ऐसा विशेषण ढूँढ़ना होगा जो दोनों के लिए उपयुक्त हो।

1939 से 1942 तक के कांग्रेस के इतिहास को अगर संक्षिप्त रूप में रखा जाएगा तो उस वक्त के कांग्रेस के नेतृत्व का चरित्र और उसकी हैसियत नाटकीय ढंग से स्पष्ट हो जाएगी। ब्रिटिश साम्राज्यवादियों का समर्थन करने के लिए एक अजीब उतावलापन कांग्रेस के नेतृत्व में शुरू से आ गया था। जब से पूर्व में जापान की आक्रामकता बढ़ने लगी वह एक विशेष कारण बनने लगा कि ब्रिटिश-भारतीय प्रतिरक्षा को मजबूत करने के लिए कांग्रेस को सरकार बनाने का अधिकार मिले। प्रतिरक्षा को मजबूत करने की इच्छा और सरकार बनाने की इच्छा—कौन इच्छा ज्यादा तीव्र थी, यह कहना मुश्किल है क्योंकि उन दिनों के कांग्रेसी नेताओं की चर्चा तथा बहस में ये दोनों बातें एक साथ कही जाती थीं। भारत की दिशा में जापानी पलटन के आगे बढ़ने के साथ-साथ कांग्रेसी नेताओं की प्रतिरक्षा चिन्ता (सरकार बनाकर प्रतिरक्षा को मजबूत करने की चिन्ता) तीव्रतर होती गई।

या तो गांधीजी की तर्क पद्धति और सिद्धान्त ऐसे थे कि हरेक स्थिति में कांग्रेस को बचाने का वे एक कवच बन जाता था, या फिर गांधी एक महान चालाक व्यक्ति था जो कांग्रेसी नेताओं के खेल को अच्छी तरह समझता था और जहाँ जरूरी हो उन्हें

रोकता था। गांधी की उन दिनों कांग्रेस के नेताओं से बार-बार होनेवाली बहसों को पढ़ने से बारी-बारी से दोनों बातें सही लगती हैं। आन्दोलन करने का कोई मादूदा कांग्रेस के नेतृत्व में नहीं रह गया था। जब भी आन्दोलन अनिवार्य लगता था, कांग्रेसी नेता गांधी पर उसका दायित्व सौंपते थे और जैसे ही उनको लगता था कि अँगरेजों से सरकार बनाने के बारे में कोई बातचीत हो सकती है, वे खुद नेता बन जाते थे और गांधी को अलग कर देते थे। जून 1940 से अप्रैल 1942 के बीच गांधीजी को तीन बार नेतृत्व से हटाया गया और तीन बार नेतृत्व सौंपा गया। बीच के समय में कांग्रेस के नेता अँगरेजों को प्रस्ताव देते थे या अँगरेजों के प्रस्तावों पर चर्चा करते थे। नेतृत्व से हटाने के बाद भी गांधी अपने बयान जारी रखते थे और जिस प्रस्ताव पर कांग्रेसी नेता अँगरेजों से बात करने जाते थे उस पर अपने तर्क रखकर और बयान देकर कांग्रेसी नेताओं की कोशिश को सफल नहीं होने देते थे। इसी तरह कांग्रेस के लिए एक लक्ष्मण-रेखा बन जाती थी और कांग्रेस को पुनः गांधीजी के पास वापस आना पड़ता था। अप्रैल 1942 में क्रिप्स मिशन आया। क्रिप्स समाजवादियों और नेहरू के लिए बहुत सम्मानित व्यक्ति थे, कारण वे ब्रिटेन के मजदूर दल के नेता थे। अपने देश की राजनीति में मजदूर दल भारतीय आजादी का समर्थक था। अगर गांधी कठोर न होते और अनावश्यक ढंग से क्रिप्स के बारे में कठोर शब्द इस्तेमाल न करते तो शायद क्रिप्स के साथ कांग्रेस का समझौता हो जाता। गांधी ने क्रिप्स को कहा, "अगर यही प्रस्ताव है तो आप आए क्यों ?...लन्दन जानेवाले पहले विमान से आपको वापस चला जाना चाहिए।" इस प्रकार की बातचीत करने के बाद गांधी ने कांग्रेस को कहा कि "जल्द इस पर अपनी राय दो।" कांग्रेस नेताओं के लिए यह आखिरी मौका था अँगरेजों को युद्ध में मदद करने का। इसके बाद कांग्रेस के नेतृत्व ने पुनः गांधी का नेतृत्व स्वीकारा। जून, 1940 की वर्धा-बैठक के बाद नेहरू लोगों को बता चुके थे कि गांधी के नेतृत्व से कांग्रेस अलग हो गई है। बाद में अपने को ज्यादा 'स्पष्ट' करते हुए नेहरू ने कहा : "लोग ऐसा न सोचे कि हम बिलकुल अलग हो गए हैं, आखिरकार कांग्रेस को उन्होंने ही बनाया है।"

इस विवरण से यह पता चलता है कि कांग्रेस का नेतृत्व मानसिक रूप से इसके लिए तैयार नहीं था कि युद्ध के दिनों में अँगरेजों के खिलाफ कोई निर्णायक संघर्ष किया जाए। उन्हें यह उम्मीद दिखाई देती थी कि जापान के दबाव के कारण भारत को आजादी देने का वायदा अँगरेज करेंगे और एक अन्तरिम सरकार भी बन जाएगी। लेकिन गांधीजी इस बात पर अटल रहे कि आजादी युद्ध के बाद नहीं चाहिए, अभी चाहिए और पूर्ण आजादी चाहिए।

युद्ध के प्रारम्भ से गांधी का रुख अँगरेजों से टकरानेवाला था। गांधी को यह बिलकुल मान्य नहीं था कि हिटलर विरोधी खेमा किसी भी अर्थ में प्रगतिशील या लोकतान्त्रिक है क्योंकि उनकी कसौटी का आधार यूरोप नहीं, बल्कि भारत और अन्य शोषित देशों का प्रत्यक्ष अनुभव था। शत्रु के शत्रु को दोस्त मानने का कोई सवाल भी

उनके लिए नहीं था। जापान के प्रति विशेष सहानुभूति की भी गुंजाइश नहीं थी (हिटलर-विरोधी खेमे के प्रति नेहरू की सहानुभूति के बारे में सबको मालूम था; उसी तरह सुभाष बोस का जरमनी-जापान के प्रति झुकाव भी छुपा हुआ नहीं था)। कोई कह सकता है कि मित्र राष्ट्रों के लिए नेहरू की सहानुभूति वैचारिक थी और जरमनी के लिए सुभाष की सहानुभूति विशुद्ध रूप से रण कौशल के स्तर पर थी। गांधी के विचार और कौशल दोनों भिन्न थे।

गांधी ने शुरू से अहिंसा के बारे में सबको याद दिलाया। वैचारिक स्तर पर अहिंसा का जो भी औचित्य हो विश्वयुद्ध के दिनों में कौशल के स्तर पर इसका एक निर्मम परिणाम यह निकलता था कि कांग्रेस न मित्र शक्ति से युद्ध में सहयोग करेगी और न ही शत्रु के शत्रु के रूप में जरमनी-जापान को भारत बुलाएगी। कांग्रेस का नेतृत्व और कांग्रेस का वामपन्थ (जिसमें सुभाष बोस और समाजवादी लोग थे) इन सबने गांधीजी की अहिंसा को कमजोरी और निष्क्रियता के लक्षण के रूप में देश-भर में प्रचारित किया। जबकि उनको अच्छी तरह मालूम होना चाहिए था कि गांधीजी जब भी अहिंसा और रचनात्मक कार्य पर ज्यादा जोर देते थे तो उसका परिणाम संघर्ष ही होता था। जब जापान अँगरेजों का शत्रु हो तो भारत को युद्ध के लिए संगठित करना ब्रिटेन की एक मजबूरी थी। उस हालत में अहिंसा के नाम पर युद्ध की तैयारी का विरोध करना या उससे असहयोग करने के लिए आम जनता को संगठित करना अपने आप एक टकराने का कार्यक्रम था। यह समझ कांग्रेस के वामपन्थ को नहीं थी क्योंकि तीखी और विद्वेषपूर्ण भाषा के अलावा संघर्ष की तैयारी कैसे हो सकती है, यह उसकी बुद्धि के परे था। सम्भवतः गांधीजी को समझ पाना उन दिनों इतना सहज नहीं था, जितना आज है। इसलिए कांग्रेस के वामपन्थ की गलती को अपरिपक्वता या नासमझी की गलती ही कहा जा सकता है। लेकिन अपरिपक्वता हो या कोई दूसरा कारण हो, जनता के सम्मुख गांधीजी की आलोचना करके वे संघर्ष की तैयारी को कमजोर कर रहे थे। गांधीजी के सामने गांधी की आलोचना की पूरी छूट थी—खासकर उन सबके लिए जिनके बारे में गांधी समझते थे कि उनका हृदय परिवर्तन कर लेंगे। इसलिए यह विचित्र स्थिति हो रही थी कि एक तरफ तो सारी कांग्रेस (सुभाष और समाजवादी समेत) आन्दोलन के नेतृत्व के लिए गांधी पर निर्भर थी; लेकिन जैसे ही गांधीजी अपने लहजे में और अपनी शैली में संघर्ष का काम शुरू करते थे ये सारे लोग हल्ला करते थे कि गांधी ने फिर से अहिंसा और रचनात्मक कार्य की रट लगाना शुरू कर दी है यानी गांधी संघर्ष करना नहीं चाहते हैं।

एक राष्ट्रव्यापी साम्राज्यवाद-विरोधी संघर्ष की तैयारी के लिए अहिंसा और रचनात्मक कार्यक्रम को मजबूत करने के अलावा गांधी के पास और क्या उपाय हो सकते थे, यह कल्पना के बाहर है। लेकिन सुभाष और समाजवादियों ने रचनात्मक कार्यक्रम का विरोध किया और इस तरह संघर्ष को अविश्वसनीय बनाया। गांधी ने खुद मार्मिक ढंग से इस पर टिप्पणी की है। जयप्रकाश नारायण की एक कटु आलोचना का उत्तर देते

हुए गांधी ने कहा, 'संग्राम आ रहा है, उसका नेतृत्व मुझे करना है। जिनको सहयोगी बनाने की बात सोच कर मुझे गौरव अनुभव होता है, वे मेरी बातों पर सन्देह फैला रहे हैं।'

गांधी ने वही किया जो समाजवादी और सुभाषवादी चाहते थे जिस प्रकार के संग्राम का आह्वान गांधी ने किया उतना दृढ़तापूर्ण आह्वान शायद समाजवादी या सुभाषवादी समूहों ने सोचा नहीं था। उतनी शौर्यपूर्ण भाषा अभी तक किसी समाजवादी प्रस्ताव या आवाहन में नहीं मिलती है। 1942 का आन्दोलन एक ऐतिहासिक और निर्णायक आन्दोलन था, लेकिन प्रस्ताव और आवाहन के अनुरूप विशाल और व्यापक नहीं था। इसके कई कारण हो सकते हैं। गांधी के अपने सिद्धान्त भी इसके कारण हो सकते हैं। लेकिन एक मुख्य कारण यह था कि इसकी तैयारी नहीं थी। गांधी का विशेष जोर इस पर था कि जेल जाना इस आन्दोलन का लक्ष्य नहीं है। लेकिन कुछ ही दिनों में सारे कार्यकर्ता जेलों में पहुँच गए। जेल जाने या अंडरग्राउंड (गिरफ्तार होने से बचकर काम करने) होने के अलावा कोई अन्य उपाय नहीं था, क्योंकि तैयारी नहीं थी, जो लोग गिरफ्तारी से अपने को बचा पाए उनका जनाधार इतना कम था कि संघर्ष व्यापक नहीं हो सका।

सुभाषचन्द्र बोस ने देश से बाहर जाकर बेहतर काम किया या नहीं, वह इस प्रश्न के उत्तर पर निर्भर करता है कि जिस संघर्ष के लिए वे गांधीजी पर दबाव डाल रहे थे उसके लिए उनकी अपनी तैयारी और अपना जनाधार कितना था ? अगर पर्याप्त तैयारी थी तो उनका विदेश जाना नुकसानदायक था।

26 जनवरी, 1940 को स्वाधीनता दिवस के संकल्प के लिए गांधीजी ने चरखा और खादी के बारे में एक पैरा जोड़ा था, क्योंकि 26 जनवरी, 1940 के दिन को आगामी संघर्ष की तैयारी के रूप में मनाने का निर्णय हुआ था। यह पैरा इस प्रकार था, ''चरखा और खादी हमारे रचनात्मक कार्य का अनिवार्य अंग हैं, क्योंकि भारत के 7 लाख ग्रामों में नवजीवन का संचार कराना और जनसाधारण की कंगाली दूर करना इसका उद्देश्य है। अतः हम नियमित रूप से चरखे का काम करेंगे और जहाँ तक हो सके ग्रामोद्योग की वस्तुओं का इस्तेमाल करेंगे; अन्य लोगों को भी ऐसा करने के लिए प्रेरित करेंगे।''

आज जब गुलामी की अर्थनीति के खिलाफ संघर्ष करने के लिए बहुराष्ट्रीय कम्पनियों के बहिष्कार के लिए संकल्प-पत्र बनाया जाता है तो समाजवादी लोग भी 1940 के इस संकल्प से मिलता-जुलता प्रस्ताव करते हैं। 50 साल पहले ग्रामोद्योग की वस्तुओं का इस्तेमाल आज की अपेक्षा बहुत अधिक स्वाभाविक लगता था। लेकिन 1942 के समाजवादियों ने इस पैरा को पढ़कर गांधीजी पर अपना अविश्वास व्यक्त किया। जे. पी., लोहिया, सम्पूर्णानन्द आदि ने अलग-अलग बयान निकाला या पत्र लिखा, जे.पी. ने कहा : रचनात्मक कार्य को संघर्ष के लिए एक हथियार के रूप में हम बिलकुल नहीं मानते हैं। सुभाष बोस ने कहा इस संकल्प-पत्र को हम नहीं अपनाएँगे। एक समाजवादी को उत्तर देते हुए गांधी ने कहा, ''इनका सारा विरोध इस

रचनात्मक के कार्य पर टिका हुआ है। जब भी रचनात्मक कार्य के बारे में जोर दिया जाता है इनको लगता है कि हम इसका समर्थन करेंगे तो यह समाजवाद के विपरीत हो जाएगा, कारण समाजवाद के लिए केन्द्रित उत्पादन (मास प्रोडकशन) जरूरी है।'' गांधीजी का समझना बिलकुल सही था। समाजवादी केन्द्रित उत्पादन को ही समाजवादी उत्पादन पद्धति मानते थे। जयप्रकाश नारायण और लोहिया ने बाद के समय में अपनी इस गलती को सुधारा। लेकिन यह कितनी बड़ी ट्रैजेडी है कि इस गलत विचार के आधार पर गांधीजी के एक महान संघर्ष की तैयारी को समाजवादियों ने कमजोर किया।

उपरोक्त शिकायत गांधी की है। यह हमारी शिकायत नहीं हो सकती है क्योंकि हम होते तो शायद वही गलती करते जो जयप्रकाश नारायण ने की। लेकिन सवाल शिकायत का नहीं है, यह समझने का है कि समाजवादियों की वैचारिक कमजोरी के कारण एक क्रान्तिकारी आन्दोलन कैसे बिखर गया।

1940-42 के बीच गांधीजी की बौद्धिक पराकाष्ठा देखने को मिलती है। उनके विचारों का रूढ़िवादी आवरण खत्म को चुका था। सम्भवतः सुभाष बोस और समाजवादियों से (कुछ मामलों में डॉ. आम्बेडकर से) बार-बार वैचारिक संघर्ष का भी उन पर प्रभाव हुआ। 1940 में ही लोहिया के प्रश्न के उत्तर में उन्होंने औद्योगीकरण के बारे में अपना पूर्णांग विचार रखा और यान्त्रिक तथा भारी उद्योगों का स्थान निरूपित किया–'मेरी कल्पना में ग्रामोद्योग के साथ-साथ बिजली उत्पादन, जहाज निर्माण, यन्त्र निर्माण आदि भी हैं। लेकिन निर्भरता का क्रम बदलना होगा। अभी ग्राम्य उत्पादन और ग्राम्य जीवन को ध्वंस करने के उद्‌देश्य से औद्योगीकरण हो रहा है, भविष्य का औद्योगीकरण ग्रामों और गामोद्योग को पुष्ट करने के उद्‌देश्य से होगा।' 1942 के अन्त में रचनात्मक कार्य क्रम के 'खादी' अध्याय में गांधी लिखते हैं, 'भारी उद्योग का क्षेत्र छोटा होगा, यह केन्द्रित होगा और राष्ट्रीयकृत होगा।...खादी के पीछे जो विचार है वह उत्पादन और वितरण के विकेन्द्रीकरण का है।'

अहिंसा के प्रयोग में अपवाद क्या हो सकता है, उसका भी स्पष्ट संकेत इन दिनों मिलता है। कुछ खास घटनाओं के सम्मुख होने पर मुख्य बात होगी कर्तव्य का पालन करना, उस समय तक हिंसा-अहिंसा के बारे में जो समझ बनी है उसी के मुताबिक अपनी ताकत लगानी होगी। खासकर उन स्थितियों में जहाँ जान देनी पड़ सकती है वहाँ कर्तव्यपालन मुख्य है–हिंसा-अहिंसा पर सोचने का यह समय नहीं है। 'करो या मरो' जिस आन्दोलन का नारा है उसमें लोग खुद अपना नेतृत्व करेंगे और अहिंसा की परिभाषा भी उन्हीं को करनी होगी। यह सारा लचीलापन 1942 के गांधी में आ गया था। इसलिए गांधी को और उनके विचारों की मौलिकता को समझ नहीं पाना, नासमझी के कारण गांधी के आन्दोलन में रुकावट डालना, वामपन्थ की यह गलती अभी तक दूर नहीं हुई है, जैसा कि कम्युनिस्टों ने अभी तक अपनी गलतियों की पूरी समीक्षा नहीं की है। हमने उन दिनों गलती की–यह कहना पर्याप्त नहीं है। दोष स्वीकार की शब्दावली की कोई आवश्यकता नहीं है। उस वक्त की गलती के पीछे जो विचार और

संस्कार था वह बदला या नहीं ? न कम्युनिस्टों का बदला है और न समाजवादियों का बदला है।

विश्वयुद्ध के दोनों शक्तिशाली खेमों–मित्रराष्ट्रों और धुरी राष्ट्रों–के विचारों को अप्रासंगिक घोषित करना 1942 के गांधी की देन है। मित्र राष्ट्रों को या अमरीका को लोकतन्त्र का प्रतिनिधि मानने से गांधी ने स्पष्ट इनकार किया। अमरीकी मदद का मतलब भी साम्राज्यवाद है, यह बात गांधीजी 1940-41 में ही दो बार कह चुके थे। अनेक प्रकार के अन्तरराष्ट्रीय और राष्ट्रीय द्वन्द्व के बीच एक तीक्ष्ण और दृढ़तापूर्ण विचारधारा को जिस प्रकार की अभिव्यक्ति गांधी ने 1940-42 की बहसों और भाषणों में दी है, उसका एक स्थायित्व है। दोनों युद्धवादी खेमों के प्रति समान रूप से संवेदनशील होना और दोनों के प्रति कठोर होना। युद्धग्रस्त ब्रिटेन के प्रति विद्वेष रहित होकर युद्ध के दिनों में ही भारत से पूरी तरह हट जाने की माँग करना, कांग्रेस के अन्दर अपने सारे आलोचकों को आगामी संघर्ष के सहयोगी बनाने की कोशिश करना, कुल मिलाकर मानवीयता का सम्पूर्ण निर्वाह करते हुए भी कठोर और अटल रहना राजनीति में इसकी अभिव्यक्ति विश्व में गांधी को छोड़कर और कहाँ मिल सकती है ? कभी यह सभ्य मनुष्य की संस्कृति भी बन सकती है।

–अगस्त, 1992

गांधी का 125वाँ साल

एक साल पहले अखबार के पन्नों पर कई महीनों तक गांधी जीवित रहे—मायावती के कारण। इस साल करोड़ों रुपए के खर्च से सैकड़ों सेमिनार जैसे कार्यक्रम आयोजित हो रहे हैं—गांधी को प्रचारित करने के लिए। अगर यह न होता तो पढ़े-लिखे लोगों को भी स्मरण न होता कि यह गांधी का 125वाँ साल है और किसी समय गांधी ने ही इच्छा जाहिर की थी कि वे 125 साल जीवित रहेंगे। बाद में वे खुद इस इच्छा से मुकर गए। लेकिन उनकी इच्छा दूसरे ढंग से भी पूरी हो सकती है कि इसके बाद वे सचमुच प्रभावशून्य हो जाएँ।

पैगम्बर तब तक जीवित रहता है जब तक कोई जीवित आन्दोलन एक हथियार के तौर पर उसका इस्तेमाल करता है। कुछ लोग डॉ. आम्बेडकर का हथियार के तौर पर इस्तेमाल कर रहे हैं। कुछ लोग मनु का इस्तेमाल कर रहे हैं। यूरोप में हिटलर जिन्दा है। अगले दो दशकों में दक्षिण अफ्रीका में वेरवुड वापस आ सकता है। गांधी का ऐसा सौभाग्य नहीं है। शराबबन्दी और पर्यावरण आन्दोलन में गांधी का इस्तेमाल एक पूरक के तौर पर हो जाता है। गांधी इन आन्दोलनों के हथियार के रूप में नहीं दिखाई देता है, क्योंकि पर्यावरण आन्दोलन भी आधुनिक सभ्यता का तिरस्कार नहीं करता है।

गांधी को हथियार बनने का मौका तभी मिलेगा, जब कोई जन आन्दोलन या कम से कम बौद्धिक आन्दोलन आधुनिक सभ्यता के विरुद्ध एक मुहिम के तौर पर तेज किया जाएगा। आधुनिक सभ्यता की आलोचना नई चीज नहीं है। उतनी ही पुरानी है जितनी पुरानी यह सभ्यता है। इस सभ्यता को समाप्त करने का संघर्ष या आन्दोलन कभी नहीं हुआ; गांधी के दिनों में भी नहीं, क्योंकि गांधी के निकटतम सहयोगी इस आन्दोलन के खिलाफ थे। तब यानी बीसवीं सदी के प्रथमार्ध में लोगों को तथा शिक्षित वर्ग को इस सभ्यता के 'अनैतिक' परिणामों के बारे में जानकारी तो हो गई थी, लेकिन इस सभ्यता की क्षमताओं से वह सम्मोहित था। आम लोग भी और शिक्षित समूह खासकर। आज बीसवीं सदी के अन्तिम दशक में स्पष्ट जानकारियाँ मिल चुकी हैं कि आधुनिक सभ्यता इस पृथ्वी और मानव समाज को अकाल मृत्यु की ओर अचूक निशाना बनाकर ढकेलती जा रही है। फिर भी दुनिया का शिक्षित समाज पहले जैसा ही इससे चिपके रहना चाहता है मानो शिक्षित मनुष्य का मस्तिष्क आधुनिक सभ्यता के परे सोच पाने में अक्षम है। मनुष्य के शरीर की नाना सीमाएँ हैं, उसी तरह उसके

मस्तिष्क की भी कई प्रकार की सीमाएँ है। क्या शिक्षा के कारण मस्तिष्क की भी ऐसी सीमाएँ बन गई हैं कि आधुनिक सभ्यता के बाहर रह पाने की वह कल्पना कर नहीं सकता है ? मस्तिष्क की इस सीमा को लाँघने की जब भी कहीं इच्छाशक्ति जागरित होगी, गांधीवाला हथियार काम में आ सकता है।

भारत के बाहर गांधी का प्रभाव नगण्य होते हुए भी उल्लेखनीय इसलिए है कि हथियारों के खिलाफ गोरे लोग और अत्याचार के खिलाफ काले लोग-रंगीन लोग जब मुकाबला करते हैं, तो गांधी की अहिंसा के बारे में सोचते हैं। आधुनिक सभ्यता से लड़ने का मुद्दा उनके गांधीवाद का गम्भीर अंश नहीं है। आधुनिक सभ्यता से लड़ने का माद्दा भारतीय मस्तिष्क में होना चाहिए क्योंकि भारतीय चेतना में एक वैकल्पिक सभ्यता के तत्त्व उजागर होते रहते हैं। गांधी ने अपने जमाने में उन तत्त्वों को काफी सक्रिय किया था।

किसी भी सभ्यता के दो केन्द्रीय तत्त्व होते हैं–उसकी यन्त्रपद्धति (टेकनोलौजी) और मूल्य व्यवस्था। मूल्य मानसिक और भाषात्मक होने के कारण पकड़ में नहीं आता है। लेकिन यन्त्रों के अपेक्षाकृत स्थूल और ठोस होने के कारण उन्हें हटाने की माँग आसानी से की जा सकती है। मूल्य का जहाँ संस्थागत रूप है, वहाँ संस्थाओं को तोड़ने की माँग भी की जाती है। आधुनिक सभ्यता में यन्त्र, मूल्य और संस्था तीनों परस्पर बहुत ज्यादा जुड़े हुए हैं, परन्तु सबसे ज्यादा निर्णायक यन्त्र है, जो संस्था तथा मूल्य दोनों को निर्धारित करता है। इसलिए आधुनिक सभ्यता को समाप्त करने का मतलब कुछ खास यन्त्रों को खत्म करना होगा। इसका मतलब यह नहीं कि अन्यान्य आधुनिक यन्त्रों को ज्यों का त्यों बनाए रखना है, बल्कि यह कि उन खास यन्त्रों को हटाने के बाद बाकी यन्त्रों को बदलना या छोड़ना आसान हो जाएगा। इसी अर्थ में आधुनिक सभ्यता को छोड़ने का मतलब एक 'यन्त्र पद्धति' को छोड़ना है।

इस यन्त्र पद्धति या इस पर आधारित विकास पद्धति को हम तब तक नहीं छोड़ सकते, जब तक दुनिया के अति विकसित देशों के साथ हमारी अर्थव्यवस्था बँधी हुई है। विकासशील देशों की अर्थव्यवस्था को अपनी-अपनी अर्थनीति के साथ बाँधकर रखने के पीछे विकसित देशों का एक ही उद्देश्य होता है। और वह उद्देश्य यह है कि विकासशील देशों में ऐसी टेकनोलौजी का इस्तेमाल हो, जिसका आयात विकसित देशों से ही करना पड़ेगा और जिसके द्वारा विकासशील देशों के समग्र साधनों का अधिकतम दोहन विकसित देशों की समृद्धि के लिए हो सकेगा। ग्लोबीकरण के नए युग में यह प्रक्रिया (गरीब देशों के साधनों का दोहन) बेरोकटोक चलाई जा रही है। वे सारे यन्त्र जो परम्परागत हैं या आधुनिक होने पर भी पुराने हैं, जिनका कम-ज्यादा इस्तेमाल कर एक आत्म-निर्भर अर्थव्यवस्था की योजना बनाई जा सकती है लेकिन जिनके माध्यम से विकसित देशों को कोई खास मुनाफा मिलनेवाला नहीं है, उन सारे यन्त्रों को हटाया जा रहा है और उसके स्थान पर नई टेकनोलौजी आ रही है।

इसके कुछ स्थूल उदाहरण इस प्रकार हैं : अपने देश में बननेवाले रेल इंजन को

पुराना माना गया है और नए अधिक शक्तिशाली इंजनों के आयात का निर्णय हुआ है। नए इंजन के साथ हमारे बनाए हुए डिब्बों और पटरियों का मेल नहीं बैठता। इसलिए डिब्बों का भी आयात होगा और पटरियों आदि में सुधार के लिए विदेशी उपकरण मगाए जाएँगे। डाकघरों में मनीऑर्डर, स्पीड पोस्ट आदि का जो काम कारबन और पेंसिल की टेकनोलौजी से हो जाता था उसे कम्प्यूटरों द्वारा किया जाएगा और सारे देश के लिए बहुत सारे कम्प्यूटर विदेशी कम्पनियों से खरीदे जाएँगे। टेलीफोन उपकरण बनानेवाली देशी कम्पनियों के सामान को घटिया घोषित करने के लिए सेल्युलर, मोटरगाड़ी में इस्तेमाल लायक टेलीफोनों को प्रचलित किया जा रहा है, ताकि लोग विदेशी कम्पनियों से ही अपना टेलीफोन का सामान खरीदना पसन्द करें। भारत की खेती, छोटी जोतों में और छोटी जोतों के लायक टेकनोलौजी से होती रही है। अब भूमि सम्बन्धी सारे कानूनों को इस तरह बदला जा रहा है कि हजारों एकड़ के फार्मों को आदर्श जोत मानकर और उसके लायक टेकनोलौजी अपनाकर कृषि पद्धति को बदला जा सके ताकि विदेशी कम्पनियाँ खुद अपनी मरजी की खेती कर सकें या करवा सके और अपने कृषि आधारित अन्तरराष्ट्रीय व्यापार को बढ़ा सकें।

इस प्रकार की अत्याधुनिक यन्त्र पद्धति के प्रलचन से सिर्फ आर्थिक शोषण और साधनों का दोहन होगा, सो नहीं। हमारी कल्पित वैकल्पिक सभ्यता के लिए जिन सामाजिक-सांस्कृतिक प्राकृतिक धरोहरों और आधारों की जरूरत है, उन्हें छिन्न-भिन्न कर दिया जाएगा। उदाहरण के लिए अगर हजारों एकड़ का फार्म ही कृषि के लिए आदर्श जोत माना जाएगा, तो न सिर्फ हमारी खेती बदल जाएगी, बल्कि ग्राम की गरिमा (जो अभी भी बची-खुची है) लुप्त हो जाएगी और कृषक समुदाय का लोप हो जाएगा। हम कल्पना करें कि किसी देहाती क्षेत्र में पाँच हजार एकड़वाले एक अंगूर फार्म की स्थापना के बाद वहाँ के पंचायती राज का क्या हाल होगा–ग्राम स्वराज्य तो दूर की बात है। यानी पुरानी किस्म के आधुनिक यन्त्रों को किसी तरह भी भारत का समाज झेल रहा था, अपने गाँव और मानवीय सम्बन्धों को बचाने की, बेहतर बनाने की कोशिश कर रहा था लेकिन हाई टेक या अत्याधुनिक यन्त्रों के जमाने में उन विशेषताओं को, उन सामाजिक-सांस्कृतिक आधारों को बचाना या सुधारकर बेहतर बनाना असम्भव हो जाएगा।

अतः एक स्वदेशी विकेन्द्रित अर्थव्यवस्था को लक्ष्य माननेवाले, एक वैकल्पिक मानव सभ्यता का सपना देखनेवाले गांधी समर्थकों के लिए जरूरी हो जाता है कि दुनिया के अति विकसित देशों के साथ भारत का तथा एशिया-अफ्रीका के आर्थिक सम्बन्धों को पूरी तरह छिन्न करने का आह्वान करें।

यह समझदारी अभी तक प्रचलित ज्ञान का हिस्सा नहीं बन पाई है कि दुनिया के विकसित देशों की समृद्धि किस अनुपात में गरीब, विकासशील देशों पर निर्भर है। विकसित देशों के ऊँचे जीवन स्तर को बनाए रखने या बढ़ाते जाने के लिए विकासशील देशों के सब प्रकार के संसाधनों का अधिक से अधिक शोषण करते रहना किस अनुपात

में जरूरी है, इसकी सही समझदारी तब होगी जब हम दुनिया के इन दोनों हिस्सों के सम्बन्धों को अलग करके देखना शुरू करेंगे। अगर एशिया-अफ्रीका के देश सारे विकसित देशों से अपना आर्थिक सम्पर्क तोड़ लें, तो इन विकसित देशों को या तो युद्ध की घोषणा करनी पड़ेगी या अपनी जीवन शैली तथा विकास पद्धति को बदलना पड़ेगा। यानी दुनिया के दोनों हिस्सों में अपने-अपने ढंग की नई विकास पद्धति अपनानी होगी। नई सभ्यता का आरम्भ इसी तरह होगा। बहरहाल, आरम्भ के पहले बहुत सारे राजनैतिक संघर्ष, युद्ध और गृह-युद्ध भी होंगे। मनुष्य समाज पर अभूतपूर्व विपत्तियाँ आ चुकी होंगी।

सभ्यता के संघर्षों के इस दौर को शुरू करनेवालों में यह समझदारी पैदा करनी होगी कि अत्याधुनिक टेकनोलौजी की विशेषता उत्पादन बढ़ाने की दिशा में नहीं है। इसका सम्बन्ध सिर्फ प्रबन्धन और नियन्त्रण से है। अन्तरराष्ट्रीय व्यापार के प्रबन्धन और विश्वव्यापी संसाधनों पर नियन्त्रण के लिए कम्प्यूटर जैसे यन्त्रों की वृद्धि हो रही है। जब तीसरी दुनिया के देश विकसित देशों से अपना आर्थिक सम्बन्ध तोड़ने में सफल हो जाएँगे, तब विश्वव्यापी नियन्त्रण और विश्वस्तरीय प्रबन्धन की जरूरत विकसित देशों के लिए भी नहीं रह जाएगी। तब यूरोप के वैज्ञानिकों के लिए नई चुनौतियाँ आ जाएँगी। उन्हे सोचना पड़ेगा कि अफ्रीका से संसाधन और मुनाफा जुटाए बगैर गोरे लोगों के लिए रोजगार का इन्तजाम किस तरह किया जाए। स्थानीय संसाधनों के द्वारा अमरीकियों के लिए अमरीका के अन्दर पूर्ण रोजगार की व्यवस्था करनी होगी, तो निश्चय ही एक वैकल्पिक यन्त्र पद्धति ईजाद करनी होगी।

शायद यह नवीन यन्त्र पद्धति गांधी के चरखे से भिन्न होगी। होनी चाहिए लेकिन उसकी दिशा मानवीय होगी।

–अक्टूबर, 1995

गांधी की निन्दा अवश्य होनी चाहिए

पिछले दिनों बहुजन समाज पार्टी की महासचिव मायावती ने गांधी और गांधीवाद के विरोध में अपने जो उद्गार व्यक्त किए, उससे काफी लोग नाराज हैं। क्या वे उसी तरह नाराज हैं जिस तरह तसलीमा नसरीन से बांग्ला देश के कठमुल्ले मुसलमान नाराज हैं ?

समाचारों से यह स्पष्ट है कि मायावती ने गांधी की निन्दा-भरी आलोचना की है; गांधी को वर्ण-व्यवस्था का संरक्षक कहा है और गांधीवाद के ध्वंस की माँग की है। मायावती ने यह भी पूछा है कि क्या दलितों को 'हरिजन' कहनेवाला खुद शैतान का पुत्र था ? मायावती ने कहीं भी यह नहीं कहा कि गांधी का वध (गांधी की हत्या को उचित कार्य माननेवाले हत्या की जगह 'वध' शब्द का प्रयोग करते हैं) एक उचित कार्य था। उसने यह भी नहीं कहा कि गांधीवादियों का वध बसपा के कार्यक्रम का अंग है।

इतनी आलोचना ईश्वर की भी होती है; कुरान और बाइबिल की होती है, गौतम बुद्ध, आदि शंकराचार्य और कार्ल मार्क्स की होती है। गांधी के जीवनकाल में खुद आम्बेडकर ने उन्हें वर्ण-व्यवस्था का रक्षक कहा था। जयप्रकाश नारायण ने गांधी को पूँजीवाद का संरक्षक और प्रगति विरोधी कहा था। दोनों में फरक यह था कि जयप्रकाश नारायण के विचार बाद में बदल गए थे। आम्बेडकर के विचार वही रहे, लेकिन उनकी गांधी-विरोधी बातें कम होती गईं थीं तथा कटुता समाप्त हो गई थी। आज अगर आम्बेडकर के कुछ अनुयायी उनके विचारों को 1930-32 की कटुता के साथ कहना चाहते हैं तो ऐसी कौन सी विपत्ति आ गई जिस पर संसद और विधानसभा के शून्यकाल में इतना हल्ला करना जरूरी लग रहा है।

जिन सांसदों या विधायकों ने संसद या विधानसभा के शून्यकाल को मायावती के विरुद्ध मुखरित किया, उनका मानना है कि गांधी या गांधीवाद की इतनी तीखी आलोचना करने का नैतिक अधिकार इस सुन्दर तेजस्वी हरिजन महिला को नहीं है। हल्ला करनेवालों में वह पार्टी भी है, जो गांधी को राष्ट्रपिता मानने से इनकार करती है और जिसके शासनकाल में सरकारी दफ्तरों से गांधी की तसवीरें हटा दी गई थीं। संसद, विधानसभा या अखबारों के जरिए हल्ला करनेवाले ये सारे लोग किसी रूप में अपने को गांधी का उत्तराधिकारी घोषित करना चाहते हैं। गांधी उनके लिए एक पवित्र, प्रातःस्मरणीय पूज्य वस्तु है।

मूर्तिपूजक समुदायों के तीर्थस्थानों में धातु की या पत्थर-निर्मित कई तरह की मूर्तियाँ पड़ी रहती हैं। कई मूर्तियों की स्पष्ट रूपरेखा भी नहीं होती, न उनका कोई सन्देश होता है। गांधी भी ऐसी ही एक मूर्ति है–सन्देशविहीन एक पवित्र प्रतीक। कोई कांग्रेसी मन्त्री बन जाता है तो वह अपने-आप गांधी का उत्तराधिकारी भी बन जाता है। जयप्रकाश नारायण जनता पार्टी के संस्थापक थे, इसलिए जनता पार्टी के नेताओं का एक सम्बन्ध गांधी से भी कायम हो गया। कोई अगर खादी पहनकर गोहत्या या शराबखोरी के प्रतिवाद में अनशन पर बैठ जाता है तो वह निःसन्देह एक गांधीवादी हो जाता है। कोई पूँजीवादी होकर गांधी का प्रतिनिधित्व करता है तो कोई ब्राह्मणवादी होकर गांधी का प्रतिनिधित्व कर रहा है। गांधी एक समग्र विचारधारा या समग्र कर्म का नाम नहीं है। दस-बीस प्रतीकों की एक सूची है। इनमें से किसी एक प्रतीक को चुनकर आप गांधी का प्रतिनिधित्व कर सकते हैं। आप यदि प्राकृतिक चिकित्सा केन्द्र चलाते हैं तो आप भी गांधीवादी होने का दावा कर सकते हैं।

गांधी एक जड़ता का नाम हो गया है, मगर जिसके न होने से एक केन्द्र के गायब होने जैसा लगता है। इसलिए खलबली मचती है। मायावती ने बाद में अपनी बातों को नरम कर दिया, शायद झुंड के दबाव से। बाद में उसने कहा कि गांधी की नहीं, गांधीवाद की निन्दा करना असली उद्देश्य था। इस स्पष्टीकरण से गांधी-भक्त और गांधीवादी दोनों ही खुश होंगे क्योंकि गांधी अगर आलोचना से परे हो जाता है तो गांधीवादी या गांधीभक्त कहलाने का लाभ किसी न किसी तरह मिलता रहेगा।

2

गांधी दुनिया के इतिहास में उन लोगों की कोटि में आता है जिन्होंने सड़कों पर लाठी-गोली और खून-खराबे की स्थितियाँ पैदा की थीं; लाखों लोगों को बेचैन और विद्रोही बनाया था; घूँघटवाली औरतों को सड़कों पर उतार दिया था। साम्राज्यवादियों में भय और ब्राह्मणवादियों में प्रतिहिंसा का आक्रोश पैदा किया था। यह गांधी किसी के लिए एक तथ्य भी हो सकता है और किसी के लिए एक कल्पना भी। गांधी की जो बेजान मूर्तिवाली प्रचलित छवि है उसका कोई सामंजस्य इस गांधी से नहीं। भारत का पूज्य गांधी एक बूढ़ा आदमी है। चम्पारण में उसकी क्या वेशभूषा थी, इसका ख्याल किसी को नहीं आता। डांडी मार्च की तसवीर भी कहीं दिखाई नहीं देती। तीन बन्दरोंवाला या 'शान्ति, शान्ति' कहनेवाली मुद्रा में खड़ा या बैठा हुआ बुत सब जगह दिखाई पड़ता है। हरेक गाँव में एक ऐनकधारी निस्तेज वृद्ध व्यक्ति गांधी के रूप में दिखलाई पड़ता है। मानो जुझारू जवान आदमी गांधी नहीं हो सकता।

उत्तर प्रदेश देश का सबसे अधिक गांधी भक्तों और गांधीवादियों का प्रदेश है। सर्वोदयी गांधीवादी, जनता दलीय गांधीवादी, कांग्रेसी गांधीवादी सब प्रकार के गांधीवादी वहाँ भरे हुए हैं। मुलायम सिंह ने भी यह कहा कि उनकी सरकार गांधीवादी-लोहियावादी

इत्यादि विचारों से प्रेरित है। उत्तर प्रदेश के अब तक के सभी मुख्यमन्त्री (एक के बारे में हमें मालूम नहीं) गांधीभक्त थे और जो भी प्रधानमन्त्री इस राज्य से हुए वे सभी गांधी भक्त ही थे। उत्तर प्रदेश गांधी भक्तों की प्रधानता का राज्य है तो देश का सबसे ब्राह्मणवादी राज्य भी। इस राज्य के ताजा इतिहास में हरिजन महिलाओं को निर्वस्त्र करने और अच्छी पोशाक पहनने के 'जुर्म' में हरिजन युवकों की पिटाई की घटनाएँ इतनी अधिक हुई हैं कि दोनों बातों को जोड़कर यह कहा जा सकता है कि गांधीवादी राज्य ब्राह्मणवादी राज्य है। अतः गांधीवाद ब्राह्मणवाद का संरक्षक है। गांधीवादियों या गांधी भक्त समूहों के जितने भी सम्मेलन या सेमिनार गांधी की बड़ाई करने के उद्देश्य से आयोजित होते हैं उनका कोई सर्वेक्षण करे तो पता चलेगा कि वहाँ उपस्थित लोगों में 80 फीसदी से अधिक लोग उच्च जातियों के होते हैं और यदि नेतृत्व का हिसाब किया जाए तो उसमें 95 से सौ फीसदी उच्चजातियों के लोग होंगे।

हरिजनों के ऊपर जो अमानवीय अत्याचार होते हैं उनका सक्रिय प्रतिकार करने में जाने-माने गांधी भक्त अग्रणी नहीं हैं। ऐसे प्रतिकार में सबसे आगे आम्बेडकरवादी या फिर दूसरे नम्बर पर लेनिनवादी रहते हैं। कर्नाटक के एक गाँव में हरिजन औरतों को एक 'धार्मिक' उत्सव के तहत नग्न होकर चलना पड़ता था। उस प्रथा को बन्द कराने में कोई गांधी भक्त या गांधीवादी समूह आगे नहीं आया। आम्बेडकरवादियों ने संघर्ष करके उस घृणित प्रथा को बन्द कराया (यह दूसरी बात है कि जिस दलित संगठन 'कर्नाटक राज्य दलित संघर्ष समिति' ने यह संघर्ष चलाया वह आम्बेडकरवादी होने के बावजूद गांधी-विरोधी नहीं है)। जो जितना अधिक गांधी भक्त या गांधीवादी होता है वह उतना अधिक क्रोधविहीन भी होता है। किसी अन्याय के खिलाफ, खासकर बड़े अन्यायों के खिलाफ उसे गुस्से में नहीं पाया जाता। इस क्रोधविहीन गांधीवाद का स्रोत कहाँ तक गांधी खुद है ? ऊपर हमने एक जगह कहा है कि गांधी एक जड़ता का नाम हो गया है। गांधीवादी जड़ता का सूत्र शायद इसी प्रश्न के उत्तर में मिलेगा।

मायावती का यह न जानना अत्यन्त स्वाभाविक है कि गांधी ने खुद अपने वर्ग को शैतान की औलाद यानी दुर्जन कहा था—"हम दुर्जन हैं, अछूतों ने सारे श्रम करके तथा अपने हाथ गन्दे करके हमें आराम और सफाई से रहने की सुविधा दी है।...यदि हम चाहें तो हम भी हरिजन बन सकते हैं; लेकिन इसके लिए हमें हरिजनों के प्रति किए गए पापों का प्रायश्चित करना पड़ेगा।" जब गांधी के स्वघोषित उत्तराधिकारी इस बात को नहीं जानते तो मायावती का न जानना स्वाभाविक है। अप्रिय बातों को आसानी से भुला दिया जाता है। हरिजन शब्द को शाश्वत माननेवाले और दलित शब्द को अस्वीकार करने वाले गांधी भक्तों को यह जानकारी नहीं है कि गांधी ने 'दलित' शब्द के प्रचलन के लगभग पचास-पचपन साल पहले उसे 'ज्यादा सही' शब्द कहा था—"स्वामी विवेकानन्द पंचमों को दलित वर्ग कहा करते थे। इसमें कोई सन्देह नहीं है कि विवेकानन्द द्वारा प्रयुक्त विशेषण ज्यादा सही है। हमने उन्हें पददलित किया है और परिणामस्वरूप अपने को दबाया है।"(27-10-1920, यंग इण्डिया)।

अगर गांधी भक्त और गांधीवादी इन बातों को नहीं जानते तो मायावती को गांधी के बारे में अज्ञानी कहना उनका पाखंड और औद्धत्य है । मायावती के लिए यह बिलकुल जरूरी नहीं कि वह गांधी और गांधीवाद में फरक करे। गांधी भक्तों और गांधीवादियों का ब्राह्मणवाद एक तथ्य है। इसके आधार पर अगर हरिजन लड़कियाँ कहें कि गांधी मनुवादी था, तो प्रथम पाठ में मान लेना चाहिए कि गांधी मनुवादी था। बाद में जाँच होनी चाहिए कि गांधी मनुवादी था या गांधी के स्वघोषित उत्तराधिकारी मनुवादी हैं।

मधुलिमए की आशंका में दम है, मगर एक भिन्न सन्दर्भ में। वह कहते हैं कि गांधी की अविवेकी निन्दा राष्ट्र के लिए विघटनकारी साबित हो सकती है। इससे ऐसा संकेत मिलता है कि यह एक साजिश भी हो सकती है। गांधी को बदनाम करने तथा गांधी के प्रति नफरत फैलाने की एक योजना हो सकती है। देश की एकता और बेहतरी के सार्वजनिक प्रयासों की जो स्वस्थ अवधारणाएँ बनी हुई हैं उनको गांधी-विरोधी अभियान के द्वारा नष्ट करने का उद्देश्य हो सकता है। इसके बारे में सावधान होना आवश्यक है। लेकिन अगर इसका बहाना बनाकर ब्राह्मणवादी गांधीवाद अपनी रक्षा कर लेता है तो उस साजिश का मुकाबला कभी नहीं हो सकता जिसकी आशंका मधुलिमए ने प्रकट की है। निकट अतीत में ऐसा हो चुका है। जब नेहरू परिवार के कारनामों का, खासकर नेहरूवादी अर्थव्यवस्था और भ्रष्ट सरकारी उद्योगों की आलोचना की जाती थी तब लगभग सारे प्रगतिशील समूह उन आलोचकों को सी. आई. ए. के एजेंट कहा करते थे। उसी तर्क को खींचकर एक बड़े प्रगतिशील समूह ने आपातकाल का समर्थन किया। मगर उस आलोचना को बदनाम करने का अन्तिम परिणाम यह हुआ कि सरकारी उद्योगों की अर्थव्यवस्था इतनी अप्रिय हो गई कि आज जब सचमुच अमरीका की ओर से आर्थिक हमला हो रहा है (और उसी नेहरू परिवार और नेहरूवादी दल के माध्यम से हो रहा है) तब सरकारी उद्योगों को बचाना मुश्किल हो गया है क्योंकि अमरीकी हमले से भी ज्यादा तीखा आम नागरिक का असन्तोष है। आम नागरिक अब सरकारी उद्योगों से नफरत करता है। उनमें जब भी सुधार की बात उठाई जाती थी तब प्रगतिशील समूह नाराज होते थे और सरकारी उद्योगों को आलोचना से परे मानकर आलोचकों को अमरीकी एजेंट घोषित करते थे। यदि उस वक्त की आलोचना को लांछित और अनसुना न किया गया होता तो सरकारी उद्योगों को शायद आज यह दुर्व्यवस्था न देखनी पड़ती। अगर गांधी को भी आलोचना से परे स्थापित कर दिया जाएगा और गांधी के नाम से दुर्गन्ध आने लगेगी तब गांधी के बुतों का भी वह हश्र होगा जो मार्क्स और लेनिन के बुतों का हुआ है।

हरिजन शब्द अछूतों के लिए था। जिस हद तक अछूत नहीं रह गए हैं उस हद तक हरिजन शब्द को भी हटाना चाहिए, और अगर छिपे तथा परोक्ष ढंग से सवर्ण जातियाँ अस्पृश्यता को चलाए रखना चाहती हैं तो गांधी के द्वारा प्रयुक्त दूसरे शब्द का इस्तेमाल व्यापक होना चाहिए—सभी उच्चजातियों को दुर्जन जातियाँ कहकर पुकारना

चाहिए। गांधी को माननेवाले इस अभियान को शुरू करें और कहें कि ब्राह्मण एक नम्बर की दुर्जन जाति है, क्षत्रिय दूसरे नम्बर की दुर्जन जाति है, बनिया तीसरे नम्बर की दुर्जन जाति है, कायस्थ चौथे नम्बर की दुर्जन जाति है। गांधी भक्तों की परीक्षा गांधी की ही इस बात से हो।

यदि वे ऐसा नहीं करते हैं तो फिर नाम वह चलेगा जो नामधारी चाहेगा। दलित शब्द की विशेषता यह है कि स्वतःस्फूर्त ढंग से शिक्षित, सचेत हरिजन समूह इस शब्द के साथ जुड़ रहे हैं।

पूना-समझौते की भी अभी तक गांधी भक्तों ने समीक्षा नहीं की है। यह सही है कि पूना-समझौते से जो भी अच्छा या बुरा परिणाम हुआ उसके लिए गांधी और आम्बेडकर समान रूप से उत्तरदायी हैं। सम्भवतः उस वक्त आम्बेडकर पर राष्ट्रीय आन्दोलन का दबाव बहुत भारी पड़ा। आम्बेडकर जिन्ना नहीं थे। उन्हें नम्र होना पड़ा, पूरी तरह नकार देना सम्भव नहीं था। लेकिन बाद में संविधान-निर्माण के समय वे पूना-समझौते मुकर सकते थे। अगर ऐसा उन्होंने नहीं किया तो मौजूदा संरक्षित चुनाव क्षेत्र की प्रणाली के सम्बन्ध में उनकी और गांधी की जवाबदेही बराबर की हो जाती है। आजादी मिलने के बाद या संविधान-निर्माण के दिनों में आम्बेडकर को भी बेहतर भविष्य की सम्भावनाएँ दिखाई पड़ी थीं। अगर लोकतन्त्र रहेगा, शिक्षा और रोजगार का प्रसार होगा तो इसी चुनाव प्रणाली के तहत हरिजनों की स्थिति सुधर जाएगी—उन्हें यह उम्मीद थी। मगर एक अरसे के बाद उनकी समझ में आया कि आजाद भारत का नेतृत्व शिक्षा, समाज या प्रशासन को बदलने को तैयार नहीं है। यह बात भी समझ में आ गई कि संरक्षित चुनाव क्षेत्रों का उपयोग शासक दल को मजबूत करने के लिए तो हो रहा है, लेकिन हरिजनों की स्थिति सुधारने में उसकी कोई भूमिका नहीं बन रही है।

चुनावी प्रणाली को बदलकर केवल हरिजन मतदाताओं के द्वारा ही हरिजन विधायक चुनने की पद्धति को अपनाना चाहिए या नहीं, यह एक अलग प्रश्न है। लेकिन हरिजन विधायकों को हरिजनों की समस्याओं पर कुछ करने की स्वतन्त्रता है या नहीं ? इस सवाल पर तो हरेक राजनैतिक दल का अपना मूल्यांकन होना चाहिए था। किसी राजनैतिक दल ने इस मूल्यांकन को गम्भीरता से नहीं लिया, जबकि यह बिलकुल स्पष्ट हो गया था कि सवर्ण बनाम हरिजन सवालों पर हरिजन विधायकों को हमेशा सवर्ण के पक्ष में जाना पड़ेगा; अन्यथा अगले चुनाव में वह जीत नहीं सकेगा। हरेक संरक्षित क्षेत्र में सवर्णों की संख्या और प्रभाव चुनाव के लिए निर्णायक रहे हैं। यह सचमुच एक शर्मनाक स्थिति है कि संरक्षित क्षेत्र से चुना गया हरिजन विधायक हरिजनों का पक्ष न ले सके। आम्बेडकरवादियों को छोड़कर अगर किसी ने भी इस अस्वाभाविक और लज्जास्पद स्थिति को बदलना नहीं चाहा तो हम क्यों नहीं कहेंगे कि सारे वामपन्थी, दक्षिणपन्थी और मध्यमार्गी दलों का नेतृत्व ब्राह्मणवादी है ?

आम्बेडकरवादियों की गलती शायद यह है कि वे इस स्थिति का सिर्फ कानूनी प्रतिकार करना चाहते हैं। वे सिर्फ चुनाव क्षेत्र की पद्धति बदलना चाहते हैं और मतदाता

के स्तर पर हरिजनों को सवर्णों से अलग करना चाहते हैं। कानून में सामाजिक समूहों के लिए अलग-अलग प्रणालियाँ अपनाना लोकतन्त्र के मौलिक सिद्धान्तों के खिलाफ है और यह सामाजिक एकता के तत्त्व को कमजोर करनेवाला होता है जो जिस समूह का नेता बनता है वह उस समूह के लिए विशेष कानून बनवाना चाहता है।—यह हमारे प्रगतिशील राजनेताओं की एक दायित्वहीन प्रवृत्ति है, एक वैचारिक अवसरवादिता है। लोहिया इस बारे में सचेत थे। उन्होंने बँटवारे और विभाजन-प्रणाली के अन्याय को यथासम्भव सीमित करने की कोशिश की। उनके साठ फीसदी सूत्र के पीछे यह रणनीति थी कि सामाजिक विभाजन कम से कम हो। औरत, पिछड़ा और दलित को एक ही राजनैतिक परिभाषा में संगठित करना उनका उद्‌देश्य था। योग्य सहयोगियों के अभाव में यह नहीं हो सका। चुनाव क्षेत्र की पद्धति में जो कमजोरी रह गई है, उसका सुधार कानून के द्वारा नहीं, बल्कि राजनैतिक कौशल के द्वारा करना इसका उद्‌देश्य था। न सिर्फ संरक्षित चुनाव क्षेत्र में, बल्कि हरेक चुनाव क्षेत्र में मतदाताओं का ध्रुवीकरण सवर्ण बनाम असवर्ण न होकर या अमुक जाति बनाम अन्य जातियाँ न होकर ब्राह्मणवादी बनाम गैर ब्राह्मणवादी मतदाताओं के बीच होना चाहिए। कांशीराम और मुलायम सिंह का चुनावी गठबन्धन जातिवादी तथा अवसरवादी राजनीति से प्रेरित होने के बावजूद इस सम्भावना को उजागर करता है और इसलिए यह एक ऐतिहासिक प्रयोग माना जाना चाहिए। इस प्रयोग ने साबित किया है कि हरिजन विधेयकों को अधिक सक्षम बनाने के लिए यह जरूरी नहीं है कि हरिजन मतदाताओं का अलग चुनाव मंडल हो। कानून के परिवर्तन द्वारा नहीं, बल्कि सामाजिक शक्तियों को अधिक गतिशील करके, सवर्ण बनाम असवर्ण ध्रुवीकरण को ब्राह्मणवादी बनाम गैरब्राह्मणवादी ध्रुवीकरण में बदलकर वांछित लक्ष्य को प्राप्त किया जा सकता है। ऐसी राजनीति का सबसे महत्त्वपूर्ण पहलू यह होगा कि पूना-समझौता को बिना बदले सामाजिक और राजनैतिक, दोनों स्तरों पर हरिजनों को न्याय मिल सकेगा।

हम अनिच्छा से मुलायम सिंह और कांशीराम को इस बात का श्रेय दे रहे हैं कि उनका प्रयोग ऐतिहासिक था और दो धार वाला था। एक तो इससे गैरब्राह्मणवादी मतों को संगठित कर साम्प्रदायिकता का मुकाबला किया गया, दूसरे, चुनाव में पिछड़ा ध्रुवीकरण स्थापित हुआ। अनिच्छा इसलिए कि सामाजिक सम्बन्धों को सामाजिक धरातल पर बदलने की गम्भीरता दोनों में नहीं है। अपनी राजनीति को भी उन्होंने कांग्रेस की राजनीति के अधीन कर लिया है, जोकि एक पूँजीवादी ब्राह्मणवादी राजनीति है। कांशीराम की राजनैतिक दृष्टि बहुत ही संकीर्ण और नकारात्मक है। 'हरिजन' शब्द पर कानूनी प्रतिबन्ध लगाने की माँग न सिर्फ अलोकतान्त्रिक है, बल्कि एक दुरभिसन्धिपूर्ण राजनीति का लक्षण है।

—अप्रैल, 1994

बुद्धिजीवी, पत्रकारिता और प्रतिक्रान्ति

- सभ्यता का संकट और भारतीय बुद्धिजीवी
- चीन का भय
- परमाणु बम, प्रतिरक्षा और भारतीय मस्तिष्क
- पराधीन पत्रकार
- प्रतिक्रान्ति और पत्रकारिता
- प्रोफेसर से तमाशगीर

सभ्यता का संकट और भारतीय बुद्धिजीवी

जैसे-जैसे देश की समस्याएँ गहरा रही हैं और समाधान समझ के बाहर हो रहा है, वैसे-वैसे कुछ सोचनेवालों की नजर राजनीति और प्रशासन के परे जाकर समस्याओं की जड़ ढूँढ़ने की कोशिश कर रही है। वैसे तो औसत राजनेता, औसत पत्रकार, औसत पढ़ा-लिखा आदमी अब भी बातचीत और वाद-विवाद में सारा दोष राजनैतिक नेताओं, चुनाव-प्रणाली या प्रशासन के भ्रष्टाचार में ही देखता है। लेकिन, क्या वही आदमी कभी आत्मविश्लेषण के क्षणों में यह सोच पाता है कि वह भी उस भ्रष्टाचार में किस तरह जकड़ा है; वह सोच नहीं पाता कि किस तरह वह खुद के भ्रष्टाचार को रोक सकता है।

कुछ लोग अपने को प्रगतिशील मानते हैं। वे कहीं-न-कहीं समाजवादी या साम्यवादी राजनीति से जुड़े हुए हैं। कुछ साल पहले तक ऐसे लोग जोश और जोर के साथ बता सकते थे कि आर्थिक व्यवस्था के परिवर्तन से सारी समस्याओं का समाधान हो जाएगा। पिछले वर्षों में उनका यह आत्मविश्वास क्षीण हुआ है। साम्यवादी और समाजवादी कई गुटों में विभक्त हो चुके हैं। उनकी राजनीति के जरिए तीसरी दुनिया का आम आदमी एक नए भविष्य की कल्पना नहीं कर पा रहा है। बढ़ती हुई सामाजिक हिंसा, सर्वव्यापी भ्रष्टाचार, आदमी की अनास्था जैसी समस्याओं को समझने-समझाने में समाजवादी या साम्यवादियों के पुराने सूत्र और मन्त्र विश्वसनीय नहीं रह गए हैं।

ऐसी स्थिति में कुछ संवेदनशील दिमागों को यह लगने लगा है कि समस्याओं की जड़ में राजनीतिक अनैतिकता नहीं, अथवा नैतिक गलतियाँ नहीं, बल्कि सभ्यता का संकट है। चर्चाओं में यह बात बार-बार आने लगी है। प्रसिद्ध विचारक डॉ. जयदेव सेठी ने भी ऐसी ही बात कही है। देश के अँगरेजी में लिखनेवाले विचारकों में उनका प्रमुख स्थान है। पिछले दिनों उन्होंने गांधी का अध्ययन किया है और वर्तमान के लिए गांधी की प्रासंगिकता को सिद्ध किया है। कारण, गांधी ने समस्याओं की चुनौती को सभ्यता के स्तर पर लिया। गांधी ने सभ्यता के स्तर पर एक टकराव की रणनीति भी बनाई थी।

प्रशासन और सत्ता-राजनीति से परे, अर्थव्यवस्था और उत्पादन-व्यवस्था के परे जा कर सभ्यता के परिवर्तन द्वारा समस्याओं का समाधान ढूँढ़ना ही गहराई में जाना और दीर्घकालीन सोच और रणनीति बनाना है। सोचने के इस ढंग को गम्भीरता से लेने के

पहले कुछ सावधानी बरतनी पड़ेगी, क्योंकि भारतीय संस्कृति और समाज में रहनेवाला जब गहराई में जाता है, तब वह इतना डूब जाता है कि उसको ऊपर की दुनिया नहीं दिखाई देत। उसके लिए राजनीति, व्यवस्था, संघर्ष, आन्दोलन सब कुछ अप्रासंगिक हो जाते हैं। वह खुद इस सभ्यता के जंजाल से हट जाता है। महर्षि अरविन्द, सन्त विनोबा, अच्युत पटवर्धन, पंडित रामनन्दन मिश्र जैसे लोग संघर्ष की राजनीति से, समस्याओं से दूर चले गए क्योंकि समस्याओं की जड़ बहुत गहराई में जाकर दीखने लगी। भारतीय संस्कृति में यह एक जबरदस्त गुण है कि आदमी को गहराई में ले जाने की प्रक्रिया में वह उसे समाज से ही अलग कर देती है। गांधीजी के साथ ऐसा नहीं हुआ। सभ्यता से टकराने के लिए गांधीजी को सारी तात्कालिक समस्याओं से राजनीतिक और सामाजिक स्तर पर लड़ना पड़ा। लेकिन, गांधीजी की पचास फीसदी बातें ऐसी हैं, जो एक भारतीय को जड़ और उदासीन बना सकती हैं। खुद गांधीजी व्यवहार में आधुनिक और भारतीय दोनों सभ्यताओं से लड़ रहे थे। लेकिन प्रतिपादन में, लेखन तथा प्रचार में, उनका एक ही निशाना रहा—आधुनिक पश्चिमी सभ्यता। भारतीय सभ्यता और हिन्दू व्यवस्था से उनको हर कदम पर टकराना पड़ा। मृत्यु भी उसी से हुई। लेकिन, हिन्दू धर्म को श्रेष्ठ बताना उन्होंने कभी नहीं छोड़ा। यह या तो एक प्रकार का छद्म था, या फिर सन्तुलित विचार की कमी थी। इसी कारण अभी तक एक सन्तुलित गांधी-विचार नहीं बन सका है।

गांधी का व्यवहार सन्तुलित था, किन्तु उनमें वैचारिक सन्तुलन नहीं था। दूसरे लोग जब आधुनिक सभ्यता से टकराते हैं, अकसर दोनों स्तर पर सन्तुलन खोते हैं। प्राचीन सभ्यता के कुछ प्रतीकों को ढूँढ़कर वे एक गुफा बना लेते हैं और उसमें समाहित हो जाते हैं। उनके लिए समस्या नहीं रह जाती है, संघर्ष की जरूरत नहीं रह जाती है। अधिकांश भारतीय बुद्धिजीवी यह नहीं जानते कि हमारी 'सभ्यता का संकट' क्या है ? उनका एक वर्ग आधुनिक पश्चिमी सभ्यता को नकारकर या उससे घबराकर प्राचीन सभ्यता के गर्भ में चला जाता है। योग, गो-सेवा या कुटीर उद्योग उनके लिए कोई नवनिर्माण की दिशा नहीं है बल्कि एक सुरंग है, जिससे वे प्राचीन सभ्यता की गोद में पहुँचकर शान्ति की नींद लेने लगते हैं। बुद्धिजीवियों का दूसरा वर्ग पश्चिमी सभ्यता से आक्रान्त रहता है, या घोषित तौर पर उसको अपनाता है। उसको अपनाने के क्रम में पश्चिमी सभ्यता का उपनिवेश बनने के लिए वह अपनी स्वीकृति दे देता है। लेकिन यह इतना आसान भी नहीं है। हम सब कमोबेश आधुनिक सभ्यता से आक्रान्त हैं। उसको आंशिक रूप से या पूर्ण रूप से स्वीकारने की कोशिश करते हैं। लेकिन हमारी रगों में प्राचीन भारतीय सभ्यता का भूत भी बैठा हुआ है। उसके सामने हम बच्चे जैसे भीत या शिथिल हो जाते हैं। वह हमें व्यक्ति या समूह के तौर पर निष्क्रिय, तटस्थ और अप्रयत्नशील बना देता है। जो लोग पश्चिमी सभ्यता को बेहिचक ढंग से अपनाते हैं, वे भी साईं बाबा के चरण-स्पर्श से ही अपनी सार्थकता महसूस करते हैं। सुप्रीम कोर्ट के भूतपूर्व न्यायाधीश वी. आर. कृष्ण अय्यर मार्क्सवादी रहे हैं और महेश योगी

के भक्त भी हैं। नाम लेना अपवाद का उल्लेख करना नहीं है। यह अपवाद नहीं, नियम है। यह विविधता का समन्वय नहीं है, यह केवल वैचारिक दोगलापन है। दोगली मानसिकता की यह प्रवृत्ति होती है कि वह किसी पद्धति की होती नहीं और खुद भी कोई पद्धति नहीं बना सकती। दूसरी विशेषता यह होती है कि वह केवल बने-बनाए पिंडों को जोड़ सकती है, उनमें से किसी को बदल नहीं सकती। तीसरी विशेषता यह है कि वह आत्मसमीक्षा नहीं कर सकती है। आत्मसमीक्षा करेगी, तो बने-बनाए पिंडों से संघर्ष करना पड़ेगा। इसलिए बाहर की तारीफ से गद्‌गद हो जाती है और आलोचना को अनसुना कर देती है। इसकी चौथी विशेषता यह है कि वह मौलिकता से डरती है। एक दोगले व्यक्तित्व का उदाहरण होगा–'श्री आरक्षण-विरोधी जनेऊधारी कम्प्यूटर विशेषज्ञ'! इस तरह के व्यक्तित्व को हम क्या कहेंगे–'विविधता का समन्वय ?'

तो भारतीय बुद्धिजीवी को जब पश्चिमी सभ्यता अधूरी लगती है, तब वह प्राचीनता की किसी गुफा में घुस जाता है और जब वह अपनी सभ्यता के बारे में शर्मिन्दा होता है तब पश्चिम का उपनिवेश बनकर रहना स्वीकार लेता है। दोनों सभ्यताओं से संघर्ष करने की प्रवृत्ति भारतीय बुद्धिजीवी जगत में अभी तक नहीं विकसित हुई है या जो हुई थी, वह खत्म हो गई है। गांधी के अनुयायी गुफाओं में चले गए। रवि ठाकुर के लोग अँगरेजी और अँगरेजियत के भक्त हो गए। गांधी के एक शिष्य राममनोहर लोहिया ने 'इतिहास चक्र' नामक एक किताब लिखी। एक नई सभ्यता की धारा चलाने के लिए आवश्यक अवधारणाएँ प्रस्तुत करना इस किताब का लक्ष्य था। अँगरेजी में लिखित होने के बावजूद बुद्धिजीवियों ने उसको नहीं पढ़ा। औपनिवेशिक दिमाग नवनिर्माण की तकलीफ को बरदाश्त नहीं कर सकता। ज्यादा-से-ज्यादा वह प्रचलित और पुरानी धाराओं को साथ-साथ चलाने की कोशिश करता है और दोनों के लिए कम-से-कम प्रतिरोध की रणनीति अपनाता है। भारतीय बुद्धिजीवी की असहायता और उसका क्लीवत्व यहीं से उत्पन्न होता है। आम जनता पर दोनों प्रतिकूल सभ्यताओं का बोझ पड़ता है और वह अपनी तकलीफ के अहसास से आन्दोलित होती है। सभ्यताओं से संघर्ष की इच्छाशक्ति के अभाव में देश के सारे राजनैतिक दल अप्रासंगिक और गतिहीन हो गए हैं। जनता के आन्दोलन को दिशा देने की क्षमता उनमें नहीं रह गई है। जन-आन्दोलनों का केवल हुँकार होता है, आन्दोलन का मार्ग नहीं बन पाता। जहाँ क्षितिज की कल्पना नहीं है, वहाँ मार्ग कैसे बने ? इस कल्पना के अभाव में क्रान्ति अवरुद्ध हो जाती है।

ऐसी स्थिति में यही कहना काफी नहीं होगा कि सभ्यता के स्तर पर समस्याओं का सामना करना पड़ेगा। मुकाबले की रणनीति भी बनानी पड़ेगी। किन बिन्दुओं पर हम सभ्यता या सभ्यताओं से टकराएँगे ? आधुनिक सभ्यता ने हमें कहाँ गुलाम बनाया है ? प्राचीन सभ्यता ने हमें कहाँ दबोच रखा है और पंगु बनाया है ? आज हम किन बिन्दुओं पर किस प्रकार का विद्रोह कर सकते हैं ? इन ठोस सवालों से जो नहीं जूझेगा, वह गांधी की प्रशंसा करेगा तो नेहरू का भी समर्थन करेगा। यह एक बौद्धिक बाजीगरी होगी, संघर्ष नहीं होगा, सृजन नहीं होगा। सभ्यताओं से जो टकराएगा, उसे कुछ झेलना

पड़ेगा। अपने वर्ग और तबके में उसे अप्रिय और कटु होना पड़ेगा।

आधुनिक सभ्यता की सबसे बड़ी कमी यह है कि वह दुनिया को अपने मानदंडों के अनुसार आधुनिक नहीं बना सकती। बारी-बारी से वह कुछ इलाकों को प्रलोभित करती है कि 'तुमको आधुनिक बना सकती हूँ अमरीकी ढंग से नहीं, तो रूसी ढंग से।' पूरी दुनिया को एक समय के अन्दर आधुनिक बना सकने का दावा अभी तक वह कर नहीं सकी है। अतः यह सभ्यता दुनिया के बड़े हिस्से को उपनिवेश बनाकर ही रख सकती है, जिसके लिए आधुनिक सभ्यता का अर्थ उपभोग का कुछ सामान मात्र है।

प्राचीन सभ्यता का सबसे बड़ा अपराध यह है कि राष्ट्रीयता और सामाजिक समता के मूल्य उसमें नहीं हैं। जो भारतीय सभ्यता अब बची हुई है, उसकी सारी प्रवृत्ति इन मूल्यों के विरुद्ध है। मनुष्य, मनुष्य की बराबरी या आपसी प्रेम पारम्परिक भारतीय संस्कृति के विरुद्ध है। ऐसे मनुष्य की संवेदनहीनता, यन्त्र की संवेदनहीनता से कम खतरनाक नहीं है। मानव के प्रति उदासीनता प्राचीन हिन्दू संस्कृति का गुण था या नहीं, या यह वर्तमान की एक विकृति है, यह स्पष्ट नहीं है। प्राचीन भारतीय मान्यता न सिर्फ सामाजिक समता के विरुद्ध है, बल्कि वह आध्यात्मिक समता की अवधारणा को भी नकारती है। उसके अनुसार कुछ लोगों की आत्मा ही घटिया दरजे की होती है। बुद्ध ने इस मानवविरोधी प्रवृत्ति को बदलने की कोशिश की थी। लेकिन, आधुनिक हिन्दू मनुष्य की विरासत में बुद्ध की धारा नहीं है। पश्चिमी सभ्यता का सबसे बड़ा गुण यह है कि उसने मानव की गरिमा और सामाजिक समानता को मूल्यों के तौर पर विकसित किया है। राष्ट्रीयता और अन्तरराष्ट्रीयता की भावना भी इन मूल्यों पर आधारित है। हिन्दू मनुष्य जब तक इन मूल्यों को आत्मसात् नहीं कर लेता है, तब तक वह पश्चिम से बेहतर एक नई सभ्यता बनाने का दावा नहीं कर सकता।

आधुनिक सभ्यता ने हमें उपनिवेश बनाया है। प्राचीन सभ्यता ने हमें समता विरोधी और मानव विरोधी बनाया है। इन बिन्दुओं पर अगर हम सभ्यता का संघर्ष नहीं चलाते हैं तो हमारी राजनीति, प्रशासन, अर्थव्यवस्था कुछ भी नहीं बदलनेवाली है। इसके बिना हमारे साहित्य, कला, विज्ञान के क्षेत्र में भी कोई उड़ान नहीं हो सकेगी। आधुनिक सभ्यता से संघर्ष की शुरुआत औपनिवेशिक मानस को झकझोरने से होगी। उपभोगवाद, बहुराष्ट्रीय कम्पनियों और सांस्कृतिक परनिर्भरता को निशाना बनाकर ही यह कार्यक्रम हो सकेगा। दूसरी ओर, हिन्दू मानसिकता और हिन्दू समाज को सुधारने के लिए उग्र कार्यक्रम की जरूरत है।

यह मानसिकता कितनी अपरिवर्तित है, इसका प्रमाण हरिजनों की प्रतिक्रिया से मिलता है। हाल की घटनाएँ बतलाती हैं कि हरिजनों को धर्म-परिवर्तन के लिए बड़ी संख्या में तैयार किया जा सकता है। हरिजनों के लिए मानव का दरजा प्राप्त करने के दो ही रास्ते दीखते हैं—धर्म-परिवर्तन और आरक्षण। आरक्षण का मतलब है हिन्दू मन की उदारता। क्या इस वक्त हिन्दू मन उतनी उदारता के लिए पूरी तरह तैयार है ?

जिन दिनों दयानन्द, विवेकानन्द या गांधी हिन्दू समाज के नेता थे, उनका प्रयास और प्रभाव हिन्दू मन को मानवीय बनाने का था। हिन्दू समाज को पिघलाना उनका काम था। जब हिन्दू समाज पिघलता है तब भारतीय राष्ट्र बनता है, हिन्दू समाज जहाँ जड़ होता है, वहाँ भारतीय राष्ट्र के सिकुड़ने का डर रहता है।

दो सभ्यताओं से एक साथ टकराना सत्ता की अल्पकालीन राजनीति में सम्भव नहीं है। मौजूदा राजनीतिक दलों की क्षमता के अनुसार उनका एकमात्र जायज लक्ष्य हो सकता है—लोकतन्त्र के ढाँचे की रक्षा करना। अगर ये दल इतना भी नहीं कर सकते तो निष्कर्ष यही निकलेगा कि सभ्यताओं से लड़े बिना लोकतन्त्र की रक्षा भी सम्भव नहीं है। ऐसी स्थिति में आम जनता के विद्रोहों का राजनीतिकरण नहीं होगा। कभी-कभी विद्यार्थियों में, कभी किसानों में, कभी दलितों में, कभी उपेक्षित इलाकों में खंड-विद्रोह होते हैं। इन तबकों और इलाकों पर दोनों सभ्यताओं का बोझ पड़ता है। मौजूदा राजनीतिक दलों का जो वैचारिक ढाँचा है, उसमें इन समूहों की मुक्ति हो नहीं सकती। उनकी मुक्ति के लिए एक नया वैचारिक ढाँचा चाहिए। जनता के खंड-विद्रोहों और नए वैचारिक ढाँचे के सम्मिश्रण से एक नई राजनीति पैदा हो सकती है।

वैचारिक संघर्ष बुद्धिजीवी ही करेगा। बुद्धिजीवी का मतलब बुद्धिजीवी वर्ग नहीं है। भारत का बुद्धिजीवी वर्ग अभी मानसिक स्तर पर दोगला ही रहेगा। लेकिन टोलियों में या व्यक्ति के तौर पर बुद्धिजीवी एक नई सभ्यता-निर्माण के लिए प्रतिबद्ध हो सकता है। सारे बुद्धिजीवियों से यह अपेक्षा नहीं की जाती है कि वे संगठन या हड़ताल चलाएँ। लेकिन यह अपेक्षा जरूर रहेगी कि आचरण के स्तर पर वे अपने विचार-संघर्ष को झेलें, ताकि विचारों का सामाजिक प्रभाव बने।

—जनवरी, 1982

चीन का भय और भारतीय बुद्धिजीवी

चीन के साथ युद्ध की कल्पना करते हुए मेरी रूह काँपती है। इस मामले में हिन्दुस्तानी बुद्धिजीवियों में मैं कोई अपवाद नहीं हूँ। अपवाद इस बात को लेकर हो सकता है कि इस राष्ट्रीय भय के लिए मुझे शर्म है; मैं इसका बयान करता हूँ और अपने भय का कारण ढूँढ़ता हूँ। युद्ध का भय एक सामूहिक भय यानी राष्ट्रीय भय होता है। अधिकांश बुद्धिजीवी इस भय को छिपाते हैं क्योंकि वे सोचते हैं कि यह उनका व्यक्तिगत भय है। सामूहिक भय को जाहिर करना कुछ आसान होता है। लेकिन उससे बहुत बड़ा दायित्व बनता है। जो इस दायित्व से कतराएगा वह सामूहिक भय छिपाएगा। छुपा हुआ भय कायर बनाता है।

कोई राष्ट्र पहले सुरक्षित अनुभव करेगा, बाद में शक्तिशाली या एक ही समय में दोनों अनुभव करेगा। परन्तु भारत के राजनेता और बुद्धिजीवी ऐसे लोग हैं, जिन्हें अपने दिमाग में देश शक्तिशाली तो लगता है, लेकिन सुरक्षा के सवाल पर जिन्हें घबराहट होती है। कोई उच्च शिक्षित व्यक्ति जब भारत को शक्तिशाली कहता है तो मेरी इच्छा यह पूछने की होती है कि 'क्या हम चीन का युद्ध में मुकाबला कर सकते हैं ?' हम जानते हैं कि उसका जवाब क्या होगा, "क्यों नहीं ? 1962 की बात अलग थी। अब हमारी सेना आधुनिक हो गई है, अत्याधुनिक हथियारों से लैस है।" बात को आगे बढ़ाने के लिए हम उससे पूछ बैठेंगे, "तो क्या हम (हमारी सरकार) चीन को यह चेतावनी दे दें कि वह हमारी जमीन खाली करे ?"

अगर आप एक उच्च शिक्षित व्यक्ति हैं तो आप इसका कोई सीधा जवाब नहीं देंगे। आप विश्व शान्ति, राजनीतिक तहजीब और कूटनीतिक पद्धतियों का हवाला देंगे। अगर आप बेशर्म भी हैं तो कहेंगे, हमारा देश महात्मा गांधी की नीतियों पर चलनेवाला देश है।

किसी दूसरे मौके पर यही व्यक्ति श्रीलंका में हमारी सैनिक दखलन्दाजी और मालदीव में डाकू भगाने के काम का हवाला देकर कह सकता है हमारा देश 'क्षेत्रीय महाशक्ति' के रूप में उभर रहा है। पाकिस्तान द्वारा हुए किसी भी अतिक्रमण का 'गोली से जवाब' देने का निर्देश वह सरकार को देगा और चीन द्वारा अतिक्रमण का पत्राचार द्वारा प्रतिवाद करने की सलाह देगा।

27 साल पहले हमारी जो भूमि थी, सरकारी आँकड़ों के हिसाब से उसमें से 18 हजार वर्गमील जमीन पर चीन का कब्जा हो गया है। आज के पढ़े-लिखे नागरिकों के

दिमाग में इस घटना की स्मृति बची हुई है। अगर यह स्मृति न होती तो बेहतर होता। डर के साथ ग्लानि नहीं होती। हमारे में से कुछ लोग बेहिचक कह सकते थे कि 'सीमा-विवाद ही तो है, कुछ नुकसान झेलकर इसका निपटारा कर दो।' सीमा-विवाद में जैसे घरेलू सम्पत्ति के बँटवारे में, किसी न किसी को नुकसान झेलना ही होता है। परन्तु कम्युनिस्ट बुद्धिजीवी भी ऐसा नहीं कहते हैं कि 'कुछ नुकसान झेलकर निपटारा कर दो।' वे भी सोचते हैं कि कोई दूसरा इस बात को शुरू करे।

प्रधानमन्त्री की चीन-यात्रा के बाद सारे लोग इसको सीमा-विवाद ही कह रहे हैं, लेकिन कोई यह नहीं कहता है कि 'कुछ नुकसान झेलकर इसको हमेशा के लिए सुलझा दो।' 'अधिकृत भूमि' की बात हम जबान पर नहीं लाते हैं, लेकिन यह एक हकीकत बनकर हमारी चेतना में तो है। यह बाधक बन रही है। हम 'सीमा विवाद' को सुलझाने के लिए आगे नहीं बढ़ पा रहे हैं। दो-तीन पीढ़ियों के बाद शायद यह स्मरण लुप्त हो जाएगा, राष्ट्रीय अवचेतन में यह स्मरण बिला जाएगा। तब कोई भविष्य की भारत सरकार अगर कुछ नुकसान झेलकर चीन से अपने सीमा विवाद को सलटा देगी तो जन-साधारण की उस पीढ़ी को कोई सदमा नहीं लगेगा।

काल और इतिहास का यह तरीका है कि राष्ट्रों का भूगोल बदलता रहा है। युद्ध और जबरदस्ती से सीमाएँ बदलती हैं, फिर काल के प्रवाह में विजेता का घमंड और पराजित का अपमान दोनों एक साथ मिट जाते हैं। बाद की पीढ़ियों के मन में कोई ग्लानि नहीं रह जाती। जब डेंग श्याओ फिंग सलाह देते हैं कि 'इस विवाद के बारे में हड़बड़ी क्या है ? आगे की पीढ़ियों के ऊपर यह काम छोड़ दो' तो उनके दिमाग में यह भरोसा है कि भारत की अगली पीढ़ियों के मानस से 'चीन द्वारा अधिकृत भूमि' की वास्तविकता धुल जाएगी। आज की पीढ़ी पर उनको भरोसा नहीं है, क्योंकि आज के भारतीय नागरिक के मानस में चीन का हमला और कब्जा बैठा हुआ है, सिर्फ डरपोक होने के कारण इस मानसिक वास्तविकता पर 'सीमा-विवाद' जैसे शब्दों का पर्दा डाल कर वह निश्चित हो जाना चाहता है।

शब्दावली के परिवर्तन के लिए भारतीय उच्च शिक्षित वर्ग ने प्रधानमन्त्री को अनुमति दे दी है। या हम यह कह सकते हैं कि देश के बुद्धिजीवियों की कायरता के बारे में प्रधान मन्त्री को सही-सही अनुमान हो गया था। चीन में उन्होंने जो भी किया, इस वर्ग का प्रतिनिधित्व किया। किसी भी देश के मान-अपमान के सवाल पर वहाँ की सरकार क्या रवैया अपनाती है, यह उस देश के उस समय के बुद्धिजीवी वर्ग के चरित्र और भावनाओं के आसपास ही होगा। अगर बुद्धिजीवी वर्ग गतिशील है और शासक पीछे हटना चाहेगा तो उसकी गद्दी लड़खड़ा जाएगी। अगर बुद्धिजीवी वर्ग प्रतिगामी है और शासक आगे बढ़ना चाहेगा तो वैसा शासक राणाप्रताप या सिराजुद्दौला जैसा अकेला पड़ जाएगा। जवाहरलाल नेहरू के जमाने का बुद्धिजीवी वर्ग आज की तुलना में अधिक देशभक्त था। भावना के स्तर पर राष्ट्र प्रेम बचा हुआ था। इसलिए चीन के हमले के बाद प्रधानमन्त्री नेहरू व्यक्तिगत ढंग से भी लड़खड़ा गए और उनकी गद्दी भी कमजोर हो गई। पाँच साल के अन्दर नौ

राज्यों में कांग्रेसी सरकार हार गई। अगर आगामी चुनाव में राजीव गांधी की सरकार हारेगी तो उसका कारण प्रधानमन्त्री की चीन नीति नहीं होगी; राजीव गांधी की चीन-यात्रा के पहले ही कांग्रेस की हार के कारण बन चुके थे।

1962 में जो राष्ट्रीय उभार आया था, वह भी भावुकता के अलावा कुछ नहीं था। उसका खोखलापन उस वक्त ही जाहिर हो गया था। किसी भी प्रकार के सामूहिक त्याग या कमर कसने की नीति के लिए उन दिनों भी उच्च शिक्षित वर्ग तैयार नहीं था। फिजूलखर्ची और विलासी खर्च को कड़ाई के साथ रोकने के लिए या देश के सारे युवकों को सैनिक प्रशिक्षण देने जैसे जितने सुझाव उन दिनों आए थे उन पर किसी ने भी गम्भीर विचार नहीं किया, न संसद ने, न अखबारों ने, न लेखकों ने, न कवियों ने। दान और चन्दे द्वारा राष्ट्रीय प्रतिरक्षा कोष इकट्ठा करना और भारी उत्साह से देश-प्रेम का स्वाँग करना अत्यन्त हास्यास्पद था। खोखली भावुकता का यह एक प्रतीक था। इस वक्त भावुकता के स्तर पर राष्ट्र-प्रेम क्षीण हो चुका है। 1962 में इस वर्ग को एहसास हो चुका था कि वह चीन का समकक्ष नहीं हो सकता है। समकक्ष होने की कीमत वह चुकाना नहीं चाहता है। इस वक्त इस वर्ग की यह कोशिश है कि चीन के हमले को लोग भूल जाएँ। 27 साल में यह उपलब्धि हुई है कि 'चीन द्वारा हमला' और 'अधिकृत भूमि' जैसे शब्दों का निषेध हो गया है।

चीन के प्रधानमन्त्री के साथ भारत के प्रधानमन्त्री का जो संयुक्त बयान प्रकाशित हुआ है, वह एक अनोखा कूटनीतिक दस्तावेज है। शान्ति घोषणा के हिस्से पर हम कोई टिप्पणी नहीं कर रहे हैं ! किसी निरक्षर युवक को, जिसको 1962 में पैदाइश होने के कारण उस घटना की याद नहीं है, अगर यह दस्तावेज पढ़कर समझा दिया जाए तो उसकी राय बनेगी कि चीन-भारत विवाद में भारत ज्यादा आक्रामक रहा होगा। तिब्बत के बारे में भारत का आक्रामक रुख इस विवाद का एक मुख्य कारण रहा होगा क्योंकि पूरे शान्ति- घोषणा दस्तावेज में भारत को ही अपनी एक बात छोड़नी पड़ी है, चीन को कोई भी बात नहीं। राजीव गांधी ने यह प्रमाण-पत्र दे दिया है कि तिब्बत के बारे में भारतीय रुख आक्रामक रहा है। भारत के उच्च शिक्षित समूह इस तथ्य से आदी होने की कोशिश कर रहे हैं कि तिब्बत चीन का अभिन्न अंग है। जनसाधारण को ऐसी बात क्यों आपत्तिजनक लगेगी ? जब तक आप यह नहीं कहेंगे कि 'मानसरोवर चीन का अभिन्न अंग है' वह चौंकेगा भी क्यों ? ऐसा तो भारत का प्रधानमन्त्री भी कहने की हिम्मत नहीं करेगा। हमें नहीं मालूम कि मानसरोवर का कोई चीनी नाम है या नहीं। तिब्बती नाम कुछ हो सकता है। भारतीय नक्शे में उस तिब्बती नाम का इस्तेमाल करना सबके लिए बेहतर सिद्ध होगा।

2

यहाँ हम बुद्धिजीवी वर्ग के बारे में एक समाजशास्त्रीय नियम की माँग करेंगे। आज से सौ साल बाद चीन के सन्दर्भ में भारत का कोई इतिहासकार लिख सकता है, 'हमारे

पूर्वज' कायर और भ्रष्ट थे। यहाँ 'पूर्वज' का अर्थ आज की सारी आबादी या जन-साधारण है। क्या ऐसा लिखना सही होगा ? पतन और पराजय के लिए अक्सर मुख्य शासकों को जिम्मेदार बताया जाता है। जब पतन का समय लम्बा चलता है तब इतिहास की पुस्तकों में कोई कारण नहीं बताया जाता, केवल प्रश्नचिह्न छोड़ दिए जाते हैं। या फिर, आम बातचीत में, कभी-कभी साहित्य में सारे पूर्वजों को जिम्मेदार बनाया जाता है। यहाँ पूर्वजों का अर्थ स्पष्ट होना चाहिए, आम आदमी या बुद्धिजीवी वर्ग ?

अँगरेजी में एक कहावत है, 'जैसा जन साधारण वैसी सरकार'। पाँच-दस साल के सीमित समय के लिए शायद ऐसा कहना सही है। लेकिन दीर्घकालीन स्थितियों के बारे में इस कहावत का कोई मतलब नहीं होगा। कभी-कभी उत्थान के समय के लिए व्यक्तियों की चर्चा की जाती है। फ्रांसीसी क्रान्ति के कारणों में रूसो, वोलतेयर आदि की चर्चा की जाती है। क्यों ? अगर उत्थान के समय के लिए बुद्धिजीवियों की चर्चा होती है तो पतन के समय के लिए क्यों नहीं होगी ? अगर पतन के समय के लिए भी चर्चा होगी तो कुछ व्यक्तियों का नाम लेना निरर्थक लगेगा। वहाँ पूरे बुद्धिजीवी वर्ग को जिम्मेदार बनाना होगा। फ्रांसीसी क्रांति के समय फ्रांस में राजतन्त्र के खिलाफ जन साधारण की चेतना का निर्माण करना फ्रांसीसी बुद्धिजीवी वर्ग की एक आकस्मिक बहादुरी थी, या यह उसका दायित्व था ? अगर राजतन्त्र विरोधी चेतना का निर्माण नहीं होता और फ्रांस का उत्थान के बजाय पतन होता, तो क्या यह कहना उचित नहीं होता कि फ्रांसीसी बुद्धिजीवी वर्ग अपना दायित्व निभाने में असमर्थ रहा ? एक अक्षम बुद्धिजीवी वर्ग जनसाधारण को दुर्बल और नपुंसक बना दे सकता है । यह हमारा प्रतिपाद्य है। आगे चल कर हम यह सकते हैं कि भ्रष्ट बुद्धिजीवी वर्ग राष्ट्रीय चरित्र को बिगाड़ता है।

पतन के युगों के लिए बुद्धिजीवी वर्ग की अयोग्यताओं की खास चर्चा इसलिए होनी चाहिए कि वर्तमान के लिए उसकी जरूरी प्रासंगिकता है। तीसरी दुनिया के अधिकांश देशों में इस वक्त जो पतन चल रहा है उसकी कोई समझदारी प्रचलित समाजशास्त्र में नहीं है। इसलिए हमारे प्रतिपादन की गम्भीरता है। किसी भी देश की राष्ट्रीय नीतियाँ उस देश के बुद्धिजीवी वर्ग द्वारा ही बनाई जाती हैं। गद्दी और कुर्सी पर बैठे हुए लोग भी उसी का एक हिस्सा हुआ करते हैं। जो लोग खुद प्रशासक नहीं होते वे सलाहकार और आलोचक की भूमिका में रहते हैं। छिटपुट सुधार चाहनेवाले बहुत होते हैं। उनकी बातों को कभी-कभी असहमति का दरजा दिया जाता है। असहमति की भाषा कभी-कभी उग्र शैली अपना लेती है। इन असहमतियों के आधार पर लोकतान्त्रिक देशों में अलग-अलग पार्टियाँ बन जाती हैं। फिर भी कुल मिलाकर एक औसत काल में बुद्धिजीवी वर्ग की एक सर्वसम्मति रहती है। उसका जो सामूहिक असर जन साधारण के चरित्र, स्वभाव और विचार पर पड़ता है, वह सर्वसम्मति का असर होता है। केवल संक्रमण के कुछ सीमित काल खंडों में यह सर्वसम्मति दो धाराओं में विभाजित होती है। एक वैकल्पिक धारा भी बनती है।

मनुष्य की जो स्वतन्त्र इच्छा है और आत्म-नियन्त्रण की क्षमता है, उसी के विकास के क्रम में शिक्षा और शास्त्र का विकास हुआ है। आत्म-नियन्त्रण के लिए विधिबद्ध यानी वैज्ञानिक समझदारी चाहिए। आम आदमी शास्त्र नहीं बना सकता है, शास्त्र की व्याख्या भी नहीं कर पाता है। जो लोग करते हैं उन्हीं के हाथ में समाज का आत्म नियन्त्रण रहता है। समाज का नियन्त्रण इसी तरह बुद्धिजीवी समूहों द्वारा होता है। कलाकार, साहित्यिक शास्त्रों के व्याख्याकार, समालोचक, टिप्पणीकार आदि मिलकर जन-साधारण के विचार और भावनाओं को बनाते हैं। किसी भी समय का यही सामाजिक दिमाग और सामूहिक चरित्र होता है। बुद्धिजीवी वर्ग की आम सहमति से ही जन-साधारण के लिए, आम आदमी के लिए शब्दों का अर्थ पैदा होता है। मूल्य और नारे परिभाषित होते हैं। मान-अपमान के बिन्दु क्या हैं ? पाप क्या है, पुण्य क्या है ? सुन्दर क्या है, असुन्दर क्या है ? जीवन-स्तर क्या है ? गरीबी क्या है ? विकास क्या है ? विवाद क्या है ? अतिक्रमण क्या है ? आक्रमण क्या है ? इनका निर्धारण बुद्धिजीवी वर्ग करता है। बुद्धिजीवी समूहों द्वारा किया गया निर्धारण अगर आम आदमी के रुझान के अनुकूल होता है तो सर्वसाधारण उत्साह के साथ उन मूल्यों को ग्रहण करता है। अगर उसके विवेक बुद्धि के प्रतिकूल होता है तो भी नए मूल्यों को ग्रहण किया जाता है। इससे जन साधारण का मन कुंठित हो जाता है। जिसको हम जनसाधारण की उदासीनता या प्रतिगामिता कहते हैं, शायद वह इसी स्थिति का परिणाम है। इक्के-दुक्के बुद्धिजीवियों, दार्शनिकों या लेखकों द्वारा इस स्थिति का निर्माण या परिवर्तन नहीं हो सकता है। कई स्तरों के बुद्धिजीवी समूहों के कार्य का यह परिणाम होता है।

बुरजुआ तथा कम्युनिस्ट दोनों प्रकार के लेखक बुद्धिजीवियों को व्यक्ति के रूप में ही समझते हैं, एक महत्त्वपूर्ण समाज-निर्माता समूह के रूप में नहीं।

जिस देश का बुद्धिजीवी वर्ग जितना प्रतिगामी है, उस देश का आम आदमी उतना जड़ और उदासीन होगा। पतन और पराजय के युगों का विश्लेषण शायद इसी से ही हो सकेगा। इसी के अध्ययन से एक शास्त्र बन सकता है और ऐसे शास्त्रीय नियम बनाए जा सकते हैं जिनके तहत मौजूदा समाजों के बुद्धिजीवी वर्ग का मूल्यांकन हो सकेगा और उनको जिम्मेदार बनाया जा सकता है। बुद्धिजीवी वर्ग की आत्मसमीक्षा के लिए, उसके दायित्व-बोध को समझने के लिए कसौटियाँ भी बन जाएँगी। कला और साहित्य की भी सामाजिक समीक्षा हो सकेगी।

जनसाधारण के पास विवेक और आवेग होता है। राष्ट्र और राष्ट्र के बीच कई पहलुओं पर विभिन्नताएँ होंगी। लेकिन जनसाधारण का विवेक और आवेग एक जैसा होता है। आम आदमी जनसाधारण के रूप में इनका (विवेक और आवेग का) प्रयोग सामूहिक अच्छाई के लिए करना चाहता है। उसके लिए निजी और सामूहिक स्वार्थ में बहुत बड़ा फरक नहीं होता है, बल्कि दोनों का एकाकार होना उसके लिए स्वाभाविक स्थिति है। स्वाभाविक तौर पर वह 'विकास' चाहता है लेकिन विकास को परिभाषित करनेवाला बुद्धिजीवी वर्ग होता है। बुद्धिजीवी वर्ग बतलाता है कि विकास का अर्थ

औद्योगीकरण है तो उसको मानना पड़ता है। अवाम चाहता है कीमतें घटे, बाजार का भाव गिरे, गरीबी हटे। बुद्धिजीवी वर्ग कहता है कि गरीबी का मतलब दो हजार कैलोरी से नीचे का भोजन। सारे अर्थशास्त्री मिलकर कहते हैं कि कीमतों में वृद्धि एक स्वाभाविक घटना है। सारे अखबार मिलकर कहते हैं कि चीन के साथ हमारा एक हल्का-फुल्का सीमा-विवाद है और डेंग श्याओ फिंग का राजीव गांधी से तीन मिनट का हाथ मिलाना इसके (सीमा-विवाद के) सुलझने का प्रारम्भ है। वे यह बताना भूल जाते हैं कि 1962 के पहले राजीव गांधी के नाना ने चीन के मौजूदा प्रधानमन्त्री के धर्म-पिता चाऊ-एन-लाई से गला मिलाया था और कन्धा मिलाया था। बुद्धिजीवी वर्ग इसी तरह जनसाधारण की चेतना को नियन्त्रित करता है; आम आदमी की सामान्य बुद्धि के विपरीत बातें कहकर उसके आत्मविश्वास को कुंठित करता है। अपनी कायरता को जन-साधारण तक सम्प्रेषित करता है।

इस वक्त बुद्धिजीवी वर्ग सारे संसार में गुलाम बनता जा रहा है। इसकी समीक्षा वह कर नहीं सकता, क्योंकि बुद्धिजीवी समूह के बारे में समाजशास्त्र के कोई नियम या कसौटियाँ प्रचलित नहीं हैं। एक समूह के रूप में उसका एक निर्णायक दायित्व है–इस बात की शास्त्रीय समझदारी उसे नहीं है। अपनी सामाजिक भूमिका के बारे में समझ न होने के कारण वह मौजूदा सभ्यता में सब जगह नियन्त्रित है। रूस और चीन में वह सरकार और दल द्वारा नियन्त्रित है। अमरीका में वह बाजार के द्वारा नियन्त्रित है। भारत में वह बाजार, सरकार और दल तीनों के द्वारा नियन्त्रित है। इससे उबरने का एक ही उपाय है कि बुद्धिजीवी वर्ग अपनी सामाजिक भूमिका और दायित्व के बारे में एक शास्त्र की रचना करे और अपनी आत्म-समीक्षा करे। जाहिर है कि इस प्रकार की समीक्षा में दो कसौटियाँ उभरकर आएँगी–एक बुद्धिजीवी वर्ग जनसाधारण के मानस को किस तरह प्रभावित कर रहा है, जन-मानस की उलझनों को किस तरह समाहित कर रहा है ? बुद्धिजीवी वर्ग के कार्यों से जन-मानस की दुविधाएँ बढ़ रही हैं या घट रही हैं ? इन प्रश्नों का उत्तर स्थल सर्वेक्षणों से नहीं, सूक्ष्म अध्ययनों से ही मिलेगा। दो, जन-साधारण के मानस को सन्तुलित और मजबूत बनाना है, अतः जनसाधारण के साथ कुछ स्तरों पर, कुछ पहलुओं पर उसको जुड़ा रहना पड़ेगा। अगर इन बिन्दुओं पर जनसाधारण और बुद्धिजीवी वर्ग की दूरियाँ बढ़ती जाएँगी तो निश्चय ही उस समाज का राष्ट्रीय चरित्र बिगड़ जाएगा। अतः जनसाधारण से बुद्धिजीवी वर्ग की दूरी और सांस्कृतिक अलगाव एक महत्वपूर्ण नियामक होगा।

3

प्राचीन भारत का हमें एक उदाहरण मिलता है कि बुद्धिजीवी वर्ग ने साहसपूर्वक अपनी विशिष्ट भूमिका और दायित्व को घोषित किया था। उसने कसौटियाँ भी बनाई थीं। लेकिन कार्य की विशिष्टता सामाजिक विशिष्टता में बदल गई और विशिष्टता के चक्कर

में पड़कर इस वर्ग ने अपना दायित्व-बोध खो दिया। दुनिया का सबसे अधिक विशिष्ट और सबसे अधिक दायित्वविहीन बुद्धिजीवी वर्ग भारत में पैदा हो गया। जनसाधारण और बुद्धिजीवी वर्ग की दूरी भी भारत में सर्वाधिक रही है। आधुनिक तीसरी दुनिया में जो 'एलिट' (विशिष्ट) वर्ग का अभ्युदय हुआ है, वह जाने-अनजाने भारत के इस द्विज वर्ग को ही आदर्श मान रहा है। तीसरी दुनिया के खासकर गैर कम्युनिस्ट देशों में बुद्धिजीवी वर्ग एक नए एलिट वर्ग के द्वारा प्रतिस्थापित हो रहा है। अनुकूल परम्परा के कारण भारत में यह काम सबसे ज्यादा आसान है।

जाति-प्रथा के सिद्धान्त के अनुसार बुद्धिजीवी वर्ग यानी द्विज वर्ग ही देश निर्माता और जनसाधारण का विधायक होता है। इसलिए उस वर्ग के सामाजिक आधिपत्य के काल में भारत की जो भी उच्च्व उपलब्धियाँ हुई हैं उन सबका श्रेय उसे मिलना चाहिए। परन्तु पिछले डेढ़ हजार साल में जो पतन, पराजय और गुलामी रही है उसका उत्तरदायित्व भी सीधे उसी पर है, क्योंकि वही देश-निर्माता है, वही जनसाधारण का विधाता है। जनसाधारण को उसने शूद्र कहकर दायित्व से मुक्त किया है, वह बुद्धिजीवी का जन्मदाता भी नहीं हो सकता है। युद्ध, राज्य और चरित्र का संचालन सिर्फ द्विज वर्ग के हाथ में है। 1962 या आज के भारत में जिस अनुपात में जाति-प्रथा का प्रभाव है, जिस अनुपात में द्विज वर्ग ही युद्ध और राज्य, शिक्षा और साहित्य पर हावी है, उसी अनुपात में भारत के मौजूदा अपमान, पतन और पराजय के लिए वही जिम्मेदार है।

राममनोहर लोहिया ने कहीं रानी मेरी एन्तोनियेत और जयचन्द की तुलना की है और कहा है कि दोनों घटनाओं में एक फरक है। रानी मेरी के खिलाफ उसके देश के जन-साधारण ने विद्रोह किया था लेकिन भारत का जन-साधारण जय चंद के मामले में चुप रहा। यह बात स्पष्ट नहीं होती है। स्पष्ट तब होगी जब हम विश्लेषण करके पाएँगे कि मेरी के कारनामों को फ्रांस का बुद्धिजीवी वर्ग सहन नहीं कर सका।* लेकिन भारत का द्विज वर्ग जयचन्द का समर्थक रहा। उस समय के द्विज वर्ग का सही प्रतिनिधित्व पृथ्वीराज नहीं, जयचन्द कर रहा था। मुगलकालीन राजपूतों का प्रतिनिधित्व कौन कर रहा था–राणाप्रताप या मानसिंह ? क्या यह सम्भव है कि राणाप्रताप के साथ आम आदमी का मन था और मानसिंह के साथ द्विज वर्ग का दिमाग ?

–मार्च, 1989

---

* मेरी एन्तोनियेत ऑस्ट्रिया के राजघराने की बेटी थी और फ्रांस के जनसाधारण की दुर्दशा के बारे में उसे तनिक भी सहानुभूति नहीं थी जब कि फ्रांस का राज्य चलाने में राजा से भी अधिक भूमिका उसी की थी। फ्रांस के बुद्धिजीवी वर्ग ने उसकी शासन-व्यवस्था के प्रति आलोचनात्मक रुख अपनाया जिससे जनसाधारण का असन्तोष भी विद्रोह में परिणत हुआ।

परमाणु बम, प्रतिरक्षा और भारतीय मस्तिष्क

कुछ घटनाएँ ऐसी होती हैं जो आईने की तरह हमारे दिमाग और व्यक्तित्व को प्रतिबिम्बित कर देती हैं। फिर दिखाई पड़ने लगता है कि हम क्या हैं। 1998 की 11 मई से 28 मई की घटनाओं में हमारी राष्ट्रीयता की, यानी हमारे राष्ट्रीय व्यक्तित्व की एक छवि प्रतिबिम्बित हो आई थी। 11 मई को भारत का परमाणु परीक्षण हुआ था और 28 मई को पाकिस्तान का।

हमारे समाज का एक मिला-जुला तबका है जिसके सोच और काम करने का ढंग हमारे राष्ट्र के चरित्र को परिभाषित करता है। यह तबका संख्या में बहुत बड़ा नहीं है, मगर राष्ट्रीय सोच में इसकी भूमिका निर्णायक होती है। 11 मई से 28 मई की अवधि में इस तबके का देश की कुछ गम्भीर समस्याओं पर जिस तरह का रुख देखने को मिला उसको हम स्मरण करें तो जरूर हम अपनी और अपनी राष्ट्रीयता की एक झाँकी देख सकेंगे।

11 मई के भारतीय परीक्षण की जानकारी जब अखबारों के पाठकों तक पहुँची, हमारे दिमागी गुब्बारे में हवा भरती गई और 29 मई तक अगर पूरी नहीं तो आधी से अधिक हवा निकल गई थी। 28 मई के दिन पाकिस्तान ने हमको नीचे पटक दिया और हम दोनों बराबर हो गए। पाकिस्तान के साथ बराबरी हमारे दिमाग को एक पराजय जैसी लगती है–यह हमारे अन्तरराष्ट्रीय सोच का एक पैमाना है। जब हवा भर रही थी, हम ऊपर उठ रहे थे, हमें लग रहा था कि दुनिया में हम एक महाशक्ति-जैसे हो गए हैं। 28 मई के बाद यह एहसास इतना कमजोर हो गया कि 3 जून को कई राज्यों में हुए बहुत सारे उपचुनावों में उसका कोई असर नहीं रह गया था। परमाणु बम बनानेवाली भाजपा के प्रति मतदाताओं का कृतज्ञ और उत्फुल्ल भाव बिलकुल परिलक्षित नहीं हुआ।

लेकिन महानता का एहसास बिखर जाने के बाद भी उसका एक असर रह गया। परमाणु बम बनाने का औचित्य दिमाग पर अंकित हो गया। बम ने हमको जो इतने ऊपर तक उछाल दिया था और उससे जो एक विजयी-भाव पैदा हो गया था, वैसा सुख हमें मानो एक राष्ट्र के तौर पर पचास साल में नहीं मिला था। जिस घटना ने हमारे दिमाग को इतना बड़ा सन्तोष और दर्प का भाव दिया था उसको हम कैसे अनुचित मान सकते हैं।

भारतीय जनता पार्टी के बड़े-बड़े आलोचक स्तब्ध रह गए। प्रचलित राजनीति में भाजपा के प्रधान शत्रु वामपन्थी हैं। इस प्रकार की घटना के सम्बन्ध में तर्क बाद में ढूँढ़ा जाता है, विरोध पहले किया जाता है। लेकिन तीन-चार दिनों तक वामपन्थी खेमे में सन्नाटा छाया रहा। मार्क्सवादी नेता भाजपा सरकार की तारीफ तो नहीं कर सकते थे लेकिन उन्होंने सरकार के द्वारा कराई गई पोखरण की घटना की तारीफ में थोड़ा विलम्ब किया और चुनिन्दा शब्दों का इस्तेमाल किया। कामरेड हरकिशन सिंह सुरजीत का बयान था कि हमारे वैज्ञानिकों और इंजीनियरों ने इस परीक्षण के द्वारा आधुनिकतम तकनीकी के क्षेत्र में भारत को स्वावलम्बी बनाने का एक महत्त्वपूर्ण कदम उठाया है।

भारत के परमाणु परीक्षण को गरिमामंडित करने में इस प्रकार के बयान का योगदान कैसे नहीं था ? हालाँकि 28 मई को किसी मार्क्सवादी ने यह नहीं कहा कि पाकिस्तान के वैज्ञानिकों और इंजीनियरों ने भी पाकिस्तान को आधुनिकतम तकनीकी के क्षेत्र में समृद्ध बनाने का अभूतपूर्व कदम उठाया है। ऐसा बयान न दे पाने के पीछे 'राष्ट्रभक्ति' बाधा बन गई होगी। भाजपा से लेकर कम्युनिस्टों तक भारतीय दिमाग की बनावट एक-जैसी है।

भारत के परमाणु परीक्षण का समर्थन या विरोध करना भारतीय दिमाग का मापदंड नहीं हो सकता है। 11 मई को कौन समर्थन देगा और कौन विरोध करेगा, इसकी भविष्यवाणी नहीं हो सकती थी। यह सचमुच एक जटिल प्रश्न है। कहते हैं कि गांधीवादी विदुषी उषा मेहता ने परमाणु परीक्षण का स्वागत किया। भावना और बुद्धि के किसी खास प्रकार के संयोग से प्रतिक्रिया भिन्न हो सकती है। सिर्फ गांधी के बारे में भविष्यवाणी हो सकती थी कि अगर 11 मई को वे जीवित होते तो बिद्ध हृदय से इसकी निन्दा करते। रवीन्द्रनाथ ठाकुर के बारे में भी लगभग यही बात कही जा सकती है। लेकिन विनोबा भावे क्या करते ? अगर आईन्स्टीन एक भारतीय नागरिक होते तो उनका प्रेत क्या जवाब देता ? अनुमान लगाना मुश्किल है। स्पष्ट दिमाग से वही विरोध कर सकता है जो या तो मौलिक रूप से शस्त्र विरोधी है या परमाणु बम को प्रचलित हथियारों के ही एक विस्तार के रूप में न देखकर मानव समाज के संहार के एक यन्त्र के रूप में देखता है। अगर कुछ गांधीवादी भी बम के समर्थक हैं तो वे इसी भ्रम में हैं कि यह भी पहले जैसा एक अस्त्र है जो अधिक शक्तिशाली है।

परमाणु परीक्षण का विरोध करना अपने आप में कोई बहादुरी की बात नहीं है। सतही प्रकार के अन्तरराष्ट्रीयतावादी, जो आज की विश्व व्यवस्था में कोई मौलिक परिवर्तन नहीं चाहते, अकसर पश्चिम के कुछ शान्तिवादी समूहों के साथ जुड़कर बम का विरोध करने के साथ-साथ अपने देश के प्रतिरक्षा खर्च में काफी कटौती की माँग करते रहते हैं। गरीबी, बीमारी और अशिक्षा का हवाला देकर वे कहते हैं कि जब ऐसी बुनियादी समस्याएँ देश में हैं तब हम प्रतिरक्षा का खर्च कैसे बढ़ा सकते हैं ? मानो वे यह कहना चाहते हैं कि प्रतिरक्षा पर खर्च के कारण ही देश में गरीबी और अशिक्षा बढ़ रही है। बुद्धिजीवियों में एक प्रकार के 'उत्तर आधुनिकतावादियों' का प्रादुर्भाव हो

रहा है, जो यह कह सकते हैं कि राज्य एक प्रतिगामी संस्था है; वे यह भी कहेंगे कि राज्य को हथियार देकर उस पर इतना खर्च क्यों किया जाए ? मगर उपभोक्तावाद, विलासिता और धन के भोंडे प्रदर्शन के ऊपर होनेवाले खर्च को वे प्रतिगामी नहीं मानेंगे। गरीबी मिटाने के लिए प्रतिरक्षा में कटौती की माँग करनेवाले अगले प्रवक्ता को इस बात का जवाब देना होगा कि यह कटौती कहाँ से शुरू हो—विलासिता के खर्च से या प्रतिरक्षा व्यय से ?

देश की प्रतिरक्षा कोई पाप कर्म नहीं है। सच्चाई यह है कि राज्य का होना अनिवार्य है और राज्य के लिए प्रतिरक्षा अनिवार्य है। प्रतिरक्षा की अवधारणा और कौशल विभिन्न प्रकार के हो सकते हैं। गांधी की प्रतिरक्षा सम्बन्धी अपनी अवधारणा थी। उनकी प्रतिरक्षा अहिंसात्मक थी; लेकिन उस पर भी सरकारी खर्च होता ही।

प्रतिरक्षा की एक भारतीय अवधारणा कभी विकसित नहीं हुई। भारत जैसे देश के लिए प्रतिरक्षा का मतलब क्या है और यह प्रतिरक्षा किस प्रकार की होनी चाहिए, उसकी कूटनीति किस प्रकार की होनी चाहिए—इन विषयों पर अध्ययन, विचार और बहस की कोई कोशिश भारत के शिक्षित वर्ग ने या विशेषज्ञों ने कभी नहीं की। अनपढ़ भारतीय नागरिकों से लेकर बहु-शिक्षित भारतीयों तक, नौकरशाह से लेकर प्रधानमन्त्री तक सब यही सोचते हैं कि प्रतिरक्षा का मतलब ही होता है—सीमा, सेना और हथियार। अपनी सेना को बड़े-बड़े हथियार दे दो तो वह हमारी रीमाओं की रक्षा कर लेगी। यही धारणा नेहरू की थी। 1962 में अक्टूबर माह के किसी दिन किसी मामूली यात्रा पर निकले हुए नेहरू से एक पत्रकार ने पूछा कि यह कहाँ तक सच है कि चीन की सेनाओं ने भारत की भूमि पर आक्रमण किया है ? उनका उत्तर था : मैंने सेना को आदेश दे दिया है; वह उन्हें वहाँ से हटा देगी। 1962 के बाद भी प्रधानमन्त्री की, नौकरशाहों की या भारतीय बुद्धिजीवी वर्ग की ऐसी धारणाएँ बदली नहीं हैं। 1947 से पहले ही भारत की प्रतिरक्षा और विदेश नीति की चर्चा करते हुए गांधीजी ने सुझाया था कि पड़ोसी देशों को सहयोगी बनाना हमारा पहला कदम होगा। 1962 तक भारत का एक भी पड़ोसी ऐसा नहीं रह गया था जो यह कहे कि चीन हमलावर है और उसने भारत के साथ अन्याय किया है। आज कितने हैं ?

आधुनिकतम कहलानेवाले हथियार अत्यधिक खर्चीले होते हैं और उनके साथ बहुत कमीशनखोरी लगी रहती है। रक्षा मन्त्रालय का सबसे उत्साहपूर्ण काम है आधुनिक हथियार खरीदना। नवीनतम हथियारों की तसवीर सारे बड़े अखबार छापते हैं और पाठकों को यह सन्देश देते हैं कि हमारी प्रतिरक्षा मजबूत हो रही है। यह मनोविज्ञान अपनी चोटी तक पहुँच गया है। 11 मई को सारे पढ़े-लिखे लोगों को लगा कि हमारी सेना के हाथ में 'ब्रह्मास्त्र' आ गया है।

नेहरू-मेनन के जमाने में प्रतिरक्षा मन्त्रालय में कांग्रेस के लिए जीपें खरीदी जाती थीं और उसके कारखानों में चाय-कॉफी के लिए बर्तन बनाए जाते थे। वाजपेयी-जार्ज फरनानडीज के जमाने में अणु बम बनाए जा रहे हैं। फरक जरूर है, लेकिन कितना ?

दोनों की प्रासंगिकता प्रतिरक्षा के लिए कितनी है ? उपयुक्त प्रतिरक्षा क्या है, और सबसे सक्षम हथियार कौन से हैं ? अमरीका या ब्रिटेन के पास जो हथियार हैं उनको प्राप्त करना ही सबसे अच्छी प्रतिरक्षा नीति है, यह तो हमारा सोच है। पूरे विश्व पर दादागीरी करने के लिए उन देशों ने अपनी हथियारनीति बनाई है। पचास के दशक में जब सारे औपनिवेशिक देश आजाद हो रहे थे और दुनिया में बदलाव का एक माहौल था तब इन देशों ने, या भारत ने, सवाल पर सोच-विचार नहीं किया कि तीसरी दुनिया के देशों की प्रतिरक्षा नीति किस तरह की होनी चाहिए। किस प्रकार की कूटनीति इन देशों के लिए और भविष्य की एक नई विश्व-व्यवस्था के लिए विकसित होनी चाहिए। इन देशों के लिए प्रतिरक्षा की विशेष समस्याएँ, विशेष परिस्थितियाँ क्या हैं ? आए दिन ऐसी खबरें पढ़ने को मिलती हैं जिनसे प्रतिरक्षा के बारे में हमारा माथा चकरा जाता है। उत्तर पश्चिम और पूर्व की घटनाओं से हमारी बुद्धि जड़ होने लगती है। क्या भारत के वैज्ञानिकों, इंजीनियरों, समाजशास्त्रियों और समर-विशेषज्ञों ने इस पर अपनी विद्या-बुद्धि लगाकर प्रतिरक्षा और हथियार की कोई तकनीक ईजाद की है ? सीमा समस्या ही प्रतिरक्षा की सम्पूर्ण समस्या नहीं होती, लेकिन सीमा-समस्या हमारी प्रतिरक्षा का अस्सी प्रतिशत हिस्सा जरूर है। क्या परमाणु बम के द्वारा हम प्रतिदिन की अपनी सीमा-समस्या का समाधान कर पाएँगे ?

बौने दिमागवाले लोग चुनौतियों को कम करके आँकते हैं ताकि उसी दिमाग से चुनौती का मुकाबला हो जाए। भारतीय दिमाग बाह्य चुनौती के रूप में सिर्फ पाकिस्तान को चिह्नित कर पाता है। पाकिस्तान भारत से भौगोलिक रूप में, जनसंख्या में, शिक्षा और सामाजिक चेतना में बहुत छोटा है। पाकिस्तान ने जब भी भारत से युद्ध किया है, निर्णायक रूप से उसको मुँह की खानी पड़ी है। यह भारतीय दिमाग का झूठ है कि 1947 के अन्तिम महीनों में पाकिस्तान ने भारत पर आक्रमण किया था। वह आक्रमण कश्मीर पर था और तब कश्मीर भारत का अंग नहीं था। आक्रमण के बाद कश्मीर भारत का हिस्सा बना। इसी जटिलता के कारण नेहरू की नीति लड़खड़ाई और कश्मीर को भारत ने ही अन्तरराष्ट्रीय विवाद का रूप दिया। तभी से कश्मीर का प्रश्न पेचीदा बना हुआ है। उसके बाद दो बार पाकिस्तान को युद्ध में पराजित करने के बावजूद कश्मीर-प्रश्न का समाधान नहीं हो सका है। हथियार और सैनिक ताकत की सीमा यहीं आ जाती है। कूटनैतिक इच्छाशक्ति और कौशल की कमी के कारण सैनिक विजय का कोई परिणाम नहीं निकला। अन्तरराष्ट्रीय दादागीरी करनेवालों के सामने भारत हमेशा झुकता है। दुनिया के किसी भी कोने में जब युद्ध और सन्धि की प्रक्रिया चलती है, अपने को महाशक्ति माननेवाले देश वहाँ दृश्य या अदृश्य रूप में मौजूद रहते हैं। उनका यह दबाव रहता है कि उनकी सोची गई शर्तों पर युद्ध की समाप्ति हो और सन्धि का सूत्र तैयार हो। ताशकन्द और शिमला के समझौते इसीलिए विफल हुए क्योंकि उस समय की महाशक्तियाँ यह नहीं चाहती थीं कि कश्मीर-समस्या का स्थायी समाधान हो जाए।

भारत का मध्यवर्गीय शिक्षित दिमाग हमेशा चाहता है कि भारत का झगड़ा किसी

बड़ी शक्ति से न हो; अगर किसी बड़ी शक्ति से झगड़ा है भी तो उसको सवाल या बहस का विषय मत बनाओ। अगर चीन के साथ झगड़े को लेकर बहस नहीं होती है तो इस दिमाग को बहुत शान्ति मिलती है—केवल कम्युनिस्ट या कांग्रेसी दिमाग को ही नहीं, बल्कि भाजपा-दिमाग को भी। जब इस झगड़े का उल्लेख जरूरी हो गया, तो भाजपा के नेताओं ने जार्ज फरनानडीज का चतुर इस्तेमाल किया और उनसे कहलवाया कि चीन से भारत को खतरा है। परमाणु-परीक्षण हो जाने के बाद और अमरीका के राष्ट्रपति को पत्र लिख लेने के बाद प्रधानमन्त्री वाजपेयी ने जार्ज की जुबान पर लगाम लगा दिया। जार्ज को कहना पड़ा कि उनके कहने का वह मतलब नहीं था जो सब लोगों ने समझा। जार्ज ने जो कहा था वह मूर्खतापूर्ण और दायित्वहीन होने के बावजूद वास्तविकता का एक बयान था। सरकार में मन्त्री न रहकर एक सांसद के रूप में अगर उन्होंने इसकी बहस कराई होती तो अपनी सीमाओं और प्रतिरक्षा की चुनौतियों के बारे में राष्ट्र की चेतना पैदा हो सकती थी या मन्त्री के रूप में उनको चाहिए था कि अपनी बात को पहले मन्त्रिपरिषद में रखते और भारत की एक नई चीन-नीति बनाकर कूटनीतिक भाषा में उनके बारे में दुनिया को सूचित करते।

वास्तविकता यह है कि 1962 के चीनी हमले के बाद भारत-चीन विवाद कभी सुलझ नहीं पाया। भारतीय भूमि पर चीन का अभी भी कब्जा है, जितनी लम्बी सीमा पर चीन से हमारा विवाद है उतना और किसी पड़ोसी देश से नहीं है। जिस भूखंड पर भारत की संवैधानिक सरकार चल रही हैं उस पर चीन अपना दावा करता है। दुनिया मान रही है कि चीन भारत से अधिक शक्तिशाली है इसलिए चीन से इस तरह का विवाद बने रहना कभी भी खतरा पैदा कर सकता है। संसद और बौद्धिक वर्ग इस वास्तविकता से मुँह चुरा रहे हैं। लोग इस पर चर्चा करने से कतराते हैं। यह चीन के समक्ष भारतीय शिक्षित वर्ग की भीरुता है। शायद हमारी सेना के अधिकारियों का भी ऐसा ही रुख है। चीन कहता है कि जो भी विवाद है उसको जस का तस ही रहने दो; बीस-पचीस साल के लिए उस पर चर्चा स्थगित रहे। भारत के शासक वर्ग को इससे राहत मिलती है क्योंकि एक अप्रिय और तकलीफदेह बातचीत और विवाद से उसको छुटकारा मिल जाता है—भारत का शासन सँभालनेवाली अगली पीढ़ी को अगर चीन से संघर्ष करना पड़ेगा तो पड़े, हमारा समय तो शान्ति में बीते। जो ईमानदार और देशभक्त शासक होता है उसका लक्ष्य रहता है कि पुरानी और वर्तमान उलझनों को अपने ही शासन-काल में सुलझा ले ताकि भविष्य की पीढ़ी शान्ति में रहे और वह देश-निर्माण तथा सभ्यता की उन्नति के विविध कामों में अपने को लगा सके। भावी पीढ़ियों के लिए विवादों को विरासत में छोड़ जाना अयोग्य सरकार और अकर्मण्य शासक वर्ग का लक्षण है। 1962 के बाद से चीन के साथ एक इंच का भी समझौता नहीं हुआ है। न कोई जमीन वापस आई, न कहीं सीमाओं का स्पष्ट निरूपण हुआ है। यहाँ तक कि वास्तविक नियन्त्रण-रेखा पर भी कोई सहमति नहीं है। इसका मतलब है कि चीन अगर हमारे किसी सीमावर्ती इलाके पर कब्जा कर लेगा तो उसको हमला कहने के लिए

भारत के पास कानूनी आधार कुछ भी नहीं होगा।

कम्युनिस्टों से लेकर भाजपा तक सारे राजनैतिक दल और उनके बुद्धिजीवी समर्थक भारत की उत्तर-सीमा की इस दयनीय स्थिति के बारे में चुप्पी बनाए रखना चाहते हैं। समस्या जितनी पुरानी होती जाएगी, भारत का पक्ष उतना कमजोर होता जाएगा क्योंकि चीन की अन्तरराष्ट्रीय साख बढ़ रही है। भीरुता से बेहतर है कि हम अपनी कमजोरी को अपने अन्दर स्वीकार करें और नुकसान मोल लेकर भी एक समझौता कर लें ताकि धन और बौद्धिक ऊर्जा का इतना बड़ा हिस्सा प्रतिरक्षा की चिन्ता में बरबाद न हो। यह भी जान लेना चाहिए कि हमारे प्रतिरक्षा-खर्च में बढ़ोतरी हमारी सीमाओं को अधिक सुरक्षित नहीं बना पा रही है। क्या परमाणु परीक्षण हो जाने के बाद चीन के साथ बातचीत में वाजपेयी सरकार एक भी कदम आगे बढ़ पाएगी ? क्या वह कोई एक भी समझौता भारत के पक्ष में कर पाएगी, जो इन्दिरा गांधी से लेकर गुजराल तक नहीं कर पाए थे ?

भारतीय शासक वर्ग का चीन के प्रति यह भीरुतापूर्ण रुख पाकिस्तान का प्रसंग आने पर औद्धत्य में परिणत हो जाता है। मजबूत राष्ट्र के साथ जो विवाद है उसके बारे में कभी हल्ला हो जाए तो उसको दबा देना और पाकिस्तान से सम्बद्ध विवाद को भारत की वैदेशिक नीति और प्रतिरक्षा नीति का केन्द्र बनाकर रखना इन्दिरा गांधी की तरह वाजपेयी की भी नीति है। भारत का बम भारत की पाकिस्तान-नीति की ही उपज है। उसको 'पाकिस्तान बम' कहना अनुचित नहीं होगा। ट्रैजेडी यह है कि इस बम के होने से भारत-पाक विवाद में कोई कमी नहीं होनेवाली है। इससे पाकिस्तान झुकेगा नहीं। पाकिस्तान चाहता है कि यह विवाद अन्तरराष्ट्रीय बने। वही हो रहा है। परमाणु परीक्षण के बाद भारत जब भी अन्तरराष्ट्रीय मंचों पर गया है सब जगह उसे रक्षात्मक जवाब देना पड़ा है। आज भारत सरकार सी. टी. बी. टी. पर हस्ताक्षर करने के बहुत नजदीक आ चुकी है।

पाकिस्तान अवश्य भारत से कमजोर है, लेकिन इसका मतलब यह कतई नहीं है कि भारत उसको पराजित कर अपनी बात मनवा लेगा। पाकिस्तान का अन्तरराष्ट्रीय सम्बन्ध उसकी कमजोरी का कवच है। हम आधे मन से अमरीका के गुलाम हैं, पाकिस्तान पूरे मन से। भारत के विशाल बाजार पर अमरीका की लोलुप दृष्टि रहने पर भी वह पाकिस्तान को भारत के द्वारा अपमानित नहीं होने देगा। अमरीका जानता है कि भारत का समर्पण अधूरा रहने पर भी वह हमेशा उसके नियन्त्रण में रहेगा। चीन-पाकिस्तान-अमरीका सम्बन्ध के त्रिकोण को मजबूत होने से रोकने में भारतीय कूटनीति विफल रही है, सच्चाई यह है कि भारतीय कूटनीति ने कभी इस दिशा में काम नहीं किया है। वाजपेयी के बम ने इस त्रिकोण को अधिक मजबूत और शत्रुतापूर्ण किया है। अन्तरराष्ट्रीय राजनीति में जो मौजूदा शक्ति-सन्तुलन है उसके रहते हुए भारत की कोई सरकार युद्ध या हथियार-प्रदर्शन से कश्मीर-समस्या समाधान नहीं कर पाएगी। भाजपा सरकार अगर दस या पन्द्रह साल भी गद्दी पर टिक जाए तब भी उसकी

वर्तमान नीति से भारत के पक्ष में कोई समाधान नहीं होनेवाला है। करोड़ों लोगों की रोटी छीनकर हम सौ बम भी बना लें तो भी कांग्रेस-भाजपा नीति के तहत कश्मीर का समाधान नहीं होनेवाला है। बम की कसौटी को ठोस बनाइए—बम किसलिए ?

देशों के बीच उलझी हुई समस्याओं का समाधान जब चाहें तब नहीं हो जाता है। देश के आत्मविश्वास के उतार-चढ़ाव को देखकर, 'शत्रु' देश की कमजोरी की घड़ियों को देखकर, अन्तरराष्ट्रीय माहौल को देखकर पुराने विवादों को सुलझाने के लिए अनुकूल मुहूर्त ढूँढ़ना पड़ता है। तिब्बत पर कब्जा करने के बाद भी (और भारत पर आक्रमण करने के पहले) चीन ने प्रेम-प्रदर्शन की कूटनीति अपनाई, 'भारत-चीन भाई-भाई' का ज्वार आ गया था। बाद में भारत के शासक वर्ग ने इसको धोखा कहा। चीन का इरादा बुरा था लेकिन उसकी कूटनीति पक्की थी। भारत के शासकों ने कभी ऐसी कोई नीति नहीं बनाई जिससे पाक-जनता के साथ भारतीय जनता का एक व्यापक प्रेम-सम्बन्ध बने। इसमें धोखेबाजी का तत्त्व रहना जरूरी नहीं।

प्रतिरक्षा कूटनीति का ही एक हिस्सा है। बगैर कूटनीति के हथियार और सेना का कोई मतलब नहीं है। अर्थनीति, कूटनीति और प्रतिरक्षा, ये तीनों मिलकर अनेक (प्रभुतासम्पन्न) राज्यों के बीच किसी एक राज्य की शक्ति का संकेत देती हैं। कौटिल्य के 'अर्थशास्त्र' में इन तीनों पहलुओं का एक समन्वय मिलता है। आधुनिक भारत के शिक्षित वर्ग ने या विशेषज्ञों ने तीनों को जोड़कर कभी सोचा नहीं है। यह आश्चर्य की बात है कि उन्होंने प्रतिरक्षा की चर्चा में कभी भी कूटनीति को महत्त्व नहीं दिया है, शायद उन्हें कूटनीति का कोई बोध भी नहीं है। उन्हें लगता है कि कूटनीति एक प्रकार की चतुराई है और शायद कुटिलता से इसका सम्बन्ध आवश्यक है। कूटनीति का कुटिलता या चतुराई से नहीं, बल्कि बुद्धि और दूरदृष्टि से ज्यादा सम्बन्ध है, जिसका अर्थ है विश्व-स्थिति की समझ और विश्व-संरचना में परिवर्तन लाने की इच्छा। कूटनीति से ही विदेश नीति को बल मिलता है। 'डिप्लोमेसी' भी उस जमाने का शब्द है जब यूरोप में विदेश नीति का दायरा संकीर्ण था—केवल युद्ध और कलह से उसका सम्बन्ध था। आधुनिक युग में समाजवादियों, साम्यवादियों और गांधी ने विदेश नीति को एक अन्तरराष्ट्रीय नीति या विश्व नीति का आयाम दिया। नेहरू के जमाने में 1962 तक विदेश नीति को प्रमुखता मिली हुई थी लेकिन इसमें कूटनीति का तत्त्व अत्यन्त कमजोर था। यह खोखली और काफी शोर-शराबेवाली विदेश नीति पूर्ण रूप से असफल हो गई। उसके बाद भारत की कोई नई विदेश नीति या कूटनीति बनी नहीं। गुटनिरपेक्षता के नाम से इन्दिरा गांधी तक जो भी नीति चली उसमें विदेश नीति का एक ढाँचा तो था, कूटनीति का भी आभास था, लेकिन कोई व्यापक और दीर्घकालीन लक्ष्य नहीं था। अमरीका का भय और सोवियत रूस का आश्रय उसकी नकारात्मक और सकारात्मक गतियों को प्रेरित करता था। चीन और पाकिस्तान से सम्बन्धित समस्याओं को लेकर आगे कोई विपत्ति न आए, इसके लिए रूस का कवच उपयोगी था। अमरीका से भय के कारण रूस के प्रति ज्यादा झुकाव सम्भव नहीं था। पश्चिमी देशों से आर्थिक सम्बन्ध

और सोवियत रूस से प्रतिरक्षा का सम्बन्ध–यह दोहरा सम्बन्ध उन्हीं दिनों बना था। सोवियत रूस के पतन के बाद रूसी कवच टूट गया और अब गुटनिरपेक्ष खेमा भी उखड़ गया है। रूस से प्रतिरक्षा के क्षेत्र में अभी भी जो व्यापार के स्तर पर विशेष सम्बन्ध बना हुआ है वह पुराने सम्बन्ध का अवशेष है। 1977 के बाद से विदेश नीति या कूटनीति का कोई नया स्तम्भ नहीं बनाया गया है जबकि पुराना ढाँचा टूट चुका है। भारत दुनिया में अकेला है।

जहाँ भी अँगरेजी भाषा और शेक्सपियर है वहाँ ब्रिटेन का नियन्त्रण रहना चाहिए, ऐसा सोचकर ब्रिटेन अपनी कूटनीति चलाता था। अँगरेजी भाषा अभी भी उसके लिए एक कूटनीतिक अस्त्र है। जहाँ तक कोकाकोला और पेप्सी जाएँगे, वहाँ तक अमरीका का साम्राज्य माना जाता है। संस्कृति और व्यापार के कूटनीतिक इस्तेमाल के ये साम्राज्यवादी उदाहरण हैं। ऐसे तत्त्वों का गैर साम्राज्यवादी इस्तेमाल एक बेहतर कूटनीति के लिए हो सकता है। हिन्दू-बौद्ध संस्कृति, मुसलमान धर्म, दक्षिण एशिया में प्रचलित भारतीय भाषाओं का कूटनीतिक इस्तेमाल भारत के पड़ोसी सम्बन्ध को लोक-स्तरीय बनाने में किया जा सकता है। यह शर्म का विषय है कि भारत की सरकारी बातचीत और चिट्ठी-पत्री पाकिस्तान के साथ उर्दू में न होकर अँगरेजी में होती है। बांग्ला देश के साथ बांग्ला में नहीं होती। नेपाल की भाषा भी एक स्वीकृत भारतीय भाषा है, लेकिन उससे भी हमारा सम्पर्क अँगरेजी के जरिए होता है। नेहरू ने हमारी भाषाओं और संस्कृति को अन्तरराष्ट्रीय कूटनीति के योग्य कभी नहीं समझा। भाजपा के नेता उर्दू को विदेशी भाषा समझते हैं, बौद्ध संस्कृति को भारतीय संस्कृति नहीं मानते हैं। शायद वे ढाका में प्रचलित बांग्ला को मुसलमानी बांग्ला मानते हैं। अपने इतिहास और संस्कृति के जो बहुत सारे तत्त्व हमको अनेक देशों का बन्धुत्व और मैत्री प्रदान कर सकते हैं उन तत्त्वों को हम नकारते हैं और हीन दृष्टि से देखते हैं। अतीत का कोयला वर्तमान का हीरा हो सकता है। हो सकता है कि कभी अतीत में इस्लाम की भूमिका भारत में अच्छी नहीं थी। लेकिन आज वह भारत के लिए व्यापक सम्बन्ध का माध्यम हो सकता है। लेकिन अतीत के कोयले को वर्तमान का हीरा बनाने की बुद्धि और बड़प्पन हिन्दुत्व में नहीं है। कश्मीर-पाकिस्तान सीमा के इस पार और उस पार एक ही धर्म प्रचलित है। उस धर्म के प्रति भाजपा सरकार की सदाशयता नहीं है। फिर यह असम्भव है कि कश्मीर के मामले में भारत कभी पाकिस्तान के मुकाबले विजयी हो पाएगा। बम नहीं, धर्म वहाँ निर्णायक होगा। वाजपेयी सरकार की धर्म नीति गलत है।

विश्व की रण-सज्जा को देखिए। इस पर नस्लवाद हावी है। गोरे वंश के देशों का खेमा न सिर्फ सबसे अधिक धनवान है, बल्कि दुनिया को एक रणक्षेत्र बनाकर उसने अपने को संगठित किया है। यह खेमा भयंकर संहारक हथियारों से लैस है। दुनिया के अन्य सारे मुल्कों पर नियन्त्रण बनाए रखने की उसकी कूटनीति ने पृथ्वी को बाँध रखा है। व्यापार में जापान उसके साथ है और समकक्ष भी है। लेकिन जब जापान के बुरे दिन आएँगे तो इस खेमे की दोस्ती उसको नहीं मिलेगी। जब भी मौका मिलेगा जापान

की आर्थिक शक्ति को खंडित करने की कोशिश इस खेमे की ओर से होगी।

वैसे, गोरे देशों की नजर में पीले रंगवाले लोग ज्यादा सम्मान के अधिकारी हैं। उसका कारण सिर्फ यह नहीं है कि रंग के हिसाब से पीला रंग सफेद के नजदीक पड़ता है, बल्कि यह है कि काले रंग के लोग बीसवीं सदी के मध्य तक पूरी तरह गोरों के गुलाम थे। पीले मुल्क भी पश्चिम के द्वारा दबाए गए थे, लेकिन वे औपनिवेशिक गुलामी से मुक्त थे।

हालाँकि पीले रंगवालों की भी कोई एकता या खेमा इस वक्त नहीं है। बीसवीं सदी के प्रथम भाग में एशिया, अफ्रीका, दक्षिण अमरीका महाद्वीपों में व्यापक एकता के लक्ष्य बनाए गए थे। एशियाई महासंघ, अफ्रीका महासंघ, इस्लामी महासंघ आदि की बात गम्भीरता के साथ चलाई गई थी। लेकिन गोरों के खेमे ने इन सबको नेस्तनाबूद कर दिया। उनको मालूम हो गया था कि अगर आजादी प्राप्त करने के बाद ये सारे देश इस्लामी एकता, एशियाई एकता, अफ्रीका एकता आदि के ढाँचे में एकत्रित हो जाएँगे तो राजनैतिक साम्राज्यवाद के साथ-साथ आर्थिक साम्राज्यवाद भी दुनिया से समाप्त हो जाएगा और गोरों का प्रभुत्व लुप्त हो जाएगा।

सोवियत साम्राज्यवाद ने एक दूसरा संगठित खेमा बनाने का सफल प्रयास किया था। 1990 में इस खेमे के पतन के बाद कोई दूसरा संगठित खेमा विश्व में नहीं है। यूरोप-अमरीका के अलावा सारे देश अकेले-अकेले हैं। साम्राज्यवादी शक्तियों को अपना आदर्श मानकर कुछ देश अपने-अपने इलाके में उपमहाशक्ति बनने की कोशिश करते हैं। शक्तिशाली होने का और कोई विकल्प उनको सूझता नहीं है। इन्दिरा-राजीव के जमाने में हास्यास्पद ढंग से हमारे शासक वर्ग में यह तेवर देखने को मिला था। लेकिन अब सम्भवतः भारत के शासकों को अपनी औकात समझ में आ गई होगी। 11 मई को भाजपा-शासकों के चहरों पर इस तेवर का आविर्भाव पुनः हुआ था। 28 मई और 3 जून को वास्तविकता का पता चल गया। बम ने दिखा दिया कि हम पाकिस्तान के बराबर हैं।

उपमहाशक्ति बनने की गम्भीर, योजनाबद्ध कोशिश सिर्फ चीन की थी और वह अभी भी है। भारत का प्रयास गम्भीर नहीं था। एक महाशक्ति के रूप में चीन को स्वीकृति मिलती जा रही है। इसका परिणाम अगले बीस वर्षों में क्या होगा और चीन को ऊर्ध्वगमन कब तक जारी रहेगा, इसकी चर्चा इस वक्त हम नहीं करेंगे। हम जानते भी नहीं हैं। भारत के बारे में यह पक्की भविष्यवाणी हो सकती है कि उपमहाशक्ति बनने की उसकी यात्रा समाप्त हो चुकी है। 1947 में हमारे पास जो पूँजी थी उसको हम खत्म कर चुके हैं। नई पूँजी कुछ भी नहीं बन रही है। एक साम्राज्यवादी उपमहाशक्ति नहीं, लेकिन नए विश्व के निर्माण में प्रभावी भूमिका अदा करनेवाला राष्ट्र भारत हो सकता था। 1946 के एशियाई सम्मेलन में महात्मा गांधी ने इसका कुछ मार्गदर्शन किया था। 1947 के पहले से ही आजाद भारत की विदेश नीति की कुछ बुनियादी बातों को गांधीजी सूत्रबद्ध करना चाहते थे। पड़ोसी देशों को अपना सहयोगी बनाना उसका पहला

मन्त्र था। नेहरू ने पड़ोसियों को नजरअन्दाज किया। ब्रिटिश कामनवेल्थ के गोरे देशों के संघ में शामिल होना उनकी पहली दिलचस्पी थी। उन दिनों चीन हमारा पड़ोसी राष्ट्र था। 1947 से 1950 के तीन साल तक हमने अपने पड़ोस से कोई गम्भीर सम्पर्क स्थापित नहीं किया। तिब्बत से भी नहीं। 1950 में तिब्बत एक स्वतन्त्र राष्ट्र भी नहीं रहा। हमारी दिशा और बुनियादी दृष्टि गलत होने का यह पहला प्रमाण था। पचास साल तक उन नीतियों को न सुधारने का विकल्प बम नहीं हो सकता।

यह बम कितना नपुंसक था उसका एक प्रमाण 1998-99 का केन्द्रीय बजट है। बजट के मंगलाचरण में ही वित्त मंत्री यशवन्त सिन्हा ने कहा कि नए भारत के निर्माण में 11 मई की घटना पहला कदम थी, और यह बजट दूसरा ऐतिहासिक कदम होगा। बजट के प्रस्तावों और आँकड़ों में कहीं भी इस वीरता के लक्षण नहीं दिखाई दिए। भारतीय शासक वर्ग का जो व्यापारिक तबका है वह भी भाजपा का समर्थक है। होना यह चाहिए था कि शक्तिशाली बनाने का एक नया संकल्प उसमें आता। उस संकल्प की प्रेरणा से ही भारत की औद्योगिक गतिविधियों में तेजी आ गई होती। इससे वित्त मन्त्री में यह आत्मविश्वास आ जाता कि बजट के घाटे को पूरा करने के लिए और राष्ट्र के नव-निर्माण के लिए हम अगर सम्पन्न वर्गों से कर के रूप में ज्यादा पैसा वसूलेंगे तो उत्फुल्ल मन से देश का व्यापारिक वर्ग उसको स्वीकार करेगा। अमरीका और जापान द्वारा घोषित आर्थिक प्रतिबन्धों से जो कमी आएगी उससे अधिक की भरपाई देश की शासक-श्रेणियों पर कर लगाकर हो जाएगी। 'आधी रोटी खाएँगे' वाले नारे के स्थान पर व्यापारी वर्ग कहते 'आधा मुनाफा लेंगे'। ऐसा कुछ भी नहीं हुआ। घाटा पूरा करने के लिए बड़ा कर लगाने की हिम्मत वित्त मन्त्री को नहीं हुई। जो थोड़ा-बहुत कर लगाने का प्रस्ताव था उससे भी वे हट गए। भारतीय व्यापारी वर्ग का दिमाग इतना परदेश-निर्भर हो गया है कि भारत की धीमी गतिवाली आर्थिक प्रगति और अधिक धीमी हो गई। रुपया लुढ़क गया। बम विस्फोट की गरमी से आर्थिक शक्ति बनने का उत्साह नहीं पैदा हुआ। उलटे इस गरमी से देश की आर्थिक हिम्मत गल गई।

'आधी रोटी खाएँगे...' का नारा बड़ा आकर्षक है। अगर बम के उत्साह में भारत का मध्य वर्ग या शिक्षितों की एक अच्छी-खासी संख्या इस नारे को कुछ समय के लिए अपना सिद्धान्त बना लेती और अपने भोग-खर्च के एक हिस्से का देश को शक्तिशाली बनाने के लिए त्याग करती तो हमारे जैसों के मन में बम का समर्थन करने की इच्छा जागरित हो सकती थी। भारत के शिक्षित तबकों में राष्ट्र के लिए त्याग की भावना दिखाई पड़े—इसकी ललक हममें रहती है।

बम विस्फोट के बाद से देश के अधिकांश शहरों में एक दृश्य देखने को मिल रहा है कि सरकारी और अर्धसरकारी नौकरी-पेशा शिक्षित समूह वेतन वृद्धि के लिए संगठित हो रहे हैं। बम का उत्साह अगर राष्ट्रवाद होता तो वेतन वृद्धि के आन्दोलनों में उसका एक पुट दिखाई पड़ता। केन्द्र और राज्य सरकारों की वित्तीय स्थिति दयनीय है। राज्यों की तो अत्यन्त दयनीय है। आन्ध्र प्रदेश जैसी कई राज्य सरकारें विवश होकर विश्व

बैंक द्वारा निर्देशित किसी भी योजना को लागू करने के लिए तैयार हो रही हैं और उसकी सारी शर्तें मान रही हैं। ऐसे में वेतन वृद्धि का पैसा कहाँ से आएगा, इसका अनुमान किसी को नहीं है। राष्ट्रवाद के नाम पर वेतन वृद्धि रुक जाए, ऐसा हम नहीं चाहेंगे। लेकिन उसके आन्दोलन में राष्ट्रवाद के झलकने का तात्पर्य यह है कि आन्दोलनकारियों की बातचीत, भाषण, परचे आदि में कुछ सम्बन्धित प्रश्नों और आशंकाओं का उत्तर मिलना चाहिए। इस दौर में होनेवाली समूची वेतन वृद्धि की कुल राशि कितनी होगी, यह राशि कहाँ-कहाँ से आ सकती है, उसका दबाव हमारी अर्थव्यवस्था पर कहीं इतना ज्यादा तो नहीं पड़ेगा कि चार-पाँच साल में एक आर्थिक संकट पैदा हो जाए ? ये वो लोग हैं जो देश को चलाते हैं, वे अगर नहीं बताएँगे तो कौन बताएगा ?

अगर बम का उत्साह राष्ट्रवाद नहीं था, तो क्या था ? इस पर सोचें कि भले मानुसों का कोई मनुष्य-समूह अपने देश को सबल बनाने के लिए कुछ नहीं कर रहा है। केवल निजी हैसियत और भोग बढ़ाने के लिए सार्वजनिक खजाने पर बोझ डालता जा रहा है। पचास साल ऐसा करने के बाद यह दिखाई पड़ता है कि देश कमजोर हो गया है। इस समूह के मन में व्यथा होती है। फिर भी त्याग-तपस्या वाले काम के प्रति उसका रुझान नहीं बनता है। ऐसे समय में बमों का विस्फोट होता है। बम शक्ति का प्रतीक है। उसको एकाएक लगता है कि हमारा देश शक्तिशाली हो गया है। लोगों के संकल्प के बिना, त्याग और मेहनत के बिना हमारा देश शक्तिशाली बन सकता है। कांग्रेसी शासकों ने सिखाया : विदेशी पूँजी यानी आर्थिक समृद्धि। भाजपा शासक कहता है : बम यानी शक्तिशाली राष्ट्र। वाजपेयीजी के हाथ में दोनों है।

पिछले एक हजार सालों से भारत की प्रतिरक्षा कमजोर प्रमाणित हुई है। इसलिए नहीं कि हमारे पास सैन्यबल नहीं था, इसलिए नहीं कि शत्रु का हथियार अपेक्षाकृत अधिक घातक था। उसका हथियार जरूर अधिक घातक था, लेकिन हमारा सैन्य बल बहुत अधिक था और हमारे विशाल देश के एक अन्दरूनी स्थान पर लड़ाई हो रही थी। शत्रु सेना एक छोटी-सी टुकड़ी जैसी थी। इस अद्‌भुत पराजय का कारण यह था कि भारत के शासक वर्ग में 'राष्ट्रवाद' की भावना नहीं थी। शासक वर्ग के अन्दर और जनता के बीच आपसी द्वेष, अलगाव और अविश्वास था। एक विषमतापूर्ण समाज नीति ने राष्ट्रीय समाज को विभाजित कर रखा था। पानीपत हो या प्लासी, इसी की कहानी है। वहाँ न हिन्दू एकता थी, न मुसलमान एकता थी और न हिन्दू-मुसलमान एकता थी। आज भी दिल्ली का हिन्दू शासक अगर कश्मीर की मुसलमान आबादी, पंजाब की सिख जनता और पूर्वोत्तर की पहाड़ी जनजातियों के साथ एकाकार होने की नीतियों पर गम्भीरतापूर्वक अमल नहीं करना चाहता है तो कभी भारत की प्रतिरक्षा मजबूत नहीं हो सकती है। भारत की सामाजिक एकता भारत की प्रतिरक्षा के लिए अनिवार्य है।

धनी देशों के हथियारों की होड़ देखकर गरीब देश सोचते हैं कि प्रतिरक्षा का मतलब बड़े-बड़े खर्चीले हथियार। इस समझ के सहारे दुनिया के अधिकांश देशों की कोई प्रतिरक्षा नहीं हो सकती है। दूसरे विश्व युद्ध के बाद पश्चिम के देशों में युद्ध का भय

छाया हुआ था। हथियारों पर भरोसा कम हो गया था। युद्ध से बचने के लिए संयुक्त राष्ट्रसंघ की स्थापना करनी पड़ी। इसका उद्‌देश्य मुख्यतः पश्चिमी देशों को युद्ध से बचाना था। बाद में जैसे-जैसे पश्चिमी देशों की एकता और युद्ध क्षमता दृढ़ होने लगी और अस्सी के दशक से सोवियत रूस एक दुर्बल देश बनता गया, राष्ट्रसंघ महत्त्वहीन होने लगा। पश्चिमी राष्ट्रों के लिए 'नाटो' और यूरोपीय संघ उनकी प्रतिरक्षा का कवच हो गया है। अगर यूरोप के देश राष्ट्रसंघ, यूरोपीय संघ या नाटो जैसी सम्मिलित प्रतिरक्षा का ढाँचा बनाकर ही आश्वस्त हो रहे हैं तो भारत, पाकिस्तान जैसे देश क्यों केवल राष्ट्रीय सेना को ही बढ़ाने और उस पर सारा पैसा फूँकने की होड़ में लगे हैं ? इसलिए कि उनका यह अज्ञान अभी तक दूर नहीं हुआ है कि हथियार ही एकमात्र प्रतिरक्षा है। उनमें यह समझ भी नहीं आई है कि उनका शोषण, दमन और अपमान जिन पश्चिमी महाशक्तियों के द्वारा हो रहा है उनके साथ हथियारों की बराबरी अगले दो सौ सालों में भी नहीं हो सकती है। गरीब राष्ट्रों का संघ बनाना ही उनके लिए प्रतिरक्षा का एकमात्र ढाँचा हो सकता है। 'सार्क' जैसे राजनैतिक या आर्थिक विचार-विमर्श के लिए बनाए गए संघ की कोई विशेष उपयोगिता नहीं होगी। अगर सार्क देशों का एक प्रतिरक्षा संघ बन जाएगा तो राजनैतिक आर्थिक सलाह-मशविरा भी अपने आप होता रहेगा। गरीब देशों की विडम्बना यह है कि जिन देशों के साथ उनका संघ बनना चाहिए, उन्हीं देशों के साथ उनका दीर्घकालीन सीमा-संघर्ष अन्तरराष्ट्रीय कूटनीतिक साजिश के तहत चल रहा है। गरीब देशों को सबसे खतरा जिनसे है उन्हीं के निर्देशन में गरीब राष्ट्र एक दूसरे से लड़ रहे हैं। इन देशों की प्रतिरक्षा का ज्ञान तब होगा जब वे असली खतरों को समझने लगेंगे। एशिया और अफ्रीका के देशों को चाहिए कि प्रतिरक्षा की सही समझ बनाकर संघ और महासंघ के ढाँचे को दीर्घकालीन सुरक्षा के लिए अपनाएँ।

भारत के लोगों को चाहिए कि वे अपने को एक कमजोर देश मान लें। उनकी सरकार न कभी कश्मीर की समस्या को और ना ही चीन के साथ सीमा विवाद को अपनी शर्तों पर सुलझा सकेगी। बेहतर यह होगा कि एक तीसरे पक्ष की तलाश हो जो निष्पक्ष पंच बनकर फैसला करा दे, जिसका फैसला हम मानने को बाध्य होंगे। फैसला स्पष्ट और स्थायी होना चाहिए। ऐसा हमने नहीं किया तो कभी न कभी हमको दादा राष्ट्रों के पंच को मानना पड़ेगा। हमारे द्वारा स्वीकृत तीसरे पक्ष का फैसला हमारी मूल माँग के अनुरूप नहीं होगा तब भी हमारे जैसे मुल्कों के लिए भविष्य बनाने का एक नया अध्याय शुरू हो जाएगा। उस नए अध्याय में हम गरीब देशों के संघ का निर्माण करेंगे और विश्व की एक नई व्यवस्था बनाने की शुरुआत करेंगे।

उपर्युक्त कार्रवाई राष्ट्रवादी प्रेरणा से ही हो पाएगी। यह ऐसा कदम होगा जिससे राष्ट्रवाद की अवधारणा भी बदल जाएगी। राष्ट्र-राज्य की अवधारणा की निन्दा करना एक बौद्धिक फैशन है, इससे राष्ट्रवाद और राष्ट्र कमजोर हो सकते हैं। लेकिन राष्ट्र-राज्य की आलोचना वाजिब भी है। संघीय या महासंघीय अवधारणा अगर फलीभूत होगी तो एक तरफ राष्ट्रवाद सार्थक प्रमाणित होगा, दूसरी तरफ राष्ट्रवाद की अवधारणा

बदल जाएगी। राष्ट्रवाद की निम्नलिखित सीमाओं को घोषित कर देने का वक्त आ गया है :

1. पड़ोसियों में जो अधिक शक्तिशाली है वह आधिपत्य की भावना को छोड़े और संघ की भावना विकसित करे।

2. लम्बे समय से चल रहे सारे सीमा-विवादों को तत्काल और स्थायी ढंग से सुलझाने के लिए तीसरे पक्ष को पंच बनाने की प्रक्रिया शुरू होनी चाहिए।

3. मानव समाज के हित में कुछ विशेष सन्दर्भों में राष्ट्रहित का त्याग करने का सिद्धान्त सरकारों की घोषणा में आए। राष्ट्र की रक्षा के नाम पर हम उन हथियारों का निर्माण और इस्तेमाल न करें जिनका प्रसार मानव समाज के संहार का कारण हो सकता है। परमाणु बम एक ऐसा ही हथियार है।

दुनिया के विरुद्ध खड़े होने का अधिकार किसी भी समूह या व्यक्ति को होना चाहिए, बशर्ते वह बिना हथियार के अपनी लड़ाई लड़े। व्यक्ति द्वारा अहिंसक प्रतिकार से लेकर राष्ट्र द्वारा गैर हथियारबन्द प्रतिरक्षा तक कई कड़ियाँ हो सकती हैं। जल्दी से उसके अमल के बारे में सोचेंगे तो दिमाग चकरा जाएगा। सीढ़ियों के सहारे सोचने पर ही यह सम्भव लगेगा। अगर यह सम्भव है कि मनुष्य सभ्य हो पाएगा तो यह भी सम्भव है कि बिना हथियार के राष्ट्रों की सुरक्षा हो सकेगी।

—अगस्त, 1998

पराधीन पत्रकार

मानहानि विधेयक, 1988 (बिहार) की वापसी के बावजूद उसके सन्दर्भ में सोचने पर लगता है कि भारत का लोकतन्त्र समाचार-पत्रों की आजादी पर टिका हुआ है और समाचार-पत्र भ्रष्टाचार की आलोचना पर। खुली लोकतांत्रिक व्यवस्था का यह एक शानदार पहलू है कि कोई भी व्यक्ति आलोचना और सन्देह के परे नहीं है, बल्कि जो व्यक्ति जितने बड़े पद पर है, उसको उतना ही अधिक सार्वजनिक आलोचना के प्रति संवेदनशील होना पड़ेगा। यूरोप के पूँजीवादी लोकतान्त्रिक देशों में यह परम्परा विकसित हुई है कि सर्वोच्च पद पर बैठा हुआ आदमी अमर्यादित आचरण के आरोप के सामने नतमस्तक होता है। इस प्रकार की परम्परा के विकसित होने की वजह है।

आधुनिक राष्ट्र-व्यवस्था इतनी अधिक केन्द्रित है कि जो व्यक्ति ऊँचे पद पर होता है, उसके पास पूरे राष्ट्र को नुकसान पहुँचाने की भी क्षमता होती है। अगर वह भ्रष्ट होगा, उसकी नीयत खराब होगी, तो वह देश को चौपट कर सकता है। ऐसी हालत में भ्रष्टाचार प्रमाणित होने तक राष्ट्र इन्तजार नहीं कर सकता। कुछ बातें ऐसी होती हैं कि सन्देह पैदा होते ही, सूराख दिखाई देते ही उन पर कार्रवाई हो जानी चाहिए। सूराख से खतरा प्रवेश करे, इसकी गुंजाइश छोड़ी नहीं जा सकती। ब्रिटेन का प्रोफ्यूमो कांड क्या था ? प्रोफ्यूमो प्रतिरक्षा मन्त्री था और एक ऐसी स्त्री से उसका अवैध यौन-सम्बन्ध हुआ, जिसके साथ कुछ विदेशी (रूसी) लोगों का भी यौन सम्बन्ध था। प्रोफ्यूमो की कोई ऐसी नीयत नहीं थी कि वह इस स्त्री के दोस्तों को अपने देश की प्रतिरक्षा के बारे में जानकारी दे दे। ऐसा कुछ हुआ भी नहीं था। लेकिन ब्रिटेन को यह धीरज नहीं था कि खतरा प्रवेश करे तब प्रोफ्यूमो मन्त्रिपद से हटे। समाचार-पत्रों का काम पहरेदारी का है। प्रहरी का दायित्व यह नहीं होता है कि चोरी को प्रमाणित करे। उसका दायित्व होता है सन्देह के आधार पर रोकना, चेतावनी देना, इत्तला देकर अनुसन्धान की माँग करना। एक पत्रकार के लिए या एक समाचार-पत्र के लिए भी यह सम्भव नहीं है कि वह बड़े पदाधिकारियों के भ्रष्टाचार के सारे प्रमाण जुटा ले और अदालत में प्रमाणित कर दे। अगर यह सम्भव होता तो अखबार में छापने की जरूरत ही क्या है ? अखबार में अनियमितता की घटना छपती है, पूरे घोटाले का एक निर्णायक हिस्सा प्रकाशित होता है; घोटाला प्रमाणित नहीं होता है, लेकिन जाँच का आधार बन जाता है, सन्देह पैदा हो जाता है। यही अखबार का काम है। जहाँ सन्देह पैदा हो जाता

है, वहाँ पूरी छानबीन करना सरकार का काम है। इस काम के लिए राष्ट्र के दूसरे विभाग हैं। अखबार का दायित्व यह है कि जब वह सन्देह पैदा करे तो उसमें तथ्य होना चाहिए यानी जाँच के लायक तथ्य होना चाहिए।

दिलचस्प बात यह है कि प्रतिष्ठित समाचार-पत्रों ने (चरित्र हनन के) इस अधिकार का इस्तेमाल जिम्मेदारी के साथ किया है। अगर हम पिछले चार दशकों के भारतीय समाचार पत्रों की खबरों को याद करें तो यही बात मिलेगी। प्रतिष्ठित समाचार-पत्रों ने बड़े आदमियों के ऊपर जो आरोप लगाए थे, उनके बारे में इतने दिनों के बाद भी कोई नहीं कहेगा कि वे आरोप निराधार थे। आरोप लगाने में इस अर्थ में पक्षपात हो सकता है कि एक व्यक्ति के भ्रष्टाचार को ज्यादा उछाला गया, लेकिन आप यह नहीं कह सकते कि लगाए गए आरोप निराधार थे।

जिम्मेदारीपूर्वक इस्तेमाल करने के फलस्वरूप ही प्रेस के पास यह अधिकार बना हुआ है। छापने के अधिकार के साथ न छापने का भी अधिकार है। यह दुधारी ताकत है। इसीलिए समाचार-पत्र इतने ताकतवर हैं और इसी ताकत को लेकर समाज में प्रतिष्ठित हैं। सत्ताधारी उनसे डरते हैं। राजसत्ता किसके हाथ से छीनी जाए, किसको सौंपी जाए–इसकी चालें वे चल सकते हैं। राजनीति के किसी हिस्से के साथ जब समाचार-पत्रों का गठबन्धन हो जाता है, जीत उसी तरफ दिखाई पड़ती है। सिर्फ शासकों की ही नहीं, साहित्यिकों, धर्म-प्रचारकों, कलाकारों और खिलाड़ियों की प्रतिष्ठा भी समाचार-पत्र बनाते-बिगाड़ते हैं। अतः यह आश्चर्य की बात नहीं है कि समाचार पत्र अपना यह काम बड़ी जिम्मेदारी के साथ करते हैं–कभी हवाई आरोप नहीं लगाते हैं, तथ्यों को ठोंक-पीटकर चरित्र हनन करते हैं। राज्य सत्ता और सामाजिक नेतृत्व को अपने हित में बनाए रखने की जो शक्ति उन्हें मिली है, उसका इस्तेमाल गैरजिम्मेदाराना ढंग से कर उसको खोना वे नहीं चाहते। और, इसी तरह वे नागरिकों की आजादी को भी पुष्ट करते हैं–उन्हें भ्रष्ट शासकों के खिलाफ बोलने का मौका प्रदान करते हैं।

मानहानि विधेयक के लोकसभा में आने के ठीक पहले भारत के समाचार पत्र दो हिस्सों में बँटे हुए थे–राजीव गांधी के समर्थक और विरोधी। लेकिन मानहानि विधेयक के सन्दर्भ में सारे अखबार एकजुट हो गए। कुछ अखबारों ने खुले ढंग से विधेयक की निन्दा नहीं की, लेकिन उनकी प्रच्छन्न सहमति इस विधेयक के खिलाफ थी। समाचार पत्रों की एकता के सामने विधेयक लड़खड़ा गया। राजीव गांधी के समर्थक पत्रों के लिए भी कोई दूसरा रास्ता नहीं था, क्योंकि अगर वे समाचार पत्र की हैसियत से राजीव गांधी का समर्थन करते, तो उनके लिए अपनी हैसियत को बनाए रखना मुश्किल होता। अगर चरित्र-हनन की आवश्यक शक्ति समाचार-पत्र के पास न रहे, तो उसकी हैसियत ही क्या है ? लोकसभा में विधेयक पारित होकर भी मर गया ! अगर समाचार-पत्र इस लड़ाई को अपने कन्धे पर न लेते, तो यह अब तक कानून बन गया होता और भारतीय नागरिक की आजादी लूटी जा चुकी होती। समाचार-पत्रों ने विपक्षी राजनीति और साधारण नागरिक की लाज रख ली। इस तरह समाचार-पत्रों के मालिकों ने, सम्पादक-

प्रकाशक जैसे नवसम्पन्न वर्ग के लोगों ने आम जनता की ओर से एक महत्त्वपूर्ण लड़ाई लड़ी। पूँजीपति वर्ग का स्वार्थ, विशिष्ट जनों की सुविधाएँ और सामान्य-जन की आजादी एक ही रेखा पर आ गई। यह एक ऐसे संयोग की स्थिति थी, जो पूँजीवादी लोकतन्त्र में कई बार घटित होती है।

मनुष्य की आजादी एक टेढ़ी खीर है। किसी भी व्यवस्थित समाज में अभिव्यक्ति की पगडंडियाँ बन जाती हैं। आजादी के औजार बने-बनाए रहते हैं। औसत मनुष्य उन औजारों के सहारे अपनी स्वतन्त्रता का बोध कर लेता है। आजादी की जो पगडंडियाँ बनी हुई हैं, उनमें से समाचार-पत्र एक है। रोज सबेरे एक अखबार खरीदकर आप इस पगडंडी पर चल सकते हैं। वोट देने, वकील नियुक्त करने, अखबार खरीदने की प्रक्रियाओं में हमारी सांवैधानिक आजादी प्रतिफलित होती है। अगर राजनैतिक दलों, अखबारों, वकीलों की आजादी नहीं रहेगी, तो हमारी आजादी भी नहीं रहेगी।

2

आधुनिक टेकनोलौजी ने समाचार-पत्रों तथा दूसरे संचार माध्यमों की क्षमता बढ़ा दी है। करोड़ों-अरबों लोगों की अभिव्यक्ति का ठेका एक समाचार पत्र ले सकता है। ऐसे समाचार-पत्रों का संचालन सिर्फ सत्ताधारी या पूँजीपति कर सकते हैं। संचार और अभिव्यक्ति–इन दो शब्दों का कुछ लोग एक ही अर्थ लगाते हैं। संचार आसान हो गया है तो कहते हैं अभिव्यक्ति आसान हो गई है। बात उलटी है। संचार माध्यमों के द्वारा सिर्फ उन सारे लोगों की ही अभिव्यक्ति बनी रहेगी, जिनको संचार माध्यमों के मालिक चुन लेंगे। बड़े समाचार पत्रों ने छोटे पत्रों की अभिव्यक्ति छीन ली है। अब जो स्थानीय पत्र होते हैं, वे बड़े पत्रों के स्थानीय संस्करण जैसे ही होते हैं। अलग अभिव्यक्ति हो नहीं सकती। पुरानी टेकनोलौजी में यह सम्भव था कि सत्ता में रहे बगैर भी समाजवादी, साम्यवादी, ग्रामोद्योगवादी, नास्तिकवादी दृष्टिकोण की पत्रिकाएँ समाज में प्रतिष्ठित हो सकती थीं। अब सिर्फ अपने समर्थकों के बीच ही उनका वितरण सीमित रहता है। तात्कालिक राजनीतिक प्रश्नों को छोड़कर हर चीज पर सारे प्रतिष्ठित समाचार-पत्रों का स्वर एक-जैसा होता है। 'टाइम' और 'न्यूजवीक' के बीच, हिन्दुस्तान टाइम्स और टाइम्स ऑफ इंडिया के बीच अभिव्यक्तियों का संसार पूरा हो जाता है।

कुछ लोग आजादी के बाद और उसके पहले की पत्रकारिता की तुलना करते हैं और कहते हैं कि पहले के पत्रकार अच्छे थे। ऐसा कहना गलत है। अच्छे और बुरे पत्रकार की बात नहीं है। टेकनोलौजी बदल गई है। आधुनिक टेकनोलौजी के फलस्वरूप पत्रकारिता एक बड़ा उद्योग बन चुकी है और पत्रकार नामक एक नए किस्म के सम्पन्न कर्मचारी-वर्ग का उदय हुआ है। दूसरे बड़े उद्योगों को चलानेवाला कोई पूँजीपति इस उद्योग को भी चला सकता है या अपनी औद्योगिक शुरुआत समाचार-पत्र के 'उत्पादन' से कर सकता है। इस उद्योग के सारे कर्मचारी उद्योगपति समेत पत्रकार हैं। हम जब

समाचार-पत्र की आजादी की बात कहते हैं, तो उसे पत्रकारों की आजादी कहना एक भयंकर भूल होगी। आधुनिक टेकनोलौजी ने पत्रकार के साथ वही किया है, जो हर प्रकार के श्रमिक-उत्पादकों के साथ किया है। आधुनिक टेकनोलौजी ने बुनकरों, चर्मकारों, लोहारों जैसे श्रमिक-उत्पादकों के हाथ में ऐसा कोई कौशल नहीं दिया जिससे उनकी उत्पादन-कार्यक्षमता बढ़ जाए। इस टेकनोलौजी ने ऐसा यन्त्र और ऐसी व्यवस्था पैदा की है, जिसमें श्रमिक खुद उत्पादक न हो सके, वह किसी व्यवस्थापक या प्रबन्धक के अधीन एक मजदूर बनकर रह जाए। लेखकों-पत्रकारों के साथ यही हुआ। आधुनिक टेकनोलौजी के पहले जो पत्र निकलते थे, उनमें अधिकांश पत्रों को निकालनेवाले लोग लेखक-साहित्यिक-विचारक थे। औपचारिक या अनौपचारिक ढंग से उनका समूह होता था और उस समूह की ओर से पत्र प्रकाशित होते थे। नई टेकनोलौजी के बाद लेखक अपना पत्र नहीं निकाल सकता। पत्रकार अपना लेख भी नहीं लिख सकता। उसका लिखना एक व्यवस्थापक के संयोजक के तहत होता है। किसी प्रतिष्ठित पत्र के मालिक अब प्रेमचन्द, बाल गंगाधर तिलक, गांधी या गोपबन्धु दास नहीं हो सकते। इसका मतलब यह नहीं कि कोई लेखक समाचार-पत्र का मालिक नहीं हो सकता है। होने के लिए उसे अपना लेखक-साहित्यिक-विचारक का जीवन छोड़कर व्यवस्थापक या उद्योगपति का जीवन अपनाना होगा। कहने का मतलब यह भी नहीं है कि हरेक लेखक या विचारक का अपना पत्र होना चाहिए। लेकिन पत्र अवश्य लेखकों का होना चाहिए। जैसे ताँत बुनकरों का और खेत खेतिहरों का होना चाहिए। समाचार-पत्र हो या कपड़ा, आज की उत्पादन-व्यवस्था में उद्योगपति-व्यवस्थापक को छोड़कर कोई नहीं कह सकता है कि यह 'मेरा उत्पाद है।' कुछ लोग अपने को धोखा देने के लिए कह सकते हैं कि यह हमारा सामूहिक उत्पादन है। इस धोखे को विश्वसनीयता प्रदान करने के लिए 'प्रबन्धन में मजदूरों की हिस्सेदारी' का सिद्धान्त कुछ दिनों तक चला। आधुनिक टेकनोलौजी ने इस सिद्धान्त का मखौल उड़ाया है। अत्याधुनिक टेकनोलौजी में मजदूरों का जो स्थान है, दैत्याकार समाचार-पत्रों में पत्रकारों का वही स्थान है। इसलिए उनको वास्तविक रूप में पत्रकार माना और कहा जाए या नहीं, यह प्रश्न उठ सकता है।

पत्रकारों में एक निपुणता होती है। उनकी भाषा चुस्त होती है। वे तर्क और भावना का पुट देकर विषयों पर रोशनी डालते हैं। लेकिन विज्ञापन सामग्री के रचनाकारों में भी तो ये सारी योग्यताएँ होती हैं। कुछ विज्ञापनों को पढ़ते वक्त भ्रम हो जाता है कि हम साहित्य या दर्शन पढ़ रहे हैं। विज्ञापन सामग्री बनानेवाले का नाम नहीं छपता है। कुछ अरसे के बाद छप सकता है। क्यों नहीं ? राजनीतिक-सामाजिक मुद्दों पर समाचार-टिप्पणी लिखनेवालों की ज्यादा चर्चा होती है। उनकी प्रतिष्ठा बनती है। उस प्रतिष्ठा का बड़ा हिस्सा यह है कि वे एक दैत्याकार उद्योग के बुद्धिजीवी हैं। प्रतिष्ठा का दूसरा हिस्सा यह है कि कुछ पत्रकारों में लेखकवाला अंश भी होता है। यहाँ हम 'लेखक' शब्द का इस्तेमाल बहुत संकुचित अर्थ में कर रहे हैं। लेखक वह है जो अपनी समग्र चेतना के बल पर अभिव्यक्ति करता है। लेखक की कसौटी पर पत्रकार की कोटि

लेखक और लिपिक के बीच की है। जैसे किसी जाँच आयोग का प्रतिवेदन लिखनेवाला कर्मचारी, कानूनी बहस की अरजी लिखनेवाला वकील या पर्यटन गाइड लिखनेवाला भी लेखक ही होता है। आज के दिन आप नहीं कह सकते हैं कि एक अच्छा पत्रकार एक घटिया साहित्यिक से बेहतर है। दोनों के प्रेरणा स्रोत अलग हैं। यह हो सकता है कि कोई व्यक्ति साहित्य लिखना छोड़कर पत्रकार के रूप में अच्छा नाम कमाए। अभी सिर्फ भारतीय भाषाओं की पिछड़ी हुई पत्र-पत्रिकाओं में साहित्यिकों को पत्रकारिता के काम करने के लिए बुलाया जाता है। अत्याधुनिक पत्र-पत्रिकाओं में ऐसी परिपाटी खत्म हो गई है, क्योंकि साहित्यिकों में ऐसे संस्कार होते हैं, जो पत्रकारिता के लिए अयोग्यता के लक्षण हैं।

अगर किसी बड़े समाचार-पत्र का सम्पादक दावा करता है कि उसके काम-काज में सेठजी ने कभी दखल नहीं दिया, तो उस सम्पादक को यह भी मालूम होना चाहिए कि आधुनिक सेठजी दखल नहीं दिया करते। ऐसे अनेक सेठजी होंगे, जिन्होंने कभी अपने बावरची, खजांची या दरजी के काम में दखल नहीं दिया हो। बड़े समाचार पत्रों का सम्पादक चुने जाने की एक योग्यता यह है कि उसको अक्लमन्द होना चाहिए, ताकि उसके काम में मालिक को दखल देना न पड़े। जिस पत्रकार में लेखकवाला संस्कार बचा है, उसके काम में दखल देना पड़ जाता है। इसीलिए मुम्बई के हमारे एक दोस्त को बहुत समय तक सम्पादक नहीं बनाया गया। दिल्ली में हमारे एक दूसरे दोस्त एक बड़े उद्योगपति के प्रमुख अखबार के पत्रकार हैं। उस अखबार में एक वरिष्ठ पत्रकार थे, जो अपने व्यक्तिगत जीवन में घोर साम्यवादी हैं। उनका लेखन उच्च कोटि का था, जिस पर अखबार को गर्व था। जब उनकी सेवा-निवृति का समय आया, तो हमारे दोस्त ने चुटकी ली, ''कामरेड, आपका जो लम्बा जीवन बाकी है। मैं आशा करता हूँ कि अब आप हमारे उद्योगपति-मालिक के धन्धों के बारे में एक पुस्तक लिखेंगे।'' हमारे दोस्त ने इस चुटकी के बारे में हमें बताते हुए कहा, ''कामरेड कभी नहीं लिखेंगे।'' ''क्यों ?'' ''उनमें स्वतन्त्र-लेखन शक्ति बच नहीं गई है, अगर उनमें ऐसी कोई शक्ति बची होगी, तो मालिक की ओर से पत्र में नियमित कॉलम के माध्यम से उनको अच्छी रकम मिलती रहेगी।''

नई पीढ़ी के पत्रकारों के मामले में यह जोखिम नहीं है। वे लेखक या विचारक के रूप में नहीं, शुरू से ही पत्रकार के रूप में प्रशिक्षित हो रहे हैं। यहाँ विचारों को दबाने के लिए अधिक भत्ता देना नहीं पड़ता है–सिर्फ इस काम को आकर्षक बनाने के लिए खूबसूरत वेतन-भत्ते का प्रबन्ध रहता है। यह वेतन-भत्ता विशिष्ट जनों के लायक है। इस वेतन-भत्ते के लायक होने के लिए प्रतिबद्धताविहीन बुद्धिजीवी होने का प्रशिक्षण उन्हें मिलता रहता है। समाचार-पत्र उद्योग के प्रसार के लिए यह एक शर्त है कि समाज में प्रतिबद्धताविहीन लेखकों का एक बुद्धिजीवी वर्ग पैदा किया जाए। यानी शिक्षा और प्रशिक्षण की प्रक्रिया में ही उन्हें मालिक वर्ग की विचारदृष्टि में दीक्षित कर लिया जाए, ताकि किसी आदरणीय सम्पादक के बारे में यह कहना न पड़े कि वे अपने विचारों को

दबाकर लिख रहे हैं। हम सीधे कह सकते हैं कि सम्पादक की विश्वदृष्टि और सेठजी की विश्वदृष्टि में एक अपूर्व मेल का संयोग है।

समाचार-पत्र अगर समाचारों के पत्र होते, तो इतनी सारी बहस की जरूरत नहीं होती। अगर दुनिया में कभी समाचारों का पत्र होगा तो वह एक बिलकुल भिन्न चीज होगी। मौजूदा सभ्यता में समाचार-पत्र एक तरह से देखें तो जनमत का प्रहरी है, दूसरे ढंग से देखें तो वह जनमत का निर्माता है। यह मत-निर्माण सिर्फ तात्कालिक मुद्दों के बारे में नहीं होता है, बल्कि गहरी मान्यताओं तथा दीर्घकालीन समस्याओं के स्तर पर भी होता है। यह मत-निर्माण या प्रचार इतना मौलिक और प्रभावशाली है कि इसे मानस निर्माण ही कहा जा सकता है। प्रचार का सबसे प्रभावशाली रूप है समाचारवाला रूप। अगर आप यह कहें कि 'गन्दगी से घृणा करनी चाहिए,' तो यह गन्दगी के खिलाफ एक कमजोर प्रचार है। अगर आप कहें कि 'गन्दगी बढ़ गई है,' तो गन्दगी के खिलाफ यह ज्यादा प्रभावशाली वाक्य है। आप कहें कि 'पाकिस्तान को दुश्मन समझो,' तो इसका असर कम लोगों पर होगा। कुछ लोग पूछेंगे, क्यों ? लेकिन वही लोग जब पढ़ेंगे कि 'पाकिस्तान को अमरीका से हथियारों का नया भंडार मिला' तो दुश्मनी अपने आप मजबूत हो जाएगी। आप प्रचार करेंगे कि 'हमें पाँच-सितारा होटलों की जरूरत है', तो लोग कहेंगे–नहीं। लेकिन जब वे पढ़ेंगे कि 'होटल व्यवसाय से सरकार ने 10 करोड़ रुपए की विदेशी मुद्रा कमाई' तो उन्हें खुशी होगी। प्रचार में द्वन्द्व रहता है। शिक्षा दान में द्वन्द्व रहता है। समाचार में द्वन्द्व नहीं होता है–इसलिए समाचारों से मान्यताएँ बनती हैं, मानस पैदा होता है। इसी से अनुमान लगाना चाहिए कि दैत्याकार बहुराष्ट्रीय पत्र-पत्रिकाओं का कितना प्रभाव तीसरी दुनिया के शिक्षित वर्ग पर होता है।

गांधीजी ने जब 'हिन्द स्वराज्य' लिखा, डॉक्टरों और वकीलों के पेशे को समाज-विरोधी पेशे के रूप में दिखाया। हो सकता है कि वे उदाहरणों की संख्या बढ़ाना नहीं चाहते थे या हो सकता है कि पत्रकारों के समाज-विरोधी चरित्र का साक्षात्कार उन दिनों उन्हें नहीं हुआ था। गांधी अति अव्यावहारिक विचारकों की श्रेणी में आते हैं। उनके सपने का समाज नहीं बननेवाला है। हम वकीलों-डॉक्टरों के पेशे को समाज-विरोधी नहीं कह सकते। साधारण नागरिक के लिए पग-पग पर वकील-डॉक्टर की सेवा की जरूरत पड़ जाती है। जैसे हम जानते हैं कि स्कूलों में अच्छी शिक्षा नहीं दी जाती है, लेकिन हम अगर स्कूलों को समाज-विरोधी कहेंगे, तो हमारे बच्चे मूर्ख रह जाएँगे। इसी तरह समाचार-पत्र के आधुनिक मनुष्य के लिए एक बहुत बड़ा बोझ होने पर भी उसे पढ़े बिना रहने पर हम अज्ञानी रह जाएँगे। समाज में बात करने लायक नहीं रह जाएँगे। ज्यादा से ज्यादा आप इसे एक विडम्बनापूर्ण स्थिति कह सकते हैं, जहाँ समाचार-पत्रों की स्वाधीनता है, लेकिन पत्रकार पराधीन है। समाचार-पत्र आधुनिक मनुष्य के ऊपर एक बहुत बड़ा अत्याचार है। साथ ही, वह हमारी सांवैधानिक आजादी का माध्यम भी है।

–अक्टूबर, 1988

प्रतिक्रान्ति और पत्रकारिता

क्रान्तियों का स्पष्ट उल्लेख इतिहास में है, प्रतिक्रान्तियों का उतना स्पष्ट उल्लेख मिलता नहीं। छोटे पैमाने और कम अरसे की प्रतिक्रान्तियों का जिक्र यूरोपीय इतिहास में होता है। इसका मतलब यह नहीं है कि दूसरे देशों में प्रतिक्रान्ति की घटनाएँ नहीं हैं। भारत में कम से कम एक बहुत बड़ी प्रतिक्रान्ति की घटना हुई थी धार्मिक सुधारों के खिलाफ। इसका ऐतिहासिक अध्ययन विधिबद्ध ढंग से नहीं हुआ है।

इस वक्त समूची दुनिया में जो हो रहा है, वह शायद विश्व इतिहास की सबसे बड़ी प्रतिक्रान्ति है। यह संगठित है, विश्वव्यापी है और समाज तथा जीवन के हर पहलू को बदल देनेवाली है। यहाँ तक कि प्रकृति और प्राणिजगत् को प्रभावित करने वाली है। इक्कीसवीं सदी के बाद भी अगर मानव समाज और सभ्यता की चेतना बची रहेगी, तो आज के समय के बारे में इसी तरह का जिक्र इतिहास की पुस्तकों में होगा। डंकेल सन्धि की तारीख इस प्रतिक्रान्ति की शुरुआत की तारीख मानी जा सकती है।

समूची बीसवीं सदी में क्रान्ति की चर्चा होती रही है। क्रान्ति का एक विशिष्ट अर्थ आम जनता तक पहुँच गया था; क्रान्ति का मतलब संगठित आन्दोलन द्वारा उग्र परिवर्तन, जिससे समाज आगे बढ़ेगा और साधारण आदमी का जीवन बेहतर होगा; आखिरी आदमी को नजरअन्दाज नहीं किया जाएगा। साधारण आदमी का केन्द्रीय महत्त्व और आखिरी आदमी का अधिकार बीसवीं सदी की राजनीति और अर्थनीति पर जितना हावी हुआ, वैसा कभी नहीं हुआ था।

प्रतिक्रान्ति का मतलब पतन या क्षय नहीं है। पतन या क्षय वहाँ होता है, जहाँ परिपक्वता आ चुकी है या चोटी तक पहुँचा जा चुका है। सोवियत रूस का पतन हो गया; या हम कह सकते हैं कि आधुनिक सभ्यता का क्षय एक अरसे से शुरू हो गया है। इससे भिन्न प्रतिक्रान्ति का रूप क्रान्ति जैसा ही होता है, सिर्फ उसका उद्देश्य उलटा होता है। यह भी संगठित होता है और एक विचारधारा से लैस रहता है और कई मूल्यों और आधारों को उखाड़ फेंकने का काम करता है। इसकी विचारधारा ही ऐसी होती है कि इसका आन्दोलन अति संगठित छोटे समूहों के द्वारा चलाया गया अभियान होता है।

हाल का उदाहरण देने के लिए हम कह सकते हैं कि धर्म-निरपेक्षता आधुनिक भारतीय राजनीति का एक केन्द्रीय तत्त्व रहा; 1980 के दशक में हिन्दुत्व के आवरण

में एक प्रतिक्रान्ति का अध्याय शुरू हुआ है देश की राजनैतिक संस्कृति को बदलने के लिए। इस वक्त विश्व-स्तर पर जो प्रतिक्रान्ति की लहर प्रवाहित है, उससे इसका मेल है; लेकिन तुलना में इसका अपना महत्त्व बहुत छोटा है; बल्कि विश्वव्यापी प्रतिक्रान्ति के माहौल में इसको प्रोत्साहन मिलता है।

आम जनता और आखिरी आदमी को समृद्धि और सुशासन देने का लक्ष्य बनाकर 19वीं सदी के मध्यकाल से जो राजनैतिक-आर्थिक आन्दोलन शुरू हुए थे, बीसवीं सदी में सत्तर के दशक तक उनका प्रभाव लगातार बढ़ता गया। बीसवीं सदी के दूसरे दशक से साठ के दशक तक लग रहा था कि इतिहास का पहिया अब पीछे घूमेगा नहीं। आठवाँ दशक पूरा होते-होते पश्चिमी सभ्यता के कुछ विचारक कहने लगे कि इतिहास का पहिया रुक गया है। रुकने का एक ही परिणाम हो सकता है कि वह अब पीछे घूमेगा। इसी समझ के साथ (कि 'इतिहास रुक गया है') प्रतिक्रान्ति का जयघोष भी शुरू हो गया है।

कुछ ही देशों में समाजवाद सरकारी विचारधारा के रूप में स्थापित हुआ था; लेकिन उसका प्रभाव दुनिया के हर कोने में था। उसका प्रभाव पूँजीवाद पर भी बहुत स्पष्ट रूप में था। प्रगति और समृद्धि का कोई जिक्र नहीं हो पाता था बगैर यह बताए कि इससे आम जनता की समृद्धि हो रही है, आर्थिक गैरबराबरी घट रही है और आखिरी आदमी की भलाई के लिए प्रत्यक्ष कार्यक्रम चलाया जा रहा है। इसलिए सफल पूँजीवाद का राजनैतिक रूप लोक कल्याणकारी राज्य (वेलफेयर स्टेट) हो गया था। हाँगकाँग या सऊदी अरब में दौलत होने के बावजूद कोई यह कहने के लिए तैयार नहीं था कि वह आर्थिक विकास का नमूना है। सामाजिक पिछड़ापन, राजनैतिक निर्भरता और कच्चेमाल के 'निर्यात आधारित' सामन्ती ऐश्वर्य को समृद्धि का लक्षण कभी नहीं माना गया था। हाँगकाँग की छवि व्यभिचार की छवि थी। अब लन्दन से प्रकाशित आर्थिक पत्र 'इकोनामिस्ट' की भाषा में उसको 'शेर' कहा जा रहा है। चीन की समृद्धि के एक प्रमुख उत्स के तौर पर बार-बार हाँगकाँग का जिक्र होता है (1997 में यह देखना बाकी है कि चीन हाँगकाँग को ले रहा है या हाँगकाँग चीन को ले रहा है)।

अतः प्रतिक्रान्ति का सबसे बड़ा लक्षण यह है कि किसी देश की तरक्की बताने के लिए वहाँ के आम आदमी के स्वास्थ्य या आखिरी आदमी की सुरक्षा का जिक्र करना जरूरी नहीं है; और न 'तरक्की', 'विकास' और 'अग्रगति' के मूल्यांकन के लिए सांस्कृतिक मानदंडों का उपयोग करना जरूरी है। भारतीय संसद के जिस अधिवेशन में एक मन्त्रालय दरशाता है कि गरीबी की रेखा के नीचे रहनेवालों की संख्या बढ़कर 40 फीसदी हो गई है और बिहार तथा ओड़िशा में यह 50 फीसदी से ऊपर हो गई है, उसी सत्र में वित्त मन्त्री का बयान है कि उनके आर्थिक सुधारों का कार्यक्रम सफल साबित हो गया है। अगर दोनों बयान एक ही सत्र में दिए गए हैं तो यह नहीं सोचना चाहिए कि यह कोई असावधानी है या विरोधाभास है। तरक्की और आर्थिक सुधार का बोध बदल रहा है। प्रतिक्रान्ति की विचारधारा शिक्षित जनों को इस दृष्टिकोण से

लैस कर रही है कि जहाँ भी दौलत का एकीकरण उपभोक्ता सामानों के ढेर के रूप में दिखाई देता है, वहाँ विकास का एहसास होने लगता है। विकास की कोई सामाजिक, नैतिक और सांस्कृतिक कसौटियाँ नहीं होतीं। उपभोक्ता सामान का इस्तेमाल ही विकास, परिपूर्णता और संस्कृति के पर्याय मान लिए जाते हैं।

यहाँ सवाल सार्वजनिक क्षेत्र बनाम निजीकरण का नहीं है। सवाल यह है कि तरक्की के बारे में जो एक स्थूल धारणा होनी चाहिए, वह क्या है ? आप शिक्षक हों या चौकीदार, या व्यापारी, साहित्यिक, वैज्ञानिक या कलाकार, आपके दिमाग में तरक्की के बारे में एक स्थूल धारणा होनी चाहिए। समाज आगे बढ़ रहा है, देश आगे बढ़ रहा है, मनुष्य आगे बढ़ रहा है या नहीं, इसके बारे में आपकी एक मोटी समझ होनी चाहिए। प्रगति और प्रतिगमन को पहचानने की एक बोधशक्ति होनी चाहिए। इसके लिए तरक्की के सम्बन्ध में एक धारणा या समझ की जरूरत है। अर्थशास्त्री और साहित्यिक, भौतिकविज्ञान के प्रोफेसर और दैनिक अखबार के सम्पादक–इन चार समूहों का बहुमत अगर किसी चीज को तरक्की कहता है तो वही तरक्की की स्थूल धारणा हो जाती है। इस वक्त ऐसा कोई बहुमत तैयार नहीं हुआ है कि पिछले तीन सालों में जो गतिविधियाँ आर्थिक क्षेत्र में हो रही हैं, उनको भारत की तरक्की घोषित कर दे। लेकिन ऐसा भी कोई बहुमत या प्रभावशाली अल्पमत नहीं है जो दृढ़ता के साथ कहे कि यह तरक्की नहीं है, जो यह कहे कि हाँगकाँग तरक्की नहीं है, कि थाईलैंड तरक्की नहीं है; भारत के आर्थिक सुधारों के बारे में 'इकोनॉमिक टाइम्स' या 'बिजनेस इंडिया' जो बता रहे हैं वह तरक्की नहीं है। संवेदनशील समूहों की ओर से इस बारे में तीव्र प्रतिक्रिया होनी चाहिए। मगर इसकी कमी है। एक वर्ग या कुछ समूह कह रहे हैं कि तरक्की हो रही है और बाकी लोग हक्का-बक्का देख रहे हैं। इससे एक दिशाहीनता पैदा होती है। इस दिशाहीनता का फायदा उठाकर जनसाधारण और खासकर युवा पीढ़ी को गलत सूचनाएँ देकर गुमराह करने का मौका सम्पत्तिशाली संचार माध्यमों को मिलता है।

नई आर्थिक नीति के साथ-साथ जिस नई पत्रकारिता का फैलाव हो रहा है, उसका सर्वश्रेष्ठ प्रतिनिधि इस वक्त 'इंडिया टुडे' है, जिसने मन्त्रिमंडल में मनमोहन सिंह की नियुक्ति के पहले से तमिल, तेलुगु, हिन्दी, गुजराती आदि में अपने अँगरेजी नाम और ब्रांड से 'उत्पादन' शुरू कर भारतीय भाषाओं को उनका सही स्थान बतला दिया है। इस पत्रिका के जनवरी 31, 1994 अंक में देश की नई पीढ़ी (कॉलेज विद्यार्थियों) के मानस का पता लगाकर एक निष्कर्ष निकाला गया है, जिसका सन्देश अभी तक लाखों युवक-युवतियों तक पहुँचा दिया होगा। बगैर नाम-पता दिए 'इंडिया टुडे' ने जिसको आनेवाले युग का प्रवक्ता चुना है, उसकी उद्घोषणा है :

"जिन्दगी एक 'कुत्ती चीज' है,...'आदर्शवाद बकवास है, विद्रोह निरर्थक है...व्यवस्था में ढल जाओ...कल जैसी कोई चीज नहीं।"

'इंडिया टुडे' के सम्पादक का दावा है कि उसने चार महानगरों और आठ नगरों

के कॉलेजों के विद्यार्थियों का मत-सर्वेक्षण किया है और उसका निष्कर्ष 45 लाख लड़के-लड़कियों के लिए सही है। यह झूठा और कपटपूर्ण दावा है। पूरी रपट में महानगरों की कुछ बातचीत के किस्से हैं। आठ नगरों की झलक मिलती नहीं है। इंडिया टुडे लिखता है, ''लड़कियों की स्कर्ट छोटी होने लगी है, और सब कुछ स्वीकार्य होने लगा है।'' 'इंडिया टुडे' द्वारा चुना गया दूसरा एक प्रवक्ता कहता है, ''आज जो आप की गर्लफ्रेंड है, वह कल आपकी नौकरी हथिया सकती है।'' सम्पादक का आखिरी निष्कर्ष अन्त में ही आता है, जब वह कहता है, ''यह किशोर पीढ़ी जो रिश्वत देने और पीठ में छुरा घोंपने के लिए तत्पर रहती है...सेक्स को हल्के-फुल्के ढंग से लेती है और साम्प्रदायिकता से विचलित नहीं होती है...यह पीढ़ी काफी चुस्त है, और जब अर्थव्यवस्था के जंग लगे दरवाजे उदारीकरण के लिए खोल दिए जाएँगे तो वह इसका पूरा लाभ उठाएगी।''

जनमत सर्वेक्षण के नाम से इतना झूठ कभी नहीं बोला गया था। नई अर्थनीति के प्रति सकारात्मक होने के लिए और नई डिस्को-संस्कृति में विश्वास के साथ शामिल होने के लिए जो निर्णायक प्रश्न थे, उन पर बहुमत की राय या तो नकारात्मक थी या अनिश्चयता की थी, उदारीकरण अच्छा है, कहनेवाले अगर आठ नगरों और चार महानगरों में सिर्फ 40 प्रतिशत मिले, तो अन्य शहरों और कस्बों के कॉलेजों के सर्वेक्षण से क्या मिलेगा ? ''शराब कभी-कभी पी लेता हूँ'' कहनेवाले लड़के-लड़कियाँ सिर्फ 12 प्रतिशत; ''एक लड़के या लड़की से नियमित या स्थायी सम्बन्ध जैसा कुछ होते हुए भी मौज-मस्ती बुरी नहीं लगती कहनेवाले 35 प्रतिशत; 'अपनी नंगी तसवीर दे सकती हूँ' कहनेवाली लड़कियाँ 13 प्रतिशत; (लड़के 11 प्रतिशत); कुछ दलित समुदायों को अतिरिक्त सहायता देने के समर्थक 83 प्रतिशत और सर्वोपरि यह कि मनमोहन सिंह को अपना आदर्श पुरुष माननेवालों की तुलना में बाबा आमटे को आदर्श माननेवालों की संख्या अधिक है। इन आँकड़ों के बावजूद इंडिया टुडे के सम्पादक ने आवरण कथा के रूप में उसी निष्कर्ष को प्रसारित किया जो उसके दिमाग में पहले से ही रहा होगा।

जनमत सर्वेक्षण से सही निष्कर्ष निकालना एक जटिल विधा है, इसका एक अनुशासन होता है; और युवा पीढ़ी के सम्बन्ध में सर्वेक्षण का नतीजा निकालने के लिए युवजनों के प्रति दायित्व और संवेदनशीलता की भी शर्त रहनी चाहिए। जिन बातों को 'इंडिया टुडे' ने निष्कर्ष के तौर पर पेश किया है, वह हकीकत में एक प्रवृत्ति है, समाज में कुछ स्तरों पर यह प्रवृत्ति विशेषकर परिलक्षित हो रही है। बिना सर्वेक्षण किए भी यह बात कही जा सकती है। अगर सर्वेक्षण होगा तो स्थिति की जटिलता दिखाई देगी। 'इंडिया टुडे' के निष्कर्ष के बाहर अगर बहुत बड़ी संख्या की राय अनिश्चयात्मक है या उस निष्कर्ष के विपरीत है तो उसका तात्पर्य क्या है ? बहुमत की राय अगर दृढ़ नहीं है, सन्देहयुक्त है तो कहीं प्रोत्साहन या मार्गदर्शन की कमी के कारण तो ऐसा नहीं है ? इन स्थितियों की व्याख्या भी करनी पड़ेगी।

उपभोग की चीजों के प्रति आकर्षित होना एक युवा-सुलभ प्रवृत्ति है। भोग की

वस्तुओं और उनके अन्वेषण का एक आपेक्षिक महत्त्व जीवन में रहेगा ही, भोग के अलावा भी जीवन के लक्ष्य होंगे ही। सवाल यह है कि इन दोनों के बीच सन्तुलन बनाने की कोई जीवन-पद्धति युवाओं को दिखाई दे रही है या नहीं। क्या उदारीकरण या ग्लोबीकरण में ऐसा कोई समीकरण दृष्टिगोचर हो रहा है ? 'इंडिया टुडे' के सम्पादक को यह प्रश्न बड़ा जटिल लगेगा। उसका सोच तो देहाती सोच से भी अधिक सरल है, और इस प्रकार है : रंगीन टी. वी. और मारुति कार देखकर कॉलेज विद्यार्थी प्रलोभित होता है क्योंकि विज्ञापनों को देख-देखकर उसका मन उन चीजों को प्राप्त करने के लिए व्याकुल होता है और किसी तरह प्राप्त करना चाहता है। इसलिए समझ लेना होगा कि भारत की युवा पीढ़ी दृढ़ निश्चय के साथ उदारीकरण के स्वर्ग में अपना स्थान प्राप्त करने के लिए आगे बढ़ रही है। अपनी गर्लफ्रेंड को अपनी नौकरी छीनने वाली समझनेवाला "अपने कैरियर को बनाने के लिए इतने अतिरिक्त कोर्स कर रहा हूँ कि बगल के हॉस्टल में रहनेवाली अपनी गर्लफ्रेंड से सप्ताह में एक बार मिलना भी मुश्किल है" कहनेवाला युवा देश को तरक्की की ओर ले जानेवाले समूह का प्रवक्ता नहीं हो सकता। या तो अपने ऊपर या भविष्य के बारे में या दोनों में उसका कोई विश्वास नहीं है। ऐसे समूहों के प्रति दया जगनी चाहिए। इस तरह का संकीर्ण 'व्यक्तिवाद सामूहिक अच्छाई में बदल सकता है' कहनेवाला पत्रकार जॉन स्टुअर्ट मिल का वैसा ही उपयोग कर रहा है जैसा कि निरोध का विज्ञापनदाता कालिदास का कर सकता है।

जब से अमरीका की 'टाइम मैगजीन' ने अपने एक सर्वेक्षण से यह निष्कर्ष निकाला कि भारत की 12 प्रतिशत आबादी को भी अगर उपभोक्ता के तौर पर संगठित कर दिया जाए तो एक बढ़िया बाजार मिलेगा, तबसे भारत की पत्रकारिता के एक प्रमुख अंश को मार्गदर्शन मिल गया है। तभी से 12 से 20 प्रतिशत भारतीयों को असली भारत के रूप में स्थापित करना और उन्हीं की धनवृद्धि और मनोरंजन की बातों को प्रसारित करना उसका काम हो गया है। मध्य वर्ग और उसकी युवा पीढ़ी के सामने अतिशयोक्तिपूर्ण तथा भ्रामक सूचनाओं के आधार पर एक सम्पन्न भविष्य की मरीचिका पैदा करने का कार्यभार भी उसने अपने ऊपर ले लिया है।

इन अतिशयोक्तिपूर्ण और भ्रामक सूचनाओं को विश्वसनीय बनाने के लिए और उनसे पाठकों को आक्रान्त करने के लिए पत्र-पत्रिकाओं को अपना व्यक्तित्व खोना पड़ रहा है। विषय और विचारों के हल्केपन को छुपाने के लिए उन्हें चमकीले कागजों पर रंग-बिरंगे ढंग से छापा जा रहा है, कलेवर बढ़ाकर उन्हें वजनदार बनाया जा रहा है और सिरमौर पत्रिकाओं के मुख्य लेखकों और सम्पादकों को प्रतिमाह 50,000 से एक लाख रुपए तक की रकम मिलने लगी है ताकि अभिव्यक्ति-कुशल लेखक अपने को खुशी-खुशी बेच सकें। नई आर्थिक व्यवस्था विचारों के विकृतीकरण के लिए माहिर और नामी लेखकों को उतना पैसा दे सकती है जितना सुन्दर औरतों को अंगों के अश्लील प्रदर्शन के लिए देती है।

फिर भी मुट्ठी-भर नव-धनाढ्य तबके के विचारों और रुचियों को अस्सी करोड़

लोगों पर आरोपित करना आसान काम नहीं है। केवल देशी पत्र-पत्रिकाओं के जरिए यह काम नहीं कराया जा सकता। देशी पत्र-पत्रिकाओं में हमेशा एक सम्भावना विद्रोह की रहेगी। जन-भाषाओं की पत्र-पत्रिकाओं में यह सम्भावना अधिक होगी। उन्हें बन्द करना पड़ेगा या सिर्फ अनुवाद के लिए रखना पड़ेगा। देशी पैसे से चलने वाली अँगरेजी व्यावसायिक पत्र-पत्रिकाओं में भी विद्रोह की गुंजाइश बनी रहेगी। 'इंडिया टुडे' और 'फ्रंटलाइन' में जो विचार का फरक है वह महत्त्वपूर्ण है। ग्लोबीकरण की विचारधारा को पूरी तरह असरदार बनाना है तो विदेशी पत्र-पत्रिकाओं को आने देना होगा। बहुत सारे विदेशी पत्र भारत आना चाहते हैं।

इसी बात पर खलबली मची हुई है। यह बात तो तब से मालूम थी जब से डंकेल प्रस्ताव के बारे में चर्चा शुरू हुई। खलबली अभी क्यों मच रही है ? कर्नाटक और इलाहाबाद के उच्च न्यायालयों ने फिलहाल विदेशी पत्र-पत्रिकाओं के आगमन पर यह कहकर रोक लगाई है कि राष्ट्रीय अभिव्यक्ति की सार्वभौमिकता के लिए यह खतरनाक होगा। लेकिन इन उच्च न्यायालयों की औकात कितनी रह पाएगी ?

विदेशी पत्र-पत्रिकाएँ और समाचार-एजेंसियाँ क्यों नहीं आएँगी; कैसे नहीं आएँगी ? हरेक भारतीय पर 6000 रुपए का विदेशी कर्ज है। विदेशियों को भारत की खदानों की मिल्कियत देनेवाला कानून बन चुका है। समुद्र की मत्स्य सम्पदा पर विदेशियों का अधिकार हो गया है; विदेशी पैसे की मेहरबानी से पेड़ लग रहे हैं, हमारे खेतों के बीजों पर उनका नियन्त्रण शीघ्र होनेवाला है; हमारे मनोरंजन का संचालन उन्हीं को करना पड़ रहा है तो हमें सूचना देने और आधुनिकतम विचारों से परिचित कराने का काम भी वे नहीं करेंगे तो और कौन करेगा ?

—फरवरी, 1994

प्रोफेसर से तमाशगीर

देश के अँगरेजी न जाननेवाले लोग प्रणय राय को नहीं जानते होंगे। लेकिन प्रणय राय को जानना जरूरी है क्योंकि वह एक नई सामाजिक घटना का प्रतिनिधित्व करते हैं। प्रणय राय की प्रसिद्धि शुक्रवार को दूरदर्शन पर चलनेवाले साप्ताहिक विश्वदर्शन कार्यक्रम से बनी है। जिस अन्दाज से कोई जादूगर तमाशा (शो) दिखाता है उसी अन्दाज से टी. वी. दर्शकों का ध्यान केन्द्रित करके दूरदर्शन द्वारा कुछ चुने हुए समाचारों या वक्तव्यों के प्रति श्रोताओं को मन्त्रमुग्ध करके रखना दूरदर्शन की एक खास विधा बन गई है। प्रीतीश नन्दी का शो, प्रणय राय का साप्ताहिक विश्वदर्शन आदि इस विधा के श्रेष्ठ प्रदर्शन हैं।

देश के बुद्धिजीवियों में ऐसे लोग शायद बिरले ही होंगे जो अत्यन्त बुद्धिशाली होने के साथ-साथ बीच बाजार में तमाशा भी कर सकें। ऐसे बिरले प्रतिभाशाली बुद्धिजीवियों की तलाश टेलीविजन व्यवसायियों को रहती है। उनके माध्यम से टेलीविजन के प्रदर्शन-व्यवसाय को कुछ बौद्धिक प्रतिष्ठा मिल जाती है, जिससे बहुत से भद्दे और अश्लील कार्यक्रमों को चलाना सम्मानजनक भी हो जाता है।

जब शुक्रवार के विश्वदर्शन कार्यक्रम के चलते प्रणय राय टी. वी. दर्शकों के प्रिय हो गए, तब उनको सरकार की आर्थिक नीतियों के बारे में सूचना देने का कार्यभार दिया गया। पिछले साल के बजट से नई अर्थनीति का यह दूरदर्शन-प्रयोग शुरू हुआ, और इस साल उसकी अवधि और उस पर पैसा काफी बढ़ा दिया गया है (सम्भवतः एक विदेशी कम्पनी इसके लिए पैसा दे रही है)। फरवरी, 1994 की 28 तारीख की शाम को वित्तमन्त्री ने जो बजट भाषण संसद में दिया उसका सीधा प्रदर्शन-प्रसारण किया गया। भाषा की जटिलता के कारण बहुत कम लोग बजट की बातों को समझ पाते हैं, ज्यादातर लोग इन्तजार करते हैं कि कोई उस बजट की व्याख्या करके उन्हें सुनाए। जो लोग अँगरेजी जानते हैं और बजट को समझकर दूसरों को भी समझाना चाहते हैं। ऐसे मत-निर्माता समूह (ओपिनियन मेकर्स)—व्यापारी, प्राध्यापक, लेखक, पत्रकार, राजनैतिक नेता आदि-बजट की व्याख्या तत्काल सुनने के लिए उत्सुक रहते हैं। ये लोग लगभग दो लाख होंगे जो करीब 50 लाख या शायद एक करोड़ पढ़े-लिखे लोगों तक अपनी बात पहुँचाते हैं। ये सारे लोग 28 फरवरी की शाम सात बजे से रात दस बजे तक अपने-अपने घरों में टेलीविजन देख रहे थे। इस बार की बजट व्याख्या दो किस्तों में

करीब डेढ़ घंटे चली और एक घंटा तो खुद वित्त मन्त्री मनमोहन सिंह प्रणय राय के पास बैठे रहे और सवालों के जवाब देते रहे। सवाल सचित्र आ रहे थे—लन्दन, हाँगकाँग और न्यूयार्क से; मुम्बई, कलकत्ता और बेंगलूर से। अनुमान है कि प्रणय राय को इस 'शो' के लिए करीब दस लाख रुपए मिले होंगे।

प्रणय राय दूरदर्शन की सेवा शुरू करने के पहले दिल्ली में अर्थशास्त्र की एक प्रसिद्ध अध्ययन और अनुसन्धानशाला में प्रोफेसर थे (दिल्ली में प्रोफेसरों को बहुत अच्छी तनख्वाह मिलती है)। प्राप्त सूचना के अनुसार वे न सिर्फ एक अच्छे विद्वान थे, बल्कि प्रगतिशील धारा से भी उनका घनिष्ठ सम्बन्ध था तथा उनके निबन्धों में प्रगतिशीलता का रुझान स्पष्ट रूप से परिलक्षित होता था। अध्ययन, अनुशीलन और अनुसन्धान के कार्यक्षेत्र को छोड़कर प्रणय दूरदर्शन के कार्यक्रम निर्माता बन गए। एक सामाजिक घटना के तौर पर इसका महत्त्व इस बात में है कि तीक्ष्ण बुद्धि के एक प्रगतिशील बुद्धिजीवी को अपना मध्यवर्गीय जीवन-स्तर काफी ऊँचा होते हुए भी अध्ययन और अनुसन्धान के कार्यक्रम को छोड़ देने में कोई झिझक नहीं हुई और काफी नाम तथा धन कमाने के लिए (यानी एक प्रचलित जायज उद्देश्य के लिए) वह खुशी-खुशी दूरदर्शन का एक तमाशगीर (यह एक मराठी शब्द है जिसे 'शो मैन' के लिए हम व्यवहार कर रहे हैं) बन गया।

28 फरवरी को यह बजट-दर्शन बहुत ही कुशलतापूर्वक दिखाया गया। एक मशहूर व्यापार-पत्रिका के सम्पादक को पास बैठाकर उससे बजट पर बातचीत के द्वारा प्रणय राय ने बजट की मुख्य बातें बता दीं। जाहिर था कि इस शुरुआती बातचीत का उद्देश्य बजट सम्बन्धी चर्चा के मुख्य बिन्दुओं को तय करना था और ये बिन्दु उदारीकरण के मानदंड से चिन्हित किए गए थे। जिन चार-पाँच मुख्य बातों को प्रणय राय ने रेखांकित किया, बाद के पूरे बजट-कार्यक्रम में सिर्फ उनकी पुष्टि की जा रही थी। बजट में अत्यधिक घाटे, सीमा शुल्क में भारी रियायत, अन्तरराष्ट्रीय मुद्रा कोष के ऋण की समय के पहले अदायगी आदि इसकी मुख्य बातें थीं। सारी बातचीत इन्हीं तीन-चार मुद्दों पर केन्द्रित रही। जब देश के महानगरीय व्यवसायियों की बारी आई तो उन्होंने भी उन्हीं बातों को कुछ नम्रतापूर्वक रखा। मुम्बई के शेयर बाजार से खबर आई कि भाव गिर रहा है। मगर क्यों ? इसलिए कि व्यापारियों ने 'इससे भी बढ़िया' बजट की उम्मीद कर रखी थी। लेकिन कोई खास परेशानी की बात नहीं। कुल मिलाकर बजट 'सही दिशा' में चल रहा है। शेयर बाजार कुछ दिनों में फिर अपनी रफ्तार में आ जाएगा। वित्तमन्त्री ने एक प्रश्न का उत्तर देते हुए कहा भी कि 'रातोरात सब कुछ' नहीं हो जाएगा।

जब बजट-कार्यक्रम का सारा समय अन्तरराष्ट्रीय और महानगरीय व्यापारियों से बातचीत में चला गया तब प्रणय राय को (या दूरदर्शन को) याद आया कि कुछ साधारण आदमियों से यानी किसान, महिला, युवा और उपभोक्ता नागरिक से भी बजट सम्बन्धी बातचीत दिखाई जाए, नहीं तो बजट-कार्यक्रम शायद अधूरा रह जाएगा।

शुरू में देश के महानगरों के व्यवसायी-संगठनों आदि की प्रतिक्रिया बताई गई। लेकिन बाद में जब वित्तमन्त्री आ गए तो उनसे बातचीत करने और सवाल पूछने के लिए हमारे दूरदर्शन का द्वार विश्व के लिए खुल गया और बजट का ग्लोबीकरण हो गया। देश के लोगों तक (यानी भारतीय भाषाओं के माध्यम से शहरों और कस्बों तक) बजट का सारांश पहुँचाने के काफी पहले धनी देशों की राजधानियों के व्यापारी हमारे बजट को कितना पसन्द कर रहे हैं और क्या-क्या खामी देख रहे हैं इसे यह खुद वित्तमन्त्री के आमने-सामने बैठकर बतलाने का कार्यक्रम चलाया गया। लन्दन, वाशिंगटन और हाँगकाँग में बैठे हुए विदेशी व्यापारियों ने सीमा-शुल्क घटाने के वायदे को पूरा करने के लिए धन्यवाद देते हुए मनमोहन सिंह के मुँह पर यह पूछा कि इतना घाटा क्यों रखा गया है ? बरकरार राजकीय अनुदानों (सबसिडी) को क्यों नहीं खत्म किया गया ? घाटे के परिणामस्वरूप मूल्य आदि की अस्थिरता के कारण क्या विदेशी व्यापारियों का उत्साह कम नहीं हो जाएगा ? सारी दुनिया के सामने उन विदेशी व्यापारियों द्वारा भारत सरकार के बजट पर भारत सरकार के वित्तमन्त्री से इस तरह के सवाल पूछने का इसके सिवा और क्या अर्थ है कि हमारे बजट को धनी देशों के व्यापारियों के प्रति पूर्ण रूप से जवाबदेह होना चाहिए। यह उदारीकरण के मानदंड से बजट की समीक्षा थी। एक किसान को दिखाया गया जो बुजुर्ग था और विलायती ढंग में सूट पहने हुए था। उसके अँगरेजी बोलने में व्याकरण की गलती नहीं थी और उसका अँगरेजी उच्चारण भी बढ़िया था। यह दूरदर्शन पर नई आर्थिक नीति को किसान की छवि थी। उसने सिर्फ एक सवाल पूछा और मनमोहन सिंह के जवाब के बाद वह शान्त हो गया। जब कार्यक्रम समाप्त होने में बस एक-दो मिनट बाकी रह गया था तब जल्दी में बेंगलूर महानगर के किसी दफ्तर में कुछ लोगों को दिखाया गया (कुछ साधारण आदमियों और उपभोक्ताओं को दिखाना था)। एक बेरोजगार युवक की हैसियत से जिससे बेरोजगारी के सम्बन्ध में सवाल पूछना था, उसने बेरोजगारी का नाम तो लिया मगर सवाल यह पूछा कि घाटे के बजट को देखकर पूँजीनिवेश करनेवाले हतोत्साहित होंगे तो रोजगार कैसे बढ़ेगा ? इस सवाल से पता चलता है कि प्रश्नकर्ता कोई बेरोजगार युवक नहीं था बल्कि युवा व्यापारी था (पोशाक और चेहरे से भी वैसा ही लग रहा था)। बिलकुल अन्त के एक-दो सेकेंडों में एक महिला ने उपभोक्ताओं से सम्बन्धित एक सवाल रखा और वित्तमन्त्री का जवाब पाकर सन्तुष्ट हो गई। उसे महिला और उपभोक्ता दोनों की भूमिकाओं में दिखाकर प्रणय राय ने सोचा होगा कि पूरे समाज को उन्होंने बजट से जोड़ दिया और देश के सभी वर्गों की प्रतिक्रिया भी आ गई।

जिस तरह 'इंडिया टुडे' का सम्पादक कुछ महानगरों के विद्यार्थियों से बातचीत का हवाला देकर देश की युवा पीढ़ी के बारे में एक खास तरह का निष्कर्ष और एक खास तरह की छवि प्रचारित करने की कोशिश करता है, ठीक उसी तरह की कोशिश दूरदर्शन पर प्रणय राय कर रहे हैं (देखें पिछला लेख 'प्रतिक्रान्ति और पत्रकारिता')। लन्दन, न्यूयार्क, हाँगकाँग और मुम्बई के व्यापारियों से बातचीत दिखाकर बजट का गुण-दोष

बताया जा रहा है। बजट जिसमें भारत सरकार के सारे पैसे (उधार सहित) का हिसाब-किताब रहता है, क्या वह केवल इन्हीं लोगों के लिए अर्थ रखता है। सर्वप्रथम हाँगकाँग और अमरीका के व्यापारी, दूसरे क्रम में मुम्बई तथा कलकत्ता के व्यापारिक संघ और शेयर बाजार, तीसरे क्रम में सूटबूट पहने हुए भूस्वामी और चौथे क्रम में कुछ हद तक महानगरीय खाते-पीते मध्यम वर्ग के लोग। बाकी सभी लोग और समूह बजट के लिए बिलकुल अप्रासंगिक हैं। प्रणय राय का यही सन्देश है।

देश के गरीब लोग और जनसमूह प्रणय राय के लिए अप्रासंगिक क्यों हो गए हैं ? इस प्रश्न का उत्तर हमें मिल सकता है यदि हम प्रणय राय को एक नए किस्म के बुद्धिजीवी वर्ग के उभार के प्रतिनिधि के रूप में देखें, जिसका जनता से लगाव खत्म हो चुका है। यहाँ हम प्रणय राय को एक व्यक्ति के रूप में नहीं, बल्कि एक सामाजिक घटना के रूप में देखने की कोशिश करें, क्योंकि प्रणय राय की वर्तमान भूमिका कोई अकेली दुर्घटना नहीं है। इसकी व्याप्ति काफी बढ़ गई है। एक मध्यवर्गीय प्रतिभा-सम्पन्न बुद्धिजीवी, जिनका अपनी युवावस्था में प्रगतिशीलता की तरफ झुकाव हो जाता है, दिल्ली के एक प्रतिष्ठित शिक्षाकेन्द्र में प्राध्यापक था। उसे तनख्वाह के रूप में अच्छी रकम मिलती थी जिससे वह आर्थिक रूप से सुरक्षित था। अपने प्रगतिशील रुझान के कारण वह जनसाधारण से जुड़ाव महसूस करता था। चार-पाँच साल पहले टेलीविजन के माध्यम से एक नई विज्ञापनी संस्कृति का अनुप्रवेश होता है। देश की अर्थनीति में ऐसे परिवर्तन तेजी से होने लगते हैं कि वह मध्यवर्गीय उच्चशिक्षित, मेधावी, प्रगतिशील रुझानवाला युवा बुद्धिजीवी अब मध्यवर्गीय न रहकर साल में पचीस-तीस लाख की कमाई कर सकता है। टेलीविजन और नई अर्थनीति का संयोग उसके लिए अपने को विज्ञापित करने और साथ ही प्रचुर धन हासिल करने का आकर्षण पैदा कर देता है। वह इसकी गिरफ्त में आ जाता है और उस पर धन की हविस तथा आधुनिक मीडिया की चकाचौंध हावी हो जाती है। उसका सामाजिक लगाव छूट जाता है। भारत के करोड़ों साधारण जन उसके लिए अप्रासंगिक हो जाते हैं। बहुराष्ट्रीय कम्पनियाँ उसको काफी धन देकर उसकी मेधा का इस्तेमाल करने के लिए होड़ लगाती हैं। इस बात की होशियारी बरती जाती है कि उसे यह पता न चले कि वह एक बिकाऊ माल है, इसलिए उसे ऐसे ही काम में लगाया जाता है जिसमें उसे यही आभास हो कि वह चमत्कारी ढंग से एक बौद्धिक कार्य में लगा हुआ है। वह स्वयं को खुशी-खुशी बेच सके इसके लिए भी यह जरूरी है कि उसके काम की एक बौद्धिक छवि हो तथा वह स्वयं के बारे में यह धारणा बना सके कि देश को आगे बढ़ा रहा है। प्रणय राय के इस तरीके से देश को आगे बढ़ाने के लिए यह जरूरी है कि करोड़ों साधारण जनों को अप्रासंगिक मानकर देश के बारे में सोचा जाए।

दिल्ली से टिकैत बहुत दूर नहीं हैं। बजट-भाषण के दो घंटे बाद मनमोहन सिंह टी. वी. पर आए तो किसान नेता महेन्द्र सिंह टिकैत को भी बुलाया जा सकता था। प्रणय राय बंगाली हैं। कलकत्ता या जलपाईगुड़ी को किसी मध्यवर्गीय गृहिणी से, जिसके

पास टेलीफोन की सुविधा है, सीधे दूरदर्शन के पक्ष से बात की जा सकती थी, उसे बताया जा सकता था कि बजट में कितने का घाटा है और इतने बड़े घाटे का मतलब मूल्यवृद्धि ही होता है। लेकिन प्रणय राय को शायद यह आजादी नहीं होगी कि बजट को मूल्यवृद्धि करनेवाला कह सकें। घाटे की बहुत चर्चा हुई; लन्दन, न्यूयार्क, हाँगकाँग के जो व्यापारी बजट की चर्चा में दूरदर्शन पर आए, सबने घाटे की बात उठाई। साधारण आदमी की दृष्टि से इतने बड़े घाटे का परिणाम मूल्यवृद्धि में ही होगा, मगर यह ठोस पहलू बजट की चर्चा में कहीं नहीं आया। घाटे से जो आर्थिक अनिश्चितताएँ होंगी उनका डर विदेशी पूँजी निवेशकों को हतोत्साहित करेगा, सिर्फ यही चिन्ता घाटे को लेकर दिखाई गई। घाटे के परिणाम के लिए 'अनिश्चितता' शब्द के प्रयोग से मूल्यवृद्धि की जन-जन की समस्या को छिपा दिया गया क्योंकि प्रणय राय की बजट-समीक्षा के केन्द्र में विदेशी पूँजी निवेशकों का स्वार्थ एकमात्र मानदंड था।

नई आर्थिक नीति तथा आधुनिक संचार माध्यमों के संयोग से एक नई बुद्धिजीवी वर्ग का उदय हो रहा है। इस वर्ग के पहले उभार में वे महानगरीय बुद्धिजीवी हैं जो अपने को विज्ञापन का हिस्सा बनाने के लिए और करोड़ों साधारण जनों को अप्रासंगिक मानने के लिए तैयार हो गए हैं।

—मार्च, 1994

सेकुलरवाद और उसका छद्म

- ☐ पुनरुत्थानवादी ताकतें कौन सी हैं
- ☐ सती-प्रथा पर भारतीयतावादियों से कुछ सवाल
- ☐ 'हिन्दू को परिभाषित मत करो'
- ☐ राष्ट्रीय एकता की वास्तविक चुनौतियाँ
- ☐ सेकुलर आन्दोलन की गलतियाँ
- ☐ इतिहास और बदले का सिद्धान्त
- ☐ राष्ट्र के हत्यारों के खिलाफ एक कार्यक्रम
- ☐ धर्मनिरपेक्षता का घोषणा-पत्र-1
- ☐ धर्मनिरपेक्षता का घोषणा-पत्र-2
- ☐ धर्मनिरपेक्षता का घोषणा-पत्र-3
- ☐ धर्मनिरपेक्षता का घोषणा-पत्र-4
- ☐ धर्मनिरपेक्षता का घोषणा-पत्र-5

पुनरुत्थानवादी ताकतें कौन सी हैं

भारत में अँगरेजी लेखन और भाषण में 'रिवाइवलिज्म' शब्द का अत्यधिक प्रचलन होता है, गाली या आरोप के तौर पर। रिवाइवलिज्म का हम हिन्दी में अनुवाद 'पुनरुत्थानवाद' करते हैं। यह पुनरुत्थानवाद क्या है ? इसकी न कोई अवधारणा बनी है और न ही इसे ठीक ढंग से परिभाषित किया गया है। पुरानी परम्पराओं और मूल्यों को आधुनिक युग में प्रचलित करने की कोशिश करने और प्रगति को रोकने के मोटे अर्थ में इसका इस्तेमाल होता है।

यह बात असत्य नहीं है, लेकिन अर्धसत्य है। सत्य का दूसरा और अधिक महत्त्वपूर्ण हिस्सा यह है कि आधुनिकता के सतही और अवैज्ञानिक तथा असफल प्रयोग से ही पुनरुत्थानवाद का जन्म होता है। इसलिए यह उन समाजों में एक ऐतिहासिक अनिवार्यता है, जहाँ आधुनिकता को सर्जनात्मक प्रक्रिया से नहीं, मौलिक विचारों और व्यवहार द्वारा नहीं, सिर्फ नकल के रूप में अपनाया जाता है; जहाँ न आत्मिक स्तर पर और न ही भौतिक स्तर पर पूरा समाज आधुनिकता से लाभान्वित होता है। अगर अतीत में कोई पुरानी सभ्यता चली आ रही थी तो प्रतिरोध की ताकत उसी से मिलती है। इस प्रतिरोध का नाम पुनरुत्थानवाद है। इसकी दिशा और भूमिका कितनी भी प्रतिगामी हो, इसका उद्‌गम स्थल समाज की बुनियाद ही है। इसलिए ईरानी पुनरुत्थानवाद को धार्मिक बुनियादवाद कहा गया है। किसी को पुनरुत्थानवादी कहकर अपने को प्रगतिशील दिखाने का ढोंग बहुत हो चुका है। लेकिन इस पुनरुत्थानवाद को कहाँ से शक्ति मिलती है ? इस प्रश्न पर उतनी गम्भीरता से चर्चा नहीं की जाती है, जितनी की जानी चाहिए।

समाजशास्त्र में यह सर्वसम्मत रूप से माना गया है कि मानव का सांस्कृतिक विकास समूहों के दायरे में होता है। समूहों की प्रगति-अधोगति में एक निरन्तरता की कड़ी बनी रहती है—यही परम्परा है। नई परम्परा बनती रहती है, पुरानी परम्परा घटती रहती है, कभी लुप्त होती है और कभी पुनरुज्जीवित हो जाती है। परम्परा अच्छी और बुरी दोनों होती हैं। यह सोचना होता है कि परम्परा के किस अंश को आगे बढ़ाना है, किस अंश को छोड़ देना है, किस अंश का सहारा लेकर फिर धीरे-धीरे उसको भी छोड़ देना है। जिसको छोड़ा गया है, उसके स्थान पर क्या नई चीज बनानी है—हरेक नई पीढ़ी के समाज-निर्माताओं को इन प्रश्नों के साथ जूझना पड़ता है। इसी तरह समाज

का नवीकरण या आधुनिकीकरण होता है। जहाँ नवीकरण का काम अधकचरे ढंग से होता है, अवैज्ञानिक और असफल होता है, वहाँ दो प्रकार की गड़बड़ियाँ पैदा होती हैं। जिस समाज में आधुनिकता को बिलकुल नहीं अपनाया जाता है, वहाँ जड़ता आ जाती है। आदिवासी समाज में इसके कई उदाहरण मिलेंगे। आधुनिकता के गलत प्रयोग से जो गड़बड़ी होती है, उसको ढूँढ़ना नहीं पड़ेगा। जापान को छोड़कर एशिया और अफ्रीका का प्रत्येक मुल्क इसका शिकार है। इसकी कोई समाजशास्त्रीय जाँच नहीं हो रही है। इसमें भी दो प्रकार के परिणाम होते हैं। जिस समाज के अतीत में सभ्यता का कोई विकास नहीं हुआ है, वहाँ नकली आधुनिकता का प्रतिरोध नगण्य रूप से होता है। लेकिन जिसकी अपनी सभ्यता और संस्कृति पहले से रही है, वहाँ आधुनिकता के प्रति हमेशा एक आलोचना की दृष्टि रहती है।

पश्चिम यूरोप या अमरीका की आधुनिकता इस अर्थ में गलत नहीं है। यह उनकी अपनी सभ्यता है। उनके अन्दर की जीवन-शक्ति और प्रकांड साधना से यह पैदा हुई है। अगर पूरे मानव समाज के लिए या दुनिया के भविष्य के लिए यह अनुपयोगी साबित हो रही है, तो अभी तक प्रत्येक सभ्यता का यही हश्र रहा है। कुछ अरसे तक दुनिया के एक इलाके का विकास के चरमोत्कर्ष पर जाकर पतनशील और बाँझ हो जाना, प्रत्येक सभ्यता की परिणति रही है। यूरोपीय मनुष्य के लिए यह सभ्यता कोई सतही चीज नहीं है। लेकिन उसके लिए जो स्वाभाविक प्रगति थी वह हमारे लिए 'आधुनिकता' हो गई है। यूनानी संस्कृति, रोमन साम्राज्य, ईसाई धर्म, ब्रिटेन की राजनीति, फ्रांस की क्रान्ति, जरमनी का दर्शनशास्त्र, गैलिलियो की शहादत आदि आधुनिकता की ये प्रचीन और मध्यकालीन कड़ियाँ हैं। वहाँ अतीत को पार किया जा चुका है। अतीत को पार करने का मतलब है–अतीत का कर्ज चुकाते हुए, अतीत को हजम करते हुए वर्तमान को बनाना। जहाँ अतीत के साथ उदासीनता बरती जाती है, वहाँ अतीत अपना कर्ज वसूलने के लिए सिर उठाएगा ही। यही पुनरुत्थानवाद है।

आज की दुनिया में सिर्फ यूरोप-अमरीका के गोरे लोगों को पुनरुत्थानवाद का भय नहीं है। उनके समाज में पुनरुत्थानवाद की सशक्त धारा नहीं बन सकती। उनके समाज में जब पीछे जाने की कोई जबरदस्त कोशिश होती है, तो वह तीस या पचास साल से पीछे नहीं जा सकती–जैसे हिटलरवाद या नस्लवाद के पुनरुत्थान की कोशिश। और यह भी मजबूत नहीं हो पाती। जापान में पुनरुत्थानवाद की सम्भावना बहुत क्षीण हो गई है, हालाँकि जापान के एक एशियाई देश होने के कारण वहाँ आधुनिकीकरण के सामने कुछ अवरोध है। यह अवरोध दब या मिट जाएगा, क्योंकि आधुनिकीकरण का भौतिक पक्ष वहाँ सफल हुआ है, इसके जरिए पूरे समाज को लाभ मिला है। फिर भी जिस बिन्दु पर अतीत के साथ बलात्कार हुआ है, वहाँ पुनरुत्थानवाद की गुंजाइश बनी हुई है।

अभी यह स्पष्ट हो जाता है कि पुनरुत्थानवाद क्या है ? अपनी संस्कृति और इतिहास को समझते हुए अगर समाज का नवीकरण नहीं हो पाता तो जड़ता या

पुनरुत्थानवाद की सम्भावना रहती है। नवीकरण की तीन प्रक्रियाएँ होंगी—एक, अपने युग की प्रमुख सभ्यता से कुछ चीजों को अपनाना होगा। उन चीजों को अपनाने के लिए अपनी कुछ चीजें छोड़नी पड़ेंगी। जैसे, सामाजिक समानता को अपनाने के लिए जाति-प्रथा छोड़नी होगी। यह समझना गलत होगा कि पश्चिम की सामाजिक समानता पूरे मानव समाज को अपना समाज मानती है। हमारा युग उस आदर्श से बहुत दूर है। लेकिन राष्ट्र के अन्दर या अपने धर्म के अन्दर प्रत्येक मनुष्य को समान दृष्टि से देखना—यह एक यूरोपीय और आधुनिक मूल्य है। दो, कुछ चीजें बदलनी होंगी, लेकिन बदलने की रफ्तार धीमी होगी, जैसे—ईश्वर या मन्दिर। मठ को तुरन्त खत्म किया जा सकता है, लेकिन मन्दिर को नहीं। तीन, भौतिक और सांस्कृतिक पैमाने पर कुछ चीजों को अपने सोच और श्रम से पैदा करना होगा, इनको लेकर नए मूल्य बनेंगे या आधुनिकता में हमारा अपना योगदान होगा।

अगर इन तीन कसौटियों पर परखें तो आजादी के बाद के भारत में कुछ भी नहीं हुआ। इसके लिए जिम्मेदार कौन हैं ? पिछड़े मुल्कों के समाज में राजनेता की एक निर्णायक भूमिका होती है। बुद्धिजीवी वर्ग का वही प्रतिनिधित्व करता है और उसके माध्यम से ही बुद्धिजीवी समूह अपना काम करते हैं। राजनेता और बुद्धिजीवी दोनों का चरित्र एक जैसा होता है। भारत के स्वाधीनता आन्दोलन के दिनों में राजनेता और बुद्धिजीवियों की एक जैसी दृष्टि और एक जैसा चरित्र था। आज भी राजनेता और बुद्धिजीवियों का एक जैसा चरित्र और एक जैसी दृष्टि है। दोनों धाराओं में भिन्नता को स्पष्ट करने के लिए हम दो उदाहरण ले सकते हैं—एक, धर्म के मामले में—आजादी के पहले दयानन्द, विवेकानन्द से लेकर गांधी तक जितनी धाराएँ थीं, उनमें मूर्ति-पूजा को छोड़ना, जाति-प्रथा को तोड़ना, श्रम की प्रतिष्ठा के लिए पाखाना साफ करना या चरखा चलाना जैसी बातें थीं। आजादी के बाद राजनेता और बुद्धिजीवियों में मूर्ति-पूजा बढ़ी; स्वामीजी लोगों, तान्त्रिकों, ज्योतिषियों का प्रभाव बढ़ रहा है। दो जाति-प्रथा मजबूत होकर राजनीति तथा विश्वविद्यालय में व्याप्त हो चुकी है। उसके खिलाफ आन्दोलन की कोई सशक्त धारा नहीं है।

विकास के सम्बन्ध में—आजादी के पहले गाँव को सुन्दर और शिक्षित बनाने, गाँव को उद्योगों से लैस करने की एक खास धारा बन गई थी। उपभोग को कम करना और उत्पादन को बढ़ाना एक मूलमन्त्र था। आजादी के बाद गाँव को बिलकुल केन्द्र नहीं माना गया। कांग्रेस पार्टी हो या जनता पार्टी हो या मार्क्सवादी दल, सभी इस मामले में एक हैं। औद्योगीकरण के लिए बड़े नगरों को चुना गया या बसाया गया। दिखावे के लिए भी जिलों के मुख्यालय तक ही औद्योगीकरण को पहुँचाने की योजना होती है। उपभोग पर सारी पाबन्दियाँ खतम हो चुकी हैं। खुद सरकार उपभोग के नए साधनों का प्रचार करती है—जैसे पाँचसितारा होटल और रंगीन टेलीविजन।

हमारा कहना है कि आजादी के पहले आधुनिकीकरण की राष्ट्रीय धारा सही और वैज्ञानिक थी। इतिहास, संस्कृति और भौतिक सीमाओं को समझकर उसका प्रयोग हो

रहा था। इसलिए पुनरुत्थानवाद या हिन्दू महासभा एक सशक्त धारा नहीं बन सकी। आजादी के बाद राष्ट्रीय स्वयं सेवक संघ या विश्व हिन्दू परिषद सशक्त बन रहे हैं, क्योंकि भारत के राजनेता और बुद्धिजीवी नकली आधुनिकीकरण को अपनाने के साथ-साथ जाति-व्यवस्था और मूर्ति-पूजा को भी बढ़ावा देते हैं। कम्प्यूटर विज्ञान में अच्छी नौकरी पाने के लिए काली माता को प्रसाद चढ़ाना या साईंबाबा का आशीर्वाद प्राप्त करना अपवाद नहीं, नियम है यानी नकली आधुनिकता और रूढ़िवाद, ये दोनों एक दूसरे को पुष्ट करते हैं। जहाँ आधुनिकता इतनी कमजोर और सतही होती है कि रूढ़िवाद का सहारा लेना पड़ता है, वहाँ पुनरुत्थान के लिए उर्वर भूमि बनती जाती है।

कुछ राजनेता, बुद्धिजीवी और नौजवान कहते हैं–'मैं तो जात-पाँत नहीं मानता।' ऐसा कहनेवाले अक्सर जनेऊ धारण करते हैं, अपनी जाति में शादी करते हैं और उसी जाति की सन्तान पैदा करते हैं; उनका खान-पान, मेल-मिलाप, गपशप अपनी या नजदीक की जातियों के साथ ही होते हैं। जाति का काम प्रजनन और सामाजिक सम्पर्क है। अगर हम जाति में पैदा हुए हैं, जाति की सन्तान पैदा कर रहे हैं, जाति के साथ ही सुख-दुख मनाते हैं, तो उस अनुपात में हम जाति के बन्धन में हैं। यह दावा करना बड़ा कठिन है कि 'मैं पूरी तरह जाति को छोड़ चुका हूँ।' जाति के बन्धन से मुक्त होने, उससे ऊपर उठने की एक निरन्तर कोशिश ही हो सकती है। जो जितना ईमानदारी से इसकी कोशिश करता रहता है, वही जाति-व्यवस्था से मुक्त माना जा सकता है। जब हम जाति को न मानने का ढोंग करते हैं, लेकिन जाति-व्यवस्था के खिलाफ कोई ठोस काम नहीं करते तब जाति का अनुप्रवेश इतना अधिक होता है कि राजनीति और विश्वविद्यालय जैसे सेकुलर (इहलौकिक) कार्यकलाप में भी वह हावी हो जाती है। अगर हमारे विश्वविद्यालय में जाति-व्यवस्था का जोर है, तो समाज में पुनरुत्थान पर आश्चर्य प्रकट करना हमारी नादानी है। अगर हमारी राजनीति में जातिवाद और जाति-प्रथा के खिलाफ कोई आन्दोलन नहीं है, तो दलों के अन्दर जातीयता जरूर हावी होगी। भारतीय जनता पार्टी को पुनरुत्थानवादी कहना आसान हो गया है। लेकिन जनता पार्टी, कांग्रेस या कम्युनिस्ट पार्टी को क्यों नहीं कहा जाता है ? इनके चोटी के नेता लोग जातिवाद को प्रोत्साहन देते हैं या नहीं ? क्या जातिवाद एक पुनरुत्थानवादी मूल्य नहीं है ? जो जातिवादी है वह सक्रिय रूप से साम्प्रदायिक आचरण न भी करे, तो भी साम्प्रदायिकता के ऊपर नहीं उठ सकता। जाति-व्यवस्था के खिलाफ आन्दोलन न चलाने के फलस्वरूप देश के सारे राजनीतिक दल पुनरुत्थानवाद के और साम्प्रदायिकता के सहायक हैं। किसी ने अभी तक मुझे इस प्रश्न का जवाब नहीं दिया है कि क्यों जम्मू के उत्तर में और गुवाहाटी के पूर्व में किसी भी अखिल भारतीय पार्टी का जीवन्त संगठन नहीं बन पाता है ? कम्युनिस्ट पार्टी की इकाई भी नहीं चल पाती है। क्या पूर्वी भारत में जहाँ बंगाली द्विज हिन्दू नहीं होंगे, वहाँ कम्युनिस्ट पार्टी की मजबूत इकाई हो सकती है ? हिन्दू होकर द्विजों की या अपनी जाति की राजनीति करना, हिन्दू समाज को बदलने की कोई नीति या कार्रवाई न चलाना, यह अखिल भारतीय राजनीतिक दलों की बेईमानी है, जो अपने

को सेकुलर (धर्मनिरपेक्ष) कहते हैं। इनमें से किसी के पास धर्म व्यवस्था और जाति-व्यवस्था बदलने का कार्यक्रम नहीं है।

इसलिए सेकुलर शब्द का उलटा अर्थ हो गया है–सब धर्मों की रूढ़िवादिता को प्रोत्साहित करना ही 'सेकुलर' समझा जाता है। हिन्दुओं की जाति-प्रथा और मुसलमानों की शरीअत दोनों के विरुद्ध कुछ नहीं करना ही सेकुलर माना जाता है। असल में राजनीति शिक्षा, खेल–जीवन के अधिक-से-अधिक क्षेत्रों को धर्म और ईश्वर से युक्त करना ही सेकुलर कार्यक्रम हो गया है। भारत की पलटन जहाँ जाती है, मन्दिर और गुरुद्वारा, पंडित और पुजारी साथ-साथ चलते हैं। पुलिस थानों में हनुमान की पूजा होती है। स्कूल, कॉलेज की पूजा में पंडित को बुलाया जाता है। योजना के आरम्भ या चुनाव अभियान के श्रीगणेश के लिए ज्योतिषी और शंकराचार्य की जरूरत पड़ती है। फिर भी हम हिन्दू पुनरुत्थानवाद की सारी जिम्मेदारी भारतीय जनता पार्टी के ऊपर डालकर अपने विवेक को शान्त रखते हैं। मैं इतना फरक कर सकता हूँ कि भारतीय जनता पार्टी की साम्प्रदायिकता में मुसलमान विद्वेष है, जनता पार्टी या कम्युनिस्ट पार्टी की साम्प्रदायिकता में एक विशेष गुण के रूप में यह नहीं है।

निष्कर्ष यह है कि सही प्रकार के आधुनिकीकरण के अभाव में पुनरुत्थानवाद मजबूत हो रहा है। सही प्रकार के आधुनिकीकरण की शुरुआत तब हो सकती है जब (1) जाति-प्रथा और धार्मिक रूढ़िवाद के विरुद्ध भारत के राजनेता और बुद्धिजीवी निरन्तर संघर्ष करेंगे। (2) उपभोग की संस्कृति, जिसके चलते नकली आधुनिकीकरण की लोकप्रियता बन रही है, के विरुद्ध एक सांस्कृतिक क्रान्ति का आन्दोलन चलाएँगे। (3) भौतिक सुख-सुविधा की ऐसी योजना बनाई जाएगी, जिससे कि पूरी आबादी लाभान्वित हो। यह तब होगा जब आराम और विलास के उत्पादन को स्थगित कर भोजन, मकान और शिक्षा सम्बन्धी जरूरी सामान के उत्पादन को प्राथमिकता दी जाएगी।

अन्त में दो विशिष्ट प्रकार के पुनरुत्थानवाद का हम उल्लेख करेंगे–सिखों के पुनरुत्थानवाद और स्त्री सम्बन्धी पुनरुत्थानवाद। आधुनिकीकरण से अधिक लाभान्वित कोई समूह हुआ है, तो वह है सिख समूह। उस समूह में धार्मिक पुनरुत्थानवाद देखकर कुछ लोग आश्चर्य में पड़ेंगे। लेकिन हम पहले ही कह चुके हैं। यह एक तार्किक परिणाम है। यहाँ परिणाम की प्रक्रिया अलग है। नकली आधुनिकीकरण ने जो विषमता पैदा की है, उसमें सामाजिक अलगाव जरूरी है, अन्यथा पंजाब के सिखों को मध्य प्रदेश के भीलों के साथ भूख और गरीबी का हिस्सेदार होना पड़ेगा या उनकी सम्पन्नता में हिस्सा बँटाने के लिए कुछ अन्य लोग भी पंजाब पहुँच सकते हैं। एक दूसरा कारण यह है कि भारत का बहुसंख्यक धर्मवाला समाज हिन्दू है, अगर उसमें अलगाव की प्रवृत्ति बढ़ेगी तो अल्पसंख्यक धर्मों में लाजिमी तौर पर अलगाव बढ़ेगा ही। अगर राजपूत, भूमिहार और यादव नेता जाति के बल पर राजनीति चलाएँगे, तो जिन समूहों में ब्राह्मण, राजपूत, यादव नहीं हैं, केवल धर्म है, वहाँ धर्म की राजनीति अवश्य चलेगी।

स्त्री सम्बन्धी पुनरुत्थानवाद विभिन्न रूपों में प्रकट होता है। सती-प्रथा को भी पुनरुज्जीवित करने की कोशिश हो रही है। पिछड़ी जातियों में औरतों को घर में बन्द करने और विधवा विवाह पर पाबन्दी लगाने जैसी स्थिति पैदा हो रही है। भारत की आधुनिकता उपभोग संस्कृति तक ही सीमित है। इसके अनुसार, नारी भोग की वस्तु है। पुरानी परम्परा की दृष्टि से नारी, पुरुष की सेविका और दासी है। दोनों दृष्टियों में बहुत अन्तर नहीं है। इन दोनों मूल्यों का संयुक्त दबाव भारतीय नारी पर पड़ता है। दहेज अपने में कोई प्राचीन प्रथा नहीं है। यह केवल जाति-प्रथा और आधुनिकीकरण का संयुक्त नतीजा है। जाति में ही शादी करनी है–एक तरफ यह मजबूरी। दूसरी तारीफ उपभोग संस्कृति का तकाजा है कि यह माना जाए कि मोटरगाड़ी, स्कूटर, टेलीविजन ही वैवाहिक सुख का सामान हो सकता है। आर्थिक आधुनिकीकरण इन वस्तुओं का प्रचार करता है, लेकिन सबको दे नहीं पाता। औरत को भय दिखाकर उसके परिवार से इन चीजों को प्राप्त किया जा सकता है। भोगवाद और जाति-प्रथा ने मिलकर औरत सम्बन्धी पुरानी मान्यता को उजागर किया है। पुनरुज्जीवन पाकर यह धारा सती-प्रथा तक भी जा सकती है।

जाति व्यवस्था और नकली आधुनिकीकरण को खतम किए बगैर हम पुनरुत्थानवाद से बच नहीं सकते।

–नवम्बर, 1982

सती-प्रथा पर भारतीयतावादियों से कुछ सवाल

[दिवराला (राजस्थान) सती-कांड के बाद भारतीय संस्कृति में नर-नारी सम्बन्धों पर सितम्बर-अक्टूबर 1987 में जनसत्ता के दिल्ली संस्करण के सम्पादक श्री बनवारी के कई लेख छपे। इन लेखों पर अपनी प्रतिक्रिया व्यक्त करते हुए मैंने बनवारीजी को एक लेख-पत्र लिखा। यह जनसत्ता में नहीं छपा तो मैंने उसे 'हंस' को भेज दिया तो उसमें यह प्रकाशित हुआ और बाद में सामयिक वार्ता में भी।]

प्रिय बनवारीजी,

भारतीयता पर आपका जो भी लेख मेरी नजर से गुजरता है, मैं उसे अवश्य पढ़ता हूँ। कारण, मेरी भी यह मान्यता है कि आधुनिकतावाद हमारे देश को घोर मूल्यहीनता और दरिद्रता की ओर ले जा रहा है। परन्तु आपके लेखों को पढ़ते वक्त मुझे कभी-कभी परेशानी होती है। मुझे लगता है कि आपके प्रतिपादनों से कट्टर हिन्दूवाद को ही बल मिलेगा। अगर आपका लक्ष्य है कि भारतीयता के आधार पर एक नई संस्कृति और समाज का निर्माण हो तो कट्टर हिन्दूवाद के बढ़ने से इस लक्ष्य पर प्रतिकूल असर होगा। कई बार इच्छा हुई कि आपसे मिलकर बातचीत करूँ। परन्तु दूरी के कारण ऐसा नहीं हो सका। इसलिए आपको सम्बोधित करते हुए यह लेख लिख रहा हूँ। आपके लेखों से मेरे मन में जो संशय उत्पन्न होता है उसी को इस लेख-पत्र में लिपिबद्ध कर रहा हूँ।

आधुनिकतावाद के विरोध में और भारतीयता के समर्थन में इस वक्त देश में एक छोटा सा वैचारिक समूह बना हुआ है। इतिहासकार धर्मपाल, कन्नड़ लेखक अनन्तमूर्ति और हिन्दी लेखक निर्मल वर्मा भी शायद इस धारा के अन्तर्गत हैं। अरुण शौरी को मैं इस धारा का नहीं मानता हूँ। वे सिर्फ हिन्दूवाद के पक्षधर हैं। वे भारतीयतावादी नहीं हैं। राजनीति व अर्थनीति में वे सम्पूर्ण आधुनिकतावादी हैं। अनन्तमूर्ति व निर्मल वर्मा को मैंने ठीक ढंग से नहीं पढ़ा है। आपके लेखों को कुछ ज्यादा पढ़ा है। वैसे तो आपकी धारा को भारतीयतावाद कहता हूँ लेकिन जब मुझे इसमें खतरा दिखाई देता है तब इसे 'बौद्धिक हिन्दूवाद' कहता हूँ। साम्प्रदायिक हिन्दूवाद और कट्टर हिन्दूवाद से सम्पूर्ण भिन्न होने पर भी इसकी कुछ ऐसी कमजोरियाँ हैं कि साम्प्रदायिक और कट्टर हिन्दूवाद के लिए वह एक चुनौती बनने के बजाय एक ढाल बन जाता है। सती-प्रथा पर विवाद के सन्दर्भ में यही हो रहा है। राजपूत जाति के तलवारधारी

संरक्षकगण और पुरी-शंकराचार्य के भक्त लोग आपको अपना पक्षधर मानेंगे। 1934 के बिहार भूकम्प के दिनों में गांधीजी के बयान का तीखा विरोध रवि ठाकुर ने तो किया था, लेकिन कट्टर हिन्दूवादी लोगों की हिम्मत नहीं हुई कि गांधीजी को अपना पक्षधर मानें।* गांधीजी की भारतीयता में जहाँ आधुनिकतावाद के खिलाफ धार थी वहाँ कट्टर हिन्दूवाद के खिलाफ भी तीखी धार थी। गांधी और रविठाकुर दोनों का लक्ष्य था भारतीय संस्कृति का नव सृजन। दोनों का विवाद एक ही खेमे का अन्दरूनी संघर्ष था। दोनों से कट्टर हिन्दूवाद भयभीत था। उनके पहले स्वामी विवेकानन्द से भी कट्टर हिन्दूवाद भयभीत था।

भारतीयता की सबसे आत्मघाती प्रवृत्ति यह है कि भारतीय संस्कृति की अच्छाइयों की कल्पनाओं में वह इतना रम जाती है कि उसकी सारी विकृतियों, विवेकहीनताओं और जड़ताओं के प्रति भी उसे ममता होने लगती है। वह दुविधा में सोचती है, 'दिखने में अमानवीय होने पर भी उनके पीछे जरूर कोई ब्रह्मांड विषयक सत्य रहा होगा सो उन पर प्रहार करना गलत हो सकता है।' आपके लेख और जनसत्ता के सम्पादकीय में इसी प्रकार की दुर्बलता छिपी हुई है। इस उद्धरण को देखें, ''जो लोग इस जन्म को ही आदि और अन्त मानते हैं और अपने व्यक्तिगत भोग में ही सबसे बड़ा सुख देखते हैं, उन्हें सती-प्रथा कभी समझ में नहीं आएगी। यह उस समाज से निकली है जो मृत्यु को व्यक्ति का सर्वथा अन्त नहीं मानता, बल्कि उसे एक जीवन से दूसरे जीवन की तरफ बढ़ने का माध्यम समझता है। ऐसा समाज ही सती-प्रथा के उचित होने पर कोई सार्थक बहस कर सकता है। उसी हिसाब से अब नए सिरे से सती-प्रथा पर विचार होना चाहिए। मगर यह अधिकार उन लोगों को नहीं है जो भारत के आम लोगों की आस्था और मान्यताओं को समझते नहीं हैं। ऐसे लोग कोई फैसला देंगे तो उसकी वैसे ही धज्जियाँ उड़ेंगी जैसे राजस्थान हाईकोर्ट के फैसले की दिवराला में उड़ी ('दिवराला की सती'—सम्पादकीय 'जनसत्ता')।''

बोलने की यह शैली इस प्रकार है—'हमारे समाज में बुराई हो सकती है, जब हमारा विवेक जगेगा तब हम इसका विरोध करेंगे। लेकिन खबरदार ! हमारे ढंग से न सोचनेवालों को कोई अधिकार नहीं है कि हमारी बुराई पर उँगली उठाए।' तो क्या हम भी पश्चिमी समाज की गलतियों पर या आदिवासी समाज के जादू-टोनों पर उँगली न उठाएँ ? जब बाल-विवाह, बाल-विधवा, स्त्री निरक्षरता आदि के बारे में भारतीय विवेक नहीं जगा था, तब तक ईसाई-धर्म प्रचारकों या राममोहन राय जैसे पश्चिमपरस्त लोग ही इन प्रथाओं पर उँगली उठाते थे। जब भारतीयता पर गर्व करनेवालों का विवेक जग गया और ईश्वरचन्द्र विद्यासागर, विवेकानन्द, रविठाकुर, गांधी, आम्बेडकर जैसे लोग

* 1934 के बिहार के भूकम्प के बाद गांधीजी ने एक बयान में कहा था कि यह (भूकम्प) अछूतों के साथ किए गए दुर्व्यवहार के पापों का फल है। इस बयान पर विश्वकवि रवीन्द्रनाथ ठाकुर ने तीखी टिप्पणी करते हुए कहा था कि गांधीजी ऐसा कहकर अन्धविश्वासों को बढ़ावा दे रहे हैं—यह पापों का कैसा फल है जिसकी सबसे अधिक मार अछूतों पर ही पड़ी हो।

समाज का नेतृत्व करने लगे, तब अपनी बुराइयों को जानने के लिए हमें ईसाई प्रचारकों के लेख पढ़ने की जरूरत नहीं रह गई। आजादी के चालीस साल बाद हम फिर से पुरानी स्थिति में चले गए हैं। पुरी के शंकराचार्य ही भारतीयतावादियों के मुखपात्र बन गए हैं। आप जैसे भारतीयतावादियों का विवेक सती-प्रथा की घटना के विरुद्ध जागरित नहीं हुआ। उपरोक्त उद्धरण में आपने माना है कि सती-प्रथा के विरुद्ध भी एक भारतीय दृष्टि हो सकती है। परन्तु उस दृष्टि का प्रतिनिधित्व आपने अपने लेख में नहीं किया है। उलटा उस लेख की तर्कपद्धति ऐसी है कि उसके अनुसार सती-प्रथा का विरोध करनेवाला कोई भी व्यक्ति पश्चिमी संस्कृति का दलाल प्रमाणित हो जाएगा, वह ईश्वरचन्द्र विद्यासागर क्यों न हों। सती-प्रथा के समर्थन में सैद्धान्तिक बहस का जो ढाँचा आपने बनाया है, उस ढाँचे के अन्दर बाल-विवाह और जाति-प्रथा भी ब्रह्मांड विषयक एक महान सत्य पर आधारित माने जाएँगे और उनका विरोध करनेवाले ईसाई प्रचार के शिकार मान लिए जाएँगे।

आपका कहना है कि जन्म-मृत्यु और काल सम्बन्धी जो भारतीय अवधारणा है, उसी को मानने वाले समाज में सती-प्रथा तर्कसंगत है। आपका यह प्रतिपादन गैरतार्किक है। यह तब तार्किक होगा जब पत्नी के मर जाने पर पति भी, राजा के मर जाने पर प्रजाकुल भी, नौकर के मर जाने पर मालिक भी सती हो जाएगा। जब तक उस जन्म-मृत्यु की अवधारणा के साथ यह धारणा भी नहीं जुड़ती है कि स्त्री को पति-सर्वस्व अनुशासन में रहना पड़ेगा और विधवा का कोई सार्थक सामाजिक जीवन नहीं हो सकता, तब तक औरत के सती होने की प्रथा नहीं बन सकती है। जिस तरह मुसलमान समाज में तलाक देने की प्रथा दूसरे समाज की तुलना में निकृष्ट है, उसी तरह विधवा के सामाजिक जीवन के मामले में हिन्दू समाज की प्रथा निकृष्ट है। यहाँ विधवा नारी का अपना कोई सामाजिक जीवन नहीं होता है। जिस समाज की विधवा नारी एक सामान्य और सम्मानपूर्ण जीवन बिता सकती है, उसी समाज में ही सती की घटना को स्वेच्छा से प्रेरित कहा जा सकता है। आत्मोत्सर्ग के जिस कार्यक्रम में भीड़ जुटकर उल्लास मनाती है, उसमें देहत्याग के व्यक्तिगत निर्णय की गम्भीरता नहीं हो सकती है। अपने आप में यह एक बर्बर कांड है—सती की इच्छा जो भी हो। इसलिए विनोबाजी के शरीर-त्याग से सती-समारोह और तलवारधारी राजपूत संरक्षकों के कार्यक्रमों की तुलना नहीं की जानी चाहिए (स्वेच्छा का तर्क दहेज के सम्बन्ध में भी दिया जाता है)।

जन्म-मृत्यु की भारतीय अवधारणा यानी आत्मा की अनन्तता के साथ अगर नारी के प्रति सकारात्मक दृष्टिकोण जुड़ जाता है तब विधवा का क्या रूप होगा ? उसका प्रसंग रामकृष्ण परमहंस में मिलता है। यह प्रसंग सचमुच एक पवित्र क्रान्तिकारी प्रसंग है। पुरी के शंकराचार्य इसको पढ़ेंगे तो उनको पसीना छूट जाएगा। रामकृष्ण की बीमारी के दिनों में कभी शारदादेवी ने इच्छा प्रकट की थी कि वे सती होना चाहती हैं। रामकृष्ण ने कहा—हरगिज नहीं, मेरे बाद भी समाज को तुम्हारी जरूरत रहेगी। रामकृष्ण के मर जाने के बाद जब शारदादेवी प्रथानुसार अपने देह से सारे आभूषण, सिन्दूर, कंगन,

लालकिनारी वाली साड़ी उतारने जा रही थीं, रामकृष्ण का आविर्भाव उनके सामने हुआ। निर्देश मिला–'तुम यह सब मत उतारो। तुम क्या यह सोचती हो कि मेरा खात्मा हो गया है ?' फिर शारदादेवी मृत्यु तक उन आभूषणों को पहने रहीं। कितनी कटु बातें उनको सुननी पड़ी होंगी, क्या-क्या उन्होंने झेला होगा, यह अनुमान का विषय है। हिन्दू धर्म और भारतीयतावाद का दुर्भाग्य है कि रामकृष्ण और गांधी को ठुकराकर पुरी के शंकराचार्य को पथ-प्रदर्शक माना जाए।

भारतीयता के अलग-अलग युग हुए हैं और इनमें नारी जीवन के अलग-अलग मूल्य बने हैं। इनके अनुसार अलग-अलग प्रथाएँ भी प्रचलित हुई हैं। आज का भारतीय अपने ही इतिहास से किसी एक परम्परा को बनाए रखने के लिए कुछ अन्य परम्पराओं को तथा प्रथाओं को ठुकराएगा ही। सती-प्रथा भारतीय समाज के कुछ ही इलाकों में, कुछ ही कालखंडों में प्रचलित प्रथा है। इसलिए कहा जा सकता है कि भारतीय संस्कृति की जो स्वस्थ मुख्यधारा रही है उससे इसका तार्किक मेल नहीं है। जिन दिनों हिन्दू समाज में पुरुषार्थ इतना घट गया था कि अपने मुल्क या अपने धर्म की रक्षा करने के लिए सामर्थ्य नहीं रह गई थी, जिन दिनों राजपूत रमणियों के पास आत्महत्या के अलावा सम्मान-रक्षा का कोई उपाय नहीं बच गया था, सती-प्रथा को उन्हीं दिनों गौरव प्राप्त हुआ था। उसके पहले सिर्फ निकृष्ट व्यक्ति और निकृष्ट संस्कृति के सन्दर्भ में सती-प्रथा का उल्लेख है। रामायण की सती अयोध्या में नहीं, लंका में है। कुन्ती सती नहीं होती है, माद्री होती है। आपने अपने ही लेख में लड़कियों के पैदा होते ही मार दिए जाने की घटना को शर्मनाक और राजपूतों की कायरता की निशानी कहा है। अपनी बेटियों के मान-सम्मान की रक्षा कर सकने का आत्मविश्वास उनमें नहीं था। सती-प्रथा पर भी ठीक वही बात लागू होती है, क्योंकि कायरता के जमाने में ही पद्मिनी को आदर्श नारी माना गया है।

भारतीय समाज में सिद्धान्त और आचरण की दूरी शायद दूसरे समाजों की तुलना में ज्यादा है। आपने ऐसे सिद्धान्तों का हवाला दिया है जिन पर अमल नहीं होता है या किसी एक जमाने में सम्भवतः उन पर अमल होता हो जबकि अधिकांश कालावधि में उनसे विपरीत व्यवहार चला है। आपने पंचकन्याओं का उल्लेख कर कहा है कि नारी के सम्बन्ध में भारतीय दृष्टिकोण कितना उदार और विज्ञानसम्मत है। लेकिन क्या आपने कभी हिन्दू परिवार में किसी को कहते हुए सुना है कि अमुक स्त्री द्रोपदी जैसी या कुन्ती जैसी या अहिल्या जैसी सती-साध्वी है ? वाल्मीकि रामायण और महाभारत के बाद नारी का इस प्रकार का आदर्श न पुराणों में है, न किस्सों-कहानी में है, न कथोपकथन में है। भारतीय नारी का वह स्वर्णयुग खतम हो गया है। उसके बाद के कालों की जो भारतीयता हमारे सामने है, उसमें नारी का सामाजिक मूल्य भिन्न प्रकार का हो गया है। यह शायद सर्वसम्मत है कि उपनिषद् और महाभारत के बाद भारतीय नारी का अवमूल्यन होता रहा है। वाल्मीकि की सीता असभ्य कट्टर राम की आलोचना करती है। तुलसी की सीता के मुँह से ऐसी आलोचना निकल नहीं सकती है। पंचकन्या

को सती माननेवाला समाज और सती की पूजा करनेवाला समाज दो अलग-अलग दृष्टिकोणों की उपज हैं। दो भिन्न संस्कृतियाँ हैं। आप जब भारतीयता के बारे में लिखते हैं तब उपनिषद् गौतमबुद्ध, महाभारत, मनुस्मृति, तुलसीदास और मुगलकालीन राजपूत समाज, इन सबको एक ही संस्कृति मान लेते हैं। एक ही सभ्यता की कुछ मौलिक धारणाएँ इन सबके पीछे कड़ी के तौर पर रही होंगी। लेकिन आचरण, प्रथा, पुरुषार्थ, दृष्टिकोण, मान्यताएँ अलग-अलग हैं। एक दूसरे के विपरीत भी हैं। भारतीयता के किसी एक युग या एक स्थल के सिद्धान्त को बताकर भारतीयता के किसी दूसरे युग या स्थल की मान्यताओं के पक्ष में बहस करना तर्क की बहुत बड़ी गलती होगी। वर्णाश्रम और जाति-प्रथा का फरक बड़ा ही सूक्ष्म है। फिर भी जाति-प्रथा के पक्ष में बहस करने के लिए वर्णाश्रम के सिद्धान्त को बताना तर्क की गलती होगी।

आप पश्चिमी संस्कृति और भारतीय संस्कृति की तुलना करते हैं, इस प्रकार की गलतियाँ बार-बार होती हैं। भारतीय संस्कृति की कुछ अवधारणाएँ जरूर ऐसी हैं जो दुनिया में श्रेष्ठ हैं और मानव संस्कृति के नवनिर्माण के लिए आधार बन सकती हैं। लेकिन आपकी दृष्टि में भारतीय संस्कृति में सब कुछ अच्छा है, यूरोपीय संस्कृति में सब कुछ तुच्छ है। भारतीय नारी के बारे में आप चुन-चुनकर ऐसी बातें निकालते हैं जो श्रेष्ठ हैं और वे ज्यादातर तो सिद्धान्त रूप में हैं, व्यवहार में नहीं हैं (जैसे पंचसती का श्लोक)। नारी के सम्बन्ध में जो प्रतिकूल बातें हैं, श्लोकों से लेकर कहावत तक, उनका आप उल्लेख नहीं करते। जिन श्लोकों में और कहावतों में कामुकता का स्रोत नारी को ही माना गया है, पराधीनता नारी की स्वाभाविक स्थिति मानी गई है, उनको आपने छोड़ दिया है। दूसरी ओर यूरोपीय समाज की जो खास उपलब्धियाँ हैं उनको आप छोड़ देते हैं और वहाँ की निकृष्ट बातों का जिक्र करते हैं। कैथलिक संन्यासिनियों की परम्परा को आपने बिलकुल नजरअन्दाज कर दिया है। संयुक्त परिवार को आपने भारतीय विशेषता मान ली है, जब कि यह यूरोप तथा सारी दुनिया में प्रचलित था।

आधुनिकतावाद और यूरोपीय संस्कृति दो अलग-अलग चीजें हैं। आप दोनों को एक मान रहे हैं। यूरोपीय संस्कृति की अपनी जड़ें हैं जबकि आधुनिकतावाद जड़विहीन हैं। पश्चिम की प्रभुता और समृद्धि से प्रभावित होकर गैरयूरोपीय बुद्धिजीवियों ने उसका अनुकरण किया है। हीन-भावनाग्रस्त होकर, अपनी भाषाओं को छोड़कर, अपने इतिहास को बाजू में रखकर उन्होंने एक नकली संस्कृति का निर्माण किया है। यही आधुनिकतावाद है। यूरोपीय संस्कृति में फ्रांस या जरमनी में आप कल्पना कर नहीं सकते कि किसी विदेशी भाषा को राष्ट्रीय कार्यकलाप, अनुसन्धान और शिक्षा का माध्यम बनाया जाए। पश्चिमी समाज अभी भी नए-नए सत्यों और तथ्यों का अनुसन्धान करता है। नए सत्यों का उद्घाटन, नए प्रतिपादनों की स्थापना, मौलिक यन्त्रों का निर्माण आधुनिकतावाद की क्षमता के बाहर है। आधुनिकतावाद विकासशील देशों की संस्कृति है, यूरोप की नहीं। यूरोपीय समाज और आधुनिकतावादी समाज में काफी सामंजस्य है, कारण आधुनिकतावादी समाज उस सारे सामान तरीकों और धारणाओं का इस्तेमाल करता है जिनकी उत्पत्ति

पश्चिम में हुई है। इस बाह्य सामंजस्य के तले जो आधुनिकतावाद की असलियत है, वह एक नकलची और गुलामों की संस्कृति है।

यूरोपीय संस्कृति का विकास भारत जैसा लम्बा या पुराना नहीं है, इसका पतन भी शुरू हो चुका है। प्रभुता और यान्त्रिक समृद्धि को छोड़कर उसमें और कोई प्रभावशाली गुण नहीं रह गया है। लेकिन उसके पूरे इतिहास को देखें तो मानव समाज के लिए उसके कई महत्त्वपूर्ण योगदान हैं। जिन मुद्दों पर उसका योगदान है उन बातों में भारतीय संस्कृति में कमियाँ पाई जाती हैं। व्यक्ति की गरिमा, जिसका आपने कई बार जिक्र किया है, एक यूरोपीय अवधारणा थी, अब सारी दुनिया की अवधारणा है। फ्रांसीसी क्रान्ति के तीन शब्द 'स्वतन्त्रता, समता और भ्रातृभाव' आधुनिक मनुष्य के सपने के पर्यायवाची बन गए हैं। जब किसी समाज में पुरुषार्थ होता है और कुछ मूल्य होते हैं तब उन मूल्यों की दिशा में सत्य का अनुसन्धान चलता है। जब भारतीय समाज में पुरुषार्थ था तब एक खास दिशा में सत्य का अनुसन्धान था। इसको हम 'आध्यात्मिक' दिशा कह सकते हैं। यूरोपीय समाज में भौतिक मूल्यों को अग्राधिकार मिला। भौतिक सुख को सर्वोच्च मानकर पश्चिम में जो अभूतपूर्व अनुसन्धान चला, वह अभी भी जारी है लेकिन मौजूदा भारतीय समाज में आध्यात्मिक या भौतिक किसी भी प्रकार के सत्य का अनुसन्धान नहीं है। उसमें जड़ता आ गई है। यूरोप के सत्य से जो भौतिक समृद्धि बनी वह राक्षसी हो गई क्योंकि पश्चिम की प्रभुता और समृद्धि को बनाए रखने के लिए बाकी मानव समाज को कंगाली और गुलामी में रखना पड़ता है। यूरोप का अपना लक्ष्य (स्वतन्त्रता समता और भ्रातत्त्भाव) अब मौजूदा यूरोपीय संस्कृति के द्वारा हासिल नहीं किया जा सकता है। मानव समाज को एक नई संस्कृति चाहिए।

भारतीय समाज में ऐसी कोई बनी-बनाई संस्कृति नहीं है जो इस शून्य को पूरा कर सकेगी। आपका एक सरल विश्वास है कि भारत के ग्रामीण समाज में भारतीय संस्कृति है। भारतीयता के नाम से जो भी इस वक्त बचा हुआ है, वह एक विकृति है। अगर तपस्या करने का इरादा न हो तो आप जैसे भारतीयतावादी भी बिहार या ओड़िशा के किसी गाँव में एक साल लगातार नहीं रह सकेंगे। आप कहते हैं कि पर्दा-प्रथा भारतीय नहीं है। यह तो आप और हम मानते हैं। पूर्वी उत्तर प्रदेश की किसी ग्रामीण महिला से पूछिए—पर्दा-प्रथा और चूड़ियों को छोड़कर वह भारतीयता की कल्पना नहीं कर सकती है। अगर आप इन चिन्हों को मिटाना चाहेंगे तो वह कहेगी कि आप ईसाई धर्म प्रचारकों द्वारा प्रभावित हैं। पर्दा-प्रथा, चूड़ियाँ, अस्पृश्यता, जाति-प्रथा, सती-प्रथा—यही तो भारतीयता है, भारतीय ग्रामीणों की नजर में। जिस भारतीयता की आप कल्पना करते हैं वह समाज में नहीं है, हमारे खून में या अवचेतन में है, इतिहास में है। हम उसका उद्धार कर सकते हैं बशर्ते कि हम इन विकृतियों से लड़ सकें। विकृतियों से लड़कर ही हम एक नई भारतीयता का सृजन कर सकेंगे। हम अपनी विकृतियों को जानेंगे कैसे ? यहाँ पर हमें यूरोपीय कसौटी पर परीक्षा देनी पड़ेगी। यह इतिहास का नियम है कि एक सभ्यता बनती है, बिगड़ती है और खतम होने के पहले

मानव समाज को कुछ मूल्य दे जाती है। संकट के काल में एक सभ्यता के मूल्यों को दूसरी सभ्यता के मूल्यों से परखा जाता है। भारतीय संस्कृति की सारी उपलब्धियों के बावजूद उसमें व्यक्ति की गरिमा या मानव सेवा की परम्परा नहीं है (न होने के कुछ अच्छे कारण भी रहे होंगे)। बौद्ध परम्परा को छोड़कर मानव सेवा की वृत्ति भारत में नहीं है, ब्राह्मणवादी हिन्दू परम्परा में यह बिलकुल नहीं है। आपको एक भी पौराणिक नायक राजा या ऋषि नहीं मिलेगा, जिसने किसी पतित आदमी को, छोटे आदमी को, पापी आदमी को, महामारी से ग्रस्त आदमी को गले लगाकर, गोद में लिटाकर उसकी सेवा की हो। भारतीय संस्कृति की इस मौलिक कमी के परिणामस्वरूप भारतीय समाज में अस्पृश्यता से लेकर सती दाह तक की गलत प्रथाएँ बनी हुई हैं। इस कमी के विरुद्ध बुद्ध का एक प्रयास था। बुद्ध का प्रभाव मिट गया। विवेकानन्द और गांधी का प्रभाव भी क्षीण हो चला है। हमारी महान संस्कृति की गहराई में ऐसी एक कमी क्यों रह गई ? यही तो इतिहास की विचित्रता है।

रामकृष्ण परमहंस कई अर्थों में एक नवीन भारत के धार्मिक संस्थापक थे। विवेकानन्द और केशवचन्द्र सेन के माध्यम से उन्हें पश्चिम का स्पर्श मिला होगा। उनका तरीका बौद्धिक नहीं था, अलौकिक था। उनके सन्देश सांकेतिक थे। उनके जीवन प्रसंगों में ही उनका सन्देश निहित था। उनके जीवन के चार प्रसंगों को हम लें। अपने प्रियतम शिष्य को उन्होंने मोक्ष के लिए नहीं, समाज जागरण के काम में लगाया। खुद हिन्दू मन्दिर का पूजक होकर इस्लाम और ईसाई धर्म की भी साधना की। चांडालों के घरों में जाकर झाड़ू लगाई और उनका पाखाना साफ किया। पत्नी को संन्यासिनी किया और विधवा को सुहागिन बनाया। भारतीयता के पुनर्जागरण के लिए ये सारे संकेत थे–समाज सुधार को प्राथमिकता देना, गैरभारतीय संस्कृति के मूल्यों का आदर करना और अपनाना, मनुष्य की गरिमा को स्वीकृति देना, नारी जीवन को स्वतन्त्र और सकारात्मक बनाना। शारदा देवी के प्रसंग में दोनों बातें ध्यान योग्य हैं–पति के साथ संन्यासिनी और पति के बाद सुहागिन।

–1 जनवरी, 1988

'हिन्दू को परिभाषित मत करो'

आश्चर्य की बात है कि अतिशिक्षित लोग भी अकसर कहते हैं कि धर्म एक निजी व्यापार है, इसलिए यह व्यक्तिगत चुनाव की बात है। लेकिन धर्म कभी भी निजी व्यापार नहीं रहा। 99.9 सैकड़ा से भी अधिक अनुपात उन लोगों का है जिनके लिए धर्म एक आकस्मिक यानी पूर्व-निर्धारित चीज है। जन्म के पूर्व धर्म निर्धारित रहता है। धर्मान्तरण को ही निजी व्यापार कहना चाहिए। सामूहिक धर्मान्तरण (या सामूहिक पुनःधर्मान्तरण) का एक विकृति माना जाना चाहिए और उस पर रोक लगनी चाहिए।

अगर ऊपर की बात सही है, यानी धर्म पूर्व-निर्धारित होता है, तो किसी भी धर्म को परिभाषित नहीं किया जा सकता। हिन्दू परिवार में जन्म ग्रहण करना और धर्मान्तरण न करना ही हिन्दुत्व है। सच्चा हिन्दू कोई भी नहीं होता है, क्योंकि ऐसा कहने पर बाकी सारे हिन्दू नकली या घटिया हिन्दू हो जाएँगे। आलंकारिक भाषा में ही किसी विशेष गुण को उभारने के लिए सच्चा हिन्दू या सच्चा मुसलमान कहा जाता है। सच्चा भारतीय कोई भी नहीं होता है। व्यक्ति को हम देशद्रोही या बहादुर भारतीय की उपाधि दे सकते हैं। न कोई सच्चा ब्राह्मण होता है, न कोई सच्चा यादव होता है, न कोई सच्चा चमार होता है। ये सारे दरजे जन्म के पूर्व निर्धारित होते हैं। इसलिए इनका गुणात्मक मापदंड नहीं हो सकता। विद्रोही हिन्दू, स्खलित हिन्दू, धर्मच्युत हिन्दू हो सकते हैं, लेकिन असली-नकली हिन्दुओं की चर्चा करना मूर्खता है।

आप यह न पूछें कि हिन्दुत्व क्या है ? आप यह पूछ सकते हैं कि हिन्दू का सामान्य दर्शन क्या है या सामान्यतम आचार-विधि क्या है ?

हिन्दुओं का सामान्य दर्शन ब्रह्म से सम्बन्धित है। ब्रह्म के नाम-रूप-कार्य के बारे में कोई सामान्य सिद्धान्त नहीं है। ब्रह्म का ईश्वर होना भी जरूरी नहीं है। वह शून्य हो सकता है। जब वह ईश्वर होता है, वह शिव, विष्णु, बन्दर, बिल्ली किसी भी रूप में पूजा जा सकता है। इसलिए हिन्दू का दिमाग ऐसा हो गया है कि जब वह स्वाभाविक मुद्रा में रहता है तो उसका ईश्वर दूसरों के ईश्वर से टकराता नहीं। अतीत में कहीं-कहीं उसके सम्प्रदाय आपस में टकराए हैं—जैन-बौद्ध, शैव-बौद्ध, शैव-वैष्णव लड़ाइयाँ हुई हैं। लेकिन इन प्रक्रियाओं को हिन्दू दिमाग पार कर चुका है। ईश्वरों और मन्दिरों का

टकराव उसके स्वधर्म के विरुद्ध है। ब्रह्म के सिद्धान्त के विपरीत यह बात होगी। ब्रह्म ने ही विभिन्न रूप धारण किया है।

हिन्दू समाज के स्थायित्व और व्यापकता का यही आधार है—देवी-देवताओं का और सम्प्रदायों का न टकराना। अगर वे टकराएँगे तो हिन्दू-समाज छिन्न-भिन्न हो जाएगा। हिन्दुत्व को परिभाषित या सीमित करने की जहाँ भी अस्वाभाविक चेष्टा होगी, वहाँ हिन्दू समाज सिकुड़ जाएगा, टूट जाएगा। बौद्ध सम्प्रदाय के जरिए हिन्दू धर्म विश्वव्यापी होने जा रहा था। लेकिन शंकराचार्य के बादवाले युग में कट्टर जाति-प्रथा और अस्पृश्यतावाद के द्वारा विदेश जाना ही गैरहिन्दू कार्य हो गया। फलस्वरूप एक विश्वव्यापी धर्म के तौर पर हिन्दू लुप्त हो गया। बौद्ध से हिन्दू कट गया। आधुनिक काल में एक कट्टरपन्थी हिन्दू संगठन ने हिन्दू को हिन्दी-देवनागरी भाषा द्वारा परिभाषित करने की कोशिश की जिसके फलस्वरूप सिख सम्प्रदाय को हिन्दू समाज से लगभग अलग कर दिया—'अतः सावधान, हिन्दुत्व को परिभाषित मत करो !'

इन बातों का मतलब यह नहीं है कि हिन्दू का कोई विशेषत्व नहीं है। वह है और रहेगा। वह किसी भी परिभाषा के अनुकूल नहीं होता है। वह एक सामान्य बोध में, अव्यक्त रूप में रहता है। उसको अव्यक्त ही रहने दिया जाए। व्यक्त करते ही वह गलत हो जाएगा। सम्भवतः मुसलमान का भूगोल हमलों द्वारा बढ़ा है, सामूहिक धर्मान्तरण द्वारा बढ़ा है। लेकिन हिन्दू धर्म का भूगोल गैरों को अपनाकर ही बढ़ा है। आधुनिक होकर धर्मान्तरण द्वारा हिन्दू भूगोल को बढ़ाने की कोशिश करना हिन्दू धर्म के 'स्वधर्म' के विपरीत है।

हिन्दू एकता एक महान लक्ष्य है। इसको हासिल करने के लिए जाति-प्रथा और छुआछूत का सारा भेद मिटाना होगा। यह एक महान धार्मिक और सामाजिक कार्य है। सामाजिक रूप से एकताबद्ध हिन्दू, भारतीय राष्ट्र का एक प्रचंड रक्षाकवच होगा। विडम्बना यह है कि हिन्दू एकता का कोई संगठन या आन्दोलन नहीं है। जो लोग हिन्दू एकता का नारा दे रहे हैं, वे सामाजिक एकता नहीं चाहते, सिर्फ राजनीतिक संगठन चाहते हैं। एक राजनीतिक लक्ष्य के रूप में हिन्दू एकता एक भ्रामक और विध्वंसक नारा है। यह भारतीय राष्ट्र और हिन्दू समाज को विभाजित करनेवाला है। शूद्र समूह के लिए यह एक निरर्थक नारा है। यह एक ब्राह्मण बनिया नारा है। भारत अव्यक्त रूप में एक हिन्दू राष्ट्र है। लेकिन जो इसको व्यक्त करना चाहेगा, वह इसको तोड़ेगा। वह राष्ट्रतोड़क होने के साथ-साथ हिन्दूतोड़क भी होगा।

—नवम्बर, 1989

राष्ट्रीय एकता की वास्तविक चुनौतियाँ

आज की दुनिया में किसी राष्ट्र का विभाजन तब तक नहीं होता, जब तक बाहरी शक्तियाँ दखल न दें। शक्तिशाली देशों की यह कूटनीतिक प्रवृत्ति होती है कि वे कमजोर और उनसे मैत्रीभाव न रखनेवाले देशों की आन्तरिक दुर्बलता का फायदा उठाकर उन्हें और अधिक कमजोर बनाएँ। महाशक्तियाँ तो आर्थिक मदद तथा सांस्कृतिक प्रभाव के जरिए दूसरे देशों के समाजों में टूट और संघर्ष के बीज बो देती हैं। इनमें कोई शक नहीं कि कुछ बड़े देश भारत का विघटन चाहते हैं। यह भी एक सत्य है कि हममें महाशक्तियों के खिलाफ सैनिक संघर्ष करने की क्षमता नहीं है। हममें पड़ोसियों के साथ ही सैनिक संघर्ष करने की क्षमता है, और महाशक्तियाँ यही तो चाहती हैं कि हम अपने पड़ोसियों से लड़ें।

हम केवल अपनी आन्तरिक शक्ति और एकता को मजबूत कर सकते हैं और इसके लिए कारगर और सुदृढ़ नीतियाँ अपना सकते हैं। बाहरी शक्तियाँ हमें कमजोर मानती हैं और यह सोचती हैं कि वे आसानी से हमें अपना शिकार बना सकती हैं। इसकी वजह यह है कि हमारी अन्दरूनी स्थिति कमजोर है, वह टूट से भरी हुई है। हमें यह बात स्वीकार करनी चाहिए कि हमारा देश और हमारा समाज लड़खड़ा रहा है। देश की जनता को मजबूत और ताकतवर बनाने की अभी तक कोई कोशिश नहीं हुई है। शासक दल अपनी गलत नीतियों से राष्ट्रीय समाज को तोड़ता रहा है। और जब टूटन की शक्तियाँ बेकाबू होकर उग्र राजनीतिक रूप धारण कर लेती हैं तो 'विदेशी हाथ' का हौआ खड़ाकर वह पड़ोसियों से झगड़ना शुरू करता है। इससे उसे चुनाव जीतने और विपक्षी दलों का मुँह बन्द करने का मौका मिल जाता है। इस तरह एक राष्ट्रघाती नीति शासक दल के लिए फायदेमन्द साबित होती है। चूँकि विपक्षी दलों के पास वैकल्पिक नीतियाँ नहीं, सो 'राष्ट्रीय अखंडता' के नारे के सामने उनकी बोली बन्द हो जाती है।

जहाँ तक हमारे बुद्धिजीवियों की बात है देश की एकता के बारे में इस समूह ने कभी कायदे से गम्भीरता से सोचा ही नहीं है, इस वक्त बुद्धिजीवी या शिक्षित वर्गों में दो प्रकार की धारणाएँ प्रचलित हैं–(1) भारत एक राष्ट्र नहीं, उपमहादेश है, उसकी एकता न होना ही तार्किक और स्वाभाविक है। नौकरशाही और अँगरेजी भाषा को शत-शत धन्यवाद कि उन्होंने इस देश को जोड़कर रखा है। (2) केन्द्र को मजबूत बनाना

है और आंचलिक तथा अलगाव के आन्दोलनों का कठोरता से सेना के इस्तेमाल द्वारा दमन करना चाहिए।

भारत की विविधता को पहचानना और विभिन्न समूहों की प्रतिभाओं को समृद्ध कर संघीय एकता का मजबूत ढाँचा खड़ा करना—यह विचार आजादी के बाद नहीं पनप रहा है। जो लोग राज्यों के अधिकार बढ़ाने की माँग करते हैं, उनकी बात राज्य के लिए अधिक पैसों की माँग तक सीमित रह जाती है, क्योंकि उनके पास राज्य का स्वतन्त्र ढंग से विकास करने की कोई मौलिक नीति या इच्छाशक्ति नहीं है। उनकी स्वायत्तता की अवधारणा कितनी अपरिभाषित और असन्तुलित है, इसका एक उदाहरण है—पश्चिम बंगाल में गोरखालैंड आन्दोलन के प्रति वाम मोरचे की सरकार का रवैया। इस आन्दोलन का कठोरता से दमन करने के लिए मुख्यमन्त्री ज्योति बसु ने कांग्रेसी प्रधानमन्त्री राजीव गांधी से भी आग्रह किया था।

बुद्धिजीवियों का एक ऐसा समूह जरूर है, जो भारत की विविधता पर जोर देता है। विदेशी विशेषज्ञों की प्रेरणा से बहुत सारे समाजशास्त्री यह काम कर रहे हैं। उनकी यह प्रकट या प्रच्छन्न मान्यता है कि भारत एक सामाजिक-सांस्कृतिक इकाई नहीं है। ब्रिटिश शासकों ने इस अवधारणा को अँगरेजी भाषा के साथ इस कदर मिला दिया है कि अँगरेजी पढ़ने-लिखनेवालों को यह कहना कि 'भारत एक उपमहादेश है' एकदम सहज और स्वाभाविक लगता है। हिन्दी या बांगला में ऐसा कहना अटपटा लगता है, क्योंकि जिन भारतीय भाषाओं का सहित्य पाँच सौ साल या अधिक पुराना है, उन्होंने भारत को 'एक समाज और अनेक राजाओं का देश' माना है। भाषा के साथ यह धारणा गुँथ गई है। महाभारत से लेकर विवाह मन्त्र तक का पठन-श्रवण करनेवाले के मन में एक संस्कार पैदा होता है कि वह 'जम्बू द्वीप' का नागरिक है। अँगरेजी ने जिसे उपमहादेश कहा, विवाह श्लोक ने उसे सिर्फ 'द्वीप' कहा। दोनों का भावनात्मक असर एक-दूसरे से विपरीत है। फिर भी हम कहे जाते हैं कि अँगरेजी जोड़नेवाली भाषा है।

महाभारत या विवाह-मन्त्र में यह नहीं कहा गया है कि भारत एक राज्य है। इशारा यह है कि भारत एक समाज है, एक क्षेत्र है। यह एक सांस्कृतिक क्षेत्र है। कोई भी धार्मिक या सांस्कृतिक आन्दोलन शुरू होता है तो वह पूरे देश में फैलने की कोशिश करता है। यह एक राजनीतिक क्षेत्र भी है। शासन के अनेक केन्द्र रहते हैं, लेकिन संकट के समय वे एक बड़ा सैनिक मोरचा बनाने की कोशिश करते हैं। कुरुक्षेत्र से लेकर 1857 के विद्रोह तक इसकी कड़ी रही। जब अशोक या अकबर जैसे उदारवादी तथा कुशल शासक मिल जाते हैं तब पूरा देश एक शासन-केन्द्र के तहत संचालित होता है। संकीर्ण नीतिवाले जमानों में अलगाव और विच्छिन्नता की प्रवृत्तियाँ तेज होती हैं। 'एक देश, अनेक राज्य' का यह ढाँचा बनाने में पुरानी विकेन्द्रित स्वावलम्बी अर्थव्यवस्था बाधक नहीं, सहायक हुई, क्योंकि छोटे समूह भी आर्थिक रूप से स्वावलम्बी थे। राज्यों की सीमाओं में

परिवर्तन से जनसाधारण को ज्यादा परेशानी नहीं होती थी। अगर हमें भविष्य में एक विकेन्द्रित राजनीतिक ढाँचे को कारगर बनाना है, तो एक विकेन्द्रित अर्थव्यवस्था का सहारा लेना पड़ेगा।

इतिहास का सबक यह है कि हमारा देश एक बहुकेन्द्रिक देश है। इसमें दोनों धाराएँ मौजूद हैं–एकता और विविधता दोनों की धाराएँ साथ-साथ चली हैं। दोनों तरफ गलती हो सकती है। विविधताओं को भूलकर केन्द्रीय ताकत को बढ़ाने की गलती हो सकती है और सिर्फ भिन्नताओं पर जोर देकर बिखराव पैदा करने की गलती हो सकती है। पहली गलती टूट को उकसाती है, दूसरी गलती टूट को प्रोत्साहित करती है।

आज की दुनिया राष्ट्रों में विभाजित है। हम इस ढाँचे से अलग नहीं रह सकते थे। इसलिए हमें भी राष्ट्रवाद विकसित करना पड़ा। इसमें हम सफल हुए, लेकिन इसको बनाए रखने में हम असमर्थ हो रहे हैं, क्योंकि हमारी सामाजिक दृष्टि संकीर्ण हो गई है। हम न अपनी विविधता को समझ पाते हैं और न ही अपनी एकता के सूत्र को पकड़ पाते हैं। नौकरशाही तथा पूँजीवाद ने शासन तथा उत्पादन को अत्यधिक केन्द्रीभूत कर दिया है। इस केन्द्रीकरण के चलते संविधान का संघीय ढाँचा निरर्थक हो गया है। कमजोर समूहों और पिछड़े इलाकों की पूरी अवहेलना हो रही है और एक आन्तरिक उपनिवेशवाद का उदय हुआ है। इन समूहों और इलाकों के हितों को कुचलकर थोड़े से समूहों का आधुनिकीकरण होता है। जहाँ-जहाँ सामाजिक रूप से पिछड़े लोग बड़ी तादाद में कुछ खास इलाकों में रहते हैं, उन इलाकों और समूहों को उपनिवेश के रूप में चिन्हित किया जा सकता है।

यह देखा गया है कि आर्थिक गैरबराबरी के बावजूद गरीब वर्गों में राष्ट्रीय चेतना पैदा हो सकती है। शोषितों के मन में भी कहीं-न-कहीं सामाजिक या सांस्कृतिक एकता का अहसास रहता है। लेकिन अगर एक शोषित समूह की अलग सामाजिक या भौगोलिक पहचान बन जाएगी तो उसके मन में एकता की भावना कमजोर होने लगेगी और उसके स्थान पर एक समानान्तर भावना जन्म लेगी। बिहार, ओड़िशा और मध्य प्रदेश के एक विशाल क्षेत्र में आदिवासियों को जिस तरह दबाकर रखा गया है, उसमें उनमें आंचलिकता या अलगाव का कोई प्रचंड आन्दोलन न होना ताज्जुब की ही बात है। उनकी असहाय-अचेतन अवस्था ही इन राज्यों में शान्ति का आधार है। अगर ये समूह सीमावर्ती इलाकों में होते या धर्म-परिवर्तन द्वारा उनमें एक अस्मिता जागरित होती, तब उनमें अलगाव की भावना अवश्य पैदा होती और 'विदेशी हाथ' के लिए उन्हें थपथपाते रहना आसान होता। एक समूह कब तक दूसरे समूहों के निरन्तर और योजनाबद्ध शोषण को बरदाश्त कर सकता है ? अलगाववाद अचरज की बात नहीं, अचरज की बात यह है कि अलगाववाद बहुत कम है।

यहाँ तर्कवादी लोग एक गलती कर सकते हैं–जब कोई उत्पीड़ित समूह देश से अलग होना चाहता है, तो हम क्यों उसकी माँग का समर्थन नहीं करें। यह बात तार्किक लगती है, लेकिन जाँच करने पर मालूम होगा कि ऐसा रुख सही नहीं है। दूसरे मुल्कों

के बारे में भी हम शीघ्र ऐसा रुख नहीं अपना सकते। श्रीलंका में तमिल उग्रवादियों की 'इलम' माँग का हम समर्थन नहीं कर पाते हैं। जब पाकिस्तान में सिन्ध के लोगों का आन्दोलन होता है तब कुछ साम्प्रदायिक हिन्दुओं को छोड़कर बाकी भारतीय सिन्ध की स्वायत्तता का समर्थन करते हैं, उसके पाकिस्तान से अलगाव का नहीं। अपने राष्ट्र के प्रति लगाव के साथ-साथ दूसरे राष्ट्रों की एकता के प्रति सम्मान भी शायद एक स्वस्थ लक्षण है। सोचने और बोलनेवाला नागरिक अपने देश में होनेवाली सारी अव्यवस्था के लिए नैतिक रूप से जिम्मेवार होता है। वह अलगाववाद का समर्थक नहीं बन सकता। अलगाववाद के मूल कारणों को दूर करना उसका काम है। अलगाववाद गलत नीतियों का परिणाम है, विद्रोह की अवस्था है। विवेकशील नागरिक उसके प्रति सहानुभूति रखेगा। जब तक उत्पीड़ित समूह अपने हकों के लिए शान्तिपूर्ण संघर्ष करता है, वह उसको सक्रिय सहयोग देगा। वह यह नहीं कह सकता कि 'खालिस्तान को मंजूर कर लेना चाहिए' या मिजोरम को अलग राष्ट्र मान लेना चाहिए। जब कोई तर्कवादी कहता है, 'मिजोरम को अलग होने दो' और एक साम्प्रदायिक हिन्दू कहता है, 'मुसलमानों को भारत से निकाल दो' तो दोनों की भावनाओं में आकाश-पाताल का अन्तर जरूर है पर दोनों में व्यावहारिक दूरी बहुत कम है। तर्कवादी आदमी जब अलगाव का समर्थन करता है, तो दरअसल उसका समर्थन उसकी खीझ की ही अभिव्यक्ति है।

राष्ट्रवाद की भावना से हम मनुष्य को मुक्त नहीं कर सकते। औसत नागरिक अगर राष्ट्रवादी नहीं होगा तो जाति या धर्म के प्रति उसकी वफादारी उसको संकीर्णता की ओर ले जाएगी। राष्ट्रवाद उसको जातीयतावाद और साम्प्रदायिकता की संकीर्णता से ऊपर उठाता है। सम्पूर्ण मानव समाज के प्रति वफादारी भावनात्मक स्तर पर औसत नागरिक के लिए आज की दुनिया में सम्भव नहीं है। लेकिन राष्ट्रवादी भावना को मानव-कल्याण के लिए प्रेरित किया जा सकता है। विवेकशील लोग अगर इस काम को नहीं करेंगे तो संकीर्णतावादी राष्ट्रीय भावना का गलत इस्तेमाल फासीवादी ढंग से करेंगे। मनुष्य की कोई भी भावना ऐसी नहीं है कि वह विकृत न हो जाए।

धर्म के बारे में भी एक समानान्तर सत्य है—आप ईश्वर को, पूजा-पाठ को मानें या न मानें, आप किसी-न-किसी धार्मिक समाज के सदस्य हैं। आपके सामने सिर्फ दो रास्ते हैं—या तो आप अपने उस समाज को तर्कसंगत और मानवीय बनाने की कोशिश करें या उसको साम्प्रदायिक रूढ़िवादी या तथाकथित विशुद्धतावादी व कट्टरवादी (फंडामेंटलिस्ट) तत्त्वों के हाथ में छोड़ दें।

धर्म सम्बन्धी नीतियाँ भारत की राष्ट्रीय एकता को निर्णायक रूप से प्रभावित करती हैं। धर्म और भाषा अभी तक भारतीय समाज में अलगाव और भिन्नताओं के मुख्य आधार रहे हैं। इस समय जो टूट का सिलसिला चल रहा है, वह शीघ्र घटनेवाला नहीं है, बल्कि बढ़नेवाला है। भारत के पढ़े-लिखे जिम्मेदार नागरिकों को इस पर गम्भीरता

से सोचना होगा कि भारत की एकता का क्या मतलब है, खासकर धर्म और भाषा सम्बन्धी नीतियाँ क्या हों।

धार्मिक एकता के लिए हिन्दू दिमाग को पहले दुरुस्त करना होगा, क्योंकि समाज, अर्थव्यवस्था और प्रशासन में हिन्दू का प्रबल बहुमत है। साम्प्रदायिक हिन्दू सोचता है कि भारत में उसका अधिकार ज्यादा होना चाहिए और गैर हिन्दुओं का कम। ऐसा कहना और सोचना उसकी संकीर्णता ही नहीं, मूर्खता भी है। मूर्खता इसलिए कि प्रबल बहुमत के नाते उसको एक स्वाभाविक विशेषाधिकार मिला हुआ है। उसकी माँग कर वह अपनी दुर्बलता जाहिर करता है और दूसरों का विश्वास खोता है। वह भूल जाता है कि बहुसंख्यक समूह होने के नाते जब अलग-अलग समूहों के बीच शादी-ब्याह करने का रिवाज चला है, तब-तब भारतीय प्रभाव की सीमाएँ फैली हैं, दूर देश-विदेश तक हिन्दू प्रभाव गया है। हिन्दू और भारत का यह सम्बन्ध है। लड़की न भी दें, सिर्फ लड़की लाएँ, यानी अनुलोम विवाह के माध्यम से भी हिन्दुओं का तादात्म्य गैर हिन्दू जमायतों से बना है और फलस्वरूप राजनैतिक एकता बनी है। आजादी के आन्दोलन के दिनों में हिन्दू नेतृत्व को भारत के सारे धार्मिक समूहों ने (मुसलमानों के एक हिस्से को छोड़कर) स्वीकार किया था, क्योंकि इस नेतृत्व के साथ सामाजिक बराबरी और धार्मिक सुधार का आन्दोलन जुड़ा हुआ था। अपने समाज में जात-पाँत, नर-नारी आदि गैरबराबरियों के खिलाफ लड़नेवाला हिन्दू नेता सबका विश्वासभाजन था और अनुकरणीय था। सिखों में अलगाववाद की चेतना पैदा करने की ब्रिटिश राज की कोशिशें उन दिनों असफल हुई थीं। आजादी के बाद इस धारा के लोप होने पर हिन्दू और गैर-हिन्दू का फासला बढ़ा है।

हिन्दू धर्म के अन्दर सामाजिक न्याय स्थापित करने के मामले में सेकुलर हिन्दू उतना ही उदासीन है जितना साम्प्रदायिक हिन्दू। सेकुलर हिन्दू अपने समाज का कोई दायित्व लेने के लिए तैयार नहीं है। अपने समाज को तर्कसंगत और मानवीय बनाने का कोई कार्यक्रम उसके पास नहीं है और न ही वह इस प्रकार के कार्यक्रम की आवश्यकता समझ रहा है। परिवार के अन्दर शादी-ब्याह, जनेऊ आदि के सम्बन्ध में सेकुलर हिन्दू के आचरण का साम्प्रदायिक हिन्दू के आचरण से विशेष फरक नहीं होता। सेकुलर हिन्दू के सार्वजनिक आचरण में सिर्फ एक फरक होता है—वह गैर हिन्दू समूहों से दोस्ती करना चाहता है, उनके अधिकारों का समर्थन करता है। कभी-कभी वह अल्पसंख्यक सम्प्रदाय की साम्प्रदायिक रूढ़िवादी माँगों का समर्थन करता है या उनको सहन करता है। इस रास्ते से वह धार्मिक अलगाववाद को बढ़ावा भी देता है। हाल में मैंने देखा कि सैयद शहाबुद्दीन द्वारा संचालित और सम्पादित 'मुसलिम इंडिया' नामक अँगरेजी पत्रिका के सम्पादक-मंडल में इन्द्रकुमार गुजराल, पी. एन. हक्सर और खुशवन्त सिंह जैसे लोग भी हैं। मुसलिम इंडिया के उसी अंक में (अप्रैल, 1986) शहाबुद्दीन साहब ने अपने मुख्य

सम्पादकीय में भारत के मुसलमानों से कहा है कि वे जहाँ भी हों–मुहल्ला, मदरसा, जिला, प्रान्त, देश हरेक स्तर पर खेल-कूद से लेकर सांस्कृतिक, शैक्षणिक आदि सारे कामों के लिए मुसलमानों को संगठित करें। जिस पत्रिका का यह आवाहन है उसके सम्पादक-मंडल में रहकर इन्द्रकुमार गुजराल जैसे लोग न सिर्फ धर्मनिरपेक्षता को नुकसान पहुँचा रहे हैं बल्कि देश की एकता के खिलाफ परोक्ष समर्थन दे रहे हैं। अगर 'मुसलिम इंडिया' का मतलब यह है, तो क्या 'हिन्दू इंडिया' और 'ईसाई इंडिया' भी उसी के अनुरूप संगठित होंगे ?

क्या कारण है कि अखिल भारतीय नामवाले किसी भी दक्षिणपन्थी या वामपन्थी राजनीतिक दल की शाखाएँ कश्मीर घाटी, सिक्किम, नागालैंड या मेघालय जैसे इलाकों में नहीं हैं ? इससे प्रमाणित होता है कि भारतीय जनता पार्टी भारतीय नहीं है और कम्युनिस्ट पार्टी भौतिकवादी नहीं है। भाजपा कैसी राष्ट्रवादी पार्टी है जो राष्ट्र के सीमावर्ती इलाकों में खड़ी नहीं हो पाती ? भाकपा/माकपा कैसी भौतिकतावादी हैं जो हिन्दू जाति-व्यवस्था की सरहदों के बाहर शोषितों का संगठन नहीं बना सकतीं ? इनसे पांडव लोग बेहतर थे जो सामाजिक मिश्रण द्वारा भारत की उत्तर पूर्वी सीमा तक अपना राजनीतिक संगठन ले गए थे।

साम्प्रदायिक हिन्दुओं का एक हिस्सा है, जो अलगाववादी आन्दोलनों से झुँझला कर कहने लगता है, 'सिख लोग गद्‌दार हैं' या 'मुसलमानों को पाकिस्तान चले जाना चाहिए'। ऐसे हिन्दुओं को यह समझ जाना चाहिए कि आज की दुनिया में अगर वे किसी धार्मिक, भाषाई या नस्लवाले समूह को देश से हटाना चाहेंगे तो निकलनेवाले अपने साथ देश का एक हिस्सा भी लेकर जाएँगे। अन्तरराष्ट्रीय कूटनीति इसकी गारंटी देती है। अगर मुसलमानों को भगाना है तो कश्मीर छोड़ना होगा। अगर सिखों को गद्‌दार घोषित करना है तो खालिस्तान मंजूर करना पड़ेगा।

भाषा एकता का सूत्र है। इस सत्य को विकृत करके भारत के पढ़े-लिखे लोग एक अजीब नतीजे पर पहुँचते हैं–'अगर हम अपनी भाषाओं को समृद्ध करेंगे, तो हमारी भाषाई एकताएँ मजबूत हो जाएँगी और उससे देश की एकता टूटेगी। इसलिए अपनी भाषाओं को विकसित न करें, बल्कि एक विदेशी भाषा का इस्तेमाल करें जिसके सामने सारी भाषाएँ झुककर रहें।' देश के सारे ज्ञानी लोग इस मूर्खतापूर्ण बात को दुहरा रहे हैं। वे यह नहीं समझते कि भाषाएँ जब विकसित होती हैं तो एक-दूसरे से दुश्मनी नहीं करतीं, बल्कि सहयोग करती हैं, वे सौत नहीं होतीं, सखी होती हैं। भारतीय भाषाओं का आधुनिक विकास जिन दिनों हुआ था, उन्हीं दिनों भारतीय राष्ट्रवाद का भी विकास हुआ था।

दूसरी ओर, अगर विकासशील भाषाओं को दबा दिया जाएगा तो अस्मिता बोध कमजोर हो जाएगा इसके परिणामस्वरूप भारतीय राष्ट्र का बोध भी कमजोर पड़ेगा।

जिनको हम 'बोली' या उपभाषा (डायलेक्ट) कहते हैं, वे तो हजारों हैं। जब इलाके की कोई भाषा गतिशील होकर समृद्ध होने लगती है तो स्वाभाविक ढंग से बोलियाँ अपने को उस विकास के स्रोत में विलीन कर देती हैं।

हम यह जानते हैं कि प्रत्येक विकसित भाषा बहुत सारी भाषाओं, बोलियों का मिश्रण और निखार है। लेकिन जब भाषाओं का विकास रुक जाता है तो उपभाषाएँ या बोलियाँ भी समान दरजे की माँग करने लगती हैं। अगर बांग्ला भाषा का विकास होकर विज्ञान, व्यापार तथा अनुसन्धान का सारा कामकाज बांग्ला माध्यम से हो गया होता, तो पश्चिम बंगाल के सन्थाल और नेपाली-भाषी लोगों ने भी उसे स्वीकार कर लिया होता, लेकिन बांग्ला भाषा का इस्तेमाल अगर सिर्फ आंचलिक अस्मिता प्रदर्शित करने के लिए होता है तो सन्थाल और नेपाली भी अपनी-अपनी आंचलिक अस्मिता जगाएँगे। गतिहीन भाषाएँ आपस में एक-दूसरे से द्वेष करती हैं। गतिशील भाषाएँ आपस में और बोलियों के साथ सहयोग करती हैं। भाषा, बोली और उपभाषा में कोई अन्तर नहीं होता। जिन भाषाओं में विज्ञान, दर्शन, व्यापार और अनुसन्धान का काम नहीं होता, वे सारी भाषाएँ बोलियाँ हैं। बांग्ला, सन्थाली, हिन्दी और भोजपुरी में दरजे का कोई फरक नहीं है।

अँगरेजी को जोड़नेवाली भाषा कहना एक अक्षम्य अज्ञान है। आज कर्नाटक का साहित्य प्रेमी पाठक प्रसिद्ध आधुनिक तमिल लेखक जयकांथन के बारे में कुछ नहीं जानता। आधुनिक बांग्ला कवियों के बारे में ओड़िशा का साहित्य प्रेमी पाठक नहीं जानता। अँगरेजी अज्ञान पैदा कर रही है, वह इसके बीच दीवार जैसी खड़ी है। अँगरेजी केवल नौकरशाहों, सेठों और सेमिनार प्रेमी बुद्धिजीवियों को इकट्ठा कर सकती है। सम्पर्क भाषा की समस्या उठाना ही बेमानी है। अपनी भाषाओं को अवरुद्ध करके हम सम्पर्क भाषा को ढूँढ़ नहीं पाएँगे। भाषाएँ जब मुक्त हो जाएँगी तो वे खुद सम्पर्क-भाषा की समस्या का हल करेंगी। गुलामी में जकड़ा हुआ दिमाग राष्ट्र के महत्त्वपूर्ण मसलों को हल नहीं कर सकता। यह कैसे सम्भव है कि अपनी भाषा को अयोग्य कहकर उसका तिरस्कार करनेवाले लोग, एक महत्त्वपूर्ण राष्ट्र के निर्माता हो सकेंगे।

दुनिया के इतिहास में राष्ट्र बनते हैं, बिगड़ते हैं, सीमाएँ बदलती हैं। आज के राष्ट्र हजार साल बाद ज्यों के त्यों नहीं रहेंगे। भारत भी वैसा नहीं रहेगा, जैसा आज है। लेकिन किसी काल-खंड में एक समूह का आचरण आगे के परिवर्तनों को प्रभावित करता है। इसलिए सवाल वर्तमान का होता है—हम चुनौतियों का मुकाबला किस तरह कर रहे हैं ? टूट रहे हैं या जुटे हुए हैं ?

—जून, 1986

सेकुलर आन्दोलन की गलतियाँ*

प्रगतिशील बुद्धिजीवी समूह जब भी साम्प्रदायिकता बनाम सेकुलरवाद की चर्चा करते हैं तो उनका एक प्रतिपादन यह रहता है कि धर्म और ईश्वर को मानने से साम्प्रदायिकता पैदा होती है। यह ज्यादा-से-ज्यादा एक आंशिक सत्य हो सकता है, और फिर भी इससे साम्प्रदायिकता का कोई प्रतिकार नहीं निकलता है। आपके सेकुलर सेंटर का सदस्य होने के लिए एक प्रारम्भिक शर्त है—धर्म और ईश्वर को न मानना। इस शर्त पर सेकुलर सेंटर थोड़े से निरीश्वरवादी (एथिस्ट) और बुद्धिवादियों का संगठन होकर रह जाएगा। क्या ये लोग ईश्वर के विरुद्ध या मन्दिर-मसजिद के विरुद्ध कोई व्यापक सामाजिक आन्दोलन पैदा कर पाएँगे ? अभी तक यह देखा गया है कि यह न सम्भव है और न व्यावहारिक है।

एक व्यक्ति के तौर पर मैं भी निरीश्वरवादी हूँ, लेकिन मैं जानता हूँ कि इसमें मुझे सिर्फ एक बौद्धिक सन्तोष मिलता है। इसको एक मुद्दा बनाकर मैं कोई सामाजिक-राजनीतिक आन्दोलन खड़ा नहीं कर सकता। निरीश्वरवादियों का एक क्लब बन सकता है या आश्रम बन सकता है जो अपने में एक अच्छी चीज होगी। लेकिन वह एक साम्प्रदायिकता विरोधी सामाजिक आन्दोलन नहीं बन सकता। भारतीय समाज में ईश्वर को न मानना आसान है, लेकिन धार्मिक समाज से मुक्त होना तथा उसकी प्रथाओं और रूढ़िवाद से मुक्त होना आसान नहीं है। हम अकसर ऐसे व्यक्तियों को देखते हैं जो मौखिक तौर पर धर्म तथा ईश्वर को नकारते हैं लेकिन निजी आचरण में यानी पारिवारिक कार्यकलाप में जनेऊ, जातिगत शादी, पुरोहित और श्राद्ध आदि कर्मकांड को चलाते हैं। सेकुलर सेंटर के विधान में, यह स्पष्ट नहीं है कि इसके सदस्य जनेऊ और जाति-प्रथा के विरुद्ध कोई सामाजिक आन्दोलन करेंगे या नहीं ? धार्मिक साम्प्रदायिकता या धार्मिक रूढ़िवाद ईश्वर में विश्वास से पैदा नहीं होता है। यह तो सामाजिक संकीर्णता और रूढ़िवाद की उपज है। असगर अली इंजीनियर के लेखों को पढ़ने से लगता है कि वे एक सुलझे हुए गैर साम्प्रदायिक समाज सुधारक हैं और

---

* लखनऊ के सेकुलर सेंटर की ओर से 'साम्प्रदायिकता की समस्या' पर आयोजित अखिल भारतीय परिसंवाद (11-12 अक्टूबर, 1986) में पढ़ा गया लेख।

मुसलिम साम्प्रदायिकता के मुकाबले में उनकी बातें प्रभावी होंगी। लेकिन असगर अली इंजीनियर अल्लाह और कुरान दोनों को मानते हैं। क्या सेकुलर सेंटर में ऐसे आदमी लिये जाएँगे ? जिन्ना का व्यक्तित्व भौतिकवादी और निरीश्वरवादी था, लेकिन मौलाना आजाद का व्यक्तित्व धार्मिक था।

आपके सेंटर का यह भी कहना है कि धर्म और नैतिकता का कोई तार्किक सम्बन्ध नहीं है, क्योंकि नैतिकता धर्म से भी पुरानी है। इसकी प्रतिक्रिया में कोई कह सकता है कि विज्ञान और नैतिकता का भी कोई तार्किक सम्बन्ध नहीं है क्योंकि नैतिकता विज्ञान से बहुत अधिक पुरानी है। असलियत यह है कि सामाजिक विकास में नैतिकता के साथ धर्म का एक ऐतिहासिक सम्बन्ध रहा है। उसी तरह सामाजिक सुधार और धर्म का ऐतिहासिक सम्बन्ध आधुनिक विज्ञान से रहा है। निष्कर्ष यह है कि भौतिकवादी तथा निरीश्वरवादी आन्दोलनों से साम्प्रदायिकता पर कोई रोक नहीं लग सकती, जबकि समाज-सुधार के आन्दोलन समाज को उदार बनाते हैं और साम्प्रदायिकता को रोकते हैं। राजा राममोहन राय और ईश्वरचन्द्र विद्यासागर से लेकर विवेकानन्द, महात्मा फुले, आम्बेडकर और गांधी ने जो भी किया उससे हिन्दू समाज उदार बन गया था और साम्प्रदायिकता का प्रभाव कमजोर हो गया था। उनका आन्दोलन धर्म-विरोधी आन्दोलन नहीं था, समाज-सुधार आन्दोलन था।

हिन्दू समाज में समाज-सुधार का मुख्य मुद्दा जाति-प्रथा और औरत का अधिकार है। इनसे सम्बन्धित प्रथाओं के खिलाफ सामाजिक आन्दोलन तेज करने की इच्छाशक्ति 1947 के बाद उन समूहों में कभी नहीं रही जो अपने को प्रगतिशील, सेकुलर, भौतिकवादी उपाधियों से विभूषित करते हैं। मैं अभी तक समझ नहीं पाया हूँ कि अपने को सेकुलर कहनेवाले लोग कैसे अपने को समाज-सुधार के दायित्व से मुक्त कर लेते हैं ? या हो सकता है कि समाज-सुधार के दायित्व से पलायन करने के लिए कुछ लोग अपने को ईश्वर या धर्म-विरोधी घोषित कर देते हैं। सेकुलर सेंटर तब सार्थक होगा जब उसके द्वारा जातिवाद और जाति-प्रथा के विरुद्ध तथा नर-नारी समता के लिए कोई सामाजिक आन्दोलन शुरू किया जाएगा। समाज को उदार बनाना साम्प्रदायिकता के विरुद्ध सबसे प्रभावी कदम है। उससे यह होगा कि प्रत्येक समाज अपने अन्दरूनी रूढ़िवाद के खिलाफ लड़ेगा, न कि दूसरों के धार्मिक समाज के खिलाफ। यह एक सकारात्मक आन्दोलन होगा जबकि सेकुलरिज्म का आन्दोलन एक आन्दोलन भी नहीं है और उसका सिर्फ एक नकारात्मक रूप ही दिखाई देता है।

साम्प्रदायिकता की धारा को कमजोर बनाने के लिए कुछ सकारात्मक आन्दोलनों को मजबूत बनाना होगा। साम्प्रदायिकता एक धार्मिक प्रक्रिया नहीं है, बल्कि धार्मिक संकीर्णता के आधार पर एक राजनीतिक प्रक्रिया है। राजनीति में ऐसा एक निहित स्वार्थ उभर रहा है जो इसकी कोशिश करता रहता है कि समाज में रूढ़िवाद और धार्मिक संकीर्णता बढ़े। जब राजनीति में सामाजिक, सांस्कृतिक और आर्थिक आन्दोलन (उदारवादी या क्रान्तिकारी आन्दोलन) नहीं रह जाते हैं, तब साम्प्रदायिकता के आधार पर चलनेवाली

राजनीति ही मुख्य राजनीतिक धारा रह जाती है। भाषावादी और नस्लवादी तथा जातिवादी अलगाव के आधार पर चलने वाली राजनीति भी साम्प्रदायिकता की कोटि में आती है। साम्प्रदायिकता धर्म पर आधारित अलगाव है, भाषागत अलगाववाद भाषा पर आधारित है।

भारतीय समाज में आजादी के बाद भाषा को लेकर, संस्कृति को लेकर, सामाजिक समस्याओं को लेकर ऐसा कोई सकारात्मक आन्दोलन नहीं चल रहा है जिससे औसत नागरिक प्रभावित हो। सामाजिक मनुष्य को एक सामूहिक पहचान चाहिए। इस प्रकार की रागात्मक सामूहिक पहचान धर्म, जाति, कबीला, भाषा तथा राष्ट्र के साथ होती है। जब राष्ट्र के प्रति वफादारी प्रमुख रहती है तब क्षेत्रीयता, जातीयता तथा भाषागत अलगाव कमजोर हो जाते हैं या राष्ट्रीय हित के अनुरूप अपने अन्दर सुधार लाकर मर्यादित हो जाते हैं। अठारहवीं सदी के यूरोप में राष्ट्रवाद के बढ़ते प्रभाव के कारण दूसरे प्रकार के अलगाव गौण हो गए। सोवियत रूस और साम्यवादी चीन में अन्दरूनी विभिन्नता को मर्यादित करने के लिए राष्ट्रवाद को मजबूत बनाया गया। साथ-साथ सामाजिक सुधार, धार्मिक सुधार और आर्थिक सुधार तथा सांस्कृतिक विकास भी इस ढंग से किया गया जिससे राष्ट्र के प्रति वफादारी सर्वोपरि हो। भारत में यह कुछ नहीं हुआ। भारतीय मनुष्य अपने को भावना के स्तर पर किस समूह के साथ जोड़े ? भारत के बुद्धिजीवियों ने, खास करके प्रगतिशील बुद्धिजीवियों ने जानबूझकर राष्ट्रवाद को कमजोर किया है। पाकिस्तान से लड़ाई के सन्दर्भ को छोड़कर बाकी सारे मौकों पर राष्ट्रवाद को एक संकीर्ण और खतरनाक भावना के तौर पर नकारा गया है। यहाँ तक कि अपने अतीत के गौरव का उल्लेख करना, अपनी भाषाओं का विकास चाहना प्रतिगामी और संकीर्णता मान लिया गया है। हम अगर एक राष्ट्रीय संस्कृति की बात करेंगे, राष्ट्रीय भाषा की बात करेंगे तो प्रगतिशील और तर्कवादी लोग हम पर सन्देह करने लगेंगे।

विडम्बना यह है कि पिछले चार दशकों में प्रगतिशील समूह भारतीय मनुष्य को एक अराष्ट्रीय और समाजविहीन प्राणी के रूप में इस्तेमाल करने की कोशिश करता आया है। सिर्फ साम्प्रदायिक राजनीति करनेवाले ही औसत नागरिक के राष्ट्र-प्रेम को, धार्मिक लगाव को या भाषा और संस्कृति को मान्यता देते हैं। अगर हम लोग साम्प्रदायिकता के साथ दूसरे प्रकार के अलगाववाद के बढ़ते कदमों को रोकना चाहते हैं तो इन पुरानी गलतियों को सुधारना पड़ेगा। भारतीय मनुष्य को एक धार्मिक समाज देना होगा, जो रूढ़िवाद, जाति-प्रथा और औरत पर अत्याचार जैसी संकीर्णताओं से मुक्त हो। उसको एक भाषा देनी होगी जिसका विकास वह खुद कर सकेगा और जिस पर वह गर्व भी करेगा कि उसकी एक अपनी भाषा है। उसको एक संस्कृति देनी होगी जो आयातित नहीं होगी बल्कि उसके अपने अतीत पर आधारित होगी।

भाषा एक अत्यधिक महत्त्व का सवाल है। इसके दो कारण हैं—एक, भाषा संस्कृति का तथा बौद्धिक विकास का माध्यम है; दो, भाषा सामूहिक भावना का एक आधार

है। हमारे सेकुलर लोग सोचते हैं कि भारतीय मनुष्य को सांस्कृतिक विकास और बौद्धिक विकास में हिस्सेदार बगैर बनाए, सिर्फ यह उपदेश देकर कि तुम 'ईश्वर को छोड़ो', 'धर्म को छोड़ो', 'इतिहास को छोड़ो' उसको गैरसाम्प्रदायिक बना देंगे। यह एक हास्यास्पद कोशिश है। भारतीय भाषाओं में न विज्ञान, न दर्शन, न इतिहास का अनुसन्धान या वाद-विवाद होता है। अनुसन्धान और विवेचन के स्तर पर जो कुछ होता है वह नकलचियों की अँगरेजी में होता है। अनपढ़ों की बात तो छोड़ दीजिए, पढ़े-लिखों को भी हम दर्शन, विज्ञान और इतिहास के वाद-विवादों से बहिष्कृत करके रखते हैं। तीन हजार साल से हमारे देशवासियों को जो भाषा मिली थी उससे उनको वंचित करने के बाद, अपने इतिहास, संस्कृति और भाषाओं के बारे में उनके मन में एक गहरी हीन भावना बैठा देने के बाद उनके चरित्र को गैरसाम्प्रदायिक बनाने में हम कैसे सफल हो सकते हैं ?

भारतीय मनुष्य एक मशीन नहीं है कि उसको आदेश देकर उसके दिमाग को बदल दिया जाएगा। साम्प्रदायिकता विरोधी कार्यक्रम को एक दिमाग बनाने का, भावनाएँ बनाने का एक सांस्कृतिक कार्यक्रम होना चाहिए—एक ऐसा सांस्कृतिक कार्यक्रम जिसमें परम्परा के गलत मूल्यों को छोड़कर, अच्छे मूल्यों को पकड़कर आधुनिक विज्ञान तथा काल के प्रवाह को स्वीकृति देकर नए मूल्य और नए सम्बन्धों को प्रयोग के द्वारा स्थापित किया जाए। इस तरह का प्रयत्न भारतीय मनुष्य के भावनात्मक और बौद्धिक गुणों को विकसित करेगा। इस लम्बी और सृजनात्मक प्रक्रिया को चलानेवाले लोग ही साम्प्रदायिकता तथा अन्य प्रकार के अलगाववाद को रोक सकेंगे। भाषा एक भावनात्मक साधन है। भारतीय भाषाओं का अगर विकास होता, उनके माध्यम से एक राष्ट्रीय सांस्कृतिक पहचान बनती। हम लोग अपनी भाषाओं को विज्ञान और दर्शन का माध्यम नहीं मानते हैं इसीलिए हमारी भाषाएँ सिर्फ दो प्रकार के कामों के लिए व्यवहृत हो रही हैं—(1) उत्तेजना फैलाने के लिए और (2) भौगोलिक पहचान के लिए। गम्भीर विवेचन के काम से बहिष्कृत होकर हमारी भाषाएँ सेक्स और हिंसा की उत्तेजना की अभिव्यक्ति का माध्यम बनी हुई हैं। इसीलिए इन भाषाओं का इस्तेमाल करनेवाले लोग आसानी से हिंसक और क्रूर बनाए जा सकते हैं।

हमारी भाषाओं के माध्यम से संस्कृति निर्माण का काम बन्द हो गया है, इसलिए उनकी उपयोगिता भौगोलिक पहचान के लिए ही रह गयी है। बंगालियों का अधिकार क्षेत्र कहाँ होगा, असमियों का अधिकार क्षेत्र कहाँ होगा—इसी प्रकार के विभाजन के काम में ही हमारी भाषाएँ लगती हैं। आसपास के या बाहर से आनेवाले समूहों को अपनी भाषा की गतिशीलता के द्वारा अपने साथ शामिल कर लेने की ताकत बांग्ला भाषा में नहीं रह गई क्योंकि बंगालियों ने अँगरेजी की दासता स्वीकार कर ली। अगर भाषा का इस्तेमाल भौगोलिक पहचान के लिए है तो गोरखालैंड का बंगाल से अलग होना भी तार्किक माँग है। नेपाली और बांग्ला दोनों भाषाएँ विज्ञान और दर्शन के लिए अप्रासंगिक मानी जाती हैं। दोनों अँगरेजी की दासी हैं। इसी प्रकार भाषा, जो एक गतिशील संस्कृति

और उदात्त भावनाओं का माध्यम हो सकती थी, मौजूदा भारत में संकीर्णता और गुलामी की भावनाओं का माध्यम बनी हुई है। पशु और मनुष्य में, सभ्य और असभ्य में भाषा एक निर्णायक फरक है। सभ्य मनुष्य भाषा के माध्यम से ही प्रगति करता है। जिसकी भाषा अपंग है, उसका सांस्कृतिक या वैज्ञानिक विकास नहीं हो सकता। क्या हमारे सेकुलर लोग सोचते हैं कि बिना सांस्कृतिक विकास के साम्प्रदायिकता रुक सकती है ? क्या वे सोचते हैं कि अँगरेजी के माध्यम से औसत भारतीय मनुष्य का सांस्कृतिक विकास हो सकता है ?

मेरा मानना है (अपने को सेकुलर कहनेवालों से मेरी असहमति का बिन्दु यही है) कि एक सकारात्मक सांस्कृतिक आन्दोलन के द्वारा ही साम्प्रदायिकता और अलगाववाद को रोका जा सकता है। इस सांस्कृतिक आन्दोलन के तीन मुख्य मुद्दे होंगे– (1) जाति-प्रथा के विरुद्ध आन्दोलन, (2) नर-नारी समता का आन्दोलन, (3) भारतीय भाषाओं को विज्ञान, दर्शन आदि के विवेचन का एकमात्र माध्यम बनाने का अभियान। इसके अच्छे परिणाम दीर्घकाल बाद होंगे, यह आशंका गलत है। हमारे सारे सेकुलर लोग अगर इस काम में लग जाएँगे तो इस आन्दोलन की प्रारम्भिक तीव्रता से ही साम्प्रदायिकता कमजोर हो जाएगी। पिछले चार दशकों से ये लोग साम्प्रदायिकता को रोकने का सस्ता और आसान उपाय (शार्टकट) और नकारात्मक तरीके ढूँढ़ रहे हैं। आपके जरिए उनसे मैं निवेदन करता हूँ कि नकारात्मक उपायों को छोड़ें, 'साम्प्रदायिकता बढ़ गई, बढ़ गई' चिन्ता कर भय का वातावरण पैदा करना छोड़ें और एक विराट, सकारात्मक सांस्कृतिक आन्दोलन के सारथी बनें। जाहिर है कि राष्ट्रीय भावना के आधार पर ही भारत में एक सांस्कृतिक आन्दोलन खड़ा हो सकेगा।

–अक्टूबर, 1986

इतिहास और बदले का सिद्धान्त

मन्दिर-मसजिद विवाद के बारे में सोचनेवाले लोग इतिहास के इस सिद्धान्त पर ध्यान दें। यह पाठ्य पुस्तकों में सबक के तौर पर नहीं लिखा गया है। इसलिए पढ़े-लिखे लोग भी भ्रमित हो जाते हैं। अतः हम इसको सबक की शक्ल में लिपिबद्ध कर रहे हैं।

दो या तीन सौ साल में इतिहास का एक युग पूरा हो जाता है। तीन सौ साल से अधिक यह होता नहीं है। तीन सौ साल के बाद हरेक घटना अतीत-युग की हो जाती है। उसके साथ आप सीधी प्रतिक्रिया व्यक्त नहीं कर सकते। उन दिनों के योद्धाओं से आप प्रेरणा ले सकते हैं लेकिन उनकी वीरता की आप वाहवाही नहीं ले सकते। उस पल की उपलब्धियों को आप आगे नहीं बढ़ा सकते। सिर्फ उनकी स्वस्थ धाराओं का नवीकरण और पुनर्जागरण कर सकते हैं। उन दिनों की गलतियों को आप सुधार नहीं सकते, जैसे मीरजाफर या जयचन्द की गलती को सुधार नहीं सकते, सिर्फ आगे के लिए सतर्क हो सकते हैं। इसी तरह उस युग के अपमानों का आप बदला नहीं ले सकते। होंठों पर तटस्थ मुसकान लिये आप उन पर थोड़ी देर मनन कर सकते हैं। बीते युग के असंख्य युद्धों और सन्धियों, जय-पराजय और मान-अपमान की घटनाओं को इतिहास के खेल के रूप में देखकर आपको अनुभव होगा कि आपकी छाती चौड़ी हो रही है, धमनियों में रक्त का प्रवाह तीव्र हो रहा है। हर युद्ध के बाद रक्त का मिश्रण होता है, और हमारी कौम तो दुनिया की सबसे अधिक हारी हुई कौम है।

तीन सौ साल बाद किसी की कोई सन्तान भी नहीं रह जाती है, सिर्फ वंशधर रह जाते हैं। किसी भी भाषा में परदादा और प्रपौत्र के आगे का सम्बन्ध जोड़नेवाला शब्द नहीं है। नाती, पोते, प्रपौत्र के बाद रिश्ते की स्मृति नष्ट हो जाती है। इसलिए कबीलाई संस्कृति में भी बदला लेने का अधिकार नाती-पोते तक रहता है। युग बदलने से कर्म, विचार और भावनाओं का सन्दर्भ भी बदल जाता है। हमारे युग में मसजिद के स्थान पर मन्दिर बनाने का लक्ष्य हो नहीं सकता क्योंकि हमारे युग का सन्दर्भ भिन्न है।

बाबर द्वारा मन्दिर तोड़ने का कोई तथ्य इतिहास में नहीं है, बल्कि उलटी बात है। बाबर ने अपने वसीयतनामे में अपने पुत्र को हिदायत दी थी कि तुमको हिन्दुस्तान का राजा बनना है तो गोमांस खाना छोड़ दो, मन्दिरों को भी मत तोड़ो।

बाबर द्वारा मन्दिर तोड़े जाने के बारे में जितना ऐतिहासिक अनुमान है, उससे

अधिक प्रमाण इसके हैं कि हमलावर आर्यों ने द्रविड़ों को मार-मारकर दक्षिण में भगा दिया। विश्व हिन्दू-परिषद या भाजपा के ऐतिहासिक सिद्धान्त के मुताबिक द्रविड़ों को संगठित होना चाहिए और आर्य-भगाओ आन्दोलन शुरू कर देना चाहिए। अगर रावण-वध के प्रतिवाद में राम-लक्ष्मण का पुतला जलाया जाए तो भाजपा की क्या प्रतिक्रिया होगी ? कभी-कभी दलित नेता असन्तुलित होकर अपने भाषणों में कह देते हैं कि ब्राह्मण-राजपूत, हरिजनों की बहू-बेटियों की इज्जत लूटते रहे हैं, हमें इसका बदला लेना होगा। बदले के इस सिद्धान्त को भाजपा और विश्व हिन्दू परिषद पुष्ट कर रहे हैं। अतीत-युग की घटनाओं का बदला लेना अगर लोग शुरू करेंगे तो भारत एक पागलखाना हो जाएगा।

इतिहास की गति सम्बन्धी उपरोक्त मर्यादा का जहाँ भी उल्लंघन हुआ है, वहाँ विपर्यय घटित हुआ है। हिटलर ने ऐतिहासिक मर्यादा को तोड़ा था, तो एक विश्व-विपर्यय हुआ और जरमनी तथा यूरोप तहस-नहस हो गए। सारी दुनिया का मार्गदर्शक बनने की प्रतिभा जिस जरमनी में थी, वह आज अमरीका को झुककर सलाम करता है। इसराइल में भी इस ऐतिहासिक मर्यादा का उल्लंघन हुआ, जब ब्रिटेन और अमरीका के अस्त्र-शस्त्र बल पर यहूदियों ने दो हजार साल पीछे की घटना का बदला लिया। इसराइल एशिया का घृणित देश है। महान मस्तिष्कों की अधिकारी यहूदी जाति अमरीका की सैन्य शक्ति पर आश्रित हो गई है।

—सितम्बर, 1990

राष्ट्र के हत्यारों के खिलाफ एक कार्यक्रम

6 दिसम्बर को ही बाबरी मसजिद को गिरा दिया जाएगा, यह आशंका कम हो गई थी। हम लोग भाजपा नेताओं के बयानों से आंशिक रूप से आश्वस्त हो रहे थे। सम्भवतः इसके पीछे एक मनोवैज्ञानिक कारण यह था कि मसजिद को बचाने का कोई उपाय आज की राजनीति में नहीं रह गया था। राजीव गांधी और नरसिंह राव की नीतियों के फलस्वरूप यह स्थल सम्पूर्ण रूप से हिन्दूवादी साम्प्रदायिक तत्त्वों के कब्जे में आ चुका था। बचाने का और बिगाड़ने का निर्णय भाजपा-आर. एस. एस. को ही करना था। हम लोग यह सोच नहीं पा रहे थे कि भाजपा और आर. एस. एस. राष्ट्र के साथ इतना बड़ा विश्वासघात करेंगे। 30 जनवरी, 1948 के बाद राष्ट्र के साथ उनका यह दूसरा विश्वासघात है।

30 जनवरी की घटना से हिन्दू साम्प्रदायिक राजनीति को कोई लाभ नहीं मिला। 6 दिसम्बर की घटना से भी कोई राजनीतिक लाभ नहीं मिलना चाहिए। इसलिए एक आशा बनती थी कि राजनीतिक लक्ष्य की दृष्टि से भाजपा नहीं चाहेगी कि मसजिद को अभी गिराया जाए। जनसाधारण की प्रतिकूल प्रतिक्रिया के बारे में भाजपा में अभी भी कुछ आशंका है। लोकसभा में विपक्षी दल के नेता-पद से लालकृष्ण आडवाणी का इस्तीफा और भाजपा नेताओं के बयानों से इसका आभास मिलता है। हालाँकि उनका क्षोभ और पश्चात्ताप उनकी सचाई नहीं है। यह उनका छल है। गांधी को मारने के बाद आर. एस. एस. ने गांधी का नाम अपने प्रातः स्मरणीयों की सूची में रखा। उसी तरह का छल।

इस वक्त यह एक पेचीदा सवाल है कि क्या इस घटना से भाजपा को राजनीतिक लाभ होगा ? भारत का इतिहास, भूगोल और संस्कृति ऐसी है कि राष्ट्रीयता और साम्प्रदायिकता परस्पर विरोधी शक्ति बन गई है। साम्प्रदायिकता राष्ट्रीयता को कमजोर कर रही है। कमजोर राष्ट्रीयता के कारण साम्प्रदायिकता तेजी से फैल रही है। राष्ट्रीयता को कमजोर करनेवाले दूसरे तत्त्व भी समाज और राजनीति में मौजूद हैं। क्या हमारी राष्ट्रीयता इतनी कमजोर हो चुकी है कि 6 दिसम्बर की घटना का कोई प्रतिकूल प्रभाव भाजपा की राजनीति पर नहीं पड़ेगा ? क्या राष्ट्रीयता इतनी अधिक कमजोर हो चुकी है कि 6 दिसम्बर की घटना से उसकी राजनीति ज्यादा मजबूत होगी ?

अगर इसका उत्तर भाजपा के लिए सकारात्मक है तो राष्ट्र की हत्या भी सम्भव है। भारतीय समाज और राजनीति में जितने प्रकार के अलगाववाद हैं, उनमें केन्द्रीय है–साम्प्रदायिक अलगाववाद। साम्प्रदायिक अलगाववाद नहीं रहेगा तो बाकी सारे अलगाववाद मर्यादित होकर रहेंगे। आंचलिक, जातिवादी और भाषाई अलगाववाद अपनी सीमाओं के भीतर रहेंगे। राष्ट्र की जड़ों को कमजोर करने की शक्ति सिर्फ साम्प्रदायिकता में है। साम्प्रदायिक अलगाववाद से राष्ट्र का विभाजन एक बार हो चुका है, तो आगे भी हो सकता है। जरूरी नहीं है कि उस विभाजन का रूप साम्प्रदायिक हो। साम्प्रदायिकता सिर्फ बुनियाद को कमजोर करनेवाली एक शक्ति है। 6 दिसम्बर के तत्काल बाद सैकड़ों स्थानों पर जो हिंसा, तनाव और दंगा फैल रहा है वह एक सतही परिणाम है। राष्ट्र के भावनात्मक केन्द्रों पर इसका जो प्रभाव होनेवाला है वह अधिक भयावह हो सकता है। सभी प्रकार के अलगाववाद को यह तेज करता है और इन अलगाववादों का अन्तरराष्ट्रीयकरण भी होगा। क्योंकि अल्पसंख्यकों का, हरेक प्रकार के अल्पसंख्यकों का देश के अन्दर की ताकतों से भरोसा उठ जाएगा। बहुसंख्यक साम्प्रदायिकता का यह परिणाम अवश्य होगा।

विश्व बैंक और मुद्राकोष की आर्थिक नीतियों के फलस्वरूप जब राष्ट्र की आजादी खतरे में आ गई है; और राष्ट्रीय एकता की जब सबसे अधिक जरूरत है, क्या भाजपा-आर. एस. एस. के लिए यही समय था सारे अल्पसंख्यकों के विश्वासों को विचलित कर देने का ? छद्‌म राष्ट्रीयता का प्रचार करते-करते राष्ट्र के असली खतरे के बारे में भाजपा-आर. एस. एस. समूह संवेदनशून्य हो चुका है।

इन संगठनों पर कानूनी पाबन्दी लगाने का सुझाव बचकाना है। इस घटना के अपराधी राजनेताओं को दंडित करना एक जरूरी काम है। लेकिन संगठनों पर पाबन्दी लगाना किसी भी समस्या का समाधान नहीं है। साम्प्रदायिकता का सामाजिक और राजनीतिक प्रभाव इतना व्यापक हो चुका है कि कोई भी प्रतिबन्ध क्षणस्थायी साबित होगा। राष्ट्रीय मोरचा और वाम मोरचा अपने सामाजिक-राजनीतिक दिवालियापन को छुपाने के लिए यह सुझाव दे रहे हैं और शासक दल ने अपनी विफलता को छुपाने के लिए उस सुझाव को मान लिया है। नरसिंह राव ने भाजपा से यह गुप्त और मौखिक समझौता कर लिया था कि दिल्ली की सरकार को हटाने का प्रयास भाजपा नहीं करेगी और दूसरी तरफ 'मन्दिर बनाने' का मौका दिया जाएगा। इसलिए नरसिंह राव दो नम्बर के पापी हैं। उनकी अयोध्या-नीति को सारे गैर-भाजपाई दलों ने राष्ट्रीय एकता परिषद् में समर्थन दिया था। परिषद् की अन्तिम बैठक में मार्क्सवादी हरकिशन सिंह सुरजीत की पहल से उपस्थित सारे दलों ने प्रधानमन्त्री को यह अधिकार दिया था कि स्थिति के मुताबिक वह जैसा उचित समझें वैसा कदम उठाएँ। उस प्रस्ताव में कहीं भी यह बात नहीं थी कि अयोध्या की मसजिद को बचाने के लिए उत्तर प्रदेश सरकार को भंग करना होगा या साम्प्रदायिक संगठनों पर प्रतिबन्ध लगाना होगा। इसलिए राष्ट्रीय मोरचे और वाम मोरचे की यह माँग हास्यास्पद है कि प्रधानमन्त्री इस्तीफा दें।

राजनीतिक दलों का ध्यान आनेवाले चुनाव पर है। 6 दिसम्बर की रात प्रधानमन्त्री का राष्ट्र के नाम सन्देश दरअसल मतदाताओं के नाम एक अपील था। उसमें कहीं भी यह ध्वनि नहीं थी कि हमारी अयोध्या-नीति विफल हुई है। यह कहा जा सकता है नरसिंह राव की चुनाव नीति बढ़िया ढंग से सफल हुई है। अब उत्तर प्रदेश में जो चुनाव होनेवाले हैं, उसमें एक धर्म निरपेक्षतावादी खेमा बनेगा और नरसिंह राव उसके घोषित या अघोषित नेता होंगे। सारे गैर भाजपाई दलों का सहयोग उन्हें मिलेगा। राष्ट्रीय मोरचा, वाम मोरचा और मुलायम सिंह के लिए कोई विकल्प नहीं रह गया है। उन्होंने अयोध्या को मुख्य मुद्दा बनाया तो उसकी कीमत देनी पड़ेगी; कांग्रेस के पीछे चलना पड़ेगा (इस मौके का लाभ उठाने के लिए अगर नरसिंह पूरे देश का चुनाव करवा दें तो आश्चर्य की बात नहीं होगी)।

उत्तर प्रदेश चुनाव का ध्रुवीकरण अगर कांग्रेस और भाजपा के बीच होता है तो न अयोध्या का सवाल समाप्त होगा, न साम्प्रदायिकता की समस्या का कोई समाधान होगा, क्योंकि दोनों ओर से मन्दिर या मसजिद या मन्दिर-मसजिद बनाने के वायदे होंगे। आनेवाले दिनों की राजनीति में जो कमी अखरेगी वह है एक गैरकांग्रेसी-गैरभाजपाई खेमे की कमी। कांग्रेस और भाजपा ने अयोध्या को राष्ट्र का मुख्य मुद्दा बनाकर इस खेमे को बनने से रोका। गैरकांग्रेसी-गैरभाजपाई दलों का नेतृत्व इतना बड़ा नहीं था कि अपना एक खेमा बना सके।

हालाँकि इस खेमे को बनाने के लिए दो बहुत बड़े साधन उपलब्ध थे–पिछड़ों का सामाजिक आधार और आर्थिक गुलामी का मुद्दा। मंडल आयोग के चलते जो शूद्र जागरण हो रहा था रामो-वामो के नेतृत्व ने उसको सिर्फ चुनावी दृष्टि से देखा, और 27 फीसदी नौकरी का वायदा करके उस जागरण से छुटकारा पा लिया। उनकी कल्पना में भी यह बात नहीं आई कि हिन्दू समाज की उदारधारा को मजबूत करने के लिए और धार्मिक विवादों में भाजपा के समानान्तर एक सामाजिक शक्ति खड़ी करने के लिए शूद्र चेतना और शूद्र शक्ति का उपयोग होना चाहिए।

लालू यादव में यह सम्भावना कुछ-कुछ दीख रही थी; लेकिन लालू यादव का राजनीतिक सोच इतना छोटा है कि राष्ट्र निर्माण का लक्ष्य उसमें समाता नहीं है। आज इस संकट की इस स्थिति में साम्प्रदायिकता विरोधी समूहों को एक बहुस्तरीय कार्यक्रम बनाना होगा, जिसके पाँच सूत्र इस प्रकार होंगे :

1. राष्ट्र के विरुद्ध विश्वासघात की निन्दा का अभियान। इस अभियान में भाजपा-आर. एस. एस. की छद्म राष्ट्रीयता का भंडाफोड़ होना चाहिए।

2. बाबरी मसजिद और राम मन्दिर की जो हालत इस वक्त बनी हुई है उसको ज्यों का त्यों रखकर एक राष्ट्रीय संग्रहालय बनाने की माँग होनी चाहिए। मन्दिर-मसजिद के विवाद को इसी तरह समाप्त किया जा सकता है। मन्दिर-मसजिद बनाने का वायदा राष्ट्रघाती होगा; पुनः सारा विवाद नए सिरे से शुरू होगा।

3. आर्थिक नीति विरोधी आन्दोलन को राष्ट्रीयता की भावना से लैस करना होगा

और सघन रूप से चलाना पड़ेगा, ताकि देश का मुख्य मुद्दा अयोध्या नहीं हो। मुख्य मुद्दा होगा हमारा पेट और हमारी आजादी।

4. हरेक धार्मिक समाज में सुधार कार्यक्रमों को तेज करना होगा और इसके लिए आवश्यक संस्थाएँ बनानी होंगी। हिन्दू धर्म को अपसंस्कृति से मुक्त करने की अलग-अलग मुहिम चलानी होगी।

5. शूद्र शक्ति को नौकरी के लिए नहीं, राष्ट्र निर्माण के लिए जागरित करना होगा। देश के शासक वर्ग का नवीनीकरण एक सुविचारित कार्यक्रम के तहत होना चाहिए। दलित पिछड़े समूहों में से ऐसा नेतृत्व जानबूझकर उभारना होगा जो आरक्षण की तात्कालिक जरूरत को मानते हुए पूर्ण रोजगार और जातिविहीनता को आर्थिक-सामाजिक दर्शन के रूप में स्थापित करे। देश की हरेक सरकार में और हरेक संगठन की हरेक इकाई में प्रथम या दूसरे पद पर पिछड़ा या दलित रहेगा–इसको एक राष्ट्रीय नियम बनाने के लिए प्रचारित करना होगा। हिन्दू समाज को दलित नेतृत्व के अधीन करना इस मुहिम का एक दूरगामी लक्ष्य होगा।

–दिसम्बर, 1992

धर्मनिरपेक्षता का घोषणा-पत्र–1

भाजपा का भय चारों तरफ मँडरा रहा है। हम लोग भी 1993 का साल शुरू कर रहे हैं भाजपा से भयभीत होकर। दिसम्बर की चार-पाँच तारीख को हम जरूर भयभीत रहे होंगे; तभी हम उम्मीद कर रहे थे कि अगला दिन भजन-कीर्तन में बीत जाएगा। एक फासीवादी संगठन के नेताओं के हलफनामों से हम आश्वस्त हो गए थे। हमारे पास मुकाबले का कोई उपाय नहीं था; इसी वजह से हम आश्वस्त हो रहे थे।

सारे धर्मनिरपेक्ष राजनैतिक दल भाजपा के भय को फैला रहे हैं। चूँकि हम इन धर्मनिरपेक्ष दलों की कटु आलोचना करते हुए भी राजनीतिक कार्य के लिए उन्हीं पर निर्भर रहते हैं, उनका भय हम तक संक्रमित होता है।

6 दिसम्बर के बर्बर कांड की सफलता यही है कि धर्मनिरपेक्ष राजनैतिक दलों के खेमे में हड़कम्प मचा हुआ है। यह एक मात्र चीज है जो भाजपा के पक्ष में है। धर्मनिरपेक्ष राजनैतिक दल गत जुलाई महीने से भयभीत हैं। जुलाई के संसद अधिवेशन में उन्होंने स्पष्ट कर दिया था कि उनकी ओर से पुलिस, अदालत और अर्द्धसैनिक बल विश्व हिन्दू परिषद का मुकाबला करेंगे। उनका अपना कोई कार्यक्रम, कोई रणनीति, कोई जनमत-निर्माण अभियान जुलाई से दिसम्बर तक नहीं था। 6 दिसम्बर के बाद उन्होंने जो सोचना शुरू किया है, वह स्वस्थ और सकारात्मक नहीं है क्योंकि वे भयभीत होकर सोच रहे हैं। वे चुनावी आत्मरक्षा के लिए सोच रहे हैं। इसलिए उनके कार्यक्रमों का गहरा असर नहीं होगा।

यह लिखते समय धर्मनिरपेक्ष राजनैतिक दलों का कई-कई सूत्रोंवाला कार्यक्रम घोषित हो रहा है, जो 30 जनवरी तक चलनेवाला है। बड़ी-बड़ी रैलियों का कार्यक्रम रखा गया है, लाखों लोग बुलाए जाएँगे दिल्ली और लखनऊ आने के लिए। इस वक्त रैली का मतलब है पार्टियों के समर्थकों की रैली। नेता खुद लोगों के बीच नहीं जा रहे हैं। जो लोग रैलियों में आएँगे वे तालियाँ बजाएँगे और चले जाएँगे। लोगों के बीच जाने का मतलब है जनसाधारण से संवाद बनाना। आलोचना और सवालों का मुकाबला करना। इसके लिए साहस और स्पष्टता चाहिए। इन सारे कार्यक्रमों का केन्द्र-बिन्दु अयोध्या ही होगा। लेकिन अयोध्या में तत्काल क्या होना चाहिए, इस सम्बन्ध में

धर्मनिरपेक्ष दलों का कोई ठोस और स्पष्ट आह्वान नहीं है।

नरसिंह राव बिल्कुल गड़बड़ा गए हैं। अयोध्या के बारे में किसी भी नीति या कार्यक्रम के पहले सूत्र में कहना होगा कि टूटी हुई मसजिद के स्थान पर क्या होगा ? सरकार ने 6 दिसम्बर की रात को ही कह दिया था कि मसजिद का पुनर्निर्माण होगा। कुछ ही दिनों के बाद सरकार ने रामलला की मूर्ति की पूजा और दर्शन की भी स्वीकृति दे दी है (सरकारी निर्णय के बाद इलाहाबाद उच्चन्यायालय का निर्णय आया है)। मसजिद पुनर्निर्माण का विरोध जनता दल और कम्युनिस्ट भी नहीं कर रहे हैं। वे मसजिद का पुनर्निर्माण चाहते हैं लेकिन रामलला की मूर्ति को तत्काल वहाँ से स्थानान्तरित करने की माँग नहीं कर रहे हैं। वे सिर्फ 'दर्शन' को प्रतिबन्धित करना चाहते हैं। एक तरफ भाजपा का भय है, दूसरी तरफ हिन्दू पंडितों और मुसलमान मौलवियों का भय है। भाजपा का भय उन्हें सोचने को मजबूर करता है। पंडितों और मौलवियों का भय उनके सोच को खंडित करता है। नीतिगत निर्णय वे अदालत पर छोड़ना चाहते हैं।

जहाँ सांवैधानिक मूल्यों के अनुकूल जनआन्दोलन और जनचेतना विकसित नहीं है, वहाँ अदालतों के लिए दिक्कतें पैदा हो सकती हैं। इसको दो उदाहरणों से हम समझ सकते हैं–हिन्दी को मुख्य राजभाषा बनाने का निर्देश संविधान में स्पष्ट तौर पर है। इस पर न अमल हो रहा है, न उसके लिए जनआन्दोलन हो रहा है। अगर यह सवाल न्यायालय के सामने आ जाएगा तो व्यापक जनमत के अभाव में न्यायालय के लिए मुश्किल हो जाएगा कि संविधान के अनुरूप एक ठोस निर्णय दे। अगर देगा, तो उस पर अमल नहीं होगा। दूसरा उदाहरण पिछड़ों के लिए आरक्षण का है। उच्चतम न्यायालय ने जो बहुमत-फैसला दिया है वह संविधान के अनुरूप है, क्योंकि सांवैधानिक निर्देश के पक्ष में एक अरसे से जनआन्दोलन चल रहा था। अगर यह आन्दोलन नहीं होता तो यह सम्भव है कि जो अल्पमत राय है वही बहुमत का फैसला हो गई होती। यह कोई 'अदालत को प्रभावित करनेवाली' घटना नहीं है। यह एक समाजशास्त्रीय वास्तविकता है कि जिन सवालों के साथ जनभावना और सामाजिक चेतना जुड़ी हुई है उन सवालों पर न्यायालय का दिमाग जनचेतना के सन्दर्भ में ही स्पष्ट और पुष्ट होता है। अयोध्या के मसले पर धर्मनिरपेक्षता की दृष्टि से कोई जनमत बन नहीं पाया है तो न्यायालय भी ठोस निर्णय कैसे दे सकेगा ? रामलला की मूर्ति को वहाँ से तत्काल हटाने के लिए अगर एक मामला आता है तो न्यायालय बिलकुल अकेला पड़ जाएगा। न सरकार और शासक दल ऐसा निर्णय कर रहे हैं, न जनता दल और कम्युनिस्ट पार्टियाँ इसकी माँग कर रहे हैं। मन्दिर-मसजिद कुछ न बने–यह निर्णय भी न्यायालय दे सकता था अगर धर्मनिरपेक्ष खेमे ने इसके पक्ष में जोरदार जनमत निर्माण किया होता। जनमत निर्माण न करने का कारण भय है। वोट का भय।

मसजिद का पुनर्निर्माण करीब-करीब असम्भव हो गया है। जो सरकार रामलला की मूर्ति के दर्शन की माँग के सामने झुक गई है वह उसी स्थान पर मसजिद का निर्माण कैसे कर पाएगी ? अगर नरसिंह राव की सरकार किसी भ्रम, दुविधा या असावधानी

के चलते मसजिद को टूटने से बचा नहीं सकी, तो टूटने के तत्काल बाद यह मौका था कि रामलला की मूर्ति को हिन्दुओं के किसी पवित्र स्थान में स्थानान्तरित करा देती। यह मौका दुबारा नहीं आनेवाला है। मसजिद के पुनर्निर्माण के लिए आपातकाल लागू करना पड़ सकता है। अतः मसजिद के पुनर्निर्माण का विकल्प ढूँढ़ना होगा। मन्दिर-मसजिद कुछ भी वहाँ न बने। वहाँ एक राष्ट्रीय स्मारक बने। धर्मनिरपेक्ष विकल्प यही है। लोग उसको 'राम मसजिद' कहेंगे। उसका अर्थ राम की मसजिद हो सकता है, मसजिद का राम भी हो सकता है। वहाँ जाकर पूजा करना नहीं होगा। वहाँ जाकर अपने राष्ट्रीय इतिहास को जानना होगा।

गैरकांग्रेसी धर्मनिरपेक्ष राजनैतिक दलों को हम यह सलाह देना चाहेंगे कि 30 जनवरी तक चलनेवाले अपने कार्यक्रमों में मन्दिर-मसजिद निर्माण की घोषणा न करें, उसका धर्मनिरपेक्ष विकल्प पेश करें। अल्प समय में सफलता नहीं मिलनेवाली है। लेकिन अगर सारे गैरकांग्रेसी धर्मनिरपेक्ष राजनैतिक दल इस पर सहमत हो जाएँ तो इसका दूरगामी परिणाम निकलेगा। भय से प्रेरित होकर कार्यक्रम बनाने का सिलसिला समाप्त होगा। धर्मनिरपेक्ष राजनीति के घोषणा-पत्र का यह पहला सूत्र होगा कि मन्दिर या मसजिद, किसी का भी निर्माण नहीं होगा। भाजपा से मुकाबले के लिए कोई कार्यक्रम या घोषणा-पत्र नहीं बनना चाहिए। राष्ट्रीय संकट के मुकाबले के लिए कार्यक्रम और घोषणा-पत्र बनने चाहिए। एक राष्ट्रीय संकट आ चुका है। 6 दिसम्बर के पहले जैसी राजनीति थी, 6 दिसम्बर के बाद वैसी राजनीति नहीं रह जाएगी, वैसे तो राष्ट्रीय संकट की शुरुआत नई आर्थिक नीति को अपनाने के बाद हो गई थी। राजनैतिक दलों ने उसको नजरअन्दाज किया था। 6 दिसम्बर को नजरअन्दाज करना मुश्किल हो रहा है क्योंकि चुनाव प्रभावित होनेवाला है। नई आर्थिक नीति और 6 दिसम्बर एक ही सामाजिक परिस्थिति के दो लक्षण हैं। दोनों एक-दूसरे के लिए सहायक हैं।

6 दिसम्बर एकाएक घटित नहीं हो सकता था। धर्म का पतन एकाएक नहीं हो सकता है। अकेले धर्म का पतन नहीं हो सकता क्योंकि धर्म सबको लेकर चलता है। आर्थिक, राजनैतिक, सामाजिक, सांस्कृतिक हरेक क्षेत्र के ह्रास और अवक्षय को समेटकर धर्म का क्षय होता है। 6 दिसम्बर के पहले बाह्य आक्रमण के सामने राष्ट्र की पराजय हो चुकी है, पंचवर्षीय योजनाओं का विपर्यय हो चुका है, संस्कृति के स्थान पर उपभोक्तावाद आ चुका है, राजनीति का अपराधीकरण हो चुका है, उच्चजातियों का मंडल विरोधी बवंडर हो चुका है और आर्थिक गुलामी को सारे प्रमुख राजनैतिक दलों ने स्वीकृति दे दी है। उपरोक्त सारी शर्तों को पूरा किए बिना 6 दिसम्बर हो नहीं सकता था। धर्मनिरपेक्ष राजनैतिक दलों का यह सोचना मूर्खतापूर्ण होगा कि उन्हें भाजपा या संघ परिवार का मुकाबला करना पड़ रहा है। भाजपा सिर्फ राजनैतिक शत्रु है। लेकिन भाजपा से लड़ने के लिए उन्हें समग्र स्थिति से लड़ना होगा क्योंकि सब कुछ इस वक्त भाजपा के अनुकूल है। अपसंस्कृति, अपराधीकरण, गुलाम अर्थनीति, विशिष्ट वर्ग का निर्माण, ग्रामों का दरिद्रीकरण और प्रकृति का विनाश—ये सारी बातें भाजपा की राजनीति

को पुष्ट करनेवाली हैं। आधुनिक अपसंस्कृति और धर्म की विकृति के मिश्रण से भाजपा का सांस्कृतिक आधार बनता है। केवल धर्मनिरपेक्षता को मुद्दा बनाकर इसका मुकाबला नहीं हो सकता। या फिर धर्मनिरपेक्षता का घोषणा-पत्र इस तरह बने कि उसमें समग्र स्थिति के मुकाबले का तेवर दिखाई दे।

लालू यादव के मुँह में घी-शक्कर। उन्होंने कह दिया कि हरिजनों को देवालयों में मुख्य पूजक के रूप में नियुक्त किया जाएगा। क्या लालूजी की राजनीति में इतना दम है ? अभी तक तो उन्होंने अपने को एक सामन्ती मुख्यमन्त्री के रूप में स्थापित करने के लिए ही शूद्र चेतना का इस्तेमाल किया है। नतीजा यह हुआ है कि दिसम्बर में बिहार का जो सबसे अधिक दंगाग्रस्त इलाका था, वहाँ मुख्यमन्त्री के 'अपने लोग' आक्रामक थे। लालू यादव वोट के अलावा अन्य किसी काम के लिए पिछड़ों या दलितों को लगा सकेंगे, इसमें सन्देह है। फिर भी लालू यादव के मुँह से जो बात निकली है वह समय की पुकार है। उत्तर भारत और खासकर हिन्दीभाषी क्षेत्र हिन्दू साम्प्रदायिकता का गढ़ बनता जा रहा है। इसके बारे में कुछ सोचना और करना होगा। करने के दो स्तर दिखाई देते हैं। हिन्दीभाषी इलाकों में ऐसा शूद्र नेतृत्व विकसित हो जो न सिर्फ यादवों का नेतृत्व करेगा, न सिर्फ पिछड़ों के लिए नौकरी माँगेगा बल्कि पूरे हिन्दू समाज और हिन्दू धर्म को सुधारने की हिम्मत करेगा। दूसरा हिन्दी साहित्य की एक समाजशास्त्रीय समीक्षा करनी होगी, क्या हिन्दीभाषी मनुष्य की सामाजिक दृष्टि और धार्मिक भावनाओं को उदात्त बनाने में हिन्दी साहित्य का पर्याप्त योगदान रहा ? हिन्दीभाषी इलाके की अलग एक वास्तविकता जरूर है–मुसलमानों की अधिक जनसंख्या यहाँ है और यहाँ के हिन्दू अधिक समय तक मुसलमान राजाओं द्वारा शासित रहे। लेकिन यह तो इतिहास है। इतिहास और अतीत को आत्मसात् करते हुए साहित्य किसी समाज के जीवन-बोध और सामाजिक बोध को पुष्ट करता है।

क्या बांग्ला साहित्य का योगदान बेहतर है ? अगर हाँ, तो भी ज्यादा नहीं है। 7 दिसम्बर के कुछ प्रमुख बांग्ला अखबारों की सुरखियों में यह समाचार था कि कुछ जाने-माने साम्यवादी बुद्धिजीवी इस वक्त शंकराचार्य से लेकर स्वामी विवेकानन्द तक के अध्ययन में ज़ुटे हुए हैं क्योंकि बंगाल के धर्मनिरपेक्ष राजनैतिक दलों को धार्मिक प्रचार का एक रण-कौशल बनाना पड़ रहा है। ज्योति बसु पिछले कुछ सालों से सुभाष बोस को अपनाने की कोशिश कर रहे थे। अब शंकराचार्य नहीं तो विवेकानन्द को अवश्य अपनाएँगे। अगर चुनाव-कौशल के स्तर पर यह समीक्षा अध्ययन आदि हो रहे हैं तो इसका कोई दूरगामी प्रभाव नहीं होनेवाला है। अगर राष्ट्र के संकट और भारतीय बौद्धिक संकट को ईमानदारी से समझने की कोशिश हो रही है तो आधुनिकतावादियों के द्वारा धर्म और इतिहास का यह नया अध्ययन सृजनात्मक साबित हो सकता है। अभी भी इसके लिए समय है बल्कि अभी एक विशेष समय आया है कि आधुनिकतावादी धर्मनिरपेक्ष लोग अपने इतिहास के सकारात्मक और नकारात्मक तत्त्वों की नए सिरे से समीक्षा करें और आधुनिकता की एक भारतीय दृष्टि विकसित करें। यह काम अगर

गम्भीरतापूर्वक होगा तो न सिर्फ साम्प्रदायिकता का मुकाबला होगा बल्कि तीसरी दुनिया के लिए एक विश्व दृष्टि का सृजन होगा। जिस बौद्धिक और सांस्कृतिक नवजागरण के अभाव के चलते हिन्दुस्तान का मन और दिमाग सिकुड़ रहा है, वह दूर होगा और हिन्दुस्तानी मन और दिमाग का नवोन्मेष होगा।

तब यह कहने में कोई हर्ज नहीं होगा कि जब तक भाजपा ने हमारी आँखें नहीं खोल दीं तब तक हम अपने राष्ट्र और इतिहास के बारे में लापरवाह थे। देश को टूट के कगार पर लाकर भाजपा ने हमारी आँखें खोल दी हैं। दुष्टों की ऐतिहासिक आवश्यकता इसी तरह मानी जा सकती है। भाजपा आखिर क्या है ? समाजवादियों और साम्यवादियों की अ-राष्ट्रीयता और अ-धार्मिकता पर पला हुआ एक पीड़क जन्तु है, जो जरूरत से ज्यादा मोटा-तगड़ा हो गया है।

भाजपा ने अपनी राष्ट्रीय कार्यकारिणी का प्रस्ताव हमें चौंकाने के लिए प्रचारित किया है कि 'धर्मशासित राज्य' (थियोक्रेटिक स्टेट) उसका लक्ष्य नहीं है। ऐसा कहकर भाजपा किसी पर दया नहीं कर रही है। जिसको हिन्दू धर्म कहा जाता है उसकी संस्कृति और समाज का विकास इस प्रकार से हुआ है कि पुरोहितों द्वारा शासन का सर्वत्र विरोध होगा। हिन्दुओं के धर्मग्रन्थों ने कभी कानून बनाने के काम को प्रमुखता नहीं दी। कानूनी धर्मग्रन्थ के रूप में जो एकमात्र ग्रन्थ प्रचलित है वह मनुस्मृति है। इसको कभी भी व्यापक हिन्दू समाज ने स्वीकृति नहीं दी। ब्रिटिश साम्राज्यवाद ने जरूर पूरे भारतीय हिन्दू समाज को एक ब्राह्मणवादी व्यवस्था के तहत संगठित किया, लेकिन इस ब्राह्मणवादी व्यवस्था के खिलाफ विरोध भी पर्याप्त मात्रा में संगठित हुआ है। हिन्दुओं के धर्मशासित राज्य का मतलब ब्राह्मण शासन है। भाजपा और संघ परिवार का यह गुप्त उद्देश्य हो सकता है, लेकिन वे अगर इसके विरुद्ध प्रस्ताव नहीं करेंगे तो 6 दिसम्बर को उनका सारा किया-कराया धूल में मिल जाएगा।

धर्म शासित राज्य भाजपा की राजनीति का अनिवार्य अंग नहीं है। संघ परिवार की राजनीति के दो अनिवार्य अंग हैं–(1) बनिया-ब्राह्मण गठबन्धन का आधिपत्य और (2) धार्मिक अल्पसंख्यकों के प्रति दुर्भावना। हिटलर ने यहूदियों का उन्मूलन करके जिस तरह आर्य राष्ट्रवाद स्थापित करना चाहा, संघ परिवार उसी तरह मुसलमानों का उन्मूलन करके हिन्दू राष्ट्र की स्थापना करना चाहता है। यह बात संघ के इतिहासकारों से छुपी हुई नहीं है।

जहाँ तक बनिया-ब्राह्मण गठबन्धन की बात है। भाजपा के इस वर्ग-चरित्र के बारे में शूद्र राजनीति जितनी समझदार होनी चाहिए, उतनी वह नहीं है। पंचवर्षीय योजनाओं के सहारे इस गठबन्धन ने अपना आधिपत्य विस्तार किया था। उस वक्त इसका राजनैतिक हथियार कांग्रेस था। योजनाओं का वह युग समाप्त हो गया है, जब समाज के कमजोर वर्गों को भी यह उम्मीद होती थी कि योजनाओं से रिसनेवाली जूठन से उनका पेट भर जाएगा। इसी उम्मीद में नेहरू-बिड़ला के नेतृत्व पर कमजोर वर्ग ने भरोसा किया। पंचवर्षीय योजनाओं के स्थान पर नई आर्थिक नीति एक आशाप्रद प्रतीक

का काम नहीं कर पाएगी। अतः धर्म की भावना को उभारकर छद्‌म राष्ट्रीयता और छद्‌म धार्मिकता का माहौल खड़ा करके उस आधिपत्य को मजबूत बनाया जा सकता है। भाजपा का बनिया-ब्राह्मण नेता जानता है कि शूद्रों के अधिनायक गद्‌दी और नौकरियों के मोह में फँसे रह जाएँगे तो उनकी फौज को हम 'धर्म' और 'संस्कृति' के अभियान में लगा देंगे।

पिछड़ों के नेता यह नहीं समझ पाते हैं कि बनिया-ब्राह्मण गठबन्धन के पास सब प्रकार की ताकत है। फिर भी वे सावधान हैं और धर्म, संस्कृति तथा राष्ट्रीयता का सहारा ले रहे हैं। चौतरफा रणनीति अपना रहे हैं। इसके विपरीत पिछड़ों के पास जनसंख्या के अलावा और कोई ताकत नहीं है। फिर भी वे सोचते हैं कि सिर्फ जातिवाद को बढ़ा कर, गद्‌दी और नौकरियों में हिस्सा माँगकर सामाजिक न्याय स्थापित कर देंगे। उनको यह बात सूझती नहीं है कि शूद्रों को भी धर्म, संस्कृति और राष्ट्रीयता की रणनीति बनानी पड़ेगी।

शूद्रों ने अभी तक इस पर ध्यान नहीं दिया है। या फिर धर्म और संस्कृति को यहाँ तक कि राष्ट्रवाद को भी ब्राह्मणवादी कहकर उससे छुट्‌टी लेने की कोशिश की है। इससे काम नहीं चलनेवाला है। सम्यक् और गहरी दृष्टि के अभाव में जनसंख्या का बल किसी काम में नहीं आएगा। विद्रोह अपेक्षाकृत सरल होता है। युद्ध और निर्माण जटिल होता है। धर्मनिरपेक्षता और शूद्र चेतना के लोग इस वक्त जिसके आमने-सामने खड़े हैं, वह युद्ध है। आजादी के पचास साल बाद हिन्दुस्तान फिर से आर्थिक गुलामी, धार्मिक भेदभाव और सामाजिक एकाधिकार की ओर लौट रहा है। इनसे देश को बचाने के लिए एक युद्धनीति यानी समग्र नीति चाहिए।

धर्मनिरपेक्षता का घोषणा-पत्र–2

शूद्र चेतना की एक अन्य अभिव्यक्ति उग्र दलित राजनीति में है। बहुजन समाज पार्टी के नेता कांशीराम ने बाबरी मसजिद को ढहाने की घटना के बाद नागपुर में अपनी पार्टी की एक विशाल रैली को सम्बोधित करते हुए कहा कि अयोध्या में मन्दिर नहीं, एक सर्वसाधारण का शौचालय बनाना चाहिए। अनुसूचित जातियों के प्रतिनिधि होने के नाते कांशीराम को ऐसा कहने का पूरा नैतिक अधिकार है। यह अधिकार ब्राह्मणों या यादवों के प्रतिनिधि को नहीं मिल सकता, क्योंकि ब्राह्मण-यादव के लिए शौचालय एक कर्मक्षेत्र नहीं है।

धर्म का एक महत्त्वपूर्ण उपादान पवित्रता है, पवित्रता का मतलब सफाई है। जो प्राथमिक सफाई भी नहीं जानता है; सार्वजनिक स्थलों की सफाई का जिसको न व्यक्तिगत, न श्रेणीगत अनुभव है, वह आत्मा और मन की सफाई तक कैसे पहुँच सकता है ? यह धर्म-चर्चा का अवश्य एक विषय होना चाहिए। अगर पवित्रता को मन या आत्मा से शुरू करते हैं तब भी यह सवाल उठता है कि आत्मा की यह सफाई अपने तार्किक बिन्दुओं तक पहुँचती है या नहीं ? सार्वजनिक स्थलों की सफाई या अपने द्वारा पैदा की गई गन्दगी को साफ करने के लिए हाथ नहीं उठता है, मन कुंठित हो जाता है, तो क्या आत्मा की पवित्रता प्रामाणिक मानी जाएगी ? सफाई कार्य के प्रति जिसके मन में घृणा का संस्कार है उसकी पवित्रता ढोंगी है या नहीं ? यह मनोवैज्ञानिक तथा आध्यात्मिक चर्चा का विषय है ? कांशीराम कह सकते थे कि एक महान धर्म के योग्य होने के लिए भारत के ब्राह्मणों और कायस्थों को शौचालय से अपना प्रशिक्षण शुरू करना चाहिए। इस अर्थ में रामकृष्ण परमहंस और मोहनदास करमचन्द गांधी का रास्ता शुद्धिकरण का रास्ता था। हिन्दू समाज के इस शुद्धिकरण में दलितों को गुरु बनाना पड़ेगा। हिन्दू धर्म की असली एकता उसी दिन शुरू होगी जब ब्राह्मण, राजपूत और बनिया भंगी को अपना गुरु मानकर उससे शुद्धिकरण की विद्या प्राप्त करेगा।

विडम्बना यह है कि जब कांशीराम और लालू प्रसाद उपरोक्त प्रकार के नाटकीय उद्‌गार प्रकट करते हैं, उनमें यह भाव नहीं रहता है कि भारतीय समाज का पुनर्निर्माण करना है। इसका संकल्प नहीं रहता है कि एक परम्परा को रोकना है, दूसरी परम्परा शुरू करनी है। वे तो उसी पुरानी परम्परा की गन्दगी में प्रतिशोध और प्रतिहिंसा की उछल-कूद करना चाहते हैं। आज जहाँ ब्राह्मण है कल वहाँ यादव को या परसों वहाँ

दलित को स्थापित करना चाहते हैं। प्रतिशोध के सिद्धान्त को अपनाकर शूद्र और दलित उच्च जातियों के विरुद्ध उसी तरह का गुस्सा और द्वेष जाहिर करते हैं जैसा कि साध्वी ऋतम्भरा या सैकड़ों भाजपा समर्थक मुसलमानों के खिलाफ अपने भाषण में करते हैं। भाजपा के प्रतिशोध के सिद्धान्त को वे अनजाने मजबूत करते हैं। अगर शूद्र और दलित नेता भाजपा लहर का मुकाबला करना चाहते हैं तो प्रतिशोध के सिद्धान्त को नकारना पड़ेगा। प्रतिशोध के सिद्धान्त का माहौल बना रहेगा तो मसजिद टूटेगी ही, क्योंकि वह ज्यादा आसान है और ज्यादा नाटकीय है। प्रतिशोध के सिद्धान्त के तहत शूद्र-दलित-अल्पसंख्यक गठबन्धन कारगर नहीं हो सकता है। यहाँ तक कि शूद्र-दलित गठबन्धन भी नहीं हो पाएगा।

आरक्षण की राजनीति करनेवाले समझ नहीं पा रहे हैं कि उनको कितना बड़ा हथियार मिला हुआ है जिसका इस्तेमाल वे कर नहीं पा रहे हैं। इसका कारण बुद्धिहीनता नहीं है। शूद्र आन्दोलन भारत में बहुत पुराना है। आधुनिक भारत में भी 60-70 साल पुराना है। इन आन्दोलनों को बीच-बीच में सफलताएँ मिली हैं। इतने अनुभव से गुजरने के बाद बुद्धिहीनता नहीं रहती है। शूद्रों की बुद्धिहीनता ब्राह्मणों का एक कुप्रचार है और दायित्व से भागनेवाले शूद्रों का एक कवच है। जहाँ भी शिक्षा और शिक्षण का अवसर मिला है वहाँ शूद्रों की बुद्धि प्रमाणित हुई है। उनके नेतृत्व में बुद्धि की कमी नहीं है। इस वक्त अगर वे अपनी सम्भावित ऊँचाई तक नहीं पहुँच रहे हैं तो उसके दो कारण हैं–(1) वे पूरे राष्ट्र और सारी दुनिया के बारे में सोचने का या करने का दायित्व नहीं लेना चाहते। यह काम अभी भी वे ब्राह्मण-कायस्थों को सौंपना चाहते हैं; (2) तात्कालिक सत्ता का मोह उनमें ब्राह्मण-बनिया से भी ज्यादा है। पहला दोष ज्यादा बुनियादी है। भारत की सामाजिक वस्तुस्थिति इतनी बदल चुकी है कि द्विज जातियों के नेतृत्व में कोई सामाजिक-आर्थिक परिवर्तन का कारगर आन्दोलन आगे होनेवाला नहीं है।

वह जमाना बीत चुका है जब नेहरू और नम्बूदिरीपाद, जयप्रकाश और पी. सी. जोशी, सुभाष बोस और लोकमान्य तिलक न सिर्फ खुद द्विज जाति के थे, बल्कि अपनी-अपनी कमेटियों में सौ फीसदी द्विजों को रखकर प्रगतिशील आन्दोलनों का नेतृत्व कर सकते थे। उनकी विश्वसनीयता बनी रहती थी। आगे यह सम्भव नहीं है। आगे के लिए सत्य यह है कि या तो शूद्रों, पिछड़ों, दलितों के नेता अपनी-अपनी जाति और उपजाति का नेतृत्व करना छोड़कर पूरे राष्ट्र का नेतृत्व करने का दायित्व लें या फिर सामाजिक-आर्थिक परिवर्तन के आन्दोलनों का सिलसिला ही टूट जाएगा। उसके पीछे घटनाएँ जो भी रही हों लेकिन 1967 के बाद से यह स्थिति अधिक स्पष्ट हो रही है। विशुद्ध द्विज नेतृत्व का तो सवाल ही नहीं उठता है। मिश्रित टोलियों में भी द्विजों की संख्या कम होनी चाहिए। बेहतर है कि सर्वोच्च पदों पर पिछड़ा या दलित ही रहे। केवल आरक्षण से यह होनेवाला नहीं है। पिछड़ों को अयोग्यता के कवच को तोड़कर बाहर निकलना होगा। क्रान्तिकारी और समाज सुधारक आन्दोलन के लिए द्विजों की क्षमता समाप्त हो चुकी है। अपना नेतृत्व बनाए रखने के लिए उनको या तो कायस्थ बाल

ठाकरे की तरह संकीर्ण भावनाओं का सहारा लेना पड़ेगा या लोकतन्त्र को सीमित करना पड़ेगा। खासकर समाज-सुधार आन्दोलन तो अब द्विजों के वश में बिलकुल नहीं रह गया है। हिन्दू धर्म और हिन्दू समाज का कोई प्रभावी सुधार करना है तो उसके लिए शूद्र की अगुआई जरूरी है।

लालू प्रसाद का पहला इलहाम ठीक था, जब उन्होंने हरिजन पुजारियों के बारे में ऐलान किया। इसमें बड़ी बात यह थी कि पिछड़ों के इस नेता को आरक्षण के आगे का एक कदम दिखाई दिया। बेचारे पुजारी को पूछता कौन है ? फिर भी वह जाति और बिचौलियावाद का प्रतीक है। अगर पिछड़े और हरिजन पुजारी हो जाएँगे तो मन्दिर में जाति और बिचौलियावाद कमजोर पड़ जाएगा। लेकिन मुख्यमन्त्री द्वारा नियुक्ति से पुजारी नहीं बनते हैं—लोगों के द्वारा अपनाए जाने से ही बनते हैं। जनसाधारण को, पिछड़ों को तैयार करना होगा कि वे हरिजन पुजारियोंवाले मन्दिरों में अपना धार्मिक कार्य सम्पन्न करें। यह काम मन्त्री का नहीं, नेता का होता है, वोटवाले नेता का नहीं सामाजिक और राष्ट्रीय नेता का। इसकी कठिनाई समझ में आई तो लालू प्रसाद की इच्छाशक्ति ढीली पड़ गई; उन्होंने शंकराचार्य को नामजद करना शुरू कर दिया।

पुजारी और शंकराचार्य में गुणात्मक फरक है। पुजारी धर्म का चपरासी है; शंकराचार्य तो धर्माध्यक्ष जैसा पद है। हिन्दू धर्म में कहीं-न-कहीं एक जबरदस्त चीज है, एक बुनियादी तत्त्व ऐसा है कि अभी तक धर्म में मुखियागीरी को जमने नहीं दिया गया है। आदि शंकर के द्वारा डाली गई शंकराचार्य परम्परा को देश के किसी हिस्से में भी स्वीकृति नहीं मिली। शंकराचार्य का मतलब एक महान मठाधीश और हो सकता है कि शास्त्रों का ज्ञाता हो। जन-साधारण के लिए इससे अधिक कुछ नहीं है उस पद में। हिन्दुओं के धार्मिक जीवन में उसका अभी तक कोई स्थान नहीं है। उसके दर्शन के लिए भीड़ नहीं लगती है। संघ-परिवार के बढ़ते प्रभाव के साथ-साथ आज शंकराचार्य का महत्त्व जरूर बढ़ रहा है। राजनीति के माध्यम से भाजपा शंकराचार्य और संगठित साधुओं का प्रभाव बढ़ाने में लगी हुई है। अगर इस रफ्तार से माहौल बदलता (बिगड़ता) जाएगा तो वह दिन निकट है जब शंकराचार्य का स्थान संविधान से ऊँचा हो जाएगा। भ्रष्टाचार या संविधान विरोधी अपराध के लिए किसी शंकराचार्य को गिरफ्तार करना प्रशासन के लिए मुश्किल हो जाएगा। संसद में उस पर टिप्पणी करना मना हो जाएगा। जिस शंकराचार्य को मठों के बाहर कोई पूछता नहीं था, जिसको गीता या भागवत या उपनिषद का अधिकृत व्याख्याकार भी नहीं माना गया है उसको संसद या संविधान के ऊपर स्थापित करना हिन्दू धर्म की सबसे बुरी घटना होगी।

हिन्दू धर्म स्वभाव से मठी नहीं है। न सन्तों का कोई संगठित समूह होता है। हिन्दू धार्मिक दर्शन के साथ जंगली, घुमक्कड़, निर्वस्त्र (अपरिग्रही) ऋषि-मुनियों का ज्यादा मेल बैठता है। हिन्दू धर्म की यह मौलिकता और सुन्दरता रही है। इसलिए धर्म के तौर पर हिन्दू धर्म की कोई केन्द्रीय सत्ता नहीं है। कोई भी हिन्दू अपने धर्म की व्याख्या खुद कर सकता है। हिन्दू धर्म में जितने प्रकार की व्याख्या और संस्करण प्रचलित हैं, अन्य

किसी धर्म में वैसा नहीं है, लेकिन शुरू से ही एक केन्द्रीय सत्ता बनाने का प्रयास ब्राह्मणवाद का रहा है। शंकराचार्य परम्परा केन्द्रीयकरण का ही एक प्रयास है। संघ परिवार का वश चलेगा तो शंकराचार्य को धर्माध्यक्ष बना दिया जाएगा। ऐसे समय में लालू प्रसाद का शंकराचार्य के प्रति आकर्षण बुद्धिभ्रम का लक्षण है। लालू का शंकराचार्य-कार्यक्रम सिर्फ तमाशा बनकर नहीं रह जाएगा। यह तमाशा शंकराचार्य के पद को महिमामंडित करने के लिए सहायक होगा।

कृष्ण का प्रचारक शंकराचार्य का प्रचारक कैसे हो गया ? इस असन्तुलन के पीछे भाजपा लहर से घबड़ाहट है। कभी लालू प्रसाद अपने बेटे को कृष्ण बनाकर उसको एक राजनैतिक मोहरे के तौर पर इस्तेमाल करते हैं, कभी वह खुद कृष्ण कहलाने की कोशिश करते हैं, कृष्ण और शंकराचार्य मिल जाएँगे तो मथुरा की मसजिद खतरे में पड़ जाएगी। दरअसल कृष्ण और शंकराचार्य की परम्परा परस्पर विरोधी है। लालू की राजनीति में गम्भीरता होती तो कोई विद्वान आदमी उन्हें सर्वपल्ली राधाकृष्णन की 'भगवद्गीता' पढ़कर सुनाता। राधाकृष्णन ने कृष्ण की ऐतिहासिकता पर अपने निबन्ध में लिखा है, "कृष्ण वैदिक धर्म के याचकवाद का विरोधी था और उन सिद्धान्तों का प्रचार करता था, जो उसने (अपने गुरु) घोर आंगिरस से सीखे थे। वैदिक पूजा-पद्धति से उसका विरोध उन स्थानों में प्रत्यक्ष दिखाई पड़ता है, जहाँ इन्द्र पराजित होने के बाद कृष्ण के सम्मुख झुक जाता है..."। गोबर्धन के किस्से के पीछे यह बात छिपी हुई है कि बालक कृष्ण ने माता यशोदा की इन्द्र-पूजा को रोकना चाहा और इन्द्र का बैर मोल लिया।

लालू प्रसाद की राजनीति का विश्लेषण इसलिए जरूरी है कि आरक्षण की राजनीति का विश्लेषण करना है। लालू प्रसाद की कमी कहाँ है ? विद्या, बुद्धि की कमी नहीं है। भारत का एक प्रभावी और कारगर प्रधानमन्त्री बनने के लिए जितनी विद्या बुद्धि या सामाजिक पृष्ठभूमि चाहिए, वह सब लालू प्रसाद में है। चन्द्रगुप्त भी नाक-नक्शे में, सामाजिक पृष्ठभूमि में, उम्र में लालू प्रसाद जैसा रहा होगा। जो फरक है वह राजनैतिक चरित्र का। चन्द्रगुप्त के दरबार में चापलूस नहीं, कौटिल्य बैठता था। राजनैतिक चरित्र के अभाव में कभी-कभी लालू प्रसाद के दिमाग में अच्छी बातें आती भी हैं तो फिसल जाती हैं। अन्यथा शूद्र चेतना को साम्प्रदायिकता के विरुद्ध खड़ा करने का सोच सबसे पहले लालू के दिमाग में आया था। राजनीतिक चरित्र के अभाव में अपने दिमाग की बातों के कार्यरूप देने में वह असमर्थ हैं।

आरक्षण की राजनीति का नकारात्मक पहलू यह है कि यह एक साम्प्रदायिक आन्दोलन का रूप ले रहा है जबकि इसको एक देशव्यापी सामाजिक आन्दोलन के रूप में उभरना चाहिए था। इस राजनीति में एक समूह की माँगें और अधिकार ही दिखाई पड़ता है। पूरे समाज को इससे क्या फायदा होनेवाला, राष्ट्र का भविष्य किस तरह मजबूत होनेवाला है, समाज कैसे गतिशील होनेवाला है, यह बिलकुल नहीं दिखाई देता है। अगर आक्षरण की राजनीति सिर्फ एक समूह को अधिकार दिलानेवाली है, तो

जिनको यह अधिकार नहीं मिलनेवाला है वे क्यों इसमें दिलचस्पी लेंगे ? अगर ट्रेड यूनियन के साथ समाजवादी आन्दोलन नहीं है तो जो कारखाना-मजदूर नहीं है वह क्यों उसका समर्थक होगा ? असम के बोडो आन्दोलन में अगर सम्पूर्ण राष्ट्र या उत्तर पूर्व भारत की भलाई नहीं है तो बंगाल-असम के लोग क्यों उससे सहयोग करेंगे ? खंडों के अधिकारों के साथ समग्र के विकास का सूत्र प्रकट रूप में दिखाई पड़ना चाहिए, मुखरित होना चाहिए। अन्यथा खंडों के अधिकार-आन्दोलन से समग्र को नुकसान दिखाई दे सकता है। नुकसान हो भी सकता है। शायद इसी कारण वर्गों को सिर्फ अधिकारों के लिए संगठित करने के पक्ष में गांधीजी नहीं थे। अधिकारों की राजनीति के साथ निर्माण की राजनीति का संयोग न होने पर आन्दोलन की दिशा राष्ट्र के लिए नकारात्मक साबित हो सकती है।

आरक्षण भारतीय समाज के लिए एक बहुत बड़ी घटना है। आरक्षण आन्दोलन का तार्किक परिणाम एक व्यापक, पूर्णांग राजनीति होना चाहिए, जिसमें हिन्दू समाज और भारतीय राष्ट्र के पुनर्निर्माण के कार्यक्रम दिखाई देने चाहिए। उदाहरणस्वरूप नई आर्थिक नीति आरक्षण के सिद्धान्त की सबसे बड़ी शत्रु है। सुप्रीम कोर्ट ने प्रतिरक्षा, उच्चतर तकनीक आदि के क्षेत्र को आरक्षण के कानून से अलग रखा है। यह गलत फैसला है। लेकिन नई आर्थिक नीति सम्पूर्ण आर्थिक क्षेत्र को 'मेरिट' (वह भी अन्तरराष्ट्रीय मेरिट) के आधार पर चलाना चाहती है। न सिर्फ उद्योग और व्यापार, कृषि को भी 'मेरिट' के आधार पर संचालित करने की चर्चाएँ शुरू हो गई हैं। कृषि भूमि का उपयोग उसी के हाथ में रहेगा जो सबसे अधिक पूँजी लगाकर अधिकतम फसल उगा सकेगा। अगर सामाजिक समूह के तौर पर नई आर्थिक नीति का विरोध करना है तो सबसे पहले पिछड़ों और दलितों को, आरक्षणवादियों की ओर से विरोध होना चाहिए था। अगर कांशीराम या लालू प्रसाद इसके खिलाफ जिहाद नहीं छेड़ रहे हैं तो शायद वे सोच रहे हैं कि यह राष्ट्र की गुलामी का प्रश्न है तो राष्ट्र का सवाल है। राष्ट्र के सवाल से उनको क्या लेना-देना है ? खंडों को अधिकार चाहिए।

उनको यह समझना होगा कि नई आर्थिक नीति के खिलाफ एक जिहाद छेड़े बगैर और जाति-प्रथा के विरुद्ध एक सामाजिक-सांस्कृतिक आन्दोलन खड़ा किए बिना आरक्षण की राजनीति खोखली हो जाएगी। अगर जाति-प्रथा विरोधी सामाजिक सांस्कृतिक आन्दोलन नहीं रहेगा तो शंकराचार्यवाद और मन्दिरवाद मजबूत होकर रहेगा। अगर मुद्राकोष और डंकेल विरोधी अभियान नहीं चलेगा तो उच्च जातियों में भी बेरोजगारी बढ़ेगी, लेकिन जो भी आर्थिक लाभ निकलेगा वह सारा-का-सारा उच्च जातियों के हाथ में जाएगा। आरक्षण की राजनीति से अभी तक जो फायदा पिछड़ों और दलितों को मिला है, भाजपा की सामाजिक नीति और उसके द्वारा समर्थित नई आर्थिक नीति के फलस्वरूप वह निस्सार हो जाएगा। भाजपा की धर्म नीति असल में एक सामाजिक सांस्कृतिक नीति है। आडवाणी ने समझ-बूझकर 'सांस्कृतिक राष्ट्रवाद' शब्द को चुना है। आडवाणी को यह मालूम है कि इतिहास की किताबों में हिटलर की 'आर्य राष्ट्रवाद' की विचारधारा

को समझने के लिए इसी शब्द का प्रयोग हुआ है।

संघ-परिवार के नेतृत्व में इस वक्त सारे देश में एक सामाजिक-सांस्कृतिक आन्दोलन चल रहा है। सम्भवतः भाजपा के आधे लोग सत्ता और चुनाव के लिए ही मन्दिर-मसजिद का कार्यक्रम चला रहे हैं। लेकिन यह बात संघ-परिवार के लिए सही नहीं है। राष्ट्रीय स्वयंसेवक संघ के लिए यह बिलकुल सही नहीं है। संघ राज सत्ता का जरूर इस्तेमाल करना चाहता है, लेकिन उसका उद्‌देश्य सत्ता और चुनाव के परे है। एक खास प्रकार का समाज, एक खास तरह की भारतीय संस्कृति उसका ध्येय है। सामाजिक-सांस्कृतिक धरातल पर एक ब्राह्मणवादी हिन्दू व्यवस्था, उसका ध्येय है। आर्थिक, राजनैतिक धरातल पर ब्राह्मण-बनिया गठबन्धन उसका निहित स्वार्थ है।

इसलिए भाजपा को आरक्षण के खिलाफ एक अलग मोरचा खोलने की कोई जरूरत नहीं है। अगर राजनीति पर संघ परिवार का नियन्त्रण रहेगा, अगर समाज में ब्राह्मणवादी संस्कृति व्याप्त हो जाएगी, अगर अर्थनीति पर ब्राह्मण-बनिया काबिज हो जाएँगे, तो मंडल से लड़ने की जरूरत नहीं रह जाएगी। मन्दिर पर्याप्त है मंडल को काटने के लिए।

मन्दिर का कार्यक्रम अकेले नहीं चल सकता था, उसकी पूरी विचारधारा है। हर महत्त्वपूर्ण क्षेत्र में उसके पूरक कार्यक्रम चल रहे हैं। संघ परिवार के नेतृत्व में एक धार्मिक-सामाजिक आन्दोलन देश में चल रहा है। सिनेमा, संचार माध्यम, इतिहास लेखन से लेकर शिक्षा और संगीत के क्षेत्र तक यह आन्दोलन व्याप्त है। अर्थनीति का प्रबल निजीकरण इसको गति दे रहा है। इसके विपरीत आरक्षण के आन्दोलन का कोई समग्र विचार नहीं है। इसका कोई सांस्कृतिक आन्दोलन नहीं है। इसका कोई आर्थिक आन्दोलन नहीं है। इसका कोई शैक्षणिक आन्दोलन नहीं है; कोई इतिहास लेखन नहीं है। यह सिर्फ एक खंड का अधिकार-आन्दोलन है। ऐसे में यह मन्दिर की काट नहीं हो सकता।

धर्मनिरपेक्षता का घोषणा-पत्र–3

संघ परिवार की विचारधारा के केन्द्र में राष्ट्र और राष्ट्रीयता है, धर्म नहीं। धर्म उसकी राष्ट्रीयता का मुख्य आधार है। संघ परिवार के लिए धर्म का मतलब हिन्दू धर्म और हिन्दू धर्म का मतलब हिन्दू सम्प्रदाय है। जब-जब हिन्दू सम्प्रदाय के अर्थ में भारतीय राष्ट्र परिभाषित होगा, तब-तब संघ परिवार का राष्ट्रवाद प्रभावी होगा और विश्वसनीय होगा। हिन्दू समाज और भारतीय राष्ट्र को एकाकार करने की रणनीति भाजपा की राजनीति है।

1962 को एक कालबिन्दु माना जा सकता है, जिसके पहले भारतीय राष्ट्र को हिन्दू समुदाय के अन्दर सीमित करके देखने की मानसिकता नहीं के बराबर थी। उसके बाद अगर यह मानसिकता बढ़ रही है तो इसलिए नहीं कि लोग अपने राष्ट्र को हिन्दू राष्ट्र के रूप में देखना चाहते थे, बल्कि इसलिए कि हिन्दू राष्ट्र ही एकमात्र भारतीय राष्ट्र है जो दृश्यमान है, जिससे लेकर राजनीति में चिन्ता और गर्व है प्रकट किया जाता है। और किसी भारतीय राष्ट्र के बारे में गर्व करने की, या उसको दुनिया में आदर्श के रूप में स्थापित करने की बात ही नहीं होती है।

जो जितना बड़ा धर्मनिरपेक्ष नेता है और जो जितना बड़ा धर्मनिरपेक्ष बुद्धिजीवी है, उसके लिए 'भारतमाता' का उच्चारण उतना अधिक लज्जाजनक है। यह बात सामने आई जब प्रधानमन्त्री नेहरू ने चीन अधिकृत हजारों वर्ग किलोमीटर जमीन को बंजर और ऊसर कहकर भारतवासियों को यह सन्देश दिया कि इस भूमि पर चीन का कब्जा होना हमारी नींद खराब करने का कारण नहीं बनता है। अपने देश को भारतमाता मानने वाला आदमी इस प्रकार का बयान नहीं दे सकता था (युवा नेहरू काफी हद तक गांधी प्रभावित था; एक भौगोलिक इकाई के बारे में भावुक होना उसके स्वभाव के विरुद्ध नहीं था)।

देश को भूगोल कहना बौद्धिक है। मिट्टी और पत्थर को माता कहना गँवारपन है, भावुक स्वभाव का लक्षण है ! धर्मनिरपेक्षता का औसत नेता और औसत बुद्धिजीवी जाने-अनजाने उस दार्शनिक बहस का पक्षधर है जिसके अनुसार बौद्धिकता और भावुकता परस्पर विरोधी तत्त्व हैं और मनुष्य का कर्म, भावना के द्वारा नहीं, तर्क तथा गणित के द्वारा परिचालित होना चाहिए। इसी बहस ने भारतीय बुद्धिजीवी को एक छिछले किस्म का अन्तरराष्ट्रीयतावादी बना दिया है। दरअसल उसकी अन्तरराष्ट्रीयता

एक छद्म है और राष्ट्रीय जिम्मेदारियों से पलायन का उपाय है। वह या तो अन्तरराष्ट्रीयतावादी बनेगा या फिर क्षेत्रीयतावादी बनेगा, लेकिन राष्ट्रीयवादी नहीं बनेगा। यूरोपीय मानवतावाद का जो अनुकरण तीसरी दुनिया के देशों के बौद्धिक जगत में हुआ, यह उसी का परिणाम है। एक यह सिद्धान्त (थियोरी) भी बनता जा रहा है कि राष्ट्र-राज्य (नेशन-स्टेट) का जमाना लद गया है। अब तो विश्वयारी (कॉस्मोपलिटानिज्म) का नया युग आ चुका है। व्यवहार में यह विश्वयारी उपभोक्तावादी सुख और कामोत्तेजना के अनुसन्धान के अलावा और कुछ नहीं है। इससे अपने चारों ओर फैली हुई अमानवीय स्थितियों और सम्बन्धों के बारे में कोई संवेदनशीलता या सरोकार रहता ही नहीं। विश्व की बात कहकर अपने पड़ोस को नजरअन्दाज करने का अच्छा बहाना मिल गया है विश्व यारों को। गाँव, राष्ट्र और धर्म ये सब आदमी को अपने पड़ोस के प्रति उत्तरदायी बनाने की अवधारणाएँ हैं। विश्वयारी इन तीनों बन्धनों से मुक्त होना चाहती है।

1962 के पहले के ऐतिहासिक कारणों से भारतीय राष्ट्र और राष्ट्रीयता का सर्वोच्च प्रतीक जवाहरलाल नेहरू थे। 1962 के बाद इस नेहरूवाले प्रतीक में राष्ट्र के प्रति भावना की तीव्रता नहीं दिखाई दी। धर्मनिरपेक्षता के मामले में नेहरू के सबसे नजदीक कम्युनिस्ट पार्टियाँ थीं तो 1962 में कम्युनिस्टों के देशप्रेम के बारे में जरूरत से अधिक प्रश्न-चिन्ह लग गया था। उन्हीं दिनों संघ परिवार का राष्ट्रवाद पहली बार विश्वसनीय होने लगा। इसलिए नहीं कि राष्ट्रवाद सम्बन्धी उनकी धारणा लोकप्रिय थी, बल्कि इसलिए कि संघ का राष्ट्रवाद दुविधापूर्ण नहीं था। यही समय था जब जनसंघ के नेता (दीनदयाल उपाध्याय) की एक 'राष्ट्रीय नेता' वाली छवि बन गई। तब से आज तक राष्ट्रवाद की भावना को एक सकारात्मक राजनीतिक मुद्दे के रूप में अनवरत सक्रिय रखना सिर्फ संघ परिवार का कार्यक्रम रहा है। अन्य किसी राजनीतिक या बौद्धिक समूह के विचारों में यह एक प्रभावी तत्त्व नहीं रह गया है। पिछले पच्चीस साल की (लोहिया के बाद की) राजनीति के बारे में यह कहा जा सकता है कि भाजपा-जनसंघ को छोड़कर अन्य किसी दल या खेमे के लिए राष्ट्रवाद एक निर्णायक मुद्दा नहीं रहा है।

राष्ट्रीय राजनीति में राष्ट्रवाद की अनिवार्यता है या नहीं ? क्या संघ परिवार के राजनीतिक उत्थान के पीछे सबसे बड़ा कारण उसका राष्ट्रवाद है या नहीं ? क्या एक अराष्ट्रीय विचारधारा के तहत संघ परिवार की आक्रामकता का मुकाबला किया जा सकता है ? धर्मनिरपेक्षतावादी बौद्धिकजन इन प्रश्नों का उत्तर देंगे ?

राष्ट्र की अवधारणा बहुत पुरानी है। देश के साथ-साथ उसकी एक भावना पैदा हुई है। लेकिन एक खास अर्थ में यह यूरोपीय इतिहास की देन है। राष्ट्र और राज्य की एक ही भौगोलिक परिधि होगी–इस अर्थ में राष्ट्र और राष्ट्रवाद एक आधुनिक (यूरोपीय) अवधारणा है। एक राष्ट्र का एक राज्य होगा; एक राज्य में एक राष्ट्र होगा। प्रथम विश्वयुद्ध के समय तक यह सिद्धान्त यूरोप में जम चुका था और दुनिया के अन्य हिस्सों में प्रसारित हो रहा था। उसके पहले के पाँच सौ साल या उससे भी अधिक

समय का यूरोपीय इतिहास आपसी युद्ध, आक्रमण और बाहरी हस्तक्षेप के लम्बे सिलसिले का इतिहास रहा है। एक ओर धार्मिक केन्द्र (रोम) का हस्तक्षेप और दूसरी तरफ पड़ोसी देशों का आक्रमण। इन दो प्रकार के हमलों से लड़ने के लिए यूरोपीय राजनीति में राष्ट्रवाद का उदय हुआ। राष्ट्रीय भावना को जनमानस में दृढ़ करने के लिए काव्य और दर्शन के माध्यम से एक मूल्य के रूप में इसको महिमामंडित किया गया। विख्यात जरमन दार्शनिक हेगेल ने राष्ट्र को एक आध्यात्मिक इकाई का दरजा दिया।

यूरोपीय देशों में धार्मिक हस्तक्षेप और परस्पर युद्ध के कारण राष्ट्रवाद विकसित हुआ, तो बाद के समय में यूरोप के साम्राज्यवादी हमले से आत्मरक्षा के उद्देश्य से गैरयूरोपीय जनसमूहों के अन्दर राष्ट्रवाद का विकास हुआ। यह एक स्वाभाविक परिणाम था; कारण एशिया, अफ्रीका के जनसमूहों के सामाजिक, आर्थिक, धार्मिक, सांस्कृतिक–प्रत्येक क्षेत्र में यूरोप का हस्तक्षेप हुआ और बढ़ता गया। अपने धर्म, संस्कृति और आर्थिक सुरक्षा को स्वायत्त रखने के लिए राजनीतिक स्तर पर अपनी अस्मिता को जागरित करना और परिभाषित करना आवश्यक हो गया।

आधुनिक सभ्यता ने जिस आर्थिक विकास पद्धति को अपनाया है, उसके चलते कोई भी जन-समूह बाहरी आक्रमण और हस्तक्षेप से सुरक्षित नहीं हो सकता है क्योंकि इस विकास प्रणाली में 'अपने' जन-समूह को समृद्ध बनाए रखने के लिए कुछ अन्य जन-समूहों को राजनीतिक और आर्थिक रूप में निरन्तर पिछड़ा बनाए रखना आवश्यक है ताकि उनका बाजार, कच्चा माल और सस्ता श्रम 'अपने' को उपलब्ध होता रहे। इस दोहरी दुनिया में 'अपना' कौन है, और 'पराया' कौन है–इसका उत्तर देना पड़ता है। इसलिए औपनिवेशिक विकास पद्धति के इस युग में राष्ट्रवाद एक अपरिहार्य भावनात्मक मूल्य है। यही प्रमुख राजनीतिक अस्मिता है। किस भौगोलिक सीमा पर हम अपनी राष्ट्रीय अस्मिता का निरूपण करेंगे–यह सिर्फ हमारे ऊपर निर्भर नहीं है। हम बड़ा राष्ट्र बनाना चाहेंगे तो बाहरी ताकतें उसको बनने नहीं देंगी। यूरोप की हमेशा यह कोशिश रही है कि गैरयूरोपीय जनसमूहों का कोई विशाल और मजबूत राष्ट्र न बन पाए, समग्र अरब जन-समूहों का एक राष्ट्र, अफ्रीका के समूचे काले लोगों का एक राष्ट्र या अखंड हिन्दुस्तान जैसी सम्भावनाओं को यूरोप ने सफलतापूर्वक रोका है और नष्ट किया है। इसलिए कोई नहीं कह सकता है कि गैरयूरोपीय राष्ट्रों का निर्माण बिलकुल मनमाने ढंग से, जरूरत से बड़े आकार में हो गया है। यूरोप के अधीनस्थ देशों के जितने राष्ट्र बने हैं उनका निर्माण घोर प्रतिकूल दबावों के बावजूद हुआ है। इसलिए उनकी राष्ट्रीयता व्यावहारिक सीमाओं के अन्दर निरूपित हुई है और प्रामाणिक है।

एक ऐसे राष्ट्र में, जो जानबूझकर साम्राज्यवादी नहीं है, अगर राष्ट्रवाद संकीर्ण या आक्रामक रवैया प्रदर्शित करता है तो उसका असली कारण आधुनिक विकास पद्धति है। अगर भारतीय राष्ट्र देश के आदिवासी जनसमूहों को पिछड़ा रखना चाहता है तो इसका कारण राष्ट्रवाद नहीं है, कारण है विकास पद्धति। इस समस्या का समाधान

अलगाववाद या विच्छिन्नतावाद नहीं है। मौजूदा विकास पद्धति को बदलना ही इसका स्थायी प्रतिकार है। विकास पद्धति को बदलने से राष्ट्रवाद की बहुत सारी रूढ़ियाँ खतम हो जाएँगी।

यह कहा जा चुका है कि राष्ट्रवाद की प्रेरणा भले यूरोप से आई हो, लेकिन यूरोप की हमेशा यह कोशिश रही है कि एशिया-अफ्रीका में राष्ट्रवाद पनप न पाए। यह कोशिश सिर्फ यूरोप की सरकारों तक सीमित नहीं है। यूरोप के बुद्धिजीवी, खासकर विश्वविद्यालयों से सम्बन्धित बुद्धिजीवियों का हमेशा यह रुख रहा कि गैरयूरोपीय जन समूहों के लोग अपना कोई स्वतन्त्र ज्ञान विकसित न करें। विभिन्न क्षेत्रों में चल रही अपनी पारम्परिक प्रणालियों को संजीवित न करें, संवर्धित न करें। आश्चर्य की बात है कि कम्युनिस्ट बुद्धिजीवियों का भी यह रुख रहा, बल्कि अधिक रहा।

भारतीय कम्युनिस्ट तो यहाँ तक चले गए कि उन्होंने रणकौशल के स्तर पर भी राष्ट्रीय भावना को त्याग दिया। वियतनाम और चीन के कम्युनिस्ट और भारत के कम्युनिस्टों में बुनियादी अन्तर यही है। अन्यथा कोई कारण नहीं था कि चीन और वियतनाम की तरह भारत में भी कम्युनिस्टों को सफलता न मिलती। जब भविष्य का लेखक भारत में कम्युनिस्ट क्रान्ति की असफलता का विश्लेषण करेगा, उसकी इच्छा यह कहने की होगी कि 1990 के सोवियत पतन का इस पर बहुत बुरा असर पड़ा। यह उसकी गलती होगी। भारत में कम्युनिस्टों की वर्तमान असफलता के पीछे सोवियत विघटन का रत्ती भर भी कारण नहीं है। भारत के समाजवादियों की तुलना में कम्युनिस्ट अधिक संगठित और प्रभावशाली रहे हैं। इसमें कोई शक नहीं है कि कम्युनिस्ट आन्दोलन क्रान्तिकारी था। लेकिन अराष्ट्रीय होने के कारण राष्ट्रीय समाज की समस्याओं का उसे ज्ञान नहीं हो पाया। समस्याओं के बारे में सही नीति अपनाने के बजाय कम्युनिस्ट वास्तविकता से दूर हटते गए।

1947 के बाद के भारत में पूँजीवादी-उदारवादी बुद्धिजीवी और कम्युनिस्ट बुद्धिजीवी—इन दो समूहों के द्वारा शिक्षित समाज की वैचारिक समझ प्रभावित थी (समाजवादियों का प्रभाव नगण्य था; 1975 के पहले तक संघ परिवार का बौद्धिक प्रभाव उल्लेखनीय नहीं था)। भारत का उदारवादी अकसर अराष्ट्रीय होता है, लेकिन वह आचरण में ही अराष्ट्रीय होता है। सिद्धान्त के तौर पर या लेख लिखकर वह राष्ट्रवाद का विरोध नहीं करता है। राष्ट्रवाद के विरुद्ध सबसे लम्बे निबन्ध मार्क्सवादियों ने लिखे हैं। उन्होंने लिखा है कि राष्ट्रवाद का मतलब पड़ोसियों पर हमला करनेवाला राष्ट्रवाद है। हालाँकि ख्रुश्चेव की भारत यात्रा के बाद से अभी तक पाकिस्तान विरोधी बयान देने में और पाकिस्तान को भारत का एक मात्र दुश्मन के रूप में घोषित करने में कम्युनिस्ट पार्टियाँ भाजपा के पीछे नहीं रहीं या किसी के पीछे रहीं तो सिर्फ भाजपा के। कम्युनिस्टों की दृष्टि में शायद गांधीजी एक उग्र राष्ट्रवादी (शॉविनिस्ट) नेता थे क्योंकि वे धर्म के आधार पर भारत के विभाजन के कट्टर विरोधी थे। यह सचमुच इतिहास की एक विडम्बना है क्योंकि कम्युनिस्ट कहते हैं कि धर्म से राजनीति को बहिष्कृत करना होगा।

यह बात याद करने के काबिल है कि आजादी-आन्दोलन के एक नाजुक समय में उनकी पार्टी ने धर्म को आधार मानकर मुसलमानों की अलग राष्ट्रीयता (पाकिस्तान-निर्माण) का समर्थन किया था। मतलब यह नहीं कि कम्युनिस्ट धर्मवादी हो गए थे। इसका मतलब सिर्फ इतना है कि राष्ट्र और राष्ट्रीयता के बारे में कम्युनिस्टों की समझदारी कभी भी नहीं बन पाई है। उनकी दिक्कत यह कि जब वे गलतियों को बहुत दिनों बाद स्वीकारते हैं तो स्वीकारना एक औपचारिक कार्य होकर रह जाता है। गहराई में जाकर वे प्रायश्चित नहीं करते। प्रायश्चित न करने पर गलतियों का संस्कार मन में रह जाता है, 1942 की गलती को वे मान चुके हैं, फिर भी राष्ट्र सम्बन्धी उनकी अवधारणा परिष्कृत नहीं हुई है, बाबरी मसजिद टूटने के बाद वे कहते हैं कि धर्म सम्बन्धी उनकी अवधारणा गलत थी। लेकिन क्या वे धर्म सम्बन्धी एक स्पष्ट धारणा बनाने जा रहे हैं ?

मनुष्य और संस्कृति के दो आधारभूत तत्त्वों (धर्म और राष्ट्र) के बारे में विचार शून्यता के कारण मसजिद टूटने का सबसे बड़ा धक्का कम्युनिस्ट खेमे को लगा है। उनका खेमा बिलकुल हिल गया है। वे ढकेल दिए गए हैं, 1977 की पूर्व स्थिति में जब से ब्रेजनेव की सलाह मानकर वे कांग्रेस के ऊपर आश्रित हो गए थे। अपने बल पर साम्प्रदायिकता की शक्तियों से लड़ने का आत्मविश्वास उनमें बिलकुल नहीं है। न सिर्फ वे कांग्रेसी खेमे के सहयोगी होना चाहते हैं, वे तो समूचे गैर भाजपाई विपक्ष को कांग्रेसी खेमे के साथ जोड़ने की कोशिश कर रहे हैं। अगले चुनाव में प्रत्यक्ष या परोक्ष ढंग से, जानबूझकर कांग्रेस को मदद करने की गम्भीर गलती करने जा रहे हैं।

भारतीय कम्युनिस्टों की आलोचना का कतई यह मतलब नहीं है कि भारतीय समाजवादी उनसे बेहतर रहे हैं। कुछ अपवादों को छोड़कर यह कहा जा सकता है कि समाजवादी आन्दोलन की अपनी विचारधारा कभी नहीं बन पाई। समाजवादी विचारों का एक हिस्सा पूँजीवादी-उदारवादी विचार का अनुकरण है, तो दूसरा हिस्सा कम्युनिस्ट विचारों की छाया है। एक मौलिक दर्शन के तहत इन दो हिस्सों का सृजनात्मक समन्वय डॉ. लोहिया के चिन्तन और व्यक्तित्व में देखने को मिलता है, लेकिन उनके अनुयायियों की अयोग्यता के कारण इसकी धारावाहिकता और व्यापकता खतम हो चुकी है। वर्तमान भारत के समाजवादियों ने लोहिया के कार्यक्रमों को अलग-अलग करके माना है, लेकिन समाजवाद की न कोई वैचारिक धारा रह गई है, न कोई समग्र आन्दोलन दिखाई देता है। राष्ट्रीयता या राष्ट्रवाद के सम्बन्ध में उनकी भी कोई स्पष्ट समझदारी नहीं है जो प्रचारित हो सके। इतना तो हरेक समाजवादी कह देगा कि धर्म के द्वारा राष्ट्रीयता को परिभाषित करना गलत है। लेकिन राष्ट्रीयता या राष्ट्रवाद किसी काम की चीज है या नहीं, इसके बारे में एक औसत समाजवादी कुछ भी कह नहीं पाएगा। राष्ट्र के बारे में और खासकर राष्ट्रवाद में बारे में अभी भी बहुत सारे समाजवादियों का सोच कम्युनिस्टों जैसा है।

इसको आप राष्ट्रीयता कहिए, राष्ट्रवाद कहिए, अस्मिता कहिए या मिथक कहिए, बात एक है। अपनी भौगोलिक इकाई को अगर इस मिथक के सहारे आप एक

भावनात्मक इकाई का दरजा नहीं देते हैं तो उसकी सीमाओं के अन्दर रहनेवाले जन समूह के समग्र विकास और सामूहिक उत्थान के लिए समर्पित होकर कार्य आप नहीं कर सकते; उस जनसमूह के एक-एक व्यक्ति से सम्बन्ध स्थापित करने का दूसरा कोई उपाय नहीं है सिवाय इस भावनात्मक सूत्र के। धर्म, संस्कृति, भाषा, राष्ट्र और गाँव– ये अलग-अलग उद्देश्यों के लिए अलग-अलग भावनात्मक इकाइयाँ हैं, इन मिथकों की आवश्यकता सामान्यजन और बुद्धिजीवी दोनों के लिए समान मात्रा में है। ऐसा नहीं कि बुद्धिजीवी के लिए इनकी जरूरत नहीं है। बल्कि कुछ खास बिन्दुओं पर बुद्धिजीवियों के लिए अधिक जरूरत है। अगर इन मिथकों का नियन्त्रण बुद्धिजीवी पर नहीं रहेगा, तो वह मानव समाज के लिए विध्वंसक हो जाएगा, राष्ट्र के लिए वह विश्वासघातक हो जाएगा। वह अपनी बुद्धि को भाड़े पर लगा देगा।

तीसरी दुनिया के देशों में जहाँ राष्ट्रीय भावना की कमी हो गई है, वहाँ का बुद्धिजीवी वर्ग यही कर रहा है। इस वक्त यूरोप, अमरीका और जापान में राष्ट्रीय भावना सबसे अधिक मात्रा में है, तो सबसे कम भारत जैसे देश के बुद्धिजीवी समूहों में है। लैटिन अमरीका, अफ्रीका और भारतवर्ष के शासक वर्ग का एक बड़ा और महत्त्वपूर्ण हिस्सा साम्राज्यवादियों का पिछलग्गू हो गया है। यह तबका इतना बड़ा है कि इसको देशद्रोही कहना राष्ट्र को कलंकित करना होगा। इसलिए इसको राष्ट्रद्रोही नहीं कहना चाहिए; इसके चरित्र के बारे में सचेत रहना चाहिए। निजी स्वार्थ के लिए इस तबके के लोग अपने देश के भविष्य हित को बेच रहे हैं। 6 दिसम्बर के बाद जो सबसे बड़ा शर्मनाक काम हुआ है वह 5 मार्च, 1993 को बिना शोरगुल के सम्पन्न हुआ है। भारत के सारे भूगर्भीय खनिज पदार्थों को विदेशी कम्पनियों को बेचने का निर्णय भारत सरकार ने इसी दिन किया। बुद्धिजीवी वर्ग के किसी महत्त्वपूर्ण भाग में इसको लेकर खलबली नहीं मची है। इसी से समझ लेना चाहिए कि पिछलग्गू या पिट्ठू होने का चरित्र जब इतिहास को प्रभावित करता है, तब यह चरित्र व्यक्ति-चरित्र के रूप में नहीं उभरता है। यह एक श्रेणी-चरित्र होता है। जयचन्द और जगत सेठ का चरित्र व्यक्ति-चरित्र नहीं था। यह श्रेणी चरित्र उस समाज की उपज था जिसमें सामूहिक लक्ष्य का कोई प्रबल मिथक नहीं रह गया था, जब समान नागरिकता की सम्भावना धर्म के अन्दर भी पूरी तरह खतम हो चुकी थी। वर्तमान भारत के सन्दर्भ में इस श्रेणी-चरित्र का जन्म राष्ट्रीय मिथकों के अभाव में हुआ है। जिन अधिकारों को हथियाने के लिए ईस्ट इंडिया कम्पनी को इतने सारे युद्ध करने पड़े थे, उन सारे अधिकारों को बेचने के लिए आज दिल्ली का संसद भवन एक सुपर बाजार बना हुआ है। यानी 1757 के भारतीय शासक वर्ग की तुलना में आज के भारतीय शासक वर्ग की राष्ट्रीय भावना अधिक कमजोर है।

राष्ट्रवाद को उग्र राष्ट्रवाद कहकर उसका रचनात्मक उपयोग न करना एक अजीब किस्म का बौद्धिक पलायनवाद है। साम्राज्यवाद से लड़ने का और कौन सा दूसरा साधन है ? देश रक्षा और आर्थिक विकास का दायित्व जिन लोगों पर है वे अपने बच्चों का भविष्य विदेशों में न देखें (देश के अन्दर देखें), इसकी गारंटी राष्ट्रवाद के सिवाय और

क्या हो सकती है ? अनाज की कमीवाले देश में किसानों का ध्यान सिर्फ नकदी लाभकारी फसलों के प्रति न जाकर अनाज के उत्पादन की तरफ जाए, इसकी प्रेरणा कहाँ से आएगी ? राष्ट्रीयता अगर भावुकता ही है, तो भावुकता में क्या बुराई है ? मनुष्य के व्यवहार में भावुकता की इसलिए जरूरत होती है कि कुछ प्रकार की चुनौतियों का तत्काल, बिना बहस किए, मुकाबला करना पड़ता है। जिन चुनौतियों का मुकाबला तत्काल और सामूहिक ढंग से करना पड़ता है, आनेवाली ऐसी सारी चुनौतियों के लिए भावनाएँ तैयार रहनी चाहिए। देश की खदानों की मिल्कियत विदेशियों को दे देना सही है या गलत, इसकी बहस करनेवाला कभी भी अपने खदानों की रक्षा नहीं कर पाएगा। मेरी माँ की कुरूपता पर मजाक करनेवाले सज्जन को मैं कोई रोषपूर्ण वाक्य कहूँ या न कहूँ, यह लम्बी बहस के बाद तय नहीं हो सकता।

भावनाएँ, सम्बन्धवाली भावनाएँ और सामूहिक भावनाएँ अपने आप विशुद्ध नहीं होती हैं। भावनाओं को संस्कृति से लैस करना पड़ता है। अलग-अलग स्थान और काल में भावनाओं की अन्तर्निहित संस्कृति अलग-अलग होती है। कुछ विचार संस्कृति के रूप में भावनाओं के अन्दर अदृश्य होकर रहते हैं। जैसे कि हम बढ़िया स्वाद के लिए गुलाब जामुन खाते हैं तो कुछ पौष्टिक तत्त्व भी उस गुलाब जामुन के भीतर रहता है। मेरे खाने की इच्छा से उसका कोई सरोकार नहीं है। चालीस-पचास साल पहले भारत में सर्वत्र एक कहावत प्रचलित थी–जिसका बेटा लायक है वह क्यों संचय करे ? जिसका बेटा नालायक है उसको भी संचय नहीं करना चाहिए।* यह किसी एक युग की संस्कृति थी, जिसके द्वारा पुत्रमोह की भावना या परिवार के लिए संचय करने की भावना को मर्यादित किया जाता था। इस संस्कृति के खतम होने के बाद पारिवारिक संचय की अमर्यादित वृत्ति समाज और देश के लिए अभिशाप बन गई है। भावना वही है, लेकिन उसका व्यावहारिक रूप भिन्न है। सारा महाभारत पारिवारिक मोह (पुत्र-मोह) को मर्यादित करने की शिक्षा देने वाली अनुपम गाथा है।

राष्ट्रीयता भी ऐसी एक सामूहिक भावना है, जिसकी संस्कृति, जिसका व्यावहारिक रूप अलग-अलग हो सकता है। यह एक संकीर्ण भावना होगी या एक उदार भावना होगी, इसका रुझान साम्राज्यवादी होगा, इसका अन्दरूनी तेवर सामान्य जन के लिए अनुकूल है या एक विशिष्ट वर्ग के हित में है, यह इस पर निर्भर करता है कि समाज का नेतृत्व और बुद्धिजीवी वर्ग राष्ट्रीय भावना को किन नीतियों के साथ जोड़कर अभिव्यक्त करते हैं। गांधी और रवीन्द्रनाथ ने इसको कुछ खास नीतियों के साथ जोड़ कर अभिव्यक्त किया है। सावरकर ने दूसरे ढंग से अभिव्यक्त किया, गोलवलकर और बाल ठाकरे ने भिन्न ढंग से किया। कम्युनिस्ट भी इससे बच न सके, उनकी राष्ट्रीयता पाकिस्तान विरोध के रूप में अभिव्यक्त होती है। साधारणजन देश की अधिकांश समस्याओं को राष्ट्रीय भावना के माध्यम से ही समझ पाता है। ट्रेड यूनियनों के अधिकांश मजदूर इस वक्त देश की समस्याओं को समझने में असमर्थ हो गए हैं क्योंकि

* पूत सपूत तो क्यों धन संचय, पूत कपूत तो क्यों धन संचय।

ट्रेड यूनियनों के लिए राष्ट्र कभी एक मुद्दा नहीं बनता है, राष्ट्रीय भावना जगाने का कार्यक्रम सम्भवतः भाजपा के भारतीय मजदूर संघ में भी नहीं होता है। ट्रेड यूनियन-नुमा किसान संगठनों का भी बुरा असर किसानों पर पड़ रहा है। किसान समझ नहीं पा रहे हैं कि अधिक लाभ के लिए ज्यादा रासायनिक खाद डालकर भारत की मिट्टी को कमजोर बना दें या देशी बीज का इस्तेमाल कर देश की मिट्टी को उर्वरा बनाए रखें। अगर बुद्धिजीवी वर्ग आत्मनिर्भर कृषि को राष्ट्रीय आत्मसम्मान की नीति के रूप में पेश करेगा तो किसानों की भी राष्ट्र भावना जागेगी और जरूरत पड़ने पर खेती के कठिन उपायों को अपनाने के लिए किसान तैयार हो जाएगा।

नेताओं और बुद्धिजीवियों के न चाहने से राष्ट्रीय भावना खतम नहीं होगी। किसी-न-किसी तरह वह अभिव्यक्त होगी। साम्राज्यवाद से बचने के सन्दर्भ में उसको अभिव्यक्त नहीं किया जाएगा, इतिहास का बदला लेने के लिए उसका उपयोग होगा। चीन के कब्जे से जमीन छुड़ाने के लिए उसका उपयोग नहीं होगा, तो श्रीलंका या पाकिस्तान से लड़ने के लिए उसका इस्तेमाल होगा। पूरी आबादी के सन्दर्भ में अगर राष्ट्रीय भावनाएँ सक्रिय नहीं होंगी तो किसी क्षेत्र विशेष या समुदाय विशेष की भावना बनकर उनका विस्फोट होगा। जाति, सम्प्रदाय या क्षेत्र, राष्ट्र के विकल्प बन जाएँगे। साम्प्रदायिकता राष्ट्रीयता का ही एक संकीर्ण और विकृत अवतार है।

साम्प्रदायिकता और साम्प्रदायिक दंगा–दोनों में फरक है। दंगे के सन्दर्भ में सद्भावना का कार्यक्रम एक सही कार्यक्रम है लेकिन सद्भावना सभाओं के द्वारा साम्प्रदायिकता का प्रतिकार नहीं हो सकता है। साम्प्रदायिकता एक विचारधारा है। यह विकृत राष्ट्रीयता की विचारधारा है। एक बेहतर राष्ट्रीय विचारधारा, जो अधिक व्यावहारिक भी हो, इसका एक मात्र और स्थायी प्रतिकार हो सकती है। इस वक्त राष्ट्रीयता को अभिव्यक्त करने का सबसे महत्त्वपूर्ण और व्यावहारिक सन्दर्भ आर्थिक नीतियाँ हैं क्योंकि ये राष्ट्र और जनसाधारण दोनों के विरुद्ध एक षड्यन्त्र है। जब-जब राष्ट्रीय भावना और जन-असन्तोष की चेतना का संयोग एक ही मुद्दे पर होता है, तब-तब दरिद्र देशों का जन साधारण देश और वर्ग दोनों के लिए सक्रिय होता है। ऐसे समय में सामान्य नागरिक की राजनीतिक चेतना अधिकतम होती है। मध्यवर्ग का वह हिस्सा जो सम्पन्न नहीं है राष्ट्रीय भावना के प्रभाव में जल्दी आता है। इसलिए मध्यवर्ग और किसान-मजदूर वर्ग के हित में भी टकराव कम-से-कम होता है। सम्भवतः भारत के राष्ट्रीय आन्दोलन में यह संयोग (राष्ट्रीय हित और सामान्यजन के हित का संयोग) पर्याप्त मात्रा में नहीं था क्योंकि धनी बुरजुवा श्रेणी का स्वार्थ राष्ट्रीय आन्दोलन से जुड़ा हुआ था। लेकिन नई आर्थिक नीतियों के विरुद्ध संघर्ष करने का मतलब है–धनी बुरजुवा उपभोक्तावाद और मुनाफावाद पर रोक लगाना। आर्थिक राष्ट्रवाद इस समय की राष्ट्रीयता का मुख्यबिन्दु होगा, तो इसको भारत का धनी बुरजुवा वर्ग हतोत्साहित करेगा। साम्प्रदायिक राष्ट्रवाद और आर्थिक राष्ट्रवाद में से चुनना होगा तो वह प्रथम को चुनेगा। कुछ लोग गलत कहते हैं कि आर्थिक राष्ट्रवाद भारतीय पूँजीपति वर्ग के लिए अनुकूल पड़ेगा। पड़ना

चाहिए। काश, ऐसा होता ! लेकिन पड़ेगा नहीं क्योंकि भारत का पूँजीपति वर्ग विकास की दीर्घकालीन दृष्टि को मानता नहीं है। तात्कालिक मुनाफा और तात्कालिक उपभोक्तावाद के बाहर और किसी चीज को वह आर्थिक विकास मानने को तैयार नहीं है। मुनाफा और उपभोक्तावाद की तात्कालिकता पर रोक लगाना आर्थिक राष्ट्रवाद का पहला सूत्र है।

चुनौती का रूप है—आर्थिक राष्ट्रवाद बनाम धार्मिक राष्ट्रीयता। इस सूत्र के अनुसार धार्मिक राष्ट्रीयता की भूमिका से (जिसको आडवाणी ने 'सांस्कृतिक राष्ट्रवाद' कहना शुरू किया है) राव-मनमोहन सिंह सरकार को खुश होना चाहिए। क्या वे खुश हैं ? यह कहना गलत होगा कि कांग्रेस धार्मिक राष्ट्रवाद का समर्थक होने जा रही है या हो गई है। बात इतनी है कि कांग्रेस इससे खुश है कि आर्थिक राष्ट्रवाद उभर नहीं पा रहा है। सत्ताधारियों के सन्तोष का कारण कभी-कभी टेढ़ा (परोक्ष) होता है, इस सन्तोष के चलते अगर काँग्रेस दुविधाग्रस्त होती है या उसकी सरकार खतरे में पड़ जाती है तो सत्ता के दलालों का कोई नुकसान नहीं होनेवाला है, और न सत्ता पर नियन्त्रण करनेवालों का कोई नुकसान होनेवाला है। राजनैतिक परिवर्तन का इतिहास और आर्थिक परिवर्तन का इतिहास साथ-साथ नहीं चलते हैं। राजनैतिक परिवर्तनों का क्रम ज्यादा टेढ़ा-मेढ़ा होता है; आर्थिक परिवर्तनों का क्रम ज्यादा सरल रैखिक होता है।

कांग्रेस और भाजपा का आपसी विरोध नकली नहीं है, उनके राजनैतिक विचार भिन्न हैं। लेकिन दोनों के ऊपर अगर एक ही प्रकार के आर्थिक स्वार्थ हावी हैं तो एक की जीत और दूसरे की हार या दूसरे की जीत और एक की हार से इतिहास को ज्यादा फरक नहीं पड़ने वाला है। संघ परिवार की सफलता की कसौटी क्या यह है कि केन्द्र में भाजपा की सरकार बन जाए ? जो लोग ऐसा सोचते हैं, वे सरलीकरण की गलती करते हैं। भाजपा का प्रधानमन्त्री बने, इसके लिए भाजपा नेताओं में जितनी आतुरता होगी, संघ परिवार के अन्य घटकों के नेताओं में उतनी आतुरता नहीं होगी। उनकी आतुरता सिर्फ इसलिए होगी कि देश में एक खास प्रकार की सामाजिक-सांस्कृतिक स्थितियाँ पैदा हों। अगर कांग्रेस की आर्थिक नीतियों के परिणामस्वरूप धार्मिक असहिष्णुता और सामाजिक तनाव बढ़ते हैं, पूरी व्यवस्था में ब्राह्मण-बनिया वर्चस्व भी बढ़ता है तो संघ परिवार के नेतृत्व में कांग्रेस के साथ सह-अस्तित्व का एक विचार भी पैदा हो सकता है।

संघ के विचारक तीक्ष्ण बुद्धि के हैं। भाजपा का प्रधानमन्त्री बनाने की जल्दबाजी उन्हें नहीं है। संघ परिवार की विचारक मंडली में अब कुछ साहब-बुद्धिजीवी आ गए हैं, जो पहले नहीं होते थे। भाजपा का प्रधानमन्त्री बनाने की जल्दबाजी उन्हें भी नहीं है। राजनीति पर जिस अनुपात में नियन्त्रण होने से एक खास प्रकार की सामाजिक-सांस्कृतिक स्थिति पैदा की जा सकती है और आर्थिक राष्ट्रवाद की हरकतों को रोका जा सकता है, उस अनुपात की राजनैतिक शक्ति हासिल करना इस वक्त संघ परिवार का लक्ष्य होगा। अगर भाजपा की एक दलीय सरकार लम्बे समय तक केन्द्र

में नहीं बनती है तो हर्ज नहीं है; बनना आसान भी नहीं है। केन्द्र में भाजपा की सरकार यकायक बन जाने से कई तरह की तीव्र प्रतिक्रियाएँ हो सकती हैं। अतः कांग्रेस-भाजपा के सह-अस्तित्व की संक्रमणकालीन रणनीति ज्यादा फायदेमन्द हो सकती है। सह-अस्तित्व का एक तरीका यह है कि बारी-बारी से देश का शासन करें और 'आर्थिक सुधार' की प्रक्रिया को जारी रखें।

धर्मनिरपेक्ष विपक्षी दल इस बात को अच्छी तरह समझें क्योंकि वे अखबारी बयानों के परदे के पीछे कांग्रेसी खेमे को मजबूत बनाने का तरीका ही ढूँढ़ रहे हैं।

धर्मनिरपेक्षता का घोषणा-पत्र–4

बाबरी मसजिद के टूटने के बाद अगर किसी गैर भाजपाई राजनैतिक दल का प्रसार दृष्टिगोचर हुआ है तो वह उत्तर प्रदेश के एक दल के रूप में मुलायम सिंह के दल का, जिसका नाम समाजवादी पार्टी है। इसका विस्तार जारी है और तेवर भी आक्रामक है। कांशीरामवाली बहुजन समाज पार्टी के साथ समाजवादी पार्टी का संयुक्त अभियान एक चर्चा का विषय बना हुआ है। गैर भाजपाई दलों में यह अकेला मोरचा है जो संघ परिवार से भयभीत नहीं जान पड़ रहा है और शीघ्र चुनाव की माँग भी करता है।

इससे एक सबक लेना है—एक सीधा और गहरा सबक। संघ परिवार से मुकाबला करने के लिए जिस जनाधार की जरूरत है वह शूद्र-दलित समन्वय से बनता है। जिस राजनैतिक दल का नेतृत्व मुख्य रूप से उच्च जातिवाला है, जिसके कार्यकर्ता भी सामान्यतः उच्च जातियों से आते हैं, उसके पाँव संघ परिवार से लड़ते वक्त लड़खड़ाते हैं। कई सामाजिक और ऐतिहासिक कारणों से उसके अन्दर दुविधाएँ और कमजोरियाँ पैदा होती हैं।

एक कारण तो यह है कि अन्ततोगत्वा संघ परिवार की धार्मिक-सामाजिक-आर्थिक नीतियों का लक्ष्य समाज में ब्राह्मणवाद को पुनः स्थापित करना है। इसलिए ब्राह्मण-बनिया-राजपूत जातियों का एक स्वाभाविक आकर्षण इन नीतियों के प्रति होता है। यह सही है कि कई बार राजपूत और यादव, कायस्थ और कुर्मी समान रूप से मुसलमान विरोधी यानी साम्प्रदायिक दिखाई देते हैं। लेकिन गहराई में जाने पर पिछड़ों और दलितों का साम्प्रदायिक विद्वेष बहुत सतही मालूम होगा। ब्राह्मणवादी विचारों के हिसाब से ब्राह्मण ही पूरी तरह हिन्दू हैं या फिर द्विज जातियाँ। शूद्र जातियाँ अपेक्षाकृत कम हिन्दू हैं और दलितों का हिन्दुत्व नगण्य है। अतः जिस दल का नेतृत्व जितना द्विज प्रधान होगा, साम्प्रदायिकता के मुकाबले वह अपने को उतना दुविधाग्रस्त पाएगा। भाजपा से लड़ने में उसका आत्मविश्वास उतना कमजोर पाया जाएगा। उसका नेता प्रबल धर्मनिरपेक्षतावादी हो सकता है, लेकिन उसके अपने परिवार और स्वजनों के बीच उसकी बातें प्रभावी नहीं होंगी।

संघ परिवार इस फरक को अच्छी तरह समझता है, इसलिए शूद्रों तथा दलितों को साम्प्रदायिक विचारों का शिकार बनाने के लिए संघ परिवार कई तरह का कौशल अपनाता है। दंगों के समय उसकी यह कोशिश रहती है कि मुसलमानों के विरुद्ध

मार-पीट और आगजनी के कार्यक्रमों में पिछड़े और दलित लोग ही अगुवाई करें। दंगों का यह रूप-विधान कई जगह देखने को मिलता है। लेकिन मानसिकता के स्तर पर द्विज और दलित के बीच का फरक बना हुआ है। मसजिद ढहाने जैसे प्रस्तावों से द्विजों में जितना आग्रह और उत्साह पैदा होगा, उतना उत्साह पिछड़ों में और दलितों में नहीं दिखाई देगा। यानी जिस दल के नेतृत्व में और कार्यकर्ता समूह में पिछड़ा तत्त्व अधिक रहेगा, वह दल दृढ़तापूर्वक गैर साम्प्रदायिक होगा। आदर्श यह होना चाहिए कि नेतृत्व और कार्यकर्ता समूह मूलतः शूद्र और दलितों का रहे, द्विजों का अल्पमत रहे। भारतीय राजनीति की जब ऐसी बनावट हो जाएगी तो साम्प्रदायिकता के विरुद्ध एक कवच तैयार हो जाएगा।

ऐसा कब होगा ? अगर पिछड़े नेताओं को केन्द्र में रखकर बात करें तो उनकी छोटी महत्त्वाकांक्षाएँ इसमें बाधक लगती हैं। मुख्यमन्त्री बनना उनकी सर्वोच्च महत्त्वाकांक्षा जान पड़ती है। कभी-कभी प्रधानमन्त्री की कुरसी पर उनकी निगाह का पता चलता है तो यह स्पष्ट हो जाता है कि जोड़-तोड़ के द्वारा ही वहाँ पहुँचने की बात कभी-कभी उनके मन में उठती है, राष्ट्रनायक या समाज परिवर्तन के नायक के रूप में नहीं। शूद्र नेताओं की यह कमी इस समय राष्ट्र की एक ट्रेजेडी है।

विगत दो दशकों के शूद्र मुख्यमन्त्रियों का तुलनात्मक अध्ययन किया जाए तो यह बात उभरेगी कि उनमें अन्नादुराई, कर्पूरी ठाकुर, देवराज अर्स हुए हैं, जिनका नेतृत्व महान नहीं था, लेकिन अपने समकालीन या बाद के द्विज मुख्यमन्त्रियों से वे बेहतर साबित होते हैं। भारतीय समाज को उनका योगदान ज्यादा स्थायी माना जाएगा। इसलिए अगर द्विज नेतृत्व के स्तर पर एक महान राष्ट्रनायक की कल्पना हो सकती है तो पिछड़े नेतृत्व में भी इसकी कल्पना हो सकती है, बल्कि आज की समस्याओं के सन्दर्भ में एक शूद्र राष्ट्रनायक की कल्पना ज्यादा सटीक बैठती है।

बौद्धिक मामलों में शूद्रों की अयोग्यता कुछ अरसे के लिए बनी रहेगी लेकिन राष्ट्र को और धर्म को बेहतर बनाने के ऐतिहासिक प्रयास में यह अयोग्यता घटती जाएगी। पिछड़ा नेतृत्व जब भी अपने जनाधार पर खड़े होकर एक बड़ा काम करना चाहेगा, द्विजों का एक छोटा लेकिन सक्षम तबका उसकी मदद में रहेगा।

देश-निर्माण में द्विज समूहों का योगदान तेजी से घट रहा है और उनमें बहुत सारे अराष्ट्रीय लक्षण प्रकट हो रहे हैं, जो चिन्ता का विषय है। समाज का प्रभावशाली द्विज इस दुविधा में रहता है कि वह अपनी सन्तान को यहाँ रखे या विदेश भेज दे। नौकरशाही का जो उच्चतम शिखर है वही भारत के द्विजों का सर्वाधिक निखरा हुआ चेहरा है, इसी को देखकर द्विजों के चरित्र और देश के लिए उसकी प्रासंगिकता का पता लगाया जा सकता है।

भारत के द्विजों की दायित्वहीनता एक खास ऐतिहासिक अनुभव की उपज है। जाति-प्रथा के ढाँचे के कारण वह हर संकट में सुरक्षित है—जो मारे जाते हैं, वे दूसरे होते हैं। समाज के हर विभाग में सर्वोच्च नम्बर एक या सर्वोच्च नम्बर दो वाले स्थान

उनके लिए हमेशा संरक्षित है। जब आजादी है तो वह नम्बर एक है, गुलामी के दिनों में वह नम्बर दो है। मुगल काल और अँगरेजी राज में उसको यह अनुभव हो गया है। इस अनुभव से जो मानसिकता बनती है वह यह है कि गुलामी कोई जोखिमवाली बात नहीं है। अँगरेजी राज में तो कमाल हो गया। अँगरेजों के पहले हिन्दू समाज और भारतीय समाज का बहुत बड़ा हिस्सा ऐसा था जहाँ ब्राह्मणवादी सामाजिक ढाँचा नहीं था, बहुत सारा इलाका था जहाँ ब्राह्मण जातियाँ नहीं थीं। अँगरेजी राज में पूरे भारत पर ब्राह्मणवादी ढाँचा लाद दिया गया। अँगरजों की शिक्षा नीति और प्रशासन नीति के चलते सम्पूर्ण भारत एक ब्राह्मणवादी क्षेत्र बन गया।

सम्भवतः अँगरेजी राज के इस अनुभव के कारण पश्चिम के आधिपत्य को द्विज जातियाँ एक खतरे के बजाय वरदान के रूप में देखती हैं। पश्चिम का आधिपत्य होगा तो उनका कुछ नहीं बिगड़ेगा। इस वक्त भी जब विदेशी कम्पनियाँ देश की अर्थव्यवस्था पर हावी हो रही हैं तो उन कम्पनियों की भारतीय शाखाओं के सर्वोच्च अधिकारी द्विज जातियों के लोग ही हो रहे हैं। सार्वजनिक क्षेत्र के उद्योग में जो वेतन-भत्ता मिलता था, उससे कई गुना अधिक विदेशी कम्पनियों में मिल रहा है। सार्वजनिक क्षेत्र को खतम करके औद्योगिक और व्यापारिक नौकरियों में पिछड़ों की भागीदारी की सम्भावना को समाप्त कर दिया गया है और उच्च जातियों का अधिकार पुनः स्थापित हुआ है तो इसके लिए द्विज जातियाँ किसके प्रति कृतज्ञ होंगी ? विदेशी कम्पनियों के प्रति द्विजों की आसक्ति का एक मुख्य कारण शायद यह भी है।

देश में योग्यता का संकट है। राजनीति का द्विज नेतृत्व, संस्कृति का द्विज नेतृत्व, विज्ञान का द्विज नेतृत्व—सारा द्विज नेतृत्व असफल साबित हो चुका है। यह सवाल उसके आमने-सामने खड़ा है; क्या उसकी योग्यता खतम हो चुकी है ? सामाजिक संकीर्णता और राष्ट्रीय गुलामी के प्रतिरोध के लिए क्या वह अपने देशवासियों को प्रेरित कर सकता है ? आर्थिक मामलों में क्या वह गुलामी का एक विकल्प बता सकता है ? कांग्रेस और कम्युनिस्टों के रूप में भारत का द्विज नेतृत्व किंकर्त्तव्यविमूढ़ है, संघ परिवार के रूप में वह हिन्दुओं को नपुंसकता की शिक्षा दे रहा है कि कमजोर और अल्पसंख्यकों पर हमला करके बहादुरी का अहसास करे। बांग्लादेशी घुसपैठियों के खिलाफ उसकी (संघ की) ललकार तीव्र और दुविधा रहित है। देश की अर्थव्यवस्था पर विदेशी नियन्त्रण का प्रतिरोध करने की इच्छा-शक्ति उसमें नहीं है। अमरीकी-301 धमकी और डंकेल प्रस्ताव पर उसकी प्रतिक्रिया 'किन्तु' और 'परन्तु' वाली है।

निश्चय ही आज या इसके बाद कभी भी केवल द्विज नेतृत्व के भरोसे भारत अपना भविष्य बनाने की बात सोच नहीं सकता। भारत का द्विज चरित्र में निकृष्ट है; बौद्धिकता में वह नकलची और चालाक है। पिछड़ों के लिए वह एक गलत नमूना (मॉडल) है।

द्विजों की यह प्रमाणित अयोग्यता पिछड़ों के लिए बहुत बड़ी चुनौती है। पिछड़ा नेतृत्व अभी तक द्विजों का भद्दा अनुकरण करता आया है। उसके सामने यह छोटा प्रश्न है कि वह किसमें कितना हिस्सा माँगेगा ? असल प्रश्न यह है कि क्या भारत

का शूद्र वह काम कर सकेगा जिसे करने में द्विज नेतृत्व असफल और अयोग्य साबित हुआ है ? शूद्र नेता नौकरी की माँग कर रहा है, देश एक शूद्र नेतृत्व की माँग कर रहा है क्योंकि करोड़ों की संख्या में उत्पीड़ित जनता शूद्रवंशी और दलितवंशी है।

हिन्दू धर्म के नवीकरण और राष्ट्रीय गुलामी के प्रतिरोध का ऐतिहासिक दायित्व शूद्र नेतृत्व के कन्धों पर आ गया है।

स्वामी विवेकानन्द की भविष्यवाणी थी–भारत शूद्रों का होगा, शूद्र उसका संचालन करेगा।

धर्मनिरपेक्षता का घोषणा-पत्र–5

धर्मनिरपेक्षता का शब्दार्थ जो भी हो, भारतीय राजनीति में यह शब्द साम्प्रदायिकता का विलोम या विरुद्धार्थ है। इसलिए इसका मुख्य गुण धार्मिक सहिष्णुता है। साम्प्रदायिकता भारतीय राष्ट्र की एक मुख्य कमजोरी है। भारतीय राष्ट्र को एकताबद्ध और सशक्त बनाए रखने के लिए धर्मनिरपेक्षता का निर्णायक महत्त्व है। संविधान में इसको एक राष्ट्रीय प्रतिज्ञा के तौर पर माना गया है तो वह उचित ही है।

साम्प्रदायिकता के विरोध के अलावा धर्मनिरपेक्षता के दो अन्य पहलू हैं–धर्मशासित राज्य या थियोक्रेसी तथा धर्म का विरोध। धर्मनिरपेक्षता के सर्वाधिक मुखर समूहों ने जिस ढंग से सेकुलरवाद का प्रचार करना चाहा उसमें धर्म-विरोधी और भौतिकवादी व्यंजना अधिक थी। इस कारण सामान्य जन के स्तर पर धर्मनिरपेक्षता की एक स्पष्ट अवधारणा अभी तक नहीं बन पाई है।

यूरोपीय इतिहास में धर्मनिरपेक्षता या सेकुलरवाद का सन्दर्भ थियोक्रेसी या धर्मशासित राज्य रहा। राज्यों के प्रशासन में धर्माधिकारियों के बार-बार हस्तक्षेप से कई तरह की समस्याएँ पैदा हुईं। जन-साधारण तथा राजाओं की ओर से इस हस्तक्षेप का जो विरोध हुआ, वह यूरोप के विकास का एक महत्त्वपूर्ण आन्दोलन था, जिसके चलते राष्ट्रीयता तथा धर्मनिरपेक्षता दोनों अवधारणाएँ यूरोप में मजबूत हुईं।

यूरोपीय इतिहास में साम्प्रदायिकता की समस्याओं को देखना है तो यहूदी द्वेष और वर्तमान यूगोस्लाविया की घटनाओं पर ध्यान देना होगा। धर्मनिरपेक्षता को पूरी समझदारी के साथ अपनाने के बाद भी यूरोप के यहूदियों पर अत्याचार हुए हैं, और जरमन फासीवाद का मुख्य आधार यहूदी-द्वेष था। इसलिए संघ परिवार पर अकसर यह आरोप लगाया जाता है कि हिटलर के यहूदी द्वेष की राजनीति से ही उसे मुसलमान द्वेष की राजनीति चलाने की प्रेरणा मिली।

धर्मशासित राज्य का विचार सम्भवतः भाजपा की मुख्यधारा नहीं है। लेकिन संघ परिवार का एक गुट अवश्य है जो धर्मशासित राज्य को अपना लक्ष्य मानता है। भारतीय समाज में हिन्दू साम्प्रदायिक राजनीति का एक तार्किक परिणाम उच्च जातियों का शासन और शूद्र दमन होगा। इसी अर्थ में धर्मशासित राज्य का एक तत्त्व साम्प्रदायिकता की राजनीति में निहित है।

जिस अर्थ में यूरोप में धर्मशासित राज्य था, उस अर्थ में भारतीय इतिहास के किसी

भी काल में धर्मशासित राज्य एक मुख्यधारा के रूप में विकसित नहीं हुआ। हिन्दुओं के धर्म की यह एक विशेषता है कि किसी एक किताब में उसके धर्म-तत्त्व आधिकारिक रूप में समाविष्ट नहीं हैं। कुछ किताबें अगर मूल ग्रन्थ के तौर पर अपनाई गई हैं तो उनका कोई आधिकारिक भाष्य नहीं है। कोई अधिकृत धर्माधिकारी नहीं है, जिसके भाष्य को जनसाधारण मानें। कुछ लोग अगर ईसाई या इस्लाम की नकल में हिन्दू धर्म के ढाँचे को भी एक केन्द्रित संगठित ढाँचा बनाने में सफल हो जाते हैं, तब जाकर एक धर्मशासित राज्य बन सकता है। इस तरह की कोशिश को सफलता मिलना असम्भव है क्योंकि यह हिन्दू धर्म के मूल स्वभाव के विरुद्ध होगा। इस प्रकार की अस्वाभाविक कोशिशों से हिन्दू समाज छिन्न-भिन्न हो जाएगा।

धर्मनिरपेक्षता का पहला सूत्र अगर यह है कि राजा का अधिकार-क्षेत्र और ईश्वर का अधिकार-क्षेत्र अलग-अलग है तो हिन्दू मानस के लिए यह कोई समस्या नहीं है। जिन पुस्तकों को हिन्दू लोग अपना मूल ग्रन्थ मानते हैं, उनमें विवाह, सम्पत्ति, अपराध आदि के बारे में कोई कानूनी निर्देश नहीं हैं। हिन्दू मूल ग्रन्थों के अनुसार ईश्वर ब्रह्मांड का 'राजा' नहीं है, वह सिर्फ मूल तत्त्व है। हिन्दुओं के कुछ मूल ग्रन्थों में जातिभेद (वर्णभेद) का जिक्र अवश्य है। लेकिन जातियों या वर्णों के बीच सामाजिक सम्बन्ध क्या होंगे--इसका निर्देश न उपनिषदों में है, न गीता में। वैसे तो हिन्दू होने के लिए गीता, उपनिषद को मानना भी जरूरी नहीं है। बौद्ध, शैव और सिखों के अलावा कई तरह के देवी पूजक, योनि पूजक, शून्य पूजक, पत्थर पूजक समूह हैं जो हिन्दू है। अँगरेजों के आगमन के पहले तक भारत में सामाजिक व्यवस्था की दृष्टि से दो तरह के इलाके थे। कुछ इलाकों में ब्राह्मणवादी व्यवस्था थी और कुछ बड़े भूभागों में गैर ब्राह्मणवादी व्यवस्था बनी हुई थी।

'ब्राह्मणवादी' शब्द को परिभाषित करना जरूरी हो गया है क्योंकि इसका इधर काफी प्रचलन होने लगा है। ब्राह्मणवादी व्यवस्था वह है जहाँ ब्राह्मण तथा कुछ उच्च जातियाँ सर्वश्रेष्ठ सामाजिक समूह हैं और ऊँचे-नीचे का एक क्रम भी बना हुआ है। नीचे के लोगों को बौद्धिक, सांस्कृतिक तथा राजनीतिक मामलों में उच्च जातियों का अनुसरण करना पड़ता है। अँगरेजी राज के पहले तक भारत का अधिकांश इलाका ब्राह्मणवाद से मुक्त था। इतिहासकारों और समाजशास्त्रियों ने भारतीय सामाजिक विकास के इस पहलू पर ध्यान नहीं दिया है। फिर भी इसका अनुमान इतनी सरलता से लगाया जा सकता है कि विशेषज्ञों की मदद के बगैर इस तथ्य को हम समझ सकते हैं। बंगाल-बिहार-ओड़िशा-मध्य प्रदेश का एक विशाल 'झारखंड' भूभाग है। इस तरह के कई अन्य भूभाग हैं। इन भूभागों की वर्तमान आबादी को देखने के बाद अगर हम कल्पना करें कि अँगरेजों के औपनिवेशिक प्रशासन के पहले वहाँ का सामाजिक भूगोल कैसा रहा होगा, तो आधे भारत में ब्राह्मणों की उपस्थिति नहीं दिखाई देगी और इन इलाकों में एक प्रकार की सामाजिक-आर्थिक समानता की सामाजिक व्यवस्था भी दिखाई देगी। इन इलाकों की सामाजिक व्यवस्था को हिन्दू नहीं मानना मूर्खता होगी। संघ परिवार

अगर नहीं मानेगा तो मुश्किल में पड़ेगा।

ब्रिटिश हुकूमत ने अपनी सुरक्षा के लिए भारत में एक अतिकेन्द्रित प्रशासन कायम किया और देश के हर इलाके में जहाँ जिला, सबडिवीजन या तहसील की इकाई बनाई गई, वहाँ ब्राह्मण तथा अन्य द्विज जातियों के लोगों को शासक के तौर पर भेजा।

इस प्रशासनिक प्रक्रिया के तहत हरेक जिले, सबडिवीजन और तहसील में उच्च जातियों का एक विशिष्ट वर्ग स्थापित हो गया। स्थानीय समाज न सिर्फ प्रशासन के लिए बल्कि सामाजिक ढंग से भी इन द्विज समूहों के अधीन हो गया। इसी तरह समूचे देश में ब्राह्मणवादी व्यवस्था व्याप्त हो गई, जो कभी नहीं थी। जहाँ भी ब्राह्मणवादी व्यवस्था कायम हो गई वहाँ शूद्रों-दलितों के ऊपर सामाजिक अत्याचार हुए, जो पहले कभी नहीं हुए थे।

बसपा के कांशीराम या उनके जैसे दलित नेता जब आम सभाओं में अँगरेजी शासन की स्तुति करते हैं और उनके चले जाने की घटना पर गम जाहिर करते हैं तो वे जानते नहीं हैं कि पूरे विश्व में और खासकर भारत में यूरोपीय शासन के सामाजिक परिणाम क्या-क्या हुए हैं। कांशीराम की बेखबरी को हम दोषी नहीं ठहराएँगे क्योंकि भारत के इतिहासकारों और समाजशास्त्रियों ने अँगरेजों के ही चरण चिन्हों पर चलकर अपने देश का इतिहास लिखा है। उसी को पढ़कर लोग सोचते हैं कि अँगरेजों की गुलामी करने से हमारी सामाजिक प्रगति हुई है।

इसका मतलब यह भी नहीं है कि भारत का गैर ब्राह्मणवादी समाज ब्राह्मणवादी समाज की तुलना में ज्यादा उन्नत था। अभी तक दुनिया में कहीं भी समृद्धि और उन्नति लगातार होती नहीं पाई गई है। सम्भवतः गुप्तकाल के बाद से भारत के ब्राह्मणवादी इलाकों में ही बौद्धिक और राजनीतिक गतिशीलता अधिक रही। गैर- ब्राह्मणवादी समूहों का विकास रुक गया और समूचे भारत की दृष्टि से ब्राह्मणवादी नेतृत्व ही भारत का प्रतिनिधित्व करता रहा। जब मुगल या यूरोपीय शासन चला, तब भी द्विज जाति के लोग दूसरी पंक्ति के शासक बने। नीतियाँ दिल्ली दरबार में बनती थीं, लेकिन प्रशासन द्विजों के हाथ रहा।

इस तथ्य के कई तार्किक परिणाम निकल सकते हैं, लेकिन यहाँ इसका जिक्र करने का तात्पर्य यह है कि न सिर्फ भारत बल्कि हिन्दू समाज भी एक पंचमेल है। इसकी विविधता कई स्तरों पर और कई आयामों में है। भारत की विविधता 'मोजाइक' (पच्चीकारी) की तरह है। इसको न विभाजित किया जा सकता है और न इसको एकरूपता के सूत्र में बाँधा जा सकता है। विभाजन से इसकी आत्मा नष्ट होगी, केन्द्रीकृत और एकरूप करने से विभाजन की प्रवृत्तियाँ बढ़ेंगी। धर्मशासित राज्य यहाँ के लिए अनुकूल नहीं है। धर्मनिरपेक्षता यहाँ का स्वाभाविक गुण है। इस तरह के समाज में साम्प्रदायिकता का प्रभाव भी बहुत सीमित रहेगा।

साम्प्रदायिकता का एक आधार भारतीय समाज में अवश्य है। ऐतिहासिक कारणों से तथा इतिहास की गलत समझ के चलते हिन्दुओं और मुसलमानों का अलगाव है। हिन्दुओं के अवचेतन में एक मुसलमान द्वेष है। यह द्वेष इतना नहीं है कि अपने आप

हिन्दू साम्प्रदायिक राजनीति को जन्म दे। लेकिन इतना जरूर है कि कुछ खास प्रकार से यह उबल पड़ता है। जब राजनीतिक और आर्थिक स्थितियाँ लोगों में हताशा पैदा करती हैं, सुषुप्त सामूहिक द्वेषों को हवा देकर साम्प्रदायिक राजनीति करना अपेक्षाकृत आसान होता है।

संघ परिवार की हाल की गतिविधियों से उसका जनाधार निश्चित रूप से बढ़ा है। लेकिन भारतीय समाज और हिन्दू धर्म के बहुकेन्द्रिक स्वभाव के कारण यह सम्भव नहीं है कि साम्प्रदायिकता की भावना को फैलाकर राम मन्दिर जैसे सवालों को उठाकर भाजपा अकेले केन्द्र का शासक दल बन जाए। मन्दिरों के सवालों को अगर बहुत ज्यादा खींचा जाएगा, यानी काशी-मथुरा में भी अयोध्या को दोहराने की कोशिश होगी तो उसका उलटा असर भी पड़ सकता है। केन्द्र में सत्ता प्राप्त करने के लिए भाजपा की साम्प्रदायिकता को सीमित करना पड़ेगा और अन्य सवाल उठाने पड़ेंगे। इसलिए राष्ट्र-विरोधी आर्थिक नीतियों का सवाल कई बार भाजपा की बैठकों में उठता है। लेकिन अयोध्या के कार्यक्रम की सफलता से भाजपा एक विरोधाभास में फँसी हुई है। कुछ प्रकार के देशी और विदेशी स्वार्थ भाजपा की राजनीति पर हावी हो गए हैं, जिनका दबाव नई आर्थिक नीतियों के पक्ष में है। कुछ धनी प्रवासी भारतीयों का समूह भाजपा की मदद इसलिए कर रहा है कि भाजपा नई आर्थिक नीतियों का विरोध न करे। इस दबाव से भाजपा झुक रही है। इसलिए डंकल प्रस्ताव के पूर्ण विरोध का निर्णय लेना भाजपा के लिए सम्भव नहीं हो रहा है। धनी प्रवासी भारतीयों का समूह भाजपा से यह कहेगा कि केन्द्र में सत्ता में आने के लिए अमरीका उसको (भाजपा को) मदद करेगा। अतः राजनीतिक सफलता के लिए इन आर्थिक नीतियों का विरोध करना जरूरी नहीं है। भाजपा इस लालच में पड़ सकती है। देश के लिए यह बहुत बुरा होगा।

ऐसी हालत में भाजपा को राजनीतिक सफलता कुछ ऐतिहासिक संयोग के चलते मिल जाएगी। कांग्रेस पूरी तरह प्रभावहीन हो जाएगी और गैरभाजपाई विपक्षी दल अपनी रणनीति नहीं बना पाएँगे। इस तरह का एक ऐतिहासिक संयोग इस वक्त दृश्यमान है। कांग्रेसी बरबादी और भाजपा की साम्प्रदायिकता के बीच एक राजनीतिक खेमा स्थापित करने का काम गैरभाजपाई विपक्ष का है। लेकिन इन दलों में कोई गम्भीर सोच या तत्परता नहीं दिखाई पड़ रही है। अतः कांग्रेस अगर तेजी से टूटती है या प्रभावहीन हो जाती है तो उसका फायदा केवल भाजपा को मिलेगा, यानी जनसाधारण की साम्प्रदायिकता के कारण नहीं बल्कि राजनैतिक शून्यता के कारण भाजपा को राजनैतिक सफलता मिलेगी। इस फरक को समझना जरूरी है, अन्यथा यह कहा जाएगा कि भारत का जनसाधारण साम्प्रदायिक है, इसलिए भाजपा को राजनैतिक सफलता मिल रही है। ऐसा कहना भारतीय जनसाधारण के प्रति एक बड़ा अन्याय होगा क्योंकि जैसा पहले कहा जा चुका है हिन्दुओं के अवचेतन में मुसलमान द्वेष है, लेकिन इतना नहीं है कि उसके बल पर देश में साम्प्रदायिक राजनीति हावी हो जाए। अगर एक तरफ मुसलमान द्वेष है तो दूसरी तरफ भारतीय धर्म और इतिहास में ऐसे बहुत सारे तत्त्व हैं जो

धर्मनिरपेक्षता को ताकत पहुँचानेवाले हैं।

धर्मनिरपेक्षता को माननेवाले जितने भी बौद्धिक या राजनैतिक समूह देश में हैं उनके द्वारा एक समन्वित कार्यक्रम चलाकर साम्प्रदायिकता को प्रभावहीन किया जा सकता है। एक पूर्णांग कार्यक्रम बनाने के लिए इन समूहों के बीच निम्नलिखित बातों पर सहमति बनाई जानी चाहिए :

1. अयोध्या में न मन्दिर बनेगा, न मसजिद।

2. राज्य का अधिकार क्षेत्र और धर्म का अधिकार क्षेत्र अलग-अलग होगा। राज्य और राजनीति न किसी धर्म विशेष को प्रोत्साहित करेंगे, न धर्म के मामले में दखल देंगे। धर्म में दखल देने का कारण सिर्फ वहाँ बनेगा जहाँ धार्मिक विवादों के कारण कानून-व्यवस्था का सवाल बन रहा हो या मानवाधिकारों का उल्लंघन हो रहा हो।

3. आचार संहिता और कानून इस तरह के बनें कि राजनैतिक उद्देश्य से किसी धर्म विशेष को प्रोत्साहित करने और अन्य धर्मों को अपमानित करनेवाले व्यक्ति चुनाव में उम्मीदवार न बन सकें, न राजनैतिक दलों के पदाधिकारी रह सकें।

4. एक समान नागरिक कानून बनाने की प्रक्रिया शुरू हो, विभिन्न धर्मों के धर्मनिरपेक्षतावादी बुद्धिजीवियों, कानून विशेषज्ञों और समाजशास्त्रियों को मिलकर यह काम शुरू करना है, ताकि यह एक सामाजिक-राजनीतिक आन्दोलन का रूप ले सके।

5. सामाजिक समानता और मानवाधिकारों का हनन करनेवाली जो प्रथाएँ विभिन्न धार्मिक समुदायों में मौजूद हैं उनके खिलाफ एक सामाजिक-सांस्कृतिक-राजनैतिक आन्दोलन चलाया जाए। जाति-प्रथा ने भारत के सारे धार्मिक समाजों को प्रदूषित किया है। सर्वप्रथम जाति-प्रथा के विनाश के लिए एक सशक्त आन्दोलन तैयार करना है।

6. मन्दिर-मसजिद-गिरजाघर से लाउडस्पीकर द्वारा प्रतिदिन का प्रचार प्रतिबन्धित हो। सरकारी भूमि पर उपासना-स्थल आदि बनाने पर रोक लगाई जाए।

7. इनमें से बहुत सारी बातें ऐसी हैं कि अगर धर्मनिरपेक्ष कहलानेवाले सारे संगठन इन नियमों पर अमल करने के लिए तैयार हो जाएँगे, तो एक व्यापक जनमत तैयार हो सकता है, इसलिए सर्वप्रथम धर्मनिरपेक्षतावादी दलों और संगठनों के बीच समझौते के द्वारा इन चीजों के बारे में एक घोषणा-पत्र जारी हो।

8. जहाँ तक साम्प्रदायिकता और धार्मिक कट्टरता का प्रश्न है, यह अल्पसंख्यक समुदायों में भी निन्दनीय मानी जाए, जितनी कि बहुसंख्यक सम्प्रदाय में। चुनाव के लिए अल्पसंख्यक समुदायों के रूढ़िवादी, साम्प्रदायिक नेताओं की मदद माँगने की जो परम्परा धर्मनिरपेक्षतावादी राजनीतिक दलों की बनी हुई है, उस पर रोक लगा दी जाए, बल्कि धर्मनिरपेक्षतावादी राजनेताओं का फर्ज होता है कि हरेक समाज के रूढ़िवादी नेतृत्व के खिलाफ संघर्ष करनेवाली धारा को प्रोत्साहित करें।

9. धर्म समाज में रहेगा। हरेक नागरिक को चाहिए कि वह अपने धर्म को समझे

और आसपास जो दूसरे धर्म के लोग हैं उनके धर्म को भी समझें। इसके लिए अध्ययन की जरूरत ज्यादा नहीं है, बातचीत और मनन की जरूरत है। हरेक धर्म में जो संकीर्णताएँ और अन्धविश्वास आ गए हैं उसके बारे में सार्वजनिक चर्चा हो।

10. हरेक धर्म में सत्य और करुणा का एक पहलू है। यह एक चीज है जिसकी प्रेरणा आम लोगों को धर्म से ही मिलती है और कहीं से नहीं मिलती। धर्म के इसी पक्ष पर बौद्धिक लोग जोर दें। समाज में व्याप्त नैतिकता का यही उत्स है। इस पर ध्यान केन्द्रित कर समाज में बढ़ती अनैतिकता के खिलाफ एक आन्दोलन खड़ा किया जा सकता है। हरेक समाज में ऐसे लोगों की संख्या बढ़े जो अनीश्वरवादी हैं, कर्मकांड ईश्वर-पूजा में विश्वास नहीं रखते हैं, लेकिन सत्य और करुणा का जीवन जीते हैं, ऐसे लोग अगर धर्मों की निन्दा करने के बजाय धर्मों में रचनात्मक सुधार की कोशिश करें तो उनका नैतिक प्रभाव जन साधारण पर पड़ेगा। ऐसे लोग भविष्य के विश्वव्यापी मानव-धर्म के अग्रिम प्रतीक होंगे।

11. राष्ट्रीयता और साम्प्रदायिकता एक दूसरे को कमजोर करनेवाली होती है, क्योंकि राष्ट्रीयता के परिधान में ही साम्प्रदायिकता आकर्षक लगती है। न सिर्फ साम्प्रदायिकता की चुनौती को झेलने के लिए बल्कि अलगाववाद पर नियन्त्रण पाने के लिए भी राष्ट्रीयता और राष्ट्रवाद के सम्बन्ध में एक दृढ़ और स्पष्ट अवधारणा को प्रचारित करना जरूरी हो गया है, वर्तमान सन्दर्भ इसके लिए अनुकूल है क्योंकि नई आर्थिक नीतियों के कारण हमारी आजादी पर खतरे की आशंका व्यापक हो रही है। आर्थिक नीतियों के मामले में राष्ट्रीयता और राष्ट्रवाद को परिभाषित करना ही होगा। यहाँ से शुरू करके राष्ट्र सम्बन्धी पूर्णांग धारणा विकसित हो सकती है।

12. सत्ता-राजनीति के स्तर पर तत्काल एक ऐसा मोरचा बनाया जाए जो नई आर्थिक नीति विरोधी कार्यक्रम को सर्वोच्च प्राथमिकता और सामाजिक विषमता विरोधी कार्यक्रम को द्वितीय सर्वोच्च प्राथमिकता देकर साम्प्रदायिक राजनीति के मुकाबले में एक राजनीतिक खेमे के रूप में खड़ा हो। आर्थिक गुलामी विरोधी कार्यक्रम के साथ जुड़े रहने पर सामाजिक विषमता विरोधी राजनीति का जातिवादी रूप नहीं उभर पाएगा। इन दोनों कार्यक्रमों की दीर्घकालीन सम्भावनाएँ हैं इसलिए तात्कालिक तौर पर संघ परिवार को कुछ चुनावी सफलता मिलती भी है तो अन्ततोगत्वा उसका मुकाबला हो सकता है।

13. जिस तरह राष्ट्रीयता का स्थान साम्प्रदायिकता लेने की कोशिश कर रही है, उसी तरह भारतीय संस्कृति का स्थान भी साम्प्रदायिकता ले रही है, मानो पश्चिमी संस्कृति को मानने वाले लोग ही साम्प्रदायिकता का विरोध कर रहे हैं। बात बिलकुल ऐसी नहीं है क्योंकि पश्चिमी संस्कृति को मानने वाले राजनीतिक स्तर पर अब बड़ी संख्या में भाजपा के समर्थक बनते जा रहे हैं। इसलिए भारतीय संस्कृति का एक गैरसाम्प्रदायिक आधुनिक रूप प्रचारित होना बहुत जरूरी है। आजादी के पहले रवीन्द्रनाथ ठाकुर इसके प्रभावी प्रतीक थे। आजादी के बाद पश्चिमीकृत संस्कृति के विकल्प में सिर्फ सती-प्रथा और चन्द्रास्वामी स्थापित हो रहे हैं।

अतः शिक्षा, सहित्य, संस्कृति के स्तर पर आधुनिक पश्चिमीकृत संस्कृति का एक भारतीय विकल्प ढूँढ़ना बहुत जरूरी है।

राष्ट्रीय मोरचे और वाम मोरचे में अगर गम्भीरता होती तो इन कार्यक्रमों को अपनाकर वे एक राष्ट्रव्यापी साम्प्रदायिकता विरोधी अभियान की अगुवाई करते। उनकी अनुपस्थिति में इन कार्यक्रमों को चलाने का दायित्व उन सारे छोटे-छोटे अर्ध राजनीतिक और बौद्धिक समूहों का है जो साम्प्रदायिकता की चुनौती को स्वीकार करते हैं।

—जनवरी-जुलाई, 1993

विविध

- शिक्षा सम्बन्धी एक मृत शिलालेख
- नैतिकता का स्रोत
- मृत्यु पर एक बयान
- मृत शरीरों की जमींदारी

शिक्षा सम्बन्धी एक मृत शिलालेख

'हमारा राज्य देश के सारे बच्चों के लिए 14 साल की उम्र तक मुफ्त शिक्षा देने की व्यवस्था 26 जनवरी, 1960 तक बना लेने का उद्यम करेगा।'

अतीत के लिए क्रिया में भविष्य काल का प्रयोग करने की यह एक व्याकरणगत अशुद्धि नहीं है। इस वक्त जो भारत का संविधान है, उसी में यह बात कही गई है।

व्याकरण का यह प्रयोग तब अशुद्ध नहीं होता, जब ऐसी घोषणा किसी मृत युग के शिलालेख में पाई जाती यानी जब इबारत ही एक पुरातन युग की वस्तु हो गई हो। ऐसे में अतीत के लिए भविष्य काल का प्रयोग व्याकरणसंगत होता है।

संविधान के लागू होने के सन् 1950 के साल यानी पचास साल पहले की तुलना में आज का मनुष्य-समाज अधिक सभ्य और समर्थ माना जा रहा है। विडम्बना यह है कि पचास साल पहले की भारतीय चेतना ने जिस लक्ष्य को सम्भव और व्यावहारिक माना था, इक्कीसवीं सदी के लिए तैयार बैठा भारतीय दिमाग न सिर्फ उससे आगे सोचने में असमर्थ है, बल्कि वह उस पुराने लक्ष्य के बोझ को भी उतार फेंकना चाहता है। उसके स्थान पर 'साक्षरता' को, या कभी-कभी दबाव में प्राथमिक शिक्षा को, भारत के जनसाधारण की आकांक्षा के रूप में मान्यता देने की उसकी मानसिक तैयारी दिखाई पड़ती है। इस वक्त के औसत सामाजिककर्मी, बुद्धिजीवी या राजनेता की सिकुड़ी हुई मानसिकता में इससे बड़ा लक्ष्य अटता नहीं है।

पचास साल पहले प्राथमिक शिक्षा और साक्षरता में टकराव नहीं था। बच्चों के लिए प्राथमिक शिक्षा और प्रौढ़ों के लिए साक्षरता। अब बच्चों के लिए भी साक्षरता की बात कही जा रही है, मानो प्राथमिक स्कूल में चार-पाँच साल की पढ़ाई किए बगैर भी यह हासिल हो सकती है। विद्यालयों में भरती या 'एनरोलमेंट' के आँकड़े बड़ी-बड़ी देशी और अन्तरराष्ट्रीय रिपोर्टों में छापे जा रहे हैं, मानो एनरोलमेंट ही शिक्षा का एक महत्त्वपूर्ण सोपान है ! मानो देश के बहुत सारे स्थानों में स्कूल बने हुए हैं, शिक्षक आते हैं, लेकिन शिक्षक के अनुपात में बच्चे नहीं मिल रहे हैं (हमने तो इस प्रकार का एक भी समाचार अखबारों में नहीं देखा है)।

एनरोलमेंट का आँकड़ा भारत में इस प्रकार है–लड़कों का 110 प्रतिशत और बालिकाओं का 90 प्रतिशत (यह छापे की भूल नहीं है। स्कूल जाने वाली उमर के बच्चों का एक अनुमान लगाकर एक लक्ष्य बनाया जाता है। इस कागजी लक्ष्य के पार होने

पर सफलता का प्रतिशत 100 से भी ऊपर चला जाता है)। इन आँकड़ों का प्रभाव जरूर होता है। भारत का जो प्रबुद्ध वर्ग है, जिस वर्ग के लोग देश की राजनीति, सामाजिक कार्य और ज्ञान-विज्ञान को संचालित करते हैं, उनकी आत्मा को इन आँकड़ों से शान्ति मिलती है। विकासशील देश का बुद्धिजीवी चाहता है कि समाज के सब लोगों को शिक्षा मिले। यह उसके आधुनिक होने की मजबूरी है। एक औसत प्रगतिशील से दो-चार बार बात करके देखिए ! एनरोलमेंट और साक्षरता सम्बन्धी रिपोर्टों को देखकर वह सोचता है कि इसी को अधिक ईमानदारी के साथ चलाना चाहिए। गांधीवाली या संविधान वाली बात उसको सूझती नहीं है। 6 से 14 की उम्र के सारे बच्चों को स्कूली शिक्षा दिलाने का दायित्व देश के प्रबुद्ध वर्ग का है, मगर उसका दिमाग सिकुड़ा हुआ है। एनरोलमेंट और साक्षरता के आगे उसका दिमाग दौड़ता नहीं है। उसकी दृष्टि में हमारा जनसाधारण साक्षरता के योग्य है, शिक्षित होने के योग्य नहीं। इने-गिने शिक्षाविदों को छोड़कर किसी तबके में यह तड़प नहीं है कि हमारी समूची जनता शिक्षित हो जाए।

6 से 14 साल का मतलब माध्यमिक तक की शिक्षा है, यानी आठ साल की स्कूली पढ़ाई। यह होनी तो चाहिए दस साल की। लेकिन संविधान की बात को मान लेते हैं। इससे कम पर आधुनिक युग के नागरिकों को शिक्षित नहीं माना जा सकता। इससे कम पर समाज के किसी समूह के बारे में हम नहीं कह सकते कि उसको उच्च वर्ग के तबकों के साथ प्रतियोगिता का समान अवसर मिल रहा है।

संविधान के 'उद्यम' को अमल में लाने के रास्ते में क्या-क्या मानसिक अवरोध हैं ? नव औपनिवेशिक समाज का बुरजुवा वर्ग जनसाधारण की शिक्षा सम्बन्धी आकांक्षाओं को क्यों नहीं मुखरित कर पाता है ? इसके दो कारणों को समझना जरूरी है।

औरत, दलित और पिछड़े समूहों के लिए बेहतर क्या है—सामाजिक आधार पर नौकरियों में आरक्षण या 6 से 14 साल की समान पढ़ाई ? इस वक्त हम इस प्रश्न का उत्तर नहीं देंगे। दोनों एक दूसरे के पूरक हो जाएँ तो सोने में सुहागेवाली बात होगी, और यह हो जाने से आरक्षण को खतम करने का एक आधार तैयार हो जाता है। यानी दोनों बातें एक अरसे तक चलती हैं और एक समय आता है जब बच्चों की पूरी पीढ़ी आठ साल की पढ़ाई पूरी कर लेती है तब आरक्षण को खतम करने की बात हम भी कह सकते हैं। बुद्धिजीवियों का जो हिस्सा आरक्षण से नाराज रहता है उसको तो यह उपाय दिखाई देना चाहिए कि सारे बच्चों को आठ साल की पढ़ाई देकर आरक्षण को समाप्त करने की माँग वह संविधान के मुताबिक कर सकेगा। लेकिन इस सुझाव के बारे में उसका कोई उत्साह नहीं बनता है।

इसलिए कि गरीब, दलित पिछड़े और औरत समूह को उच्च वर्ण वर्ग के समूहों से प्रतियोगिता का एक प्रारम्भिक आधार इससे मिल जाता है। समान अवसर की एक स्थिति इससे पैदा होती है। नव औपनिवेशिक बुद्धिजीवी वर्ग को समान अवसर से डर लगता है। इस समान अवसर को रोकने के लिए ही जाति-प्रथा की संरचना भारत में हुई थी। उच्च जातियों के शिक्षित समूहों को अब आरक्षण से अपेक्षाकृत कम भय है क्योंकि उदारीकरण

के चलते सरकारी नौकरियाँ सिकुड़ रही हैं। यशवन्त सिन्हा के शब्दों में, 'डाउन साइजिंग गवर्नमेंट' (सरकार का घटता आकार) अब तेजी से लागू होनेवाला है (आन्ध्र प्रदेश सरकार का संकल्प है कि इस साल 16,963 कर्मचारी अवकाश लेंगे तो उनके स्थान पर केवल 1,113 पदों पर भरती होगी)। गैरसरकारी क्षेत्रों में आरक्षण को लागू करना असम्भव है क्योंकि सिद्धान्त के तौर पर उदारीकरण इसके विरुद्ध है। यह सही है कि सरकारी क्षेत्र की तुलना में निजी क्षेत्र में ज्यादा काम होंगे, लेकिन वहाँ भी रोजगार की मात्रा सीमित होगी। उदारीकरण का सिद्धान्त है अधिक लागत, कम रोजगार। ऐसी हालत में 6 से 14 साल की सार्वजनीन शिक्षा का कोई मेल उदारीकरण की अर्थव्यवस्था के साथ नहीं हो पाता है। बाजार और शिक्षा में टकराव है। बाजार को शिक्षितों की बहुत बड़ी संख्या की जरूरत नहीं है। उदारीकृत बाजार को माननेवाला कोई भी बुद्धिजीवी समूह विकासशील देशों में प्राथमिक-माध्यमिक शिक्षा का विस्तार नहीं चाहेगा।

दूसरा कारण है खर्च। खर्च एक केन्द्रीय प्रश्न है। ब्रिटिश काल में एक बार अँगरेज शासकों के बीच बहुत चर्चा हुई कि सभ्य ब्रिटिश जहाँ राज करता हो वहाँ सबको शिक्षा मिलनी चाहिए। फिर इसके खर्च के बारे में हिसाब-किताब हुआ। खर्च का अनुमान लगने के बाद अँगरेज शासक ठंडे पड़ गए।

अभी हाल में आठ साल की शिक्षा को सार्वजनीन बनाने के लिए एक अनुमान लगाया गया तो यह पाया गया कि सरकार को दस साल में 137 हजार करोड़ रुपए अतिरिक्त खर्च करना होगा। यह हिसाब एक विशेषज्ञ समिति का है, जिसके सदस्य तापस मजूमदार (अध्यक्ष), एन. वी. वरगीज और बी. जी. तिलक थे। मजूमदार और तिलक ने कई लेख इस सम्बन्ध में लिखे हैं। विशेषज्ञ समिति की पूरी रपट हम नहीं देख पाए हैं। लेकिन श्री मजूमदार और श्री तिलक के लेखों से लगता है कि उनकी दृष्टि बहुत स्पष्ट है। 137 हजार करोड़ रुपए का अतिरिक्त खर्च एक विशाल शिक्षा बजट की ओर संकेत करता है। वे कहते हैं कि यह कोई असाधारण राशि नहीं है। इतना खर्च बिलकुल सम्भव है, क्योंकि अभी तक भारत सरकार की जितनी नीति-घोषणाएँ हुई हैं, कई शिक्षा आयोगों के प्रतिवेदन आए हैं, उनमें सकल घरेलू उत्पाद (जी.डी.पी.) का 6 प्रतिशत शिक्षा पर खर्च करने की सिफारिश की गई है। सरकार यदि शिक्षा पर इतना खर्च करने के लिए तैयार हो जाएगी तो शिक्षा की व्यवस्था खड़ी हो जाएगी। अनेक देशों में इतना (6 प्रतिशत) या अधिक खर्च किया जाता है। इसे याद रखें कि यह खर्च सरकार की ओर से होता है। दायित्व से मुकरने के लिए सरकार के कुछ दस्तावेजों में सरकारी खर्च के साथ गैरसरकारी संस्थाओं के खर्च और शिक्षा पर होने वाले परिवार के खर्च को भी जोड़ा जा रहा है, ताकि मौजूदा शिक्षा-खर्च को जी.डी.पी. के 6 प्रतिशत के नजदीक दिखाया जा सके। यह एक बेहूदा हिसाब है।

दस साल के लिए होने पर भी 137 हजार करोड़ रुपए की राशि का खर्च एक बड़ा खर्च है। यह राशि हमारे समाज को देनी पड़ेगी। दो हजार साल की जाति-व्यवस्था और करीब दो सौ साल के साम्राज्यवादी शासन ने जिस समाज को जाहिल बनाकर रखा है, उसे सभ्य और स्वाभिमानी बनाने के लिए कीमत चुकानी ही पड़ेगी। इस पर जो

आपत्ति करेगा वह इस देश को असभ्य बनाए रखना चाहता है। सच तो यह है कि एक बड़े लक्ष्य के लिए इतनी बड़ी राशि समाज से उगाहने के लिए जो उपाय करने होंगे उनके द्वारा समाज का भी विशोधन हो जाएगा।

इतनी बड़ी राशि कैसे उगाही जा सकती है ? इस सवाल पर गहराई से सोचने पर बौद्धिक जड़ता भी टूटती है। धन का कानूनी स्वामित्व किसी का भी क्यों न हो, सारा धन समाज का और राष्ट्र का है। चुनौतियों का सामना करने के लिए धन की जरूरत होगी तो उसे समाज से निकालना होगा–क्रूर या विद्वेषपूर्ण ढंग से नहीं, विवेकपूर्ण ढंग से कठोरतापूर्वक धन उगाहना होगा। सरकारी अफसरों और कर्मचारियों की व्यय क्षमता बढ़ाने के लिए सरकारी बजटों में अगर प्रतिवर्ष 50 हजार करोड़ से भी अधिक खर्च का प्रावधान हो सकता है, तो समूचे समाज को शिक्षित करने का लक्ष्य उससे बहुत बड़ी गरज है।

भारतीय समाज और राष्ट्र के उत्थान के लिए जब भी बहुत बड़ी रकम की जरूरत होगी तब निम्नलिखित उपायों पर विचार करना होगा। सम्पन्न मध्य वर्ग और धनी वर्ग पर अधिक प्रत्यक्ष कर लगाना तथा विलासी खर्च और उपभोक्तावादी प्रवृत्ति पर रोक लगाना इसके लिए जरूरी होगा। सीधा हिसाब यह है कि इस प्रकार के अनावश्यक खर्च को रोककर बचत राशि को राष्ट्र के उत्थान के लिए लगाया जाए। अगर चीन की आर्थिक और शैक्षिक बुनियाद हमसे अधिक मजबूत है तो उसका कारण यह है कि चीन में 1950 से 1980 की अवधि में उच्च वर्गों के असामाजिक और उपभोक्तावादी खर्च का कठोरतापूर्वक दमन हुआ था।

दूसरा उपाय है काले धन को निकालना। काले धन के मालिकों से अनुनय-विनय करने का तरीका छोड़कर कुछ मजबूत कदम उठाने होंगे। देश का आधा या 40 प्रतिशत धन काला है। उसको बाहर निकालने पर एक लाख करोड़ तक की करों से आय हो सकती है। काले धन के बनने और उसके विचरण की प्रक्रियाओं से भ्रष्टाचार, अपराध और अपसंस्कृति में तेजी से वृद्धि होती है। अतः काले धन के निराकरण से न सिर्फ शिक्षा और रोजगार के लिए पैसा मिलेगा, बल्कि साथ-ही-साथ भ्रष्टाचार में गुणात्मक कमी भी आएगी। कुछ प्रकार के उपभोक्तावादी या आडम्बर पूर्ण खर्च को देखकर साधारण नागरिकों को भी काले धन के बारे में अन्दाज हो जाता है। इसीलिए काले धन का पूरा पता लगाना सरकार के लिए कोई असम्भव काम नहीं है।

निजीकरण के प्रचार में फँसकर कुछ लोग सोचते होंगे कि निजीकरण के द्वारा प्राथमिक-माध्यमिक शिक्षा का विस्तार हो सकता है। लेकिन तथ्य यह है कि बुनियादी शिक्षा को व्यापक करने की कभी कोई कोशिश हुई है तो वह निजी क्षेत्र के द्वारा नहीं हुई है। सरकारी खर्च अनिवार्य है। यह निश्चित रूप से एक बहुत बड़ा खर्च है।

एक बहुत बड़े खर्च के बारे में लोग सोचना शुरू करें–इतना बड़ा खर्च कि बहुत बड़ी आय के बारे में सोचना पड़ जाए। बड़ी आय सिर्फ केन्द्र सरकार के लिए नहीं, राज्य सरकार तथा जिला और ग्राम पंचायत का भी खजाना बड़ा होना चाहिए। समूचे

समाज से इसके लिए पैसा इकट्ठा करना होगा। मजदूर और कर्मचारी आन्दोलनों ने सरकार से पैसा माँगने की संस्कृति पैदा की है। समाज से सरकार को पैसा दिलाने का सोच भी होना चाहिए। हमारे अर्थशास्त्री इस दिशा में नहीं सोच रहे हैं। उन्हें छोटे बजट की आदत पड़ गई है। उनको यह चुनौती नहीं दिखाई पड़ती है कि एक सौ करोड़ मनुष्यों के उत्थान के लिए बजट बनाना है।

विदेशी कर्ज या सहायता पर निर्भर होकर भारत में या किसी भी विकासशील देश में शिक्षा की बुनियाद नहीं डाली जा सकती। इसके तीन कारण हैं–सिर्फ शिक्षा की बात नहीं, राष्ट्र की जो भी प्राथमिक जरूरतें हैं उनको पूरा करने की व्यवस्था देश के पैसे से ही होनी चाहिए। भोजन, प्रशासन, बुनियादी शिक्षा आदि क्षेत्र ऐसे हैं कि इनके खर्च को एक सीमा से नीचे हम घटा नहीं सकते। विदेशी सहायता कभी भी बन्द हो सकती है। कुछ गरीब देशों के साथ ऐसा हुआ भी है। विदेशी पैसे पर उन्हें निर्भर करा देने के बाद एकाएक सहायता बन्द कर दी जाती है। इससे शिक्षा की पूरी व्यवस्था चौपट हो सकती है। आखिरकार, धनी देश क्यों ऐसे कामों के लिए सहायता देते हैं ? इसका एक उद्देश्य यह हो सकता है कि विकासशील देशों में सही विकास की बुनियाद ही न बन पाए, और हर संकट के समय वे शक्तिशाली राष्ट्रों के सामने झुकें।

जहाँ से विदेशी सहायता आती है, वहाँ से हिदायतें भी आती हैं कि पैसे का खर्च कैसे हो। साक्षरता के प्रचार के लिए, सलाहकार या विशेषज्ञ समितियाँ बनाने के लिए, खास प्रकार की टेकनोलौजी का शिक्षा में इस्तेमाल करने के लिए तथा शिक्षा के उद्देश्यों को खास ढंग से परिभाषित करने के लिए उनका आग्रह रहता है। सलाहकार, विशेषज्ञ तथा निर्देशक समितियों में जिन विशिष्ट व्यक्तियों को रखा जाता है उनका एक समूह देश में तैयार होता है जो अकसर विदेशी दृष्टिकोण का संरक्षक होता है। हरेक क्षेत्र में जहाँ विदेशी सहायता काफी मात्रा में आती है, ऐसा एक समूह बन जाता है। बुनियादी शिक्षा में आत्मनिर्भरता का कोई विकल्प नहीं है।

अतः बुनियादी मान्यता यह होनी चाहिए कि शिक्षा में गुणात्मक परिवर्तन तब आएगा जब हमारा राष्ट्र सारे बच्चों के लिए स्कूली पढ़ाई की व्यवस्था कर पाएगा। 'साक्षरता' या अनौपचारिक शिक्षा हमारा राष्ट्रीय लक्ष्य नहीं हो सकती है। उच्च शिक्षा का जो नव औपनिवेशिक सामन्ती चरित्र बना हुआ है उसमें परिवर्तन का काम तब फलप्रद होगा जब एक बार नीचे की शिक्षा सर्वव्यापी हो जाएगी। प्राथमिक-माध्यमिक शिक्षा के दरमियान प्रत्येक व्यक्ति की ओर नवोदित समूहों की आकांक्षाएँ जागरित होती हैं। समग्र जनता की आकांक्षाएँ जब नए सिरे से विकसित होंगी तब उसका एक निर्णायक दबाव उच्च शिक्षा पर पड़ेगा ही। इसके बल से उच्च शिक्षा के सामन्ती चरित्र को बदलना स्वाभाविक ढंग से हो पाएगा अन्यथा उसे बदलने के लिए अत्यन्त कठोर उपाय अपनाने होंगे।

–मार्च-अप्रैल, 1999

नैतिकता का स्रोत

नैतिकता कहाँ से आती है और वह क्या है, इसको समझने की कोशिश होनी चाहिए क्योंकि अधिकांश लोग यह मानने लगे हैं कि समाज में सब तरफ नैतिक गिरावट हो रही है।

नैतिकता की बुनियाद में सत्य और भ्रातृत्व हैं, नैतिकता एक व्यवहार है—अन्य के प्रति, खासकर जीवों के प्रति। व्यवहार के कई सूक्ष्म स्तर हो सकते हैं, जैसे किसी (जीव) के सम्बन्ध में आप मन में क्या भाव रखते हैं। सत्य में कठोरता है, भातृत्व में स्नेह है। भातृत्व के लिए कई शब्द हो सकते हैं, जैसे प्रेम या अहिंसा। गांधी की अहिंसा को हम नहीं लेना चाहते हैं क्योंकि यह एक ऊँचा शब्द है और शब्द की बनावट नकारात्मक है।

सत्य या भ्रातृत्व, किसी एक तत्त्व को लेकर नैतिकता नहीं होती है। कोई अगर कह देता है कि सत्य में भ्रातृत्व अनिवार्य रूप में निहित है, तो तर्क के लिए बात सही है, लेकिन व्यावहारिक समझ इससे बनती नहीं है। भ्रातृत्व के लिए और कई शब्द हो सकते थे। बाइबल का प्रेम शायद बेहतर है। लेकिन सतही अर्थ में प्रेम शब्द का इस्तेमाल बहुत ज्यादा होता है। भारतीय शब्दों में करुणा श्रेष्ठ है। लेकिन मनुवादी हिन्दू मानसिकता में इसकी समझ नहीं बन पाती है। एक औसत हिन्दू करुणा का मतलब दया समझता है और दया के पात्र को हेय मानता है। दया में कोई जोखिम नहीं है। करुणा में जोखिम है। किसी कुष्ठ रोगी या वेश्या को गले लगाने से आप समाज में निन्दित होते हैं।

फिलहाल भ्रातृत्व शब्द यथार्थवादी है क्योंकि इसमें स्नेह की गहराई के साथ समानता का बोध भी है, जो जरूरी है। इस शब्द में एक ही नुक्स है, यह शब्द पुरुषवाचक है। स्त्री के व्यक्तित्व पर लिखी गई सर्वश्रेष्ठ पुस्तक की लेखिका सिमन द बूवा कहती हैं कि स्त्री और पुरुष में भाई-भाई का सम्बन्ध होना चाहिए। इसी तर्ज पर हम कह सकते हैं कि मर्द और औरत के बीच तथा औरत और औरत के बीच भाई जैसा सम्बन्ध होना चाहिए। भाई सचमुच एक बड़ा शब्द है।

नैतिकता-निर्माण का पहला प्रश्न यह है कि सत्य और भ्रातृत्व के लिए कहाँ से अंगीकार (स्वीकार, ग्रहण) बनता है ? यहाँ पर आधुनिक समाजशास्त्र मौन है। जब हम यह कहते हैं कि नैतिकता का स्तर गिर रहा है तो उसका तात्पर्य है कि नैतिकता का

स्तर पहले अच्छा था। अधिकांश लोग इस बात को मान रहे हैं। समूहों के सम्बन्ध में नैतिकता का स्तर कभी बहुत बढ़िया नहीं रहा, लेकिन निर्धारित समूहों के अन्दर और व्यक्ति के अपने जीवन में अलबत्ता नैतिकता का स्तर आज से काफी बेहतर था। तो इस नैतिकता का प्रेरणास्रोत क्या था।

प्राचीन शास्त्र इस बारे में मौन नहीं हैं। उनमें बेहिचक ढंग से कहा जाता है कि ईश्वर और पुनर्जन्म में सम्पूर्ण विश्वास होने पर सत्य और भ्रातृत्व का संस्कार पनपता है। 'हम सब ईश्वर की सन्तान हैं, इसलिए आपस में भाई हैं' वाली बात बिलकुल तार्किक लगती है। ईश्वर सर्वव्यापी है इसलिए आप सत्य को छुपा नहीं सकते हो, मृत्यु के बाद भी जीवन है। उसकी जाँच कर्म के आधार पर होती है। इसलिए पुण्य करना अपने के लिए कल्याणकारी है, पाप अपने लिए खतरा बन सकता है। इन्हीं बातों को प्राचीन सभ्यताओं ने विभिन्न रूपकों के माध्यम से सभ्य मनुष्य की प्रेरणा का स्रोत बनाया है। व्यक्ति खुद भटक सकता है, इसलिए सत्य और भ्रातृत्व के मूल्यों पर आधारित समाज के नियमों और सामाजिक संस्थाओं को बनाया गया। इन नियमों और संस्थाओं का समुच्चय है समाज, जिसको आधुनिक शास्त्र 'नागरिक समाज' या 'सिविल सोसाइटी' कहता है। सामाजिक नियमों का एक निम्नतम हिस्सा, जो चोरी और हिंसा से सम्बन्धित है, सरकारी कानून बन जाता है। अपराध के विरुद्ध सरकार और कानून अभी भी बने हुए हैं। लेकिन अपराध का अनुपात बढ़ता जा रहा है और नियन्त्रण के बाहर हो रहा है, क्योंकि समाज का ह्रास हो रहा है और नैतिकता का मानस नहीं बन रहा है। समाज और नैतिकता का संस्कार, इन दो के बिना सरकारी कानून अपराध का दमन नहीं कर सकता।

क्या हम नैतिकता के उस पुराने ढाँचे को वापस ला सकते हैं ? क्या ईश्वर लौट सकता है ? जहाँ भी वह है, कमजोर और संकीर्ण धारणाओं पर टिका हुआ है। वह हमारी समूची चेतना को आच्छन्न नहीं कर पाता। आधुनिक समय के द्वारा आहत यह ईश्वर हमें कुछ शान्ति दे सकता है, हमारे तनाव को हलका कर सकता है, लेकिन नैतिकता और सत्य का प्रेरक नहीं हो पाता है। गुजरात के 'स्वाध्याय आन्दोलन' को इस परिप्रेक्ष्य में जरूर देखना चाहिए। 'भक्ति' की भावना जगाकर भ्रातृत्व और ईमानदारी पैदा करने का यह एक प्रयोग है। इस उदाहरण से सिर्फ यह साबित होता है कि जिस समूह में बहुत ज्यादा आधुनिकीकरण नहीं हुआ है और जिसमें विषमताएँ भी बहुत ज्यादा नहीं हैं, वहाँ भक्ति के संस्कार को पुनर्जीवित किया जा सकता है, भक्ति से भ्रातृत्व और भ्रातृत्व के कारण समाज का अहसास होने लगता है।

इसका मतलब यह नहीं है कि आधुनिकीकरण को रोक देने से ईश्वर में आस्था पूर्ववत् हो जाएगी। कुछ बचाव हो सकता है और समाज को पूरी तरह नष्ट होने से बचाया जा सकता है। आस्था विचारों का ही एक हिस्सा होती है। समय के साथ-साथ जैसे नई सूचनाएँ, नई कल्पनाएँ और नया ज्ञान विकसित होते हैं तो पहले के विचार अंशतः पुराने होने लगते हैं। तब विचारों का नवीकरण जरूरी होता है। इसी तरह एक

दीर्घ अवधि के बाद आस्थाओं का भी नवीकरण जरूरी होता है। जरूरी नहीं कि आस्थाओं को छोड़ा जाए, लेकिन उनका नवीकरण हो, अन्यथा पुरानी आस्थाएँ नए युग में खटकने लगती हैं। शायद एक ऐसी स्थिति को परिभाषित करने के लिए नीत्शे ने कहा था, 'ईश्वर मर गया है।' अब ईश्वरजनित नैतिकता बोध के भरोसे हम नहीं रह सकते।

आखिरकार ईश्वर क्या है और पुनर्जन्म क्या है ? अपने अस्तित्व की एक विराट परिधि का आविष्कार करना ईश्वर है। मृत्यु के बाद के जीवन का भी तात्पर्य वही है। मृत्युपर्यन्त कालावधि जीवन की सीमा नहीं है। जीवन सिर्फ गति नहीं है। उसकी गहराई भी है। जीवन को नदी मानें तो प्रवाह उसका एक आयाम है। जिसको नदी की अतल गहराई कहते हैं उसी तरह समय का भी एक आयाम बनता है। उस आयाम के द्वारा जीवन को जानो, मृत्युपर्यन्त कालावधि के द्वारा जीवन को सीमाबद्ध मत करो–शायद पुनर्जन्म जीवन की अनन्तता की इस चेतना को पुष्ट करता था। तर्क में लाने के बाद पुनर्जन्म निश्चय ही एक अन्धविश्वास हो जाता है। तर्क के ढाँचे में लाकर उसको सामाजिक अन्याय का भी एक आधार बनाया गया। चूँकि पुनर्जन्म है इसलिए पाप करनेवाले ही नीच श्रेणी में पैदा होते हैं। यह है पुनर्जन्म को तर्क के ढाँचे में लाकर उसको अन्याय का आधार बनाना। फिर होता यह है कि आधुनिक ज्ञान की तर्क पद्धतियों के आगे यह टिक नहीं पाता और अन्धविश्वास के रूप में प्रमाणित होता है। तो पुनर्जन्म जैसी अवधारणा के द्वारा आप जीवन की अनन्तता का बोध पैदा नहीं कर सकते। अतः पुनर्जन्म फिर से नैतिकता का प्रेरणा-स्रोत नहीं बन सकता।

ईश्वर का वही हश्र हुआ है। ईश्वर को अन्याय के काम में इतना लगाया गया कि उसको तर्क के कठघरे में रखना पड़ा और उसकी विश्वसनीयता काफी हद तक खतम हो गई। इसी तरह आस्थाएँ बिगड़ती हैं, कमजोर पड़ती हैं या भ्रष्ट होती हैं। तब मनुष्य के अस्तित्व को नए सिरे से परिभाषित करने के लिए नई अवधारणाएँ और नई शब्दावली गढ़नी पड़ती है। चेतना का पुनर्निर्माण करना पड़ता है। चेतना के पुनर्निर्माण का एक सघन और गहरा प्रयास करना है। इस नई चेतना के निर्माण के साथ-साथ एक नया नैतिकता बोध दुनिया में पैदा होगा।

ईश्वर आध्यात्मिक चेतना का अनिवार्य हिस्सा नहीं है। कई प्राचीन सभ्यताओं में गैर ईश्वरवादी आध्यात्मिक चेतना की पद्धति पाई जाती है। हमारे अपने देश में इसका सबसे बड़ा उदाहरण है–एक समूचा धर्म बिना ईश्वर के प्रवर्तित और संगठित हो गया। अतः ईश्वर और पुनर्जन्म को छोड़कर भी नैतिकता बोध का संस्कार पैदा किया जा सकता है। हमारे जमाने में इसके लिए मनुष्य की गरिमा और जीवन की पवित्रता को केन्द्रीय मूल्य के तौर पर ग्रहण करना होगा। इसी से समाज का भी पुनर्निर्माण होगा और साथ-साथ पर्यावरण का पुनरुद्धार। अमर्यादित विषमता समाज को खतम करती है और मनुष्य की गरिमा को नष्ट। समत्व शायद दुःसाध्य है, लेकिन विषमताओं के अनुपात को मर्यादित और मानवीय बनाना हमेशा सम्भव है। एक सीमा के ऊपर या

नीचे विषमता को अस्वीकार करना, उसको बर्बरता मानना आधुनिक मनुष्य के लिए नैतिकता बोध का पहला कदम है। 'सबार ओपोरे मानुष' के रवीन्द्रनाथ ठाकुर के उद्घोष को मन्त्र मानकर यह यात्रा शुरू हो सकती है। किसी भी राजनीति, अर्थनीति, विज्ञान या विचार को इसी से जाँचना है कि सामान्य मनुष्य को, उसके जीवन को वे कितना महत्त्व प्रदान करते हैं या उसको नीचे या हाशिए पर ढकेलते हैं। जीवन की अनन्तता का बोध मनुष्य की गरिमा की स्वीकृति से होता है।

'सबार ओपोरे मानुष' को ज्यादा स्पष्ट ढंग से समझने के लिए गांधी के इस वाक्य को देखना होगा, ''मनुष्य ही सबसे बड़ी कसौटी है'' (मैन इज द सुप्रीम कनसिडरेशन) यानी विकास और व्यवहार की सर्वप्रथम कसौटी मनुष्य है।

कुछ पर्यावरणवादी इससे भिन्न राय रखते हैं–यह कहकर कि इससे मनुष्य को पर्यावरण को नष्ट करने का अधिकार मिल जाता है। दूसरी आपत्ति प्राचीनतावादियों की हो सकती है कि ब्रह्मांड की तुलना में तो मनुष्य एक क्षुद्र कण के समान है।

पर्यावरण या ब्रह्मांड की श्रेष्ठता से मानवीय कसौटी समाप्त नहीं हो जाती। लेकिन मानवीय कसौटी को त्याग कर पर्यावरण या ब्रह्मांड को श्रेष्ठता प्रदान करना अर्थहीन हो जाता है, क्योंकि मनुष्य की चेतना ही ब्रह्मांड सम्बन्धी ज्ञान और व्यवहार का आधार है। पर्यावरण का महत्त्व भी आज इसलिए समझ में आ रहा है कि प्रकृति का क्षय मनुष्य के लिए एक खतरा है। मनुष्य के भौतिक तथा आध्यात्मिक विकास के लिए प्रकृति का 'अक्षय' रहना जरूरी है। यह प्रकृति का ही नियम है कि प्रकृति में रहने के लिए कुछ हद तक प्रकृति का दोहन करना होगा, मानो इस दोहन को प्रकृति बुरा नहीं मानती। इसको विनाश नहीं कहा जा सकता। प्रकृति और मनुष्य का विनाश एक साथ होता है–यह समझ हम मनुष्य की हित-चेतना से ही बना सकते हैं। मनुष्य के हित से सम्पूर्ण रूप से अलग करके प्रकृति के हित को समझने की क्षमता ईश्वर ने हमें नहीं दी है।

मनुष्य ब्रह्मांड की प्रजा है, अधिपति नहीं। राजा की भी कसौटी प्रजा है। प्रजा का मतलब है आम जनता। आधुनिक पश्चिमी सभ्यता की गलती यह है कि वह मनुष्य को अधिपति बनाने की कोशिश में लगी हुई है। इससे एक ऐसा वर्ग पैदा होता है जो प्रकृति और ब्रह्मांड को पददलित करना चाहता है और अन्ततोगत्वा मनुष्य को पददलित करता है, मनुष्य-जीवन की पवित्रता की अवधारणा उसमें नहीं रह जाती है। पुनर्जागरण (रेनेसाँ) के जिन दिनों मनुष्य की गरिमा की बात उठी थी तब एक सही दिशा थी। लेकिन साम्राज्यवाद और आधुनिक विज्ञान के दुर्भाग्यपूर्ण संयोग के बाद मनुष्य मात्र को पवित्र मानने का सिलसिला खतम हो गया। योग्यतम को विशेषाधिकार देने की नीति अपनाई गई। प्रतियोगिता को कसौटी माना गया। मानवीय कसौटी से यह बिलकुल भिन्न है। इसके चलते पश्चिमी सभ्यता में दो विकृतियाँ पनपीं–एक, व्यक्तिवाद का दर्शन और (2) प्रकृति पर विजय पाने की अदम्य लालसा।

मध्ययुगीन भारत में कई गड़बड़ियाँ हुईं, जिनका विस्तृत अध्ययन किया जाना

चाहिए। मध्य युगीन भारत का काल आठवीं या नौवीं शताब्दी से* शुरू होता है, इस काल में हिन्दू दर्शन और संस्कृति पर योग्यतावाद हावी हो गया, और मनुष्य को क्षुद्र समझा गया। बहुजन हिताय का सिद्धान्त भी लुप्त हो गया। सिर्फ योग्यतम व्यक्तियों को, द्विजों को, द्विजों में ब्राह्मण को पवित्र माना गया। पश्चिम के व्यक्तिवाद या योग्यतावाद का सामंजस्य भारत के इस द्विजवाद से है।

मनुष्य को मापदंड मानना या मनुष्य जीवन को पवित्र समझने का मतलब है प्रत्येक मनुष्य की कल्याणकारी सम्भावनाओं, उसकी आत्म निर्णयकारी क्षमता और उसके आत्म सम्मान को स्वीकार करना। कोई भी न्यायपूर्ण सामाजिक संरचना या नीतिशास्त्र का मूलाधार यही हो सकता है और नैतिकता का स्रोत भी।

–1998

* लेखक की राय में भारत का मध्ययुग मुसलमान हमलावरों के आने से शुरू नहीं होता है बल्कि उसके पहले से यानी हर्षवर्धन के काल के बाद जिस प्रकार से भारत का राजनीतिक, सामाजिक और सांस्कृतिक क्षय हुआ उससे शुरू होता है।

मृत्यु पर एक बयान

मशहूर भारतीय-अँगरेजी पत्रकार लेखक खुशवन्त सिंह का मृत्यु पर एक लेख कुछ दिन पहले साप्ताहिक संडे में छपा था। उस लेख में महाभारत, शेक्सपियर, गालिब तथा नई और नवीनतम पुस्तकों से मृत्यु-सम्बन्धी उद्धरणों के साथ-साथ एक अजीब सुझाव दिया गया था कि मानव शवों को घरों के आँगन, फूलों के बगीचों में और सड़कों के किनारे गाड़ देना चाहिए, ताकि लोगों को मृत्यु का अनवरत अहसास होता रहे। मृत्यु जैसे गम्भीर प्रश्न को आकर्षक ढंग से पठनीय बनाने के लिए अँगरेजी पत्रकार क्या कर सकता है, यह सोचकर क्षोभ हुआ और दिमाग में यह बात खटकी कि मृत्यु पर आधुनिक चिंतन कितना अपर्याप्त है।

महाभारत और पुराणों में मृत्यु की जो अवधारणा दी गई है, वह आज की आधुनिक चेतना में जमती नहीं। फिर भी ये प्राचीन धारणाएँ चेतन या अवचेतन मन में बैठी रहती हैं, क्योंकि आधुनिक विद्या ने मृत्यु के बारे में सिर्फ डॉक्टरी विश्लेषण किया है; जीवन की इस महत्त्वपूर्ण घटना के बारे में कोई नई अवधारणा या दृष्टिकोण नहीं बनाया है। मृत्यु अभी भी 'आती है' या 'ले जाती है', या 'एक लम्बी नींद है' या 'एक दूसरी यात्रा है'। जब यक्ष ने युधिष्ठिर से प्रश्न किया, तो धर्मराज ने इसी मृत्यु के बारे में ही अपना प्रसिद्ध उत्तर दिया होगा। जिसका मतलब होना चाहिए कि मृत्यु को निश्चित जानकर भी मनुष्य अपनी दूसरी यात्रा की तैयारी क्यों नहीं करता।

यह कहना कि मनुष्यों को अपनी मृत्यु का अहसास नहीं रहता—एक असत्य बयान है। खासकर आधुनिक सभ्यता में तो मनुष्य को अपनी मृत्यु के बारे में बहुत अधिक अहसास रहता है। आधुनिक जीवन का अधिकांश कार्यक्रम इसी अहसास पर आधारित है—एक मकान बनाना, जो अपने वंशधरों के काम आए, वसीयतनामा लिखना, हरेक बचत योजना में उत्तराधिकारी नियुक्त करना, मृत्यु से बचने के लालच में साहसपूर्ण कार्यों से कतराना, अपनी मृत्यु को बेचकर जीवनबीमा करवाना, जीवनकाल में ही स्मारक बनवाना आदि। सामूहिक तौर पर देखें, तो बात और भी बदतर है। सुरक्षा की विकृत इच्छा से राष्ट्रीय बजट का सबसे बड़ा हिस्सा मृत्यु के ही औजार इकट्ठा करने के लिए खर्च किया जाता है। क्या हम यह नहीं कह सकते कि आधुनिक जीवन और आधुनिक सभ्यता मृत्यु-चेतना पर टिकी हुई है ?

मृत्यु-चेतना आदमी को कर्तव्यपरायण नहीं बनाती। 'श्मशान-वैराग्य' एक व्यंग्य है।

आज के मनुष्य की चेतना में न स्वर्ग का लालच है और न नरक का डर। ऐसी चेतना पर अगर मृत्यु का अहसास हावी हो जाएगा, तो आदमी बीमार हो जाएगा, आत्मकेन्द्रित होकर वह स्वार्थी या नीच भी हो सकता है। अपनी या दूसरों की मृत्यु का अहसास, शवों और निर्जीव वस्तुओं का अहसास, अगर मात्रा से अधिक होने लगेगा, यानी जीवन के अहसास और दर्शन से निर्जीव का अहसास और दर्शन अधिकतर होने लगेगा तो आदमी की संवेदनहीनता बढ़ने लगेगी। विकासशील देशों में अति-आधुनिक केन्द्र उसी को माना जाता है, जहाँ कर्म और आवास, भोजन और शयन, यहाँ तक कि सन्तरण जैसे मनोरंजन के स्थानों को सीमेंट-कंक्रीट की विशाल दीवारों से घेरकर रखा जाता है, मानो जीव-जन्तु या प्रकृति के अहसास को न्यूनतम कर देना आधुनिक वास्तुकला का प्रथम सिद्धान्त है।

आधुनिक मनुष्य के लिए मृत्यु कोई रहस्य नहीं है, क्योंकि वह उसमें पारंगत हो चुका है। मृत्यु अनावृत हो गई है। जीवन का खतम होना ही मृत्यु है। वह अपने में कुछ नहीं है। एक क्षण भी उसका नहीं है; आखिरी साँस के लिए जो संघर्ष का क्षण होता है, वह भी जीवन की परिधि में आता है। मृत्यु का एक मात्र प्रतीक है शव। शवों से किसी को प्रेरणा नहीं मिल सकती है। लेकिन जीवन और सृजन अभी भी मनुष्य-चेतना में अचरज पैदा करता है। अतः जीवन का रहस्य बना हुआ है। काल एक रहस्य है–मृत्यु तो काल का ही एक गुण या परिणाम है। जीवन और काल–इन दो रहस्यों के बारे में आधुनिक विज्ञान ने कितना भी अनुसन्धान किया हो, लेकिन आधुनिक संस्कृति के पास मनुष्य जीवन की कोई अवधारणा नहीं है, जो एक औसत नागरिक का मार्गदर्शन कर सके। समय के बारे में पश्चिमी संस्कृति और साम्यवादी दर्शन एक ही सपाट धारणा देते हैं–वह एक ज्यामितिक सरल रैखिक गति है, जिस पर भविष्य इतना अधिक हावी रहता है कि वर्तमान का एक लड़खड़ाता अस्तित्व ही जान पड़ता है। वर्तमान अपने में कुछ नहीं, सिर्फ भविष्य बनाने की एक शर्त है। वर्तमान की महत्त्वहीनता से जीवन की निरर्थकता का बोध होता है। जीने का मतलब, निरन्तर आगे बढ़ने की कोशिश करते रहना–मन को यह थका देगा, अगर लक्ष्य बहुत अवैयक्तिक नहीं है। आगे बढ़ने की प्रक्रिया प्रयासहीन होनी चाहिए। वर्तमान की सम्पुष्टि से ही भविष्य का निर्गमन होना चाहिए। इसी दिशा में जीवन का एक नया सिद्धान्त, जीने की एक नई दृष्टि बनाई जा सकती है। तो भाई पत्रकार, तुमने अभी तक मृत्यु के बारे में बहुत आकर्षक बना कर लिखा है। अब तुम यह बताओ कि जीवन क्या है और जीने का तरीका क्या है ? अभी तक तुमने इस काम को व्यापारिक संस्थानों पर छोड़ रखा है, जो तुम्हारी पत्रिकाओं के रंगीन पत्रों को खरीद लेते हैं और हमें सिखाते हैं कि क्या पहनना है, कहाँ खाने चलना है और क्या-क्या खरीदना है !

बचपन और किशोरावस्था की शिक्षा में जीवन गाथाएँ होनी चाहिए, यह सबक मिलना चाहिए कि बहादुरी का काम करते-करते आदमी का मरना बढ़िया होता है। कष्ट भोगने का प्रेरक चित्र होना चाहिए। प्रत्येक मनुष्य को यह सीख मिले कि उसके जीवन

की समाप्ति साफ-सुथरी हो, अन्तिम क्षण में वह मुस्कुराए या कुछ अच्छी बात कहे। आधुनिक मनुष्य तीन प्रकार की मौत जानता है—आकस्मिक मृत्यु, हत्या और आत्महत्या। एक चौथा प्रकार है—सचेत मृत्यु। विनोबा भावे ने उपवास द्वारा अपने समापन की गति को नियन्त्रित किया। सुकरात ने दोस्तों से संवाद चलाते हुए अपने प्राणों को समाप्ति तक पहुँचा दिया।

मृत देहों पर आडम्बरपूर्ण खर्च करना, शवों को हवाई जहाज से स्थानान्तरित करना एक आदिम बर्बरता का अवशेष समझा जाना चाहिए। महात्मा गांधी और पंडित नेहरू के शवों के राख-वितरण के लिए एक गरीब मुल्क का करोड़ों रुपया खर्च करना एक शर्मनाक बात थी। यह कैसी विडम्बना है कि आधुनिक विज्ञान के पुजारी नेहरू ने मरने के पहले ही लिखित निर्देश दिया था कि उनके शव की राख को विमान द्वारा ले जाकर सारे देश की धरती पर छिड़का जाए। केवल सन्देहास्पद शवों का स्थानान्तरण पुलिस कर सकती है अन्यथा जहाँ कोई आदमी मर जाता है, स्थानीय नगरपालिका उसको ले जाकर दफना दे। दफनाने का सामाजीकरण हो। इसका मतलब नहीं कि शोक और श्रद्धांजलि का कोई आयोजन न हो। मौत का सामाजीकरण कोई नयी बात नहीं है। सारी दुनिया में पारम्परिक समाजों में जन्म और मृत्यु दोनों, खासकर मृत्यु समाज की एक घटना होती थी। हिन्दुओं में जाति और ईसाइयों में धर्म के नियम ऐसे हैं कि किसी की मृत्यु हो जाने पर स्थानीय समुदाय की हिस्सेदारी मृत्यु के बाद वाली कुछ क्रियाओं में अनिवार्य होती थी। आधुनिकीकृत समाजों में ये प्रथाएँ कमजोर पड़ गयी हैं और खुद समाज लुप्त हो रहा है। मनुष्य सिर्फ एक व्यक्ति या छोटे परिवार के रूप में मरता रहता है क्योंकि बाकी सबसे यानी समाज से उसका सम्बन्ध सिर्फ व्यापारिक रह जाता है। अगर प्रथाएँ ऐसी हों कि किसी मृत व्यक्ति की अंत्येष्टि के समय स्थानीय ग्राम सभा या ग्राम पंचायत का प्रतिनिधि वहाँ उपस्थित रहे और ग्राम सभा/पंचायत की ओर से अंत्येष्टि की क्रिया (दफनाने, जलाने आदि) के लिए उपकरण मुहैया किये जाएँ या एक प्रार्थना आयोजित की जाए तो समुदाय और व्यक्ति का सम्बन्ध-उजागर होगा। समुदाय द्वारा इस बात की स्वीकृति होगी कि मृतक उसका सदस्य था। समाज और व्यक्ति का पारस्परिक दायित्व पैदा करने के लिए इस तरह के कई प्रतीक-बिन्दु हो सकते हैं।

—नवम्बर, 1983

मृत शरीरों की जमींदारी

मैं जब यह पत्र भारत स्थित रूसी राजदूत को लिख रहा था, तभी समाचार आया कि लेनिन की कब्र को हटाने पर रूस में एक अरसे से बहस चल रही है। मैं लिख रहा था :

"महामहिम, मैं कम्युनिस्ट नहीं हूँ, लेकिन लेनिन का एक सच्चा प्रशंसक हूँ। बीसवीं सदी के निर्माताओं में ब्लादिमीर इलिच लेनिन का नाम लेता हूँ। आपकी सरकार से मेरा यह अनुरोध है कि उनके 67 साल पुराने शव को, जो एक नुमाइशी चीज के तौर पर प्रदर्शित हो रहा था, सम्मानपूर्वक जमीन के नीचे गाड़ दिया जाए और उसके ऊपर एक छोटा मकबरा बना दिया जाए अन्यथा आपके देश की गैरकम्युनिस्ट पीढ़ी उसका असम्मान कर सकती है।"

67 साल से लेनिन का शव मास्को के एक केन्द्रीय स्थल पर दर्शकों के लिए प्रदर्शित किया जा रहा है। मानो यह सिद्ध करने के लिए शरीर चिरस्थायी है और आत्मा नश्वर। मैंने हमेशा इस प्रदर्शन को भद्दा और अश्लील माना है। भौतिकवादी दर्शन का यह एक अच्छा-खासा मजाक है। कम्युनिस्ट रूस संसार का सबसे अधिक मूर्तिपूजक और व्यक्तिपूजक देश रहा है। इसलिए वहाँ की गैरकम्युनिस्ट पीढ़ी का मूर्ति-भंजक गुस्सा स्वाभाविक है। डर इस बात का है कि अब कहीं येल्तसिन की प्रतिमा लगाने की बात न सोची जाने लगे। आदतें देर से छूटती हैं।

मेरे लिए लेनिन से भी ज्यादा महत्त्वपूर्ण गांधी है। लेकिन जिस दिन बहुजन समाज पार्टी के लोगों ने दिल्ली के राजघाट समाधि-स्थल पर तोड़-फोड़ की, मैंने उस घटना को स्वाभाविक माना। किसी भी महापुरुष के लिए बनाए गए स्मारक उसके रक्षणशील, बुरे और विकृत पहलुओं की याद दिलाते हैं। मार्क्स और लेनिन की मूर्तियाँ तानाशाही की याद दिलाती हैं, गांधी का स्मारक कांग्रेस-शासन में दलितों की दुर्दशाओं की याद दिलाता है।

गांधी की भस्म को भी इतनी सारी जमीन क्यों मिलनी चाहिए, जब एक भूमिहीन हरिजन परिवार को डेढ़ एकड़ परती जमीन भी नहीं मिल सकती है ? अगर यह मुल्क महात्मा गांधी और राजीव गांधी में फरक करना नहीं जानता और राजघाट समाधि स्थल को मिसाल मानकर हरेक भूतपूर्व प्रधानमन्त्री की स्मृति को सीलिंग से कई गुना अधिक जमीन देने लगता है, तब तो राजघाट समाधि को अवश्य तोड़ दिया जाना चाहिए।

जीवित प्रधानमन्त्री इस परम्परा को बनाए रखता है, इसलिए कि उसके भी मृत शरीर को उतनी जमीन मिल जाएगी। राजीव गांधी के परिवारवाले 60 एकड़ माँग रहे थे। चन्द्रशेखर इतनी जमीन नहीं दे पाए क्योंकि उससे लालबहादुर शास्त्री की जमीन पर अतिक्रमण हो जाता। तीन-चार एकड़ की कमी रह गई।

राजीव गांधी के शवदाह के लिए काशी के पंडित बुलाए गए थे, ताकि असली ब्राह्मणवादी कर्मकांड के तहत अन्त्येष्टि का कार्य सम्पन्न हो सके। ब्राह्मणवादी दर्शन की सारी बुराइयों के बावजूद उसकी एक सच्चाई यह है कि मृत शरीर को जला देने के बाद उसे कोई महत्त्व नहीं दिया जाता। मिट्टी का शरीर मिट्टी में मिल जाता है। पंचभूत में लीन हो जानेवाली बात एक सौन्दर्यबोध और वैज्ञानिकता का बोध पैदा करती है। अतः 60 एकड़ जमीन की माँग ब्राह्मणवादी नहीं है। मृत शरीरों की जमींदारी स्थापित करना मध्ययुगीन मुगल दरबार की परम्परा है।

हमारे मूर्तिपूजक पूर्वजों को मूर्तियों के बारे में एक तमीज थी। जिन दिनों समाज पर सिर्फ हिन्दू-धर्म का एकाधिकार था, उन दिनों भी उन्होंने अपने देव-देवियों की मूर्तियों को सड़कों और चौराहों पर स्थापित नहीं किया। उन्हें गुफाओं में या मकानों में बन्द करके रखा। उन मकानों को मन्दिर कहा गया। जिसको पूजा करनी है, वह अन्दर जाकर पूजा कर लेगा। जो लोग दूसरे सम्प्रदाय के हैं या जिन्हें ये मूर्तियाँ कला तथा अध्यात्म की दृष्टि से घटिया लग सकती हैं, उनकी भावनाओं को ठेस नहीं पहुँचती थी। अगर कम्युनिस्ट मूर्तिपूजकों को यह तमीज होती, तो आज साम्यवाद के देवी-देवताओं को लोग लात मार-मार कर नहीं उखाड़ते।

अपने जीवन काल में किए हुए कर्म के द्वारा एक आदमी जितना जीवित रह सकता है, उतना ही उसका स्थायित्व है। उसके परिवारवाले या अनुयायी वर्ग उसे अमर बनाने की जो कोशिशें करते हैं, वह तो उनका अपने आपको गौरवान्वित करने का एक तरीका है। किसी को अमर बनाने का काम सरकारी पैसे से बिलकुल नहीं होना चाहिए और राजनेताओं को किसी भी प्रकार का सरकारी पुरस्कार नहीं मिलना चाहिए। सरकारी खर्च सिर्फ इसलिए हो सकता है कि अपने समय के महत्त्वपूर्ण व्यक्ति के कार्य-कलाप के बारे में या उसकी रचनाओं की किताब उसकी मृत्यु के बाद प्रकाशित की जाए।

इसका मतलब यह नहीं कि महापुरुषों का स्मारक बिलकुल नहीं होना चाहिए। स्मारक किस प्रकार बनना चाहिए, कब बनना चाहिए और उसके लिए पैसा कहाँ से आए, उसके बारे में एक संहिता बनाई जानी चाहिए। संहिता में यह बात दर्ज रहे कि किसी भी व्यक्ति का पुतला उसके मरने के तीन सौ साल बाद ही बनेगा। यानी तीन सौ साल के बाद ही किसी व्यक्ति को कालजयी माना जाएगा।

–सितम्बर, 1991

परिशिष्ट

- संसद में कालाहाँडी
- एक मृत विधेयक

संसद में कालाहाँडी

ख्यह दस्तावेज इस पुस्तक के लेख 'कालाहाँडी की क्षुधा' का परिशिष्ट है। लेखक एक बार (1962-67) लोकसभा का सदस्य था। उसका क्षेत्र कालाहाँडी नहीं था, सम्बलपुर था। लेकिन कालाहाँडी उसका जन्म-स्थान है। 1965 में ओड़ीसा के सूखाग्रस्त इलाकों में फसल का व्यापक नुकसान होने के बाद कालाहाँडी और आसपास के इलाकों में अकाल जैसी स्थिति पैदा हो गई। इस स्थिति को संसद की बहस में लाना और सरकार को उसकी गम्भीरता को स्वीकार करने के लिए राजी करना कितना कठिन था, यह बताने के लिए लोकसभा में 30 मार्च, 1966 और 29 अप्रैल, 1966 को हुई दो चर्चाओं (इन्हें बहस कैसे कहें !) का आंशिक विवरण आगे दिया जा रहा है।

जनवरी-फरवरी, 1966 में ओड़िशा की स्थिति नाजुक होने लगी और मार्च में भूख से होने वाली मौतों के समाचार आने लगे। देश को आजाद हुए बीस साल होने जा रहे थे। लेकिन आजाद हिन्दुस्तान के शासक भुखमरी की घटनाओं पर संसद में एक घंटे की बहस भी करने को तैयार नहीं थे।

स्थगन या काम-रोको प्रस्ताव (एडजर्नमेंट मोशन) के तहत गम्भीर घटनाओं पर एक घंटे की बहस की अनुमति दी जाती है। बहस होने पर सरकार पर असफलता का आरोप लग सकता है। ओड़िशा की स्थिति पर सरकार बहस न होने देने के लिए किस कदर आमादा थी, यह उस वक्त के खाद्य व कृषि मन्त्री सी. सुब्रमणियम के वक्तव्य से प्रकट है। सी. सुब्रमणियम अब 'भारत रत्न' भी हो गए हैं। लोकसभा में उन्होंने ओड़िशा में व्यापक कुपोषण की स्थिति को तो स्वीकार किया पर अरसे से चले आ रहे कुपोषण के बाद होनेवाली मौतों को वह भुखमरी कहने और मानने के लिए बिलकुल तैयार नहीं थे। वह इन्हें बीमारी से होनेवाली मृत्यु ही कहते रहे।

सरकार और लोकसभा के अध्यक्ष ने कालाहाँडी में भूख से होनेवाली मौतों पर बहस की अनुमति नहीं दी। इसके बावजूद टोका-टोकी और शोर-शराबे के बीच जो आंशिक चर्चा या बहस हो पाई उसके अन्त में यह निष्कर्ष निकला कि सरकार मौतों का कारण भूख को कभी नहीं मानेगी। भूख से मौत के सवाल पर यह शायद लोकसभा की पहली 'आधी-अधूरी' बहस थी। आज तक सरकार यह नहीं मान रही है कि उसके राज में कहीं भुखमरी है। कालाहाँडी भुखमरी और बच्चों के बेचे जाने के कारण विख्यात हो गया है, लेकिन देश के विभिन्न स्थानों में कितने ही कालाहाँडी हैं, यह बताने के

लिए कुछ किताबें भी प्रकाशित हुई हैं, जिनके लेखकों को पुरस्कार भी मिला है।

भुखमरी भारत की एक राष्ट्रीय वास्तविकता है पर देश की संसद में 1966 में भी यह वास्तविकता नहीं बन पाई और सन् 2000 में तो ग्लोबीकरण के 'प्रताप' से देश के शासक वर्ग के लिए उसका नामोनिशान भी नहीं है, विकास का रथ जो आगे बढ़ा जा रहा है। सर्वोच्च न्यायालय में भी कालाहाँडी का मामला गया है और बिना निर्णय के पड़ा हुआ है।

लोकसभा में कालाहाँडी पर चर्चा 30 मार्च, 1966 के लगभग एक महीने बाद 29 अप्रैल को क्यों हुई। इस अन्तराल को समझने के लिए कार्यवाही के तरीके को जानना जरूरी है। जिस घटना पर बहस के लिए सरकार या अध्यक्ष की अनुमति नहीं मिलती, उसे सदन में लाने के लिए शून्यकाल में कोशिश करनी पड़ती है। अगर किसी गम्भीर घटना के बारे में समाचार प्रकाशित होता है तो उसके बारे में बहस की माँग करने के लिए कोई एक या कई सदस्य खड़े हो जाते हैं तो अध्यक्ष कभी-कभी कुछ मिनट उनकी बात सुन लेते हैं और टोका-टोकी के माध्यम से कुछ चर्चा संसद में हो जाती है। 30 मार्च को बहस करवाने की कोशिश के असफल होने के बाद अप्रैल के आखिरी सप्ताह में जब ओड़िशा में भूख से मौत की नई घटनाओं के समाचार प्रकाशित होने लगे तब स्थगन प्रस्ताव द्वारा एक बार फिर बहस करवाने की कोशिश की गई पर व्यर्थ। चुप रहने के अध्यक्ष के निर्देश के बावजूद कुछ बातें कही गईं। दोनों बार (30 मार्च और 29 अप्रैल, 1966) ऐसा ही हुआ था।,

लोकसभा, 30 मार्च, 1966

अध्यक्ष महोदय : ...किसी वक्त काम-रोको प्रस्ताव भी आ जाता है और काल अटेंशन नोटिस भी आ जाता है, अगर उनमें से एक मंजूर हो जाता है तो दूसरा रह जाता है। उसके बाद फिर दूसरी डेवलेपमेंट होती है या ऐसे हालात होते हैं कि फिर उसी सब्जेक्ट पर फिर काल अटेंशन नोटिस आ जाता है तो उसको मंजूर कर लिया जाता है।

श्री किशन पटनायक : नई डेवलपमेंट कुछ नहीं हुई है। भुखमरी चल रही है ओड़िशा में।

अध्यक्ष महोदय : श्री किशन पटनायक ने आज सुबह मुझे एक नए एडजार्नमेंट (काम-रोको) का मोशन दिया था, उनका नाम मैंने इसमें शामिल कर लिया।

...व्यवधान

खाद्य, कृषि, सामुदायिक विकास और सहकारिता मन्त्री श्री सी. सुब्रमणियम : सरकार ने ओड़िशा के कालाहाँडी जिले के देवदेराह गाँव में भूख के कारण होनेवाली कथित मौतों पर ओड़िशा विधान सभा में हुई बहस की अखबारों में रपट देखी है। ओड़िशा सरकार से जो जानकारी प्राप्त हुई है उससे पता चलता है कि ओड़िशा विधान सभा में यह मामला उठाए जाने पर ओड़िशा सरकार के उप राजस्व मन्त्री और ओड़िशा

विधान सभा के दो और सदस्यों ने स्थिति की जाँच करने के लिए इलाके का दौरा किया। उन्होंने पाया कि प्रभावित इलाके में व्यापक पैमाने पर टेस्ट रिलीफ कार्य और अन्य ऐसे कार्य, जिनमें बहुत श्रमिकों की जरूरत होती है, चालू कर दिए गए हैं जिनसे बहुत बड़ी संख्या में लोगों को रोजगार मिल रहा है। उन्होंने पाया कि जिस गाँव की चर्चा की गई थी, उसके शारीरिक रूप से समर्थ लोग टेस्ट रिलीफ कार्यों में काम कर रहे हैं। उन्हें यह बात जरूर नजर आई कि गाँव की स्त्रियों और बच्चों की साधारण हालत बहुत सन्तोषजनक नहीं है। ग्रामीणों ने उन्हें सूचित किया कि पिछले पखवारे में नौ मौतें हुईं हैं। मृतकों में अधिकतर बच्चे हैं। ये मौतें, ऐसा बताया गया, बीमारियों से हुई और ग्रामीणों के अनुसार जो लोग मर गए, वे दीर्घकालीन कुपोषण के कारण बीमारियों के शिकार हो गए।

...ओड़िसा सरकार ने इलाके में सहायता कार्य को बढ़ाने के लिए कदम उठाए हैं। उसने नकद-दान के वितरण की व्यवस्था की है और चावल के मुफ्त वितरण की भी। कुपोषण का मुकाबला करने के लिए प्रभावित क्षेत्रों में कर्मचारियों, दूध पाउडर और दवाओं से लैस एक गश्ती स्वास्थ्य यूनिट भेजा गया है। ओड़िशा उन राज्यों में एक है, जो 1965-66 में सूखे की चपेट में आए हैं। राज्य के कुछ इलाकों में पूरी वर्षा नहीं हुई और राज्य सरकार ने खरीफ फसल के इलाके के बारे में जो अनुमान लगाया था उसके मुताबिक 16 प्रतिशत इलाके में एकदम पूरी तरह और 36 प्रतिशत इलाके में आंशिक रूप से फसल नष्ट हो गई है। योजना आयोग के एक सलाहकार के नेतृत्व में एक केन्द्रीय दल ने राज्य का दौरा किया। इस दल के मुताबिक बोलांगीर, कोरापेट, कालाहाँडी और सुन्दरगढ़ सूखे की चपेट में सबसे ज्यादा आए हैं। सम्बलपुर, कटक और ढेनकनाल जिलों के हिस्से भी सूखे से प्रभावित हैं। दल ने यह रिपोर्ट दी है कि ओड़िशा राज्य की मुख्य समस्या कम आयवाले लोगों के लिए खाद्य के बजाय रोजगार पाने की है। राज्य सरकार ने प्रभावित इलाकों में कई राहत कार्य शुरू किए हैं जिनसे लोगों को रोजगार दिया जा रहा है। जहाँ तक खाद्य की सप्लाई की बात है ओड़िशा के लोग मुख्य रूप से चावल खानेवाले लोग हैं। राज्य सरकार ने चावल की वसूली के लिए एकाधिकार की व्यवस्था (मोनोपोली प्रोक्योरमेंट) शुरू की है और उचित दर पर जनता को चावल उपलब्ध कराने के लिए बड़ी संख्या में वितरण केन्द्र खोले हैं। राज्य सरकार ने जिस मात्रा में गेहूँ माँगा है वह उसे उपलब्ध किया जा रहा है। इसके अलावा राज्य सरकार ने प्रत्येक प्रखंड के सदर मुकाम में बूढ़े व अशक्य लोगों और बच्चों में, जो काम कर मजदूरी प्राप्त नहीं कर सकते, मुफ्त वितरण के लिए दस क्विंटल चावल रखने की व्यवस्था की है।

0-5 की उम्र के बच्चों, गर्भवती स्त्रियों और स्तन्यदा माताओं के लिए दूध पाउडर से दूध बनाकर उसका वितरण करने के लिए एक योजना शीघ्र ही बनाई जा रही है। विदेश से दूध-पाउडर आने की आशा है। दूध पाउडर उपलब्ध होते ही दूध का वितरण शुरू कर दिया जाएगा (अँगरेजी में)।

श्री किशन पटनायक : यह तो अब काल अटेंशन खत्म होता है, एडजर्नमेंट मोशन

शुरू होता है।

अध्यक्ष महोदय : आप बैठ जाइए, मैंने काल अटेंशन लिया है।

....

श्री सी. सुब्रमणियम : हमने केन्द्र से ओड़िशा को एक दल भेजा था, वहाँ जाकर सूखे से उत्पन्न वास्तविक स्थिति की जाँच करने के लिए। दल की रिपोर्ट के आधार पर हमने राज्य सरकार को सुझाया है कि क्या कदम उठाए जाएँ। अधिकांश कदम उठाए गए हैं (अँगरेजी में)।

श्री किशन पटनायक : ओड़िशा से चावल एक्सपोर्ट कर रहे हैं।

श्री सी. सुब्रमणियम : यह बहुत ही कठिन वर्ष है। निःसन्देह प्रत्येक व्यक्ति की यह जिम्मेदारी है कि इसके (सूखे के) परिणामस्वरूप कोई विपत्ति न आए। लेकिन इन सबमें राज्य सरकार की रिपोर्ट पर निर्भर रहना पड़ता है और अधिकांश कार्रवाई करने में उसे ही पहल करनी होगी।

श्री बागड़ी : राज्य सरकार कुछ नहीं करे, तो बैठे रहोगे क्या ?

श्री किशन पटनायक : मेहरबानी करके मुझे कुछ तथ्यों को रखने की इजाजत दीजिए, क्योंकि मन्त्री महोदय ने हिन्दुस्तान टाइम्स, दिल्ली में जो थोड़ी सी न्यूज आइटम निकली थी, उसी को पढ़ दिया। स्टारवेशन के बारे में ओड़िशा के पिछड़ा इलाका होने के कारण वहाँ की खबरें अखबारों में अच्छी तरह से छपती नहीं हैं। यह अखबार है और इसमें फर्स्ट पेज में लिखा हुआ है कि सूखाग्रस्त इलाकों की सड़कों पर मरे हुए लोग पाए जा रहे हैं।

श्री बागड़ी : शर्म !

श्री मधु लिमये : इसको टेबल पर रखा जाए।

एक माननीय सदस्य : कौन सा अखबार है ?

श्री किशन पटनायक : मातृभूमि। इसमें लिखा हुआ है–दस दिन के अन्दर ग्यारह आदमियों की भुखमरी से मौत। नवापाड़ा सब डिवीजन में लोग रास्ते पर पड़े हुए हैं। गाय और बैल काटकर खा रहे हैं।

कुछ माननीय सदस्य : शेम, शेम !

श्री किशन पटनायक : लोग पेड़ों के पत्ते खा रहे हैं। दैनिक समाज में सर्वोदयी नेता श्रीमती रमा देवी का विवरण आया है। वह कहती हैं कि लोग घर और गाँव छोड़कर चले जा रहे हैं। पत्ते खा रहे हैं। उनको काम भी दिया जाता है तो उनमें ताकत नहीं है कि काम करके मजदूरी लेने की और भेजे हुए गेहूँ को खरीदने की।

अध्यक्ष महोदय : अब आप सवाल करें।

श्री किशन पटनायक : मैं पढ़े दे रहा हूँ।

श्री रंगा : महोदय, इन्हें (सदस्य को) उन्हें (सरकार को) स्थिति जताने दें। यह जानकारी सरकार को दी जानी है। गरीब लोग, बच्चे और स्त्रियाँ अभी भी मर रहे हैं (अँगरेजी में)।

श्री किशन पटनायक : कुछ दिन पहले मन्त्री महोदय ने बयान दिया था इसी हाउस में...

श्री मधु लिमये : आने दीजिए न।

अध्यक्ष महोदय : अब वह सवाल करें।

श्री हुक्म चन्द कछवाय : पिछली बार कहा था कि कोई मरा नहीं है।

श्री किशन पटनायक : आपको याद होगा कि पिछली बार जब मन्त्री महोदय ने कहा था कि ओड़िशा में सरप्लस राइस है तो मैंने इस कथन को चुनौती दी थी। आप देखें कि ओड़िशा के मन्त्री ने क्या कहा है। वह कहते हैं ओड़िशा में सरप्लस बिलकुल नहीं है। 52 लाख टन का उत्पादन वहाँ होता था। लेकिन इस वर्ष सिर्फ 36 लाख टन का उत्पादन हुआ है। वेस्ट बंगाल को चावल दिया है। ओड़िशा से राइस वहाँ तेजी से भेजा जा रहा है। ओड़िशा में मन्त्री खुद असेम्बली में कहते हैं :

"ऐसा लगता है कि केन्द्र की यह गलत धारणा बन गई है कि ओड़िशा का यह सरप्लस निर्यात करने योग्य सरप्लस है। यह निर्यात करने लायक सरप्लस नहीं है; यह विपणन लायक (मारकेटेबल) सरप्लस है।" (अँगरेजी में) इस तरह से वहाँ की हालत हो गई। मैं अब कालिंग अटेंशन के ऊपर क्या सवाल पूछूँ ? आप एडजर्नमेंट मोशन को पेश करने की इजाजत दीजिए।

श्री बागड़ी : मैं मन्त्री महोदय से यह जानना चाहता हूँ कि किशन पटनायक ने जिस अखबार का और वहाँ के सर्वोदयी नेता का हवाला दिया है और जो तथ्य लोकसभा में रखे हैं क्या उनके उत्तर में खाद्य मन्त्रीजी यह बताने की कृपा करेंगे कि वहाँ ऐसी हालत है या नहीं है ? यदि है, तो इसकी जिम्मेदारी राज्य सरकार पर है या केन्द्र पर है ?

श्री सुब्रमणियम : मैंने पहले ही पढ़ दिया है और ऐसा...(अँगरेजी में)

श्री किशन पटनायक : आपने तो उस न्यूज आइटम को पढ़ दिया है जो हिन्दुस्तान टाइम्स में छपा है। वह मेरे पास भी है और मैं भी पढ़ देता हूँ।

अध्यक्ष महोदय : ऑर्डर, ऑर्डर।

श्री सुब्रमणियम : ऐसा नहीं है कि ओड़िशा सरकार या ओड़िशा विधानसभा इसको नोटिस में नहीं ले रही है। ये सारे मामले ओड़िशा विधानसभा में उठाए गए थे। मन्त्री ने दौरा किया और दौरे के आधार पर उन्होंने एक रपट दी और उसे मैंने पढ़ा है। इसलिए ऐसा नहीं है कि कोई कार्रवाई नहीं की जा रही है। उलटे इस प्रकार की दुर्भाग्यपूर्ण घटना फिर न हो, इस उद्देश्य से हर प्रकार की कार्रवाई की जा रही है खासतौर पर स्त्रियों और बच्चों की उचित देख भाल हो (अँगरजी में)।

श्री एच. एन. मुखर्जी : मैं आपसे निवेदन करता हूँ कि स्थगन प्रस्ताव के या आप जो चाहें उसके माध्यम से इस मामले पर कुछ बहस की अनुमति दें। इन गरीब लोगों को मरते देखना निष्ठुर चीज है।...

बच्चे कुपोषण से मर रहे हैं। क्या हम इस पर बहस नहीं कर सकते ? हम सत्य

का पता लगाएँ...और हम यहाँ इस तरह की चीजें सुन रहे हैं....सरकार हमें कुछ बताए। हम इस मामले पर बहस करें और सरकार हमें बताए कि तथ्य क्या है (अँगरेजी में)।

डॉ. राममनोहर लोहिया : सवाल तो मैं पूछता हूँ लेकिन मैं निवेदन करता हूँ कि यह स्थगन प्रस्ताव का विषय है।

अध्यक्ष महोदय : मैंने इनकार किया है उसके लिए।

डॉ. राममनोहर लोहिया : आप दुबारा सोचें। मैं सवाल पूछ लेता हूँ...मन्त्री महोदय ने लम्बे (समय) कम खाने का जिक्र किया है, प्रोलांग्ड मैलन्यूट्रिशन का अपने बयान में जिक्र किया है। इसमें और भुखमरी यानी स्टारवेशन में क्या फरक है। मैं खाली शाब्दिक फरक नहीं जानना चाहता हूँ। अगर यह स्टारवेशन शब्द का इस्तेमाल अपने बयान में कर देते तो उसके कानूनी और आर्थिक क्या-क्या नतीजे निकलते, यह वह बताएँ।

श्री सी. सुब्रमणियम : कुपोषण कम खाना है; भुखमरी है बिलकुल न खाना। यह एक तथ्य है कि हमारे देश में सामान्य परिस्थिति तक में यह माना जाता है कि आबादी का 30 प्रतिशत हिस्सा कुपोषण का शिकार है। यह एक तथ्य है और यह एक दुर्भाग्यपूर्ण बात है। यह एक दुखद तथ्य है और हमें इस स्थिति को और सुधारना है। खासकर सूखे की परिस्थितियों में यह स्थिति गम्भीर हो जाती है और इसलिए हम मदद प्राप्त करने के लिए सब प्रकार के उपाय कर रहे हैं। दूसरे देशों से मदद प्राप्त करने के लिए भले ही मुझे बदनाम किया जाए लेकिन यहाँ जो मानवीय स्थिति है उसे देखते हुए उसका सामना करने के उद्देश्य से हम सहायता प्राप्त कर रहे हैं (अँगरेजी में)।

डॉ. राममनोहर लोहिया : मेरे सवाल को आपने सुन लिया था। स्टार्वेशन शब्द का अगर इस्तेमाल हो जाए...

अध्यक्ष महोदय : उन्होंने एक्सप्लेन किया है।

डॉ. राममनोहर लोहिया : उन्होंने बिलकुल जवाब नहीं दिया है। कानूनी और आर्थिक क्या परिवर्तन हो सकेंगे ? आप मेरे सवाल को पहले सुनें। आपने सवाल तो मेरा समझा है न ? मुझे आपसे मतलब है या मन्त्री जी से ?

अध्यक्ष महोदय : मन्त्रीजी से।

डॉ. राममनोहर लोहिया : मैंने कई बार प्रयत्न किया है कि आपको मैं अपना सवाल समझाऊँ।

अध्यक्ष महोदय : मैंने समझा हूँ (है)।

डॉ. राममनोहर लोहिया : भुखमरी शब्द के आ जाने से कानूनी और आर्थिक क्या-क्या परिवर्तन होंगे ? क्या उससे केन्द्र की जिम्मेदारी बढ़ जाएगी अगर वह शब्द इस्तेमाल हो जाएगा ? खाली यह सवाल मैंने पूछा है। और बढ़ेगी तो किन-किन दिशाओं में वह बढ़ेगी ?

श्री बागड़ी : इसका क्या जवाब सरकार दे रही है ?

श्री सुब्रमणियम : ये मेरे शब्द नहीं हैं। मैंने ओड़िशा विधानसभा की रपटों को

उद्धृत किया। मैंने मेरी टीम को इसकी जाँच करने नहीं भेजा (अँगरेजी में)।

अध्यक्ष महोदय : यह सवाल आनुमानिक है कि लम्बे समय तक कुपोषण से होनेवाली मौत को भुखमरी से मौत में शामिल किया जा सकता है, क्योंकि डॉ. लोहिया यह मानते हैं कि अगर मन्त्री यह कबूल करें कि ये भुखमरी से हुई मौतें हैं तो शायद केन्द्र की जिम्मेवारी बढ़ जाएगी (अँगरेजी में)।

श्री सी. सुब्रमणियम : ये भुखमरी से हुई मौतें नहीं हैं। (अँगरेजी में)

डॉ. राममनोहर लोहिया : मैं जाने नहीं दूँगा इसका जवाब लिये बगैर। यह सवाल नहीं है कि ये भुखमरी की मौतें हैं या नहीं। बिलकुल यह सवाल नहीं है। सवाल यह है कि अगर भुखमरी शब्द का इस्तेमाल कर दिया जाए तो फिर केन्द्र की जिम्मेदारी कहाँ और किन-किन दिशाओं में बढ़ जाती है।

लोकसभा 29 अप्रैल, 1966

डॉ. राममनोहर लोहिया : क्या मन्त्री महोदय नई अकाल संहिता सदन के पटल पर किसी समय रखेंगे और साथ-साथ बतलाएँगे कि पुरानी अकाल संहिता का जिक्र किस नोटिस से खत्म हुआ और नई किससे शुरू हुई।

अध्यक्ष महोदय : ...सवाल यह है कि कोई अकाल संहिता है क्या। मन्त्री महोदय ने यह बताया था कि ब्रिटिश जमाने में एक मौजूद थी और उसका अब पालन नहीं किया जा रहा है। उसमें सुधार किए गए हैं। अगर कोई (अकाल संहिता) है तो उसे सदन के पटल में रखा जाए ताकि यह (सवाल) एक बार में हमेशा के लिए खतम हो (अँगरेजी में)।

राज्य खाद्य मंत्री श्री गोविन्द मेनन : बहस का जवाब देते हुए माननीय खाद्य व कृषि मन्त्री ने इस विषय पर विस्तार से बताया था। इस मामले में माननीय सदस्य डा. लोहिया जो कुछ कह रहे हैं उसकी खासतौर पर चर्चा करते हुए माननीय मन्त्री महोदय ने कहा था कि अकाल संहिताएँ विभिन्न राज्य सरकारों द्वारा कानून के रूप में बनाई जाती हैं। जब उन्होंने (मन्त्री महोदय ने) इस तथ्य की चर्चा की कि पुरानी अकाल संहिता अब लागू नहीं है तो उनका आशय यह था कि पुराने दिनों में राज्य सरकारें जिस धारणा के मुताबिक काम करती थीं, वह अब एकदम नहीं रही और इसके साक्ष्य के रूप में... (अँगरेजी में)।

श्री किशन पटनायक : श्री सुब्रह्मणयम ने कहा–द फेमिन कोड हैज बिन स्क्रैण्ड (अकाल संहिता खारिज कर दी गई है)।

श्री मधु लिमए : ...स्क्रैण्ड का मतलब क्या है ? अगर आप नहीं जानते हैं तो आप अँगरेजी बोलना छोड़ दें...

अध्यक्ष महोदय : ऑर्डर, ऑर्डर।

श्री गोविन्द मेनन : अपने वक्तव्य के साक्ष्य में और उदाहरण के रूप में माननीय

मन्त्री ने बंगाल अकाल मैनुअल (नियमावली) की प्रस्तावना से विस्तारपूर्वक पढ़कर सुनाया था; उन्होंने राजस्थान के नियमों का जिक्र किया, यह भी बताया था कि मद्रास में क्या किया जा रहा है इसके साथ यह भी कहा था कि केन्द्रीय सरकार ने अपने दृष्टिकोण में परिवर्तन किया है। पहले अकाल में सहायता के लिए यह निर्देश दिया जाता था कि केवल नान प्रोडक्टिव वर्क्स ही करवाए जा सकते हैं और उनके लिए ही पैसा दिया जाए। लेकिन अब यह नियम परिवर्तित कर दिया गया है और उत्पादक कार्य भी करवाए जा सकते हैं। पुराने दिनों में यानी ब्रिटिश दिनों के दौरान केवल जीवन को बनाए रखने का सवाल था लेकिन अब चूँकि हमारा राज्य एक कल्याण-राज्य है तो आज अकाल-राहत की अवधारणा में बहुत बड़े परिवर्तन हुए हैं (अँगरेजी में)।

...व्यवधान

अध्यक्ष महोदय : ऑर्डर, ऑर्डर। मैं माननीय मन्त्री से यह कहूँगा कि वह इस निश्चित सवाल का जवाब दें कि ब्रिटिश जमाने में क्या कोई केन्द्रीय (अकाल) संहिता थी या उस समय भी सिर्फ प्रान्तीय संहिताएँ थीं (अँगरेजी में)।

श्री गोविन्द मेनन : प्रान्तीय संहिताएँ थीं (अँगरेजी में)।

अध्यक्ष महोदय : कोई केन्द्रीय संहिता नहीं थी ? (अँगरेजी में)

श्री गोविन्द मेनन : मेरी ऐसी ही धारणा है (व्यवधान)।

डॉ. एम. एस. अणे : एक केन्द्रीय अकाल संहिता थी (अँगरेजी में)।

...व्यवधान

अध्यक्ष महोदय : जब मन्त्री ने यह कहा कि संहिता अब खारिज कर दी गई है तो उनका आशय क्या था...अगर केवल प्रान्तीय संहिताएँ थीं तो उनमें राज्यों द्वारा क्या परिवर्तन किए गए हैं। अगर राज्यों ने परिवर्तन किए हैं तो उन्हें यहाँ रखा जाए। (अँगरेजी में)

श्री गोविन्द मेनन : रखा जा सकता है। (अँगरेजी में)

अध्यक्ष महोदय : ...

डॉ. राममनोहर लोहिया : अध्यक्ष महोदय, मैं इस समय एक व्यवस्था का प्रश्न उठा रहा हूँ। मैं मन्त्री महोदय के खिलाफ विशेषाधिकार का प्रश्न उठाना चाहता हूँ...

....

श्री किशन पटनायक : अध्यक्ष महोदय, मैं आशा करता हूँ कि मेरे सवाल पर आप धीरज रखेंगे। ओड़िशा की भुखमरी अब गाँवों को पार करके बलांगीर शहर तक पहुँच चुकी है, जहाँ ब्राह्मणपाड़ा में हरि बहेरा की मौत के बाद यह तसवीर ली गई थी।

अध्यक्ष महोदय : माननीय सदस्य सवाल करें।

श्री किशन पटनायक : कालाहाँडी, बलांगीर और सम्बलपुर जिलों में करीब आठ या दस लाख आदमियों के घरों में इस वक्त जो खाने की सामग्री है, वह है महुए का फूल, जिसको बैल खाता है...

श्री बागड़ी : इसको मेज पर रख दिया जाए...

अध्यक्ष महोदय : नहीं, इसको मेज पर नहीं रखा जा सकता है।

श्री बागड़ी : ... ताकि पता चले कि देश की क्या हालत है।

श्री किशन पटनायक : ये वज्रमूली के दाने, जिसको जंगल की चिड़ियाँ खाती हैं और यह इमली के बीज...व्यवधान...मैं सवाल पूछ रहा हूँ। आप मुझे पूछने दीजिए। मैं जानकारी माँग रहा हूँ...व्यवधान

श्री च. ला. चौधरी : इन फूलों को तो कहीं से भी लाया जा सकता है। यह जरूरी नहीं कि लोग इनको खा रहे हैं।

...व्यवधान

श्री शिवनारायण : इलेक्शन का प्रोपेगेंडा हो रहा है।

श्री किशन पटनायक : इमली का बीज, जिसको न पशु खाता है, न पंछी खाता है और न मानव खाता है...व्यवधान...क्या मन्त्री महोदय को जानकारी है कि आठ हजार आबादी वाली डभा पंचायत में चावल की एक ही दुकान है। मीलों चलकर, दो दिन की सवा रुपया मजदूरी लेकर, घर में बच्चों और औरतों को छोड़कर लोग वहाँ आते हैं, सवेरे से शाम तक बैठते हैं, चावल नहीं मिलता है, रात हो जाती है, तो नजदीक में शराब की दुकान भी है, वहाँ जाकर सवा रुपया देकर आदमी शराब पी लेता है, वहाँ पर सो जाता है, घरों में औरत मर जाती है...

अध्यक्ष महोदय : सदस्य का सवाल कब तक जारी रहेगा ?

श्री किशन पटनायक :...और बच्चे अनाथ हो जाते हैं ? क्या सरकार को जानकारी है कि सर्वोदय संघ, भारत सेवक समाज और अन्य रिलीफ संस्थाओं के द्वारा...

अध्यक्ष महोदय : अब लिखना बन्द कर दिया जाए। माननीय सदस्य सवाल नहीं कर रहे हैं...व्यवधान

श्री किशन पटनायक : ...(दर्ज नहीं किया गया)।

अध्यक्ष महोदय : अगर माननीय सदस्य सवाल करना चाहते हैं तो करें।

श्री किशन पटनायक : मैं सवाल कर रहा हूँ। सर्वोदय संघ, भारत सेवक समाज और अन्य रिलीफ संस्थाओं के द्वारा जो मुफ्त भोजन के केन्द्र और अनाथालय खोले गए हैं उन केन्द्रों में कितनी बेवा औरतें और कितने अनाथ बच्चे आकर पड़े हैं और इन...अनाथ बच्चों के माँ-बाप कहाँ गए ?...व्यवधान...क्या मन्त्री महोदय को जानकारी है कि वहाँ पर परिवार नियन्त्रण का ऑपरेशन करवाने के लिए तेरह रुपए का इनाम मिलता है, इसलिए पचास-साठ साल की उम्र के लोग भी तेरह रुपए के लालच में ऑपरेशन करवा रहे हैं ?

...व्यवधान

अध्यक्ष महोदय : मानवीय सदस्य सवाल करें।

श्री किशन पटनायक : अब मैं आखिरी सवाल पूछ रहा हूँ।

अध्यक्ष महोदय : जब माननीय सदस्य ने मेरे कहने के बावजूद कोई सवाल नहीं

पूछा और बोलते चले गए और मैंने कहा कि कुछ रेकार्ड पर न जाएँ, तो कई मेम्बर साहबान को बुरा लगा। लेकिन क्या यह सवाल हो रहा है ? क्या यह एंडलेसली (अन्तहीन) चलता रहेगा ? हम इस हद तक पहुँच गए हैं कि मेम्बर उठें और बोलते चले जाएँ, मेरे कहने पर भी न मानें और सवाल भी न करें। माननीय सदस्य को स्पीच करते हुए कितने ही मिनट हो गए हैं ? अब मैं उनको और इजाजत नहीं दे सकता हूँ।

श्री मधु लिमये : माननीय सदस्य ने जो पूछा है, उसका जवाब तो आने दीजिए। वह बैठ गए हैं।

डॉ. राममनोहर लोहिया : जवाब तो आने दीजिए।

अध्यक्ष महोदय : दस मिनट लेक्चर होता रहे, तो उसका जवाब मैं क्या माँगूँ ?

श्री किशन पटनायक : आपके लिए लेक्चर है–लोगों के लिए अकाल है।

श्री रघुनाथ सिंह : ये अध्यक्ष का अपमान कर रहे हैं (अँगरेजी में)।

अध्यक्ष महोदय : जो अपमान किया जा रहा है उसकी कोई हद तो होनी चाहिए। मैं सदस्य को बार-बार कह रहा हूँ (अँगरेजी में)।

....

श्री मधुलिमये : माननीय सदस्य बैठ गए हैं। आप उनके प्रश्न का जवाब दिलवा दीजिए।

श्री किशन पटनायक : मन्त्री महोदय बताएँ कि इन आश्रमों में कितने अनाथ बच्चे हैं ?

संसदीय मामलों और संचार विभागों के राज्य मन्त्री श्री जगन्नाथ राव : मैं यह प्रस्ताव रखता हूँ :

"कि माननीय सदस्य श्री किशन पटनायक को सदन के अधिवेशन के बाकी कार्य-काल के लिए निलम्बित किया जाए" (अँगरेजी में) ...व्यवधान

अध्यक्ष महोदय : कुछ भी रेकार्ड में नहीं जाना चाहिए...व्यवधान...यह सवाल उठता ही नहीं क्योंकि मैंने उनका नाम (दोषी के तौर पर) नहीं लिया है। जब तक पहले नाम नहीं लिया जाता तब तक निलम्बन का प्रस्ताव नहीं रखा जा सकता (अँगरेजी में) व्यवधान...

भागवत झा आजाद : महोदय, इन सब बातों को सुनते हुए सदन में बैठ पाना सम्भव नहीं है, सो मैं विरोध में बहिर्गमन करता हूँ (अँगरेजी में)।

(श्री भागवत झा आजाद सदन से निकल गए)

एक मृत विधेयक

[इस पुस्तक के 'गांधी का समाजवाद और ट्रस्टीशिप का विचार' लेख के परिशिष्ट के रूप में डॉ. राममनोहर लोहिया द्वारा प्रस्तावित गैरसरकारी विधेयक 'भारतीय ट्रस्टीशिप विधेयक 1967' के कुछ अंश यहाँ छापे जा रहे हैं। डॉ. लोहिया ने 1966 के उत्तरार्ध में भी यह गैरसरकारी विधेयक लोकसभा के सचिवालय को भेजा था और तब यह 'भारतीय ट्रस्टीशिप विधेयक 1966' था। बहरहाल उन्होंने 17 मार्च, 1967 को इसे वर्ष बदलकर फिर भेजा। 12 जून को औद्योगिक विकास मन्त्री फखरुद्दीन अली अहमद ने डॉ. लोहिया को सूचित किया कि धन सम्बन्धी विधेयक होने के आधार पर राष्ट्रपति ने इसे पेश किए जाने की अनुमति देने से इनकार कर दिया है। इस पर डॉ. लोहिया ने यह दलील देते हुए कि विधेयक की धाराएँ बाध्यतामूलक नहीं हैं सो अनुमति देने में कोई रुकावट नहीं है, राष्ट्रपति के निर्णय पर पुनर्विचार की माँग की। इस सम्बन्ध में उन्होंने जो पत्र लिखे उनके उत्तर में उन्हें आश्वासन दिया गया कि मामला विचाराधीन है। अक्टूबर, 1967 में डॉ. लोहिया की मृत्यु हो गई और उसके साथ इस प्रस्तावित विधेयक की भी। उनकी मृत्यु के बाद किसी ने यह मामला नहीं उठाया।

यहाँ प्रस्तावित विधेयक के कुछ अंश दिए जा रहे हैं, जो इसे विस्तार में देखना चाहते हों, वे 'लोकसभा में लोहिया-13' : प्रकाशक राममनोहर लोहिया, समता विद्यालय न्यास, 4-5-46 सुलतान बाजार, हैदराबाद-500195 में देख सकते हैं।]

भारतीय ट्रस्टीशिप विधेयक 1967 का मसविदा

प्रस्तावना

महात्मा गांधी ने एक बार कहा था कि जब हिन्दुस्तान आजाद हो जाएगा तो सब पूँजीपतियों को यह अवसर दिया जाएगा कि वे कानूनन ट्रस्टी बन जाएँ। यह विधेयक बड़ी-बड़ी कम्पनियों के मालिकों को इस तरह का अवसर प्रदान करता है और गांधीजी के ट्रस्टीशिप सिद्धान्तों के अनुसार इससे पैदा होनेवाले ट्रस्ट निगमों के लोकतान्त्रिक

प्रबन्ध की व्यवस्था करता है। इस विधेयक की धाराओं का उद्देश्य शान्तिपूर्ण तरीकों से समाजवादी समाज का युग लाना है। योजना आयोग ने भी द्वितीय पंचवर्षीय योजना में कहा है कि समाजवादी समाज सिर्फ़ पैसों के प्रोत्साहन से नहीं वरन् समाज की सेवा करने के विचार से निर्मित होता है। इसलिए यह आवश्यक है कि मज़दूर यह अनुभव करे कि वह समाजवादी समाज के निर्माण में मदद कर रहा है। आशा की जाती है कि इस विधेयक की धाराओं से कर्मचारियों को उद्योग के उत्पादन, खरीद-बिक्री और विनियोग की प्रक्रियाओं में बुद्धिमता के साथ पूर्ण रुचि से हिस्सा लेने का अहसास दिलाया जा सकेगा जिससे उत्पादन बढ़ाने में मदद मिलेगी। विधेयक वाध्यतामूलक नहीं है वरन् एक अनुमति देनेवाला क़दम है जिससे बड़ी कम्पनियों के मौजूदा, मालिक अपने निरंकुश अधिकारों पर आधारित मौजूदा ख़िताबों को ट्रस्ट मिल्कियत में परिवर्तित कर सकेंगे।

नई दिल्ली

–राममनोहर लोहिया

कुछ धाराएँ

[विधेयक की कुछ चुनिंदा धाराओं को ही यहाँ रखा जा रहा है। धाराओं का क्रम जैसा विधेयक में था वैसा ही रहने दिया गया है; 34 धाराओं में से सिर्फ 19 को ही यहाँ स्थान दिया गया है।]

4. एक कम्पनी आम साधारण बैठक में उपस्थित होल्डरों के बहुमत से मतदान द्वारा प्रस्ताव पास कर अपने को ट्रस्ट निगम घोषित कर सकती है।

7. ज्वायंट स्टॉक कम्पनियों के रजिस्ट्रार कम्पनी के देना-पावना का निरीक्षण करने की व्यवस्था करेंगे और प्रबन्ध ट्रस्टी पर निगरानी और नियन्त्रण रखने और उसे निर्देश देने के लिए ट्रस्टियों की निम्न तरीके से एक पंचायत गठित करेंगे जो 16 से अधिक सदस्यों की नहीं होगी। (क) कम्पनी के हिस्सेदार सभा में अधिक से अधिक पाँच ट्रस्टी नामज़द करेंगे। (ख) कम्पनी के कर्मचारियों का संगठन अधिक-से-अधिक पाँच ट्रस्टी नामज़द करेगा, जिनमें कम-से-कम एक प्रबन्धकीय विभाग से और एक आढ़तियों में से होगा, बाक़ी कर्मचारियों के किसी भी विभाग से हो सकते हैं। (ग) रजिस्ट्रार पाँच ट्रस्टियों को बतौर विशेषज्ञ नियुक्त करेगा। ये विशेषज्ञ योजना आयोग, वाणिज्य उद्योग मन्त्रालय, कम्पनी क़ानून प्रशासन विभाग, सम्बन्धित राज्य सरकार के श्रम विभाग प्रत्येक में से एक-एक लिए जाएँगे और जहाँ कम्पनी का मुख्यालय है वहाँ की नगरपालिका या निगम का एक नामज़द प्रतिनिधि भी ट्रस्टी नियुक्त किया जाएगा। (घ) अन्तरिम प्रबन्ध ट्रस्टी पंचायत का पदेन सदस्य होगा।

8. प्रत्येक कर्मचारी को, जो कम्पनी में 6 महीने से काम पर रहा हो, ट्रस्टियों के

चुनाव में मतदान का अधिकार होगा।

10. ट्रस्ट निगम के व्यापार के प्रबन्ध से सम्बन्धित सभी मुख्य प्रश्नों पर निर्णय पंचायत करेगी, विशेषकर निगम के कुशल प्रबन्ध के लिए नियम बनाएगी, निगम के वार्षिक उत्पादन की योजनाओं, वार्षिक हिसाब, निर्माण व विकास कार्यक्रमों, खरीद, बिक्री, ऋण देने, ऋण लेने, वेतन, मज़दूरी, कर्मचारियों को बोनस और हिस्सेदारों को सूद (यदि दिया जाए तो) देने आदि के बारे में मंजूरी देगी।

11. घिसाई और भविष्यनिधियों के लिए व्यवस्था करने के बाद ट्रस्ट निगम का शुद्ध मुनाफ़ा भारत सरकार के आय कर विभाग के नाम जमा कर दिया जाएगा ताकि वित्त आयोग की सिफ़ारिशों के मुताबिक वह विभिन्न राज्यों को वितरित किया जा सके।

12. ट्रस्ट निगम के कर्मचारी अपने वेतन में ऐसी किसी प्रकार की वृद्धि की माँग नहीं करेंगे, जो एक औसत ग्रामीण की आमदनी से तुलनीय न हो या जो भारत सरकार के श्रम, रोज़गार और पुनर्वास मन्त्रालय द्वारा निर्धारित समान दरों के अनुरूप न हो।

13. निगम द्वारा निर्धारित वार्षिक उत्पादन लक्ष्य से ज्यादा उत्पादन करने पर पंचायत आम बोनस या व्यक्तिगत योग्यता बोनस की मंजूरी दे सकती है।

14. ट्रस्ट निगम के हर विभाग में कर्मचारियों की कार्य संचालन समितियाँ गठित की जाएँगी और उन्हें कर्मचारियों को पंचायत के निर्णयों को समझाने, अनुशासन बनाए रखने और ट्रस्ट निगम की कल्याण योजनाओं के क्रियान्वयन के काम सौंपे जाएँगे।

15. अपने को ट्रस्ट निगम घोषित करने वाली कम्पनी के मैनेजिंग एजेंट या मैनेजर या सचिव निगम के पदेन प्रबन्ध ट्रस्टी होंगे।

16. यदि मैनेजिंग एजेंट कोई कम्पनी या फ़र्म है तो वह ट्रस्ट निगम का पहला प्रबन्ध-ट्रस्टी नामज़द कर सकता है।

17. प्रथम प्रबन्ध-ट्रस्टी पाँच साल तक या 60 वर्ष की उम्र पा जाने तक, इनमें से जो भी अवधि ज्यादा हो, अपने पद पर क़ायम रहेगा।

18. धोखाधड़ी करने पर प्रबन्ध-ट्रस्टी पंचायत द्वारा अपने पद से हटाया जा सकेगा।

19. (क) प्रथम प्रबन्ध-ट्रस्टी का मेहनताना पंचायत और प्रबन्ध-ट्रस्टी के बीच एक अनुबन्ध द्वारा नियत होगा। (ख) प्रथम प्रबन्ध-ट्रस्टी के मेहनताने के बारे में विवाद होने पर ज्वाइंट स्टाक कम्पनियों के रजिस्ट्रार प्रथम प्रबन्ध-ट्रस्टी के जीवनयापन स्तर को मद्देनजर रखते हुए मेहनताना नियत करेंगे।

20. प्रथम प्रबन्ध-ट्रस्टी अपने उत्तराधिकारी के नाम की सिफ़ारिश कर सकता है पर अन्तिम नियुक्ति पंचायत द्वारा की जाएगी।

21. बाद के प्रबन्ध-ट्रस्टियों और अन्य प्रबन्धक या तकनीकी कर्मचारियों का वेतन पंचायत द्वारा तय किया जाएगा।

26. ट्रस्ट निगम के आय-व्यय का हिसाब भारत के महालेखा निरीक्षक जाँचेंगे।

28. ज्वायंट स्टाक कम्पनियों के रजिस्ट्रार को लेखापरीक्षक की रपट से यह विश्वास

हो जाए कि ट्रस्ट निगम का काम समाज के हितों के प्रतिकूल चलाया जा रहा है तो वह केन्द्रीय सरकार को सिफ़ारिश कर सकता है कि सरकार निगम की सम्पत्ति को अपने क़ब्जे में ले ले और उसे जैसा ठीक लगे उसका निपटान करे।

29. ट्रस्ट निगम की औद्योगिक या व्यापारिक गतिविधियों की आर्थिक विकास की राष्ट्रीय योजनाओं के साथ ताल-मेल बैठाने की जिम्मेदारी पंचायत में योजना आयोग के प्रतिनिधि की होगी और इस विषय में उसका निर्णय अन्तिम होगा।

31. व्यक्तिगत हैसियत में कोई उद्योगपति पचास प्रतिशत स्वीकृत-पूँजी का विनियोग कर नया ट्रस्ट निगम चालू कर सकता है बशर्ते कि केन्द्रीय या सम्बन्धित राज्य सरकार बाक़ी 50 प्रतिशत देना इस तरह स्वीकार करे कि कुल इक्विटी पूँजी 20 लाख रुपए से ज्यादा न हो।

●●●